Sabine Hering | Richard Münchmeier
Geschichte der Sozialen Arbeit

Grundlagentexte
Sozialpädagogik/Sozialarbeit

Herausgegeben von Thomas Rauschenbach

Sabine Hering | Richard Münchmeier

Geschichte der Sozialen Arbeit

Eine Einführung

5., überarbeitete Auflage

Die Autorin/der Autor

Sabine Hering, Jg. 1947, ist Professorin i. R. an der Fakultät für Bildung – Architektur – Künste an der Universität Siegen.

Richard Münchmeier, Jg. 1944, ist Professor em. am Fachbereich Erziehung und Psychologie der Freien Universität Berlin.

Bibliografische Information der Deutschen Nationalbibliothek

Die Deutsche Nationalbibliothek verzeichnet diese Publikation in der Deutschen Nationalbibliografie; detaillierte bibliografische Daten sind im Internet über http://dnb.d-nb.de abrufbar.

1. Auflage 2000
2. Auflage 2003
3. Auflage 2005
4. Auflage 2007
5., überarbeitete Auflage 2014

Das Werk einschließlich aller seiner Teile ist urheberrechtlich geschützt. Jede Verwertung außerhalb der engen Grenzen des Urheberrechtsgesetzes ist ohne Zustimmung des Verlags unzulässig und strafbar. Das gilt insbesondere für Vervielfältigungen, Übersetzungen, Mikroverfilmungen und die Einspeicherung und Verarbeitung in elektronischen Systemen.

© 2000 Juventa Verlag · Weinheim und München
© 2014 Beltz Juventa · Weinheim und Basel
www.beltz.de · www.juventa.de
Druck und Bindung: Beltz Bad Langensalza GmbH, Bad Langensalza
Printed in Germany

ISBN 978-3-7799-1446-4

Vorwort zur 5. Auflage

„Helfen will gelernt sein.“ (Alice Salomon)

Die Notwendigkeit einer fünften Auflage dieses Buches haben wir zum Anlass genommen, den gesamten Text und die Gestaltung durchzusehen und – wo nötig – zu korrigieren und zu ergänzen. Darüber hinaus haben wir in Absprache mit dem Verlag ein Konzept für einen Quellenband zur Geschichte der Sozialen Arbeit entwickelt. Sowohl für die grundlegende Überarbeitung des vorliegenden Buches als auch für die Herausgabe eines zusätzlichen Quellenbandes gab es zwei gewichtige Gründe: Zum einen ist erfreulicher Weise festzustellen, dass die Zahl der Darstellungen und Interpretation zur Geschichte der Sozialen Arbeit insgesamt sowie zu einzelnen Epochen, Arbeitsfeldern und Regionen in den letzten Jahren erheblich zugenommen hat. Das Studium der Geschichte des Faches und des Arbeitsfeldes gehört inzwischen offensichtlich zum Kanon der wissenschaftlichen Beschäftigung mit der Sozialen Arbeit. Auf diese Weise hat eine Akkumulation der Erkenntnisse stattgefunden, welche uns veranlasst hat, neue Literatur einzuarbeiten und bisher übergangene Aspekte zu ergänzen.

Ein zweiter Grund ergab sich aus unseren Erfahrungen in der Lehre: Für Studierende ist es nicht einfach, den Zugang zu historischen Texten zu finden. Oft gibt es keine entsprechenden Bestände in den Hochschulbibliotheken, und vor allem die älteren Zeitschriften sind – wenn überhaupt – nur über Fernlehen zu beschaffen. Da wir aber der Meinung sind, dass für ein zureichendes Verständnis historischer Zusammenhänge das Studium von Quellentexten unerlässlich ist, haben wir uns entschlossen, den Zugang durch die Zusammenstellungen von Schlüsseltexten in einem zweiten Band zu erleichtern.

Wir hoffen, dass durch die Revision des ersten Bandes und seine Ergänzung durch einen Quellenband das Studium der Wohlfahrtsgeschichte maßgeblich erleichtert wird. Nicht zuletzt erwarten wir damit auch einen Beitrag zum besseren Verständnis gegenwärtiger Probleme und Entwicklungen im sozialen Bereich leisten zu können.

Potsdam und Flintbek im Herbst 2013
Sabine Hering und Richard Münchmeier

Inhalt

Kapitel 1
Von den Problemen und dem Nutzen einer Geschichte der Sozialen Arbeit

1.1 Das Wirrwarr der Begriffe und die Vielschichtigkeit des Gegenstands

Wer sich anschickt, eine Geschichte der Sozialen Arbeit zu schreiben, stößt unweigerlich auf möglicherweise unerwartete Schwierigkeiten. Er oder sie wird nämlich mit dem Problem konfrontiert, wie schwierig es ist, den Gegenstand „Soziale Arbeit" zu bestimmen und abzugrenzen. Es muss ja die Frage beantwortet werden, welche Praxisfelder, Einrichtungen, Dienste und Berufe zur Sozialen Arbeit gehören und deshalb in einer Geschichte derselben vorzukommen haben. Wer hier versucht, allein von der Begriffsgeschichte auszugehen, wird feststellen müssen, dass der Terminus „Sozialarbeit" weder eindeutig ist, noch einhellig gebraucht wird und überdies den Gegenstand nur unscharf markiert. Dies hat verschiedene Gründe:

Zum einen muss man zur Kenntnis nehmen, dass es eine Fülle unterschiedlicher Begriffe und Umschreibungen gibt, mit denen das Feld der sozialen Praxis bezeichnet wird: Früher sprach man von Fürsorge oder Wohlfahrtspflege, heute gebraucht man unterschiedliche Begriffe wie Soziale Arbeit, Sozialarbeit, Sozialpädagogik, Sozialarbeit/Sozialpädagogik, Kinder-, Jugend- und Familienhilfe, soziale Dienste, soziale Praxis, soziale Hilfsarbeit, sozialpflegerischer Bereich, psycho-soziale Hilfen, (Sozial-)Fürsorge, Sozialwesen und andere mehr. Alle diese Benennungen beziehen sich auf das Feld sozialer Arbeit; sie sind aber nicht völlig kongruent, sondern betonen verschiedene Aspekte oder Bereiche. Dies macht darauf aufmerksam, dass das Feld der Sozialen Arbeit kein einheitlich oder systematisch strukturierter Bereich ist, der sich eindeutig und trennscharf von anderen Bereichen abgrenzen lässt. Vielmehr ist er in sich vielfältig ausgestaltet und in seinen Rändern und Übergängen unscharf. Unscharfe Grenzziehungen bestehen insbesondere im Übergang zum Sozialhilfesystem (das durch das Bundessozialhilfegesetz geregelt ist und in dem es primär um die materielle Unterstützung von einkommensschwachen Gruppen geht), zum psychotherapeutischen Bereich (der von seinem Selbstverständnis her, vor allem aber seit der Anerkennung von Psychotherapiekosten durch die Krankenkassen Teil des Gesundheitswesens geworden ist), zum Strafvollzugs- und Justizwesen (mit dem Sozialarbeit zum Beispiel in der Jugendgerichtshilfe oder im Bereich sozialer Trainingskurse eng kooperiert), zur Kinder- und Jugendpsychiatrie (was besonders den Bereich der geistigen und seelischen Behinderungen, der Devianz oder Drogenabhängigkeit betrifft), zur Arbeitsverwaltung (wo es große Überschneidungen in der Jugendberufshilfe und bei den Hilfen für Arbeitslose gibt), zur Schule und dem Bildungswesen (mit dem Soziale Arbeit u.a. durch Schulsozialarbeit, Freizeit- und Hausaufgabenhilfen verquickt ist) und zur Selbsthilfe- und Initiativgruppenbewegung (in der Betroffene ihre Anliegen und Bedürfnisse selbst in die Hand nehmen, ohne sich der Hilfe von Einrichtungen oder Berufskräften der Sozialen Arbeit zu bedienen, wohl aber in vielfältigster Weise mit diesen kooperieren).

Der pragmatische Versuch, nur diejenigen Bereiche und Aktivitäten zur Sozialen Arbeit zu rechnen, die durch das „Kinder- und Jugendhilfegesetz" eine ausdrückliche gesetzliche Grundlage erhalten haben (also von der Position auszugehen, Soziale Arbeit sei deckungsgleich mit „Kinder-, Jugend- und Familienhilfe"), würde zwar die meisten sozialarbeiterischen Handlungsfelder einbeziehen, andere wichtige jedoch ausschließen (wie zum Beispiel die betriebliche Sozialarbeit, Gemeinwesenarbeit, Bildungsarbeit, Sozialarbeit im Gesundheitswesen, den Bereich der Seniorenarbeit und der Sozialen Gerontologie).

Die zweite Schwierigkeit ergibt sich daraus, dass in der älteren Literatur, aber auch in aktuellen Diskursen, manche Bezeichnungen keineswegs als synonyme Begriffe gebraucht, sondern gerade umgekehrt zur Benennung von Unterschieden benutzt werden. Das betrifft vor allem die Begriffe „Sozialpädagogik" und „Sozialarbeit". Drei Positionen ihres Gebrauchs lassen sich unterscheiden:

Die eine Richtung benutzt beide Termini synonym, also ohne Unterschied zur Bezeichnung derselben komplexen Realität. Sie geht also davon aus, dass zwischen Sozialarbeit und Sozialpädagogik kein wesentlicher Unterschied besteht. Das erlaubt denn auch, beide Ausdrücke unter der Bezeichnung „Sozialwesen" oder in der Kombination „Sozialarbeit/Sozialpädagogik" zusammenzufassen. Diese Position kann man als Identitäts- oder Synonymansatz bezeichnen.

Eine zweite Richtung insistiert auf dem Unterschied. Sozialarbeit und Sozialpädagogik seien noch heute zwei unterschiedliche Bereiche, die sich theoretisch (eher fürsorgerisch-sozialpolitisch bzw. eher pädagogisch-sozialerzieherisch) und von den praktischen Handlungsfeldern her (eher auf Hilfen ausgerichtet bzw. eher auf Erziehung ausgerichtet) unterscheiden.

Deshalb müssten beide auseinander gehalten werden. Diese Position kann man als Differenzansatz bezeichnen.

Eine dritte Auffassung verweist darauf, dass im Laufe der historischen Entwicklung sich die eher sozialarbeiterische (oder im alten Sprachgebrauch fürsorgerische bzw. wohlfahrtspflegerische) und die eher sozialpädagogische Richtung aufeinander zu entwickelt haben. Die Komplexität der gestellten Probleme und Bedürfnisse der Klienten habe dazu geführt, dass sich in der Praxis Hilfe mit Erziehung, Beratung mit infrastrukturellen Arrangements verbunden haben, sodass die alten Unterschiede relativiert worden sind. Diesen Ansatz kann man Konvergenzansatz nennen. Weil er historisch argumentiert, scheint er gerade für das Unternehmen einer Geschichte der Sozialen Arbeit besonders geeignet. Er macht deutlich, dass hinter den verschiedenen Nomenklaturen keine theoretisch-systematischen Verschiedenheiten stehen, und dass sich deshalb die Unterschiede nicht theoretisch aus übergreifenden Gesichtspunkten oder Kriterien deduzieren (ableiten) lassen, sondern nur historisch ableitbar sind: Sie stammen aus verschiedenen historischen Entwicklungslinien, aus denen im Laufe der Geschichte jener Bereich und jenes Verständnis zusammengewachsen sind, das wir heute Soziale Arbeit (oder eben Sozialarbeit/Sozialpädagogik bzw. Sozialarbeit) nennen.

In diesem Buch wird der Begriff Soziale Arbeit deshalb in diesem Sinn gebraucht. Denn, was zur Sozialen Arbeit gehört und was nicht, darüber lässt sich nicht (allein) logisch, sondern immer nur (auch) historisch argumentieren.

Eine dritte Schwierigkeit ist damit aber noch nicht aus der Welt geschafft. Sie entsteht aus dem Umstand, dass die Reichweite der in der Fachsprache benutzten zentralen Begriffe kontrovers aufgefasst und begründet wird. Strittig sind die theoretische, praktische und politische Reichweite der Sozialen Arbeit. Schließt man sich zum Beispiel dem enger gefassten Verständnis an, dass Soziale Arbeit ein Bereich personenbezogener Hilfen und Angebote, also psychosoziale Intervention (oder im amerikanischen Sprachgebrauch face-to-face-Arbeit) sei, so muss die Geschichte der Sozialen Arbeit enger und anders erzählt werden, als wenn man einer weiteren Auffassung folgt.

Nach dieser weiteren Fassung gehen Theorie und Praxis nicht im interpersonalen Geschehen auf, sondern schließen infrastruktur- und gemeinwesenbezogene, ja sogar sozialpolitische/kommunale Aktivitäten ein. So gesehen müssen die Entwicklung, die Erfolge und Niederlagen der Sozialen Arbeit anders und in einem weiteren Zusammenhang erzählt werden.

Das vorliegende Buch versucht, hier einen Mittelweg zu gehen: Es greift den genannten weiteren Zusammenhang immer dort auf, wo er in zeitgenössischen Diskursen und Reformanstrengungen als Debatte über Auftrag und Reichweite der Sozialen Arbeit vorkommt, ihre konzeptionelle Entwicklung bestimmt oder ihre politische Verortung betrifft. Ansonsten aber bemüht sich unsere Darstellung herauszuarbeiten, was Soziale Arbeit ihrer historischen Entwicklung nach (geworden) ist und nicht, was sie sein könnte oder müsste.

Zusammenfassend lässt sich also die Position, die diesem Lehrbuch zugrunde liegt, folgendermaßen beschreiben: Arbeitsfelder, Selbstverständnis, Handlungsprofil und Organisationsstruktur der Sozialen Arbeit sind zusammengewachsen aus verschiedenen Wurzeln und entlang verschiedener Traditionslinien:

- der Armenpflege/Fürsorge/Wohlfahrtspflege,
- der Sozialpädagogik im Sinne der Fröbel'schen Kindergärtnerinnen, Hortnerinnen und
- Jugendleiterinnen einerseits und
- der Sozialpädagogik im Sinne der reformpädagogischen Jugendhilfe andererseits sowie
- sowie der lebensreformerischen Bewegung.

Sie alle haben in unterschiedlicher Weise Arbeitsfelder, Methoden und Theorie der Sozialen Arbeit geprägt. Im Laufe der Geschichte sind sie so weit ineinander verschmolzen, dass es uns heute gerechtfertigt erscheint, alle beschriebenen sozialen Tätigkeiten und sozialen Felder unter dem Oberbegriff „Soziale Arbeit“ zu behandeln.

1.2 Realgeschichte und Diskursgeschichte

In der Theorie der Geschichtsschreibung unterscheidet man gewöhnlich zwei Ebenen der historischen Darstellung. Die eine Ebene meint die Abfolge der realen historischen Vorgänge, die sich als Kette von Ereignissen in den verschiedenen gesellschaftlichen Feldern (vom Alltag bis zu Politik und Staat) verfolgen lassen. Die andere Dimension ist die Ebene der zeitgenössischen Deutungen, Interpretationen und Begründungen, die die realen Ereignisse ständig vorbereiten, kommentieren und bilanzieren. Beide Ebenen sind keinesfalls voneinander zu trennen, denn sie sind ja auch im historischen Prozess selbst aufeinander bezogen. Ohne die Berücksichtigung des zeitgenössischen Diskurses würden historische Ereignisse ohne Sinn, oft auch ohne Zusammenhang und Entwicklung, manchmal geradezu zufällig und beliebig erscheinen. Viele Vorgänge wären vergessen, wenn sie nicht in den historischen Quellen über die Debatten darüber auffindbar wären.

Gerade die schriftlichen Quellen (und das sind für unseren Zusammenhang mit Abstand die wichtigsten) enthalten immer schon die Deutung und Bewertung der Ereignisse in sich. Sie bieten also immer schon gedeutete, bewertete und ausgewählte Problemdarstellungen oder Fakten. Dies gilt besonders für die vielen Diskussionsbeiträge, Konzeptausarbeitungen, Memoranden, Berichte, Legitimationsschriften, Jahrbücher, Rückblicke, Streitschriften der damaligen Zeit (wie der heutigen auch). Diese Eigenart der Quellen, die in ihnen anzutreffende charakteristische Verschränkung von Bericht, Deutung und interessegeleiteter Wertung, aber auch von charakteristischen Auslassungen verbietet es, sie naiv zu lesen, sie als quasi objektive Faktenschilderungen zu nehmen. Umgekehrt sind sie wichtige und aufschlussreiche Reflexionen über die in jener Zeit sich vollziehenden Verschiebungen und Umstrukturierungen, ein Zeugnis des Verständigungsprozesses in der jeweiligen zeitgenössischen Fachdiskussion. Sie ermöglichen es, kritisch gelesen, überhaupt erst, die Entwicklung der Sozialen Arbeit in ihrer inneren Logik und Bedeutung zu erfassen. Sie bewahren schließlich auch vor einer Verdinglichung des historischen Prozesses, in dem alles zwangsläufig oder zufällig erscheint, die damals gegebenen Spielräume und Entwicklungsalternativen aber übergangen werden. Sie helfen zu verstehen, warum gerade bestimmte Wege beschritten wurden und andere denkbare nicht.

In unserer Darstellung können wir also nicht „einfach“ die Entwicklung von Einrichtungen, Praxis- und Berufsvollzügen der Sozialen Arbeit als quasi objektive Fakten darstellen, sondern wir vermitteln sie auch als das Werk von Individuen auf der Basis ihrer Deutungen und Kontroversen. Unser Rekonstruktionsversuch lässt sich deshalb sowohl als Diskursgeschichte wie auch als Realgeschichte bezeichnen. Nur so, scheint uns, kann Geschichte lebendige Vergegenwärtigung des Vergangenen und Ort kritischer Selbstvergewisserung sein.

1.3 Zum Aufbau dieses Buches

Eine Einführung, welche die Geschichte eines Gegenstands behandelt, bedarf einer spezifischen chronologisch wie sachlich begründeten Struktur der Darstellung. Wir haben deshalb versucht, die einzelnen Themen in ihren unterschiedlichen Entwicklungsphasen immer wieder in der gleichen Abfolge nachvollziehbar zu präsentieren.

Die Phasengliederung (Vorgeschichte, frühes Kaiserreich, Erster Weltkrieg, Weimarer Republik, NS-Zeit und Exil, Nachkriegsgeschichte) folgt den Abschnitten der politisch-sozialen Geschichte Deutschlands. Jede dieser Phasen hat mit ihren spezifischen Rahmenbedingungen die Entwicklung der Sozialen Arbeit (wie alle anderen gesellschaftlichen Bereiche) geprägt. Wir wollen damit herausarbeiten, dass die Geschichte der Sozialen Arbeit nicht im luftleeren Raum stattgefunden hat, sondern die Impulse und Begrenzungen von außen die ohne Zweifel vorhandenen spezifischen Eigengesetzlichkeiten der sozialgeschichtlichen Entwicklung stark relativiert haben.

Innerhalb der benannten historischen Phasen haben wir versucht, die inhaltlichen Ebenen nach verschiedenen theoretisch abgeleiteten Dimensionen zu ordnen. Diese Dimensionen sind:

- Der Alltag der Menschen und die Lebenslage der Klientel
- Die Entwicklung der Organisationen und der rechtlichen Grundlagen der Sozialen Arbeit
- Die Geschichte der Profession, d.h. die Geschichte des Berufs
- Die Herausbildung der Disziplin, d.h. der fachlichen Grundlagen und Konzepte
- Die Etablierung der wichtigsten Handlungsfelder

Wir gehen davon aus, dass diese Dimensionen geeignet sind, die Bedingungen in den Blick zu bekommen, die für die Gestaltung des historischen Verlaufs ausschlaggebend waren: Soziale Arbeit ist ja als Reaktion auf problematische Lebenslagen von Menschen entwickelt worden; es sind Organisationen und Rechtsgrundlagen geschaffen worden, um diesen zu helfen, und zwar im Rahmen eines sich stetig entwickelnden sozialen Berufs, der auf der Basis fachlich begründeter Konzepte eine zunehmend breite Skala von Handlungsfeldern hervorgebracht hat. Erst die Zusammenschau aller dieser Ebenen ermöglicht es, die historische Logik der Entstehung und Entwicklung der Sozialen Arbeit zu erfassen.

Die Geschichte der Handlungsfelder wird, soweit es der jeweilige historische Entwicklungsstand zulässt, ihren Schwerpunkten entsprechend aufgefächert dargestellt. Diese Schwerpunkte sind:

- die Jugendfürsorge,
- die Gesundheitsfürsorge,
- die Familienfürsorge,
- die Wohnungsfürsorge,
- die Betriebssozialarbeit und
- weitere jeweils aktuell bedeutsame Arbeitsbereiche.

Diese Auswahl folgt der tatsächlichen Ausdifferenzierung der Praxisfelder zwischen 1871 und 1945 und versucht, trotz der durchgehenden Kategorien die teilweise beträchtlichen Veränderungen im Zuschnitt und in der Bedeutung der einzelnen Handlungsfelder nachzuzeichnen.

Für die Darstellung der Vorgeschichte und der Entwicklung nach 1945 haben wir das Schema verlassen, weil die reale Systematik im Praxisfeld zu sehr von den darin vorgegebenen Kategorien abweicht. Insgesamt war es uns wichtig, die z.T. markanten Entwicklungsunterschiede zwischen den Praxisfeldern nicht einzuebnen, sondern die Ungleichzeitigkeit, Vielfalt und Heterogenität der Geschichte deutlich zu machen und immer wieder daran erinnern zu können, dass die Soziale Arbeit, historisch wie systematisch betrachtet, kein einheitliches Gebilde ist.

1.4 Geschichte oder Geschichten?

Unsere Darstellung unterliegt einigen Begrenzungen, auf die an dieser Stelle hinzuweisen ist. Wer so wie wir die Geschichte der Sozialen Arbeit in die politische und soziale Geschichte Deutschlands einbettet, schreibt zunächst eine deutsche Geschichte, d.h. die Geschichte der Sozialen Arbeit in Deutschland. Diese hat etliche Besonderheiten, die sie von europäischen Nachbarländern, erst recht von den USA, unterscheiden. Zu diesen Besonderheiten gehört etwa eine relativ später einsetzende Industrialisierung, eine für Deutschland charakteristische Arbeitsteilung zwischen Staat und sozialen Organisationen wie zum Beispiel den Wohlfahrtsverbänden, die frühe Verrechtlichung der Sozialen Arbeit und die damit zusammenhängende Bürokratisierung, die Ausbildung der Fachkräfte außerhalb der Universität, die Zuordnung des Kindergartens zur Kinder- und Jugendhilfe anstelle des Schulwesens und anderes mehr.

Obwohl wir die Geschichte der Sozialen Arbeit nicht im europäischen oder internationalen Zusammenhang betrachten, sind wir auch innerhalb des nationalen Rahmens an Grenzen gestoßen. Wie fast alle anderen Publikationen in diesem Bereich auch, ist unsere Darstellung tendenziell „preußenlastig" bzw. „berlinlastig" ausgefallen. Dies hat einen sachlichen und einen methodischen Grund: Zum einen war der Staat Preußen in der Tat so etwas wie ein Vorreiter im Bereich der Sozialen Arbeit. Das ergab sich schon aus seiner geographischen Größe, die fast zwei Drittel der Reichsfläche umfasste. Es ergab sich ferner daraus, dass sich die Folgen und Probleme der Industrialisierung (zum Beispiel im Ruhrgebiet, das auch preußisch war) und die großen Ost-West-Wanderungen der proletarisierten Landarbeiter vor allem in Preußen abspielten. Und schließlich war Berlin als Sitz von Reichsparlament und Reichsregierung die führende Metropole

Deutschlands und damit Schauplatz und Mittelpunkt der wichtigsten Debatten und Kontroversen.

Ein methodischer Grund für die „Preußenlastigkeit“ liegt darin, dass sich die historische Erforschung der Sozialarbeit wie der Sozialpädagogik bisher vor allem auf Preußen und Berlin konzentriert hat. Erst nach und nach gibt es auch Studien über die Entwicklungen etwa in Frankfurt, Hamburg oder Düsseldorf. Studien zur Regionalgeschichte der Sozialen Arbeit zum Beispiel in Süddeutschland, in Thüringen und Sachsen, im Rheinland und im Norden Deutschlands liegen, insbesondere wenn man auf die Spezifika der vorwiegend ländlich-agrarisch strukturierten Landstriche sieht, wenn überhaupt, bisher nur ausschnitthaft oder spezialisiert auf die Geschichte einzelner Verbände oder Einrichtungen vor.

Eine letzte Anmerkung betrifft die sozialen und kulturellen Zusammenhänge, in welche wir die Geschichte der Sozialen Arbeit eingebettet haben. Wie schon erwähnt, wird jeder größere historische Abschnitt in diesem Buch von einem allgemeinen Überblicksartikel eingeleitet, um den jeweiligen sozialen und politischen Kontext zu markieren. Überdies ist es uns aber auch wichtig gewesen, die Entwicklung der Sozialen Arbeit nicht nur in ihren rechtlichen, organisatorischen und professionsbezogenen Dimensionen nachzuzeichnen, sondern auch die Personen und vor allem die sozialen Bewegungen lebendig werden zu lassen, welche diese Entwicklung maßgeblich mitbestimmt haben.

Die sozialen Bewegungen, um die es dabei geht, sind vor allem die Arbeiterbewegung, die Frauenbewegung, die Jugendbewegung und die Lebensreform- und Genossenschaftsbewegung. Ohne Anstöße und Initiativen aus dem Spektrum dieser für die Gesamtentwicklung Deutschlands im 19. und 20. Jahrhundert so entscheidenden Bewegungen wäre die Ausprägung der Sozialen Arbeit in ihrer spezifischen Gestalt nicht denkbar gewesen. Wir haben deshalb versucht, diese Anstöße und Initiativen zu würdigen und im Rahmen der Gesamtentwicklung zu verorten, ohne dass wir die sozialen Bewegungen selbst ihrer Bedeutung entsprechend darstellen konnten.

Um trotzdem den Weg zu möglichst umfassenden Informationen über diesen wie auch andere Themenbereiche zu öffnen, schließen sich an jeden Abschnitt dieses Lehrbuchs weiterführende Lesehinweise an. Im Anhang des Buches findet sich ein umfangreiches Glossar mit den wichtigsten Einrichtungen und Personen aus der Geschichte der Sozialen Arbeit, sowie eine Zeittafel und ein auf die Ansprüche eines Lehrbuchs zugeschnittenes Gesamtverzeichnis der vorliegenden Literatur.

Kapitel 2
Die Vorgeschichte (1800–1871)

2.1 Die Industrialisierung und ihre sozialen Folgen

Im Laufe des 18. Jahrhunderts konstituiert sich, was uns bis heute unter dem Begriff der bürgerlichen Gesellschaft vertraut ist. Zwei Entwicklungen haben diesen Entstehungsprozess vor allem geprägt: Der Kampf gegen die Feudalordnung, der in der Französischen Revolution seinen sichtbarsten Ausdruck findet und auch in Deutschland die Demokratisierungsbestrebungen vorantreibt; und die von England ausgehende Industrialisierung, durch die in ganz Westeuropa eine radikale Veränderung aller Arbeits- und Lebensverhältnisse stattfindet.

Während der bis dahin bestehende ständische Feudalismus durch geringe gesellschaftliche Mobilität, ein Übergewicht der Agrarwirtschaft und niedrige Produktivität gekennzeichnet war, werden durch die Demokratisierung und Industrialisierung zu Beginn des 19. Jahrhunderts auch in Deutschland umfassende Umwälzungen ausgelöst. Verstärkt durch den Druck der Staatsverschuldung infolge der immensen Kriegskosten im Kampf gegen die französische Besatzung auf der einen Seite und durch die Einführung aufgeklärter, liberaler Ideen in Wissenschaft und Verwaltung auf der anderen Seite kommt es zu Reformen – trotz des noch vorherrschenden absolutistischen Systems: Eine der wichtigsten Neuerungen ist die „Bauernbefreiung", d.h. die Abschaffung der persönlichen Dienstbarkeit (Oktoberedikt von 1807) in Preußen, die auf dem Lande zur Auflösung der alten, von feudalen Interessen bestimmten Sozialordnungen führt.

„Mit dem Martinitage 1810 hört alle Gutsuntertätigkeit in unseren sämtlichen Staaten auf. Nach dem Martinitage 1810 gibt es nur freie Leute, so wie solches auf den Domänen in allen unseren Provinzen schon der Fall ist; bei denen aber, wie sich von selbst versteht, alle Verbindlichkeiten, die ihnen als freien Leuten vermöge eines Grundstücks oder vermöge eines besonderen Vertrags obliegen, in Kraft bleiben."
(Altmann: Ausgewählte Urkunden zur Brandenburgisch-Preußischen Verfassungsgeschichte, 2. Teil, Berlin 1915, S. 26)

Den Forderungen des liberalen, selbstbewusster gewordenen Bürgertums trägt die preußische Regierung durch folgende Reformen Rechnung:

- durch eine neue Städteordnung (Wahl der Stadtverordneten, welche den Magistrat und die Verwaltung kontrollieren, durch vermögende Bürger),
- durch eine Reform der Staatsverwaltung (Einführung von fünf Fachministerien)
- und im wirtschaftlichen Bereich durch die Gewerbefreiheit,
- Aufhebung der Zünfte und Standesschranken sowie
- die Beseitigung von Handelshemmnissen.

Diese neuen Rechte ermöglichen mehr Freizügigkeit und freie Berufswahl durch die Lösung des einzelnen von alten Gruppen- oder Herrschaftsbindungen (Erbuntertänigkeit und Zünfte) und bewirken einen erheblich höheren Anteil an Mobilität innerhalb der Gesellschaft. Vor allem die Aufhebung der ständischen Schranken, der Ortsbindungen, der Ausbildungsbeschränkungen und der Zunftbeschränkungen, die sich einengend auf Produktionsmengen und Herstellungsweisen ausgewirkt haben, entsprechen den liberalistischen Idealen, welche das aufstrebende Besitzbürgertum als konstitutiv für ein modernes Staatswesen betrachtet.

Vor allem die seit 1815 geforderte bundeseinheitliche Regelung des Handels drängt aufgrund der wirtschaftlichen Expansion zu einem radikalen Abbau der innerdeutschen Zölle, die bis 1833 (Zusammenschluss der Mittelstaaten mit dem preußischen Zollverein) die Binnenwirtschaft behindert hatten und zur gleichzeitigen Einrichtung von Schutzzöllen nach außen.

Alle diese Maßnahmen sind zugleich Voraussetzung und Folge des Aufbaus der deutschen Industrie in großem Maßstab: Weitere wichtige Voraussetzungen werden durch die neuen Erfindungen, namentlich die der Dampfmaschine und des mechanischen Webstuhls, geschaffen, gleichermaßen aber auch durch den Einsatz neuer Rohstoffe (zum Beispiel Zement und Gummi). Die Bereiche, die bis 1871 durch diese Neuerungen besonders stark anwachsen, sind der Bergbau, das Hüttenwesen, die Metallverarbeitung und die Textilindustrie.

Durch die im Zuge der Industrialisierung verstärkte Produktivität kommt es zu einer immensen Kapitalentwicklung – allein die Einnahmen durch die Ausfuhr von Fertigwaren steigen zwischen 1830 und 1870 von zwei Millionen auf über eine Milliarde Mark.

Die sozialen Folgen dieser wirtschaftlichen Entwicklung, die durch eine erhebliche Vergrößerung des Angebots, steigende Konkurrenz, Rationalisierungsdruck, sinkende Preise und fallende Löhne gekennzeichnet ist, sind Landflucht, Verelendung durch konjunkturabhängige Massenarbeitslosigkeit und Zerstörung der traditionellen Lebenszusammenhänge (Entwurzelung), sowie zunehmende soziale Unruhen, vor allem in Folge der wirtschaftlichen Krisen (zum Beispiel der Gründerkrach der späten 1870er Jahre). Auf diesen Bereich wird später noch ausführlich einzugehen sein.

Frühkapitalistische Industrieanlage

„Inmitten der politischen Kämpfe trat zum ersten Mal in Preußen ein Ereignis ein, welches die tiefen Missverhältnisse und die Gärung des gesellschaftlichen Lebens enthüllte – ein Aufstand der Weber im schlesischen Gebirge. Die Leinwandweberei, sonst einer der blühendsten Industriezweige Schlesiens, ging von Jahr zu Jahr einem gänzlichen Verfall entgegen. Die Folge davon war, dass eine Menge von Arbeitern unbeschäftigt, brotlos umhergingen. Dazu kam, dass viele Fabrikherren auch die beibehaltenen Arbeiter der höchsten Not preisgaben, indem sie den Arbeitslohn fort und fort herabdrückten. Vergeblich wurden die Fabrikherren auf die Härte dieses Verfahrens aufmerksam gemacht, vergebens wurde die Regierung ersucht, sich der unglücklichen Arbeiter anzunehmen. Bedrohliche Symptome der Unzufriedenheit zeigten sich schon Ende des Winters 1843. 1844 kam es dann zum Ausbruch des Aufstands."
(Aus: Die Gegenwart. Enzyklopädische Darstellung der neuesten Zeitgeschichte, Leipzig 1848)

Die politische Entwicklung, die bisher von den Fürsten und der Kirche bestimmt wurde, gerät im 19. Jahrhundert zunehmend unter den Einfluss der Wirtschaft. Stand die Französische Revolution noch ganz im Zeichen geistig-politischer Erneuerung, geraten die politischen Konflikte (namentlich die 1830er und die 1848er Revolution) immer mehr in den Sog der durch die Industrialisierung geschaffenen Klassengegensätze. Dem Staat geht es nun, neben der Aufrechterhaltung der politischen Ordnung, um die zunehmend eng mit dieser verknüpfte Gewährleistung der Produktionsbedingungen für die Industrie – gegen die Interessen der Mehrheit der Bevölkerung. Auch wenn auf der politischen Ebene die Auseinandersetzungen um Nationalstaat, Parlamentarismus und monarchistische Restaurationsbestrebungen im Vordergrund stehen mögen, zeichnet sich vor allem bei den in der Mitte des Jahrhunderts erfolgenden Parteiengründungen (Konservative, Liberale und Sozialdemokratie) das wirtschaftlich geprägte Spektrum der Interessen von den Landjunkern/Großgrundbesitzern über die Unternehmer bzw. Akademiker bis zur Arbeiterschaft ab.

Flugblatt zum 1. Mai 1896

Als wichtigste Reaktion auf die wirtschaftliche Entwicklung ist jedoch die Gründung der Gewerkschaften zu bewerten, die sich in den 1870er Jahren aus den Arbeiter- und Handwerkervereinen heraus entwickeln (Hirsch-Dunckersche Gewerkvereine, sozialdemokratische Gewerkschaften und christliche Gewerkschaften), aber erst nach der Aufhebung der Sozialistengesetze im Jahre 1890 zur vollen Wirksamkeit gelangen.

Von großer Bedeutung für die ländliche Bevölkerung ist der Aufbau des Genossenschaftswesens durch die Initiative von Friedrich Wilhelm Raiffeisen (1818–1888), welcher als Ergänzung zu den klerikal und feudal strukturierten Hilfen für die notleidende Bevölkerung ein Selbsthilfeprogramm ins Leben gerufen hat, das auf Bildung, Solidarität und Nachbarschaftshilfe basiert (vgl. Hering 2012, S. 29-38).

Auch die traditionsreiche Institution „Kirche“ (die katholische ebenso wie die evangelische) kann sich den Entwicklungen der neuen Epoche nicht verschließen. Die Kirchen verlieren ihr Monopol, das sie durch ihren karitativen Einsatz weitgehend auf dem Gebiet der „socialen Liebesthätigkeit" beanspruchen konnten, da das Ausmaß der industriellen Verelendung den bisherigen Rahmen der Wirkungsmöglichkeiten bei weitem übersteigt. Gleichzeitig eröffnen sich ihnen zahlreiche neue Tätigkeitsbereiche, die sie zunehmend in Abstimmung mit der sich entwickelnden kommunalen Armenfürsorge wahrnehmen.

Der Blick auf die Entwicklungen des 19. Jahrhunderts bliebe unvollständig, würde man sich, der Gewohnheit der meisten Geschichtsbücher folgend, ausschließlich auf die Bereiche der großen politischen Auseinandersetzungen und der wirtschaftlichen Neuerungen beschränken.

Die Umwälzungen, die in Deutschland im 19. Jahrhundert stattfinden, sind aus tief greifenden gesellschaftlichen Bewegungen hervorgegangen – und haben diese gleichzeitig entscheidend befördert: Die Emanzipationsbewegung der Juden, die Frauenbewegung und vor allem die Arbeiterbewegung haben als soziale Bewegungen den Humus für die tatsächliche Demokratisierung der Gesellschaft geliefert, aus der heraus das Modell für unseren heutigen modernen Staat erwachsen ist. Weder Arbeitsschutz und Sozialgesetzgebung noch die Gleichberechtigung der Geschlechter wären ohne diese sozialen Bewegungen denkbar gewesen, ebenso wenig wie das Prinzip egalitärer Bildungschancen, das Genossenschaftswesen und die Volksbildung. Literatur und Bildende Kunst haben diese Anliegen ebenso widergespiegelt wie beflügelt.

2.2 „Überleben kann nur, wer arbeitet!" (Lily Braun) Die Lage der Klientel bis 1871

Zwischen dem Jahre 1800 und der Reichsgründung 1871 verdoppelt sich annähernd die Zahl der Menschen in Deutschland (sie steigt von 24,5 Millionen auf über 40 Millionen) und ein erheblicher Anteil der Landbevölkerung zieht in die Städte. Ursachen der Bevölkerungsexplosion sind u.a. die Ausweitung der medizinischen Versorgung, neue Hygienevorschriften und ein verbesserter Lebensstandard. Durch neue Anbau- und Düngemethoden verbessert sich die Ernährungssituation der Bevölkerung, und die epidemisch auftretenden Hungersnöte nehmen in Deutschland ab. Die Säuglingssterblichkeit sinkt, und die durchschnittliche Lebenserwartung steigt von unter 30 Jahren bei männlichen und ca. 35 Jahren bei weiblichen Neugeborenen zu Beginn des 19. Jahrhunderts auf 47 Jahre bzw. 51 Jahre um 1900.

Gleichzeitig sind aber auch die Lebensrisiken gestiegen: Die Aufhebung des so genannten feudalen Bauernschutzes hat zwar zu einer größeren Autonomie der Landbevölkerung geführt, aber auch zu Existenzbedrohungen durch Missernten und Seuchen, zu Zahlungsunfähigkeit aufgrund der Entschädigungen, die dem vormaligen Besitzer des Grund und Bodens zu entrichten sind, zu notgedrungener Lohnarbeit außerhalb des eigenen Hofes und damit zu weitgehend ungesicherten Einkommens- und Lebensverhältnissen. Durch diese allgemeine Misere kommt es zur Landflucht und zu Ansiedlungen mit bisher unbekannter Bevölkerungsdichte in den schnell anwachsenden Großstädten. In Berlin wächst die Einwohnerzahl von 187.717 im Jahre 1815 auf 702.437 im Jahre 1867. Die Menschen, die in die Städte kommen, erhoffen sich hier Arbeitsmöglichkeiten, die sich ihnen auf dem Lande nicht mehr bieten und vielleicht sogar einen Anteil an dem Reichtum, den das jähe wirtschaftliche Wachstum abwirft.

Aber in den Städten ist im Bereich des Handwerks und der Fabriken eine ähnliche Entwicklung zu beobachten wie in der Landwirtschaft: Die neue Gewerbefreiheit stärkt das Konkurrenzprinzip und führt dadurch zur Spaltung in immer weniger Großbetriebe auf der einen Seite und auf der anderen Seite zu immer mehr Pleiten bei den Kleinbetrieben, deren ehemalige Eigentümer nun ihre Arbeitskraft in der Fabrik verkaufen müssen.

„Die Maschinen machten die große Masse des Volkes abhängig von ihren Besitzern; sie rissen die Menschen aus dem eigenen Haus, der eigenen Werkstatt heraus, beraubten sie ihrer eigenständigen Existenz und zogen auch die Frauen in ihre Dienste, weil sie ungelernte Arbeitskräfte brauchten und die billigsten die willkommensten waren."
(*Lily Braun: Die Frauenfrage, Bonn 1979, S. 216*)

Das Sinken der Löhne aufgrund des Überangebots an Arbeitskraft und der steigenden Lebenshaltungskosten in der Stadt zwingen das im Zuge dieser Entwicklung entstehende Proletariat dazu, alle Familienmitglieder am Erwerbsleben zu beteiligen. Das heißt: Wochenarbeitszeiten von bis zu 90 Stunden, lange Anmarschwege, keine Arbeitspausen, keine Sonntagsruhe, gesundheitsgefährdende und unfallträchtige Arbeitsbedingungen. Von diesen unmenschlichen Verhältnissen sind Frauen und Kinder gleichermaßen betroffen wie die Männer. Erst ab 1840 gibt es einen Kinderschutz, der die Minderjährigen wenigstens vor Nachtarbeit bewahrt und ihre Arbeitszeiten auf zehn Stunden täglich begrenzt, aber es fehlt bis in das letzte Drittel des Jahrhunderts hinein an Gewerbeinspektoren, welche die Einhaltung dieser Auflagen überprüfen. Frauen sind lediglich vor Schwerstarbeit geschützt und können mit keinerlei Mutterschutz rechnen.

Dass aufgrund dieser Erleichterungen die Löhne der Frauen und Kinder erheblich niedriger als die ihrer männlichen Kollegen sind, wird von den im Entstehen befindlichen gewerkschaftlichen Interessenvertretungen der Arbeiterschaft allerdings nicht zum Anlass genommen, sich mit den Frauen und Kindern zu solidarisieren und um höhere Löhne für sie zu kämpfen. Im

Gegenteil: Aufgrund der schlechteren Bezahlung gelten Frauen und Kinder als „Schmutzkonkurrenz“, welche die Löhne drücken und ausgegrenzt werden müssen.

Kinderarbeit

Dennoch erscheint vielen Frauen die Arbeit in der Fabrik noch verlockender als die Abhängigkeiten und Erniedrigungen, die das Dasein als Dienstmädchen mit sich bringt, das in der Regel weder über einen eigenen Schlafraum noch über einen Feierabend verfügt und meist nur unregelmäßig am Sonntagnachmittag Ausgang hat. Aufgrund ihrer Zugehörigkeit zur Unterschicht durch keinerlei Moralcodices geschützt, werden viele Dienstmädchen von dem Hausherrn oder dessen Söhnen geschwängert, unweigerlich entlassen und sind für den Rest ihres durchweg kurzen Lebens in der Regel auf die Prostitution als Lebensunterhalt angewiesen.

Unwesentlich besser ist die Lage der Verkäuferinnen. Dennoch ziehen beide Berufe Millionen junger Mädchen vom Land in die Stadt, weil, aller bekannter Risiken zum Trotz, bei jeder Einzelnen, die sich entschließt „in Stellung zu gehen“, die Hoffnung besteht, durch die Eheschließung mit einem „anständigen jungen Handwerksburschen“ dem vorgezeichneten Schicksal zu entgehen.

„Die Dienstvermittlung ruht fast ausschließlich in den Händen privater Vermittler. Ein Blick in das Wartezimmer einer großstädtischen Vermittlerin enthüllt für den, der sehen will, oft mit einem Schlage das ganze Elend des Dienstbotenlebens. Da stehen dicht gedrängt die Mädchen, vor ihnen die feilschenden ‚Gnädigen‘ mit prüfenden Blicken und Fragen – ein Sklavenmarkt mit all seinen Schrecken.“
(*Lily Braun: Die Frauenfrage, Bonn 1979, S. 395*)

Die Lebens- und Arbeitsbedingungen von Frauen, Männern und Kindern des Proletariats in den Städten sind, fassen wir die Fakten noch einmal zusammen, durch einen grundsätzlichen Mangel an jeglichem Schutz gekennzeichnet: überleben kann man nur, solange man arbeitet. Wer alt ist oder krank wird, ist verloren. Die traditionelle Absicherung durch den – auch noch so kleinen – Hof und den Familienverband ist nicht mehr da. Man wohnt in Elendsquartieren zur Miete, kalt und feucht, selten in mehr als der Küche und einem Zimmer. Die Löhne in den Fabriken und bei den Dienstboten reichen kaum dazu aus, weitere Personen mit zu ernähren oder etwas für das Alter oder den Krankheitsfall zurückzulegen. Die kleinen Kinder bleiben unbeaufsichtigt, die größeren werden zur Mitarbeit herangezogen. Die Einhaltung der ohnehin im besten Fall auf sechs Jahre begrenzten Schulpflicht wird nur sporadisch überprüft.

„In Elberfeld allein werden von 2500 schulpflichtigen Kindern 1200 dem Unterricht entzogen und wachsen in den Fabriken auf, bloß damit der Fabrikherr nicht einem Erwachsenen, dessen Stelle sie vertreten, das Doppelte des Lohnes zu geben nötig hat, das er einem Kinde gibt. Die reichen Fabrikanten aber haben ein weites Gewissen, und ein Kind mehr oder weniger verkommen zu lassen, bringt keine Pietistenseele in die Hölle, besonders, wenn sie alle Sonntage zweimal in die Kirche geht.“
(*Auguste Cornu: Karl Marx und Friedrich Engels. Leben und Werk, Bd. 1, Berlin 1954, S. 185*)

Die Auswirkungen dieser Bedingungen sind so verheerend, dass die Notwendigkeit zu Einkommensverbesserungen und Versicherungsschutz unabweisbar wird – zumal auf der Grundlage der Marx'schen Kritik an dem kapitalistischen System (das „Kommunistische Manifest“ erscheint 1848) die Frage nach der Rechtmäßigkeit der Besitzverhältnisse in den Fabriken auftaucht. Soll eine weitere Revolution, diesmal im Zeichen des sich erhebenden Proletariats, verhindert werden, sind Reformen also dringend geboten. Das heißt, die im Entstehen begriffenen Interessenvertretungen der Arbeiterklasse, die Gewerkschaften und die Sozialdemokratie, müssen zumindest partiell in die politischen Entscheidungsprozesse eingebunden werden, und der Lebensstandard des einzelnen Individuums ist zumindest so weit anzuheben, dass die allgemeine Unzufriedenheit nicht „auf die Straße drängt“. Und letztlich heißt dies, dass ein soziales Netz geschaffen werden muss, das alle jene auffängt, die trotz Interessenvertretung und Versicherungsleistungen der Not anheimfallen: Es ist die Geburtsstunde der modernen Sozialpolitik und mit ihr der Sozialen Arbeit.

2.3 Das Ende der individuellen „Liebesthätigkeit“. Sozialpolitik und Armenpflege bis 1871

Fassen wir noch einmal die Ausgangslage zusammen: Die Ausweitung punktueller Armutsprobleme zum Massenelend und die Ablösung der agrarwirtschaftlichen (Missernten) und politischen (Kriege) Ursachen zugunsten von primär ökonomisch-strukturellen Faktoren fällt in die Zeit zwischen den Krisen am Ende der napoleonischen Kriege (1816/1817) und der 1848er Revolution. Die Entwicklung der industriellen Produktion in Deutschland ist noch längst nicht fortgeschritten genug, um das drastische Missverhältnis zwischen Arbeitsuchenden und offenen Arbeitsstellen auffangen zu können. Es entsteht eine neue, aus den Bindungen der Ständegesellschaft herausfallende Armut, für die sich der aus England, wo diese Entwicklung früher stattfindet, stammende Terminus Pauperismus einbürgert.

Weil in diesem Pauperisierungsprozess des Kleinhandwerkers, der Landarbeiterin und des Tagelöhners die traditionellen Bindungen zerstört werden, entfaltet er eine neue, systemsprengende Qualität: Die Armut ist nicht mehr integrierter Bestandteil der ständischen Ordnung, sondern wird zu einer Anklage gegen die neue gesellschaftliche Ordnung. Die Einsicht in die veränderten Zusammenhänge des Elends beunruhigt das Bürgertum zutiefst. In den dreißiger und vierziger Jahren bürgert es sich ein, von der sozialen Frage zu sprechen. Es entsteht eine Fülle von Literatur zum Problem des Pauperismus und es gibt zahlreiche Vorschläge zur Lösung der sozialen Frage, aber auch praktische Versuche, durch Vereine, Unterstützungskassen, karitative und philanthropische Einrichtungen die soziale Not zu mildern. Einige Unternehmer richten selbst Kranken- und Altersversorgungskassen ein (zum Beispiel Krupp bereits im Jahre 1835), in der Regel sind es aber die Kirchen und die Gemeinden, deren Almosen bzw. deren Unterstützungspflicht gegenüber den Armen in Anspruch genommen wird.

Speisung der Armen

Erst langsam tritt der Umstand ins Bewusstsein, dass die Probleme nicht nur sozialer Natur sind, sondern sehr schnell auch politisch werden könnten, wenn sich der „Pöbel zum Proletariat" wandelt (Conze 1966). Deshalb verlässt man sich vorerst darauf, dass einzelne Maßnahmen der Unternehmer und der Gemeinden das Elend so weit einzudämmen vermögen, dass es nicht zu sozialen Unruhen kommen wird.

> „Die wirklichen Lebensumstände des Proletariats sind so wenig bekannt unter uns, dass selbst die wohlmeinenden ‚Vereine zur Hebung der arbeitenden Klassen', in denen jetzt unsere Bourgeoisie die soziale Frage misshandelt, fortwährend von den lächerlichsten und abgeschmacktesten Meinungen über die Lage der Arbeiter ausgehen. Uns Deutschen tut vor allem eine Kenntnis der Tatsachen in dieser Frage not. Und wenn auch die proletarischen Zustände Deutschlands nicht zu der Klassizität ausgebildet sind wie die englischen, so haben wir doch im Grunde dieselbe soziale Ordnung, die über kurz oder lang auf die Spitze getrieben werden muss, falls nicht beizeiten die Einsicht der Nation Maßregeln zustande bringt, die dem ganzen sozialen System eine neue Basis geben."

In der Zeit von 1830 bis 1860, in der das Ausmaß und das Elend der Massenarmut kulminieren, finden sich infolge der genannten Einstellung noch keine sozialpolitischen, sondern nur repressive staatliche Reaktionen. Nachdem die Aufstände von 1830 und 1848 niedergeschlagen sind, zielen die allgemeinen Bemühungen vorrangig auf den Erhalt der traditionellen Lebensformen (Stärkung der Familie, Erhaltung der Gottesfurcht, Bewahrung des obrigkeitlichen Gehorsams). Es kommt in dieser Zeit, die auch als Biedermeier in die Geschichte eingegangen ist, zu einer Werteoffensive zugunsten von Schlichtheit und Frömmigkeit, Behaglichkeit und Innerlichkeit.

Die Nichtinterventionspolitik des Staates gegenüber dem Massenelend ist in der konjunkturellen Aufschwungphase, der so genannten „liberalistischen Phase" von 1849 bis 1873, ökonomisch durchaus funktional und politisch nach der Niederwerfung der Revolution von 1848 von begrenzbarem Risiko: Denn in dieser Zeit geht es vorrangig um die Produktion eines ausreichenden Potentials an Arbeitskräften und um die aktive Proletarisierung, d.h. die Durchsetzung der Lohnarbeiterexistenz, die auf dem alltäglichen Verkauf der Arbeitskraft basiert, als normale Lebensform für die Mehrheit der Bevölkerung.

Weil die Industrie im Zuge ihres Aufschwungs als Auffangbecken für die Armutsbevölkerung sorgt, indem sie den Arbeitslosen Arbeit gibt, besteht also kein Anlass zu staatlicher Intervention, geschweige denn zu sozialpolitischen Überlegungen. Wohl aber ergibt sich daraus ein Anlass zur Umorganisation der Armenpflege, weil die Zahl all jener, die vom Aufschwung nicht aufgefangen werden, zu groß ist, um sie mit den hergebrachten Mitteln angemessen zu versorgen.

Es ist wichtig, sich klar zu machen, dass in diesen Jahren vor 1871 noch nicht die Grundlagen der modernen Sozialarbeit gelegt werden, die ganz anderen Prämissen und Strukturprinzipien folgen wird. Es handelt sich stattdessen um eine Umbruchsituation, in der die alten Erklärungsmuster und Hilfsstrukturen noch wirksam sind, aber den gewachsenen Anforderungen angepasst werden müssen. Es entsteht dadurch auf allen Ebenen eine Gemengelage von Alt und Neu, die, auch dies ist zu beachten, vor der Reichsgründung starken regionalen Unterschieden unterworfen ist.

Neben den zunehmend lautstärker werdenden Stimmen, welche die Armut politisch interpretieren und sie als soziale Frage auch einer politischen Lösung zuführen wollen, so die zeitgenössischen Theoretiker der Arbeiterbewegung von damals, gibt es noch immer eine Mehrheit, die auf dem Standpunkt steht, dass Armut zwar nicht als gottgewollt, wohl aber als selbstverschuldet zu betrachten sei.

Unterstützt werden diese konservativen Kräfte durch die Vertreter des neuen Wirtschaftsliberalismus, welche auf das freie Spiel der Kräfte setzen, d.h. auf die Selbstheilungskräfte des freien Marktes, und deshalb in der Armenunterstützung eine wesentlich größere Gefahr sehen als in der Armut selbst.

Aus einem derartigen Standpunkt leitet sich ganz logisch die Konsequenz ab, dass eine Armenfürsorge, soweit sie überhaupt notwendig ist, repressiven Charakter haben muss, um hinreichend abschreckend zu wirken. Entsprechend wird die staatliche Armenpflege in diesen Jahren als ein Hilfssystem etabliert, auf das es keinerlei Rechtsanspruch gibt und welches der Armenpolizei angegliedert ist. Ihr Ziel ist nicht die gezielte Hilfe für Einzelne oder Gruppen, sondern die Aufrechterhaltung der öffentlichen Ordnung; sie ist deshalb vor allem gegen das Bettler- und Hausiererwesen gerichtet. Es wird zudem nur so viel Unterstützung gewährt, dass der Arbeitswille dadurch nicht untergraben wird. Außerdem wird die Unterstützung mit einem Maximum von Diskriminierung und Stigmatisierung verbunden, allem voran die Aberkennung der Bürgerrechte. Beaufsichtigt werden die Armen entweder von der Polizei oder von einem Armenvogt, später Armenpfleger, der sie wie ein Vormund beaufsichtigt.

„Die Arbeitshausstrafe, welche vor 1871 in vielen deutsche Staaten (zum Beispiel Sachsen, Bayern usw.) bestand, ist durch das Reichsstrafgesetzbuch beseitigt; dagegen können aufgrund des Paragraphen 362 dieses Strafgesetzbuches gewisse liederliche oder arbeitsscheue Personen (insbesondere Bettler, Landstreicher, Prostituierte) nach verbüßter Strafe durch die Landespolizei in ein Arbeitshaus geschafft und dort bis zu zwei Jahren untergebracht oder mit gemeinnützigen Arbeiten beschäftigt werden. Die erfahrungsgemäß unwirksame Haftstrafe führte zu dieser ergänzenden Bestimmung des Gesetzes."
(*Brockhaus Konversationslexikon von 1903, Bd. 1, S. 825*)

Diese Armenpolitik nimmt weder individuelle Problemlagen zur Kenntnis, noch ist sie in der Lage, diese zu berücksichtigen; sie weist zwar spärliche Mittel zu, bietet aber keinerlei menschliche Unterstützung. Unausweichliche Folge dessen ist, dass sich eine immer größer werdende Masse von Armen bildet, der zuzuwachsen, sei es durch Krankheit, Unfall oder Arbeitslosigkeit, ganz leicht, von der wieder loszukommen aber fast unmöglich ist. So zeigen sich die Armen statisch, hilflos und unbelehrbar, gerade wie auf dem Bild, das sich die Obrigkeit von ihnen macht, weil man ihnen systematisch und nachhaltig Entwicklung, Hilfe und Beratung verweigert.

„Fasst euch ein Herz und tretet ein! Ihr findet hier keine Soldaten, und dennoch wohnen Krieger darin, aber überwundene. Ihr Feind, dem sie unterlagen und bei jeder neuen Anstrengung täglich aufs Neue unterliegen – dieser Feind ist die Armut. Auf seiner Seite streiten als treue Alliierte der Hunger, die Blöße, der Frost. Wie sollten waffenlose, d.h. mittellose Männer, Frauen und Kinder den ungleichen Kampf bestehen können? Seht euch den Aufenthalt der Armut genau an! Hier, der Fußboden, aus Mauerziegeln bereitet, voller tiefer Gruben, schreitet mit Vorsicht über sie, ihr wagt eure Glieder; die Kinder, die hier hausen, mögen sie brechen, was liegt uns dran? Betrachtet die mit Papier notdürftig verklebten Fenster, den Ofen mit seinen Rissen, seiner mangelnden Tür und dann die Röhre mit ihren kopfgroßen Löchern, und – ihr werdet begreifen, dass hier das Feuer unmöglich ist. Ihr werdet begreifen, dass die Bewohner frieren. Da steht ein Ofen mit ganzer Röhre, es ist Feuer drin, aber der Rauch in der Stube erstickt euch. Die Insassen, sie weinen vor Rauch? O nein! Sie weinen vor Frost und Hunger."
(*Wilhelm Wolff: Die Kasematten in Breslau, Berlin 1909*)

Landstreicher

Verbesserungen finden im Rahmen der öffentlichen Armenpflege in den Jahren bis 1871 u.a. nach dem Vorbild des preußischen Gesetzes über die Verpflichtung zur Armenfürsorge (1842) und den Neuerungen des so genannten Elberfelder Systems statt. Durch das preußische Armenfürsorgegesetz kommt es (nach 1871 reichsweit) zu der Neuregelung, dass nicht die Gemeinde, in der man geboren ist, sondern diejenige, in der man zurzeit lebt, für die Fürsorge in Notfällen verantwortlich ist. Damit wird das so genannte „Heimatprinzip" durch das „Wohnsitzprinzip" abgelöst. Weiterhin regelt das Gesetz Fragen der Kostenübernahme und der Zuständigkeiten, soweit verschiedene Stellen mit der Unterstützung befasst sind.

Vorläufer des Elberfelder Systems ist das Hamburger System. Dieses stellt noch keinen gemeindezentrierten Ansatz zur Armenpflege dar, sondern basiert auf dem damals üblichen Anstaltsprinzip, durch das die Armen ausgesondert und gemeinsam betreut werden. Wegweisend am Hamburger System ist der Umstand, dass es bereits eine große Zahl ehrenamtlicher Bürger gibt, die als Armenpfleger arbeiten und sich auf die 60 Bezirke, in die Hamburg damals aufgegliedert ist, aufteilen. Diese Armenpfleger prüfen jeden Einzelfall mit einem standardisierten Erhebungsbogen und unterbreiten dann ihre Vorschläge zum weiteren Verfahren. Dieses Verfahren unterliegt dem Prinzip, jeden, soweit möglich, zur Arbeit heranzuziehen. Die Armenpflege unterhält zu diesem Zweck eine eigene Spinnanstalt, in der sie vorwiegend Frauen beschäftigt, sowie eine Spinnschule für die Kinder, die nach dem neunten Lebensjahr in eine Industrieschule überleitet, in der neben handwerklicher Arbeit zwei Stunden täglich Lesen, Schreiben, Rechnen und Religion unterrichtet wird.

„In Deutschland, wo die offene Unterstützung, die Hausarmenpflege die Grundlage der Fürsorge bildet, an die sich die Anstaltsversorgung angliedert, lassen sich die Probleme am einfachsten an den drei großen Formen darlegen, die nacheinander in der gemeindlichen Armenpflege als mustergültig angesehen wurden und die nach den Städten, die sie nicht entdeckten, aber zuerst planmäßig durchführten als Hamburger, Elberfelder und Straßburger System bezeichnet werden, von dem das erste am Anfang des 19. Jahrhunderts, das zweite in seiner Mitte und das dritte an seinem Ende steht."
(Christian J. Klumker: Fürsorgewesen, Leipzig 1918, S. 48f.)

Das Elberfelder System, das auf der Basis der Armenordnung der Stadt Elberfeld 1853 in Kraft tritt, definiert die Armenpflege ebenfalls als kommunale Aufgabe, der sie durch ehrenamtliche Armenpfleger, denen jeweils ein kleines städtisches Quartier zugewiesen wird, nachzukommen versucht. Diese Quartiere sind kleine Wohneinheiten, in der Regel ein paar Häuserblocks, von denen es in Elberfeld ca. 140 gibt. Jeweils 14 Quartiere werden zu einem Bezirk zusammengefasst, der von einem auch ehrenamtlich arbeitenden Bezirksvorsteher betreut wird. Der Armenpfleger wohnt in seinem

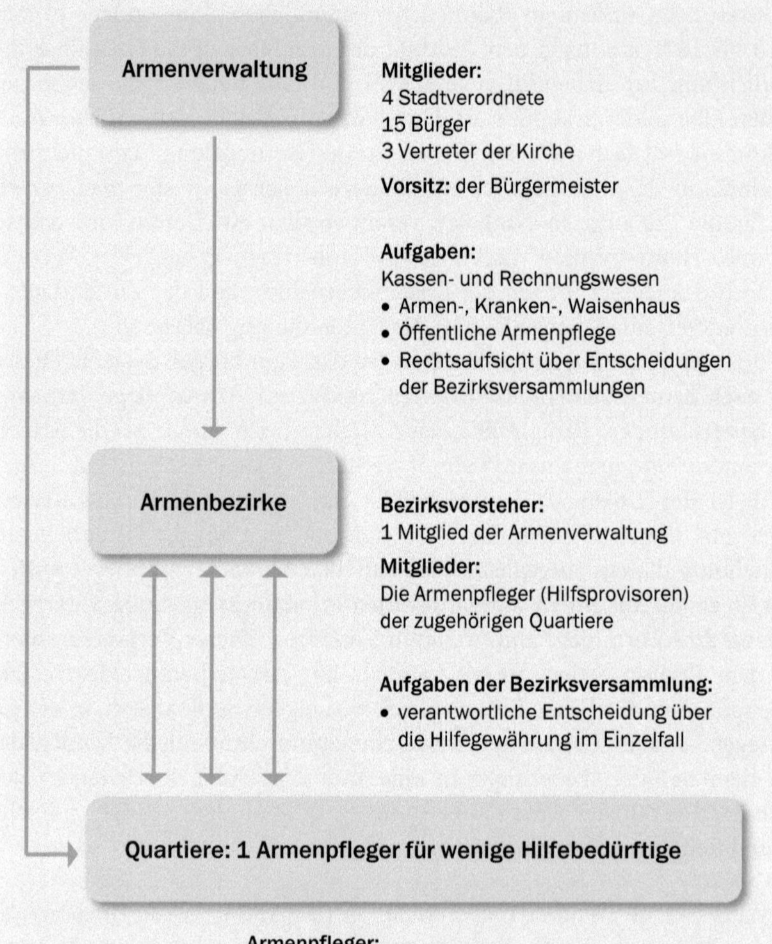

Armenpfleger:
Auf Vorschlag der Kirchen gewählt von der Stadtverordnetenversammlung

Aufgaben:
- Entgegennahme von Hilfeanträgen durch Bedürftige
- Prüfung der Verhältnisse
- Einbringung in die Bezirksversammlung
- deren Beschluss dem Armen bekanntgeben und ihn durchführen
- regelmäßige Kontrollbesuche
- Führung von „Abhörbögen“
- erzieherischen Einfluss auf Lebensführung der Armen

Das Eberfelder System

Quartier und kümmert sich im Durchschnitt um drei bis vier Personen bzw. Familien. Dadurch ist er für die Hilfesuchenden schnell zu erreichen, hat sie jedoch seinerseits auch immer im Blick. Er kennt ihre Lebensumstände genau und ist Zeuge ihrer Entwicklung. Um nicht zu eng in die nachbarschaftlichen Bindungen hineinzugeraten, hat er über seine Entscheidungen bezüglich der zu bewilligenden finanziellen Zuwendungen dem Bezirksvorsteher und mit diesem zusammen der städtischen Armenverwaltung Rechenschaft abzulegen.

Die beachtlichen Erfolge (namentlich das Absinken der Zahl der Unterstützungsanträge) des Elberfelder Systems tragen dazu bei, dass es im Laufe der folgenden Jahre von fast allen größeren Städten als Prinzip der öffentlichen Armenpflege übernommen wird. Problematisch erweist es sich dagegen in den Großstädten mit Massenelendsquartieren, die zunehmend getrennt von den Wohngebieten der Bürgerfamilien entstehen. Hier wird es schwierig, ehrenamtliche Armenpfleger zu finden, die in der Nachbarschaft ansässig sind. Probleme bereiten auch die hohe Mobilität und die steigende Komplexität der Problemlagen, denen die unausgebildeten Helfer sich nicht mehr gewachsen fühlen. Nicht zuletzt aufgrund dieser Ursachen wird das Elberfelder System vor allem in den Großstädten zunehmend von anderen Formen der Armenfürsorge, zum Beispiel dem Straßburger System, abgelöst.

Neben der kommunalen Armenfürsorge ist es aber vor allem die „freie Liebesthätigkeit" der Kirchen und die private Wohltätigkeit der Vereine, welche das Bild der sozialen Unterstützung im 19. Jahrhundert prägen. Den größten Umfang haben dabei die Aktivitäten der katholischen Kirche, die auf eine bereits aus dem Mittelalter stammende Tradition der Armenfürsorge und Krankenpflege zurückblicken kann. So sind die katholischen Ordensschwestern die ersten Personen in Deutschland überhaupt, die im Bereich der Armen- und Krankenpflege eine Ausbildung erhalten und diese Tätigkeit berufsmäßig ausüben. Die Orden (namentlich die Augustinerinnen, Franziskanerinnen und Benediktinerinnen) gründen Waisen- und Armenhäuser, Zufluchtsstätten und zahlreiche Schulen und Erziehungsanstalten, welche zum Teil auch im 19. Jahrhundert noch existieren und einen beträchtlichen Beitrag zur Betreuung in Not Geratener leisten.

Ebenso wie die Orden sind auch die Bischöfe, zu deren Oberaufsicht zahlreiche Werke der Armenfürsorge zählen, jedoch nicht bereit, mit staatlichen oder kommunalen Instanzen zusammenzuarbeiten. Aus der Sicht der katholischen Kirche kann es für die Liebestätigkeit keine anderen Motive geben als ausschließlich die der christlichen Nächstenliebe. Aus dieser Ablehnung staatlich-interventionistischer Wohlfahrtspflege heraus wird verständlich, dass die katholische Kirche sich erst relativ spät und zögernd dazu entschließt, eine in das Gesamtspektrum der sozialen Einrichtungen integrierte Wohlfahrtsorganisation ins Leben zu rufen. Der in diesem Sinne gegründete Caritas-Verband entsteht 1897 in Freiburg.

Ganz anders gelagert ist die Armenfürsorge in der evangelischen Kirche, in der nicht die Amtsperson, sondern die Gemeinde Ausgangspunkt für soziale Initiativen sein soll. Diese Initiativen liegen deshalb traditionsgemäß nicht in der Hand des Pastors, sondern des Kirchenvorstands. Die evangelische Kirche ist im Gegensatz zur katholischen Kirche grundsätzlich bereit, mit den kommunalen Stellen zusammenzuarbeiten und versucht schon frühzeitig, mit diesen eine sinnvolle Arbeitsteilung zu vereinbaren, sei es durch die intensive Betreuung von Einzelfällen, sei es durch die Gründung spezieller Einrichtungen wie Waisenheime oder Wöchnerinnen-Asyle. Besonders hervorzuheben ist in diesem Zusammenhang die süddeutsche Rettungshausbewegung und die Gründung des Rauhen Hauses in Hamburg durch Johann Hinrich Wichern in den 1840er Jahren.

Neben der Arbeit in den Gemeinden und den daraus hervorgehenden Einzelinitiativen schafft sich die evangelische Kirche durch die Gründung von Diakonissen- und Bruderhäusern eine den katholischen Orden vergleichbare Organisation zur Armen- und Krankenpflege, die, u. a. durch die Anregung Amalie Sievekings im Jahre 1832, von dem Pfarrer Theodor Fliedner mit der Etablierung des Diakonissenberufes 1861 neue und zukunftsweisende Dimensionen bekommt.

Gleichermaßen ist die Innere Mission zu nennen, die auf Initiative von Johann Hinrich Wichern in Reaktion auf die Revolutionsereignisse von 1848 ins Leben gerufen wird: Gegen die „verderblichen Tendenzen" des Kommunismus und den bürgerlichen Atheismus soll die Innere Mission zu einer christlichen Selbstbesinnung und zur Koordination der zerstreuten Aktivitäten der christlichen Liebestätigkeit führen. Nach der Initialzündung kommt es rasch zu zahlreichen Gründungen von Stadtmissionen, vor allem in den großen Industriestädten, welche sich in den darauf folgenden Jahren trotz der Eigenständigkeit (im modernen Sinne eines Wohlfahrtsverbands) zu einem wichtigen Partner der kommunalen Armenfürsorge entwickeln.

Vor 1871 sind im Bereich der freien Liebestätigkeit nicht nur die Kirchen und die ihnen angegliederten Organisationen aktiv. Es gibt zahlreiche freie Vereine, die aus den unterschiedlichsten Motiven einen Beitrag zur Armenfürsorge leisten. Um aus diesem Spektrum nur zwei Beispiele zu nennen, sei auf den „Frauenverein zur Unterstützung der Armenpflege" hingewiesen, der 1849 in Hamburg von Charlotte Paulsen gegründet wird und freisinnigen ebenso wie emanzipatorischen Motiven entspringt, und auf die diametral am entgegengesetzten Pol der Interessen stehenden Vaterländischen Frauenvereine, zu deren Gründung von Königin Augusta von Preußen im Jahre 1866 aufgerufen wurde.

„Das Zeitalter des Emporblühens der Industriestädte fand allerwärts die Frauen mit der Gründung von Volksküchen beschäftigt. Die ersten öffentlichen Speiseanstalten waren schon im Jahre 1848 – nach dem Beispiel der vom Grafen Rumford in München zuerst gegründeten – in Chemnitz, Breslau, Leipzig, Karlsruhe und Köln errichtet. In Berlin ging damit im Jahre 1866 Lina Morgenstern mit großem Erfolg vor."
(Alice Salomon, in: Handbuch der Frauenbewegung, Bd. 2, S. 30)

Während sich der Hamburger Verein nicht der christlichen, sondern der humanen Menschenliebe sowie der demokratischen Idee verpflichtet fühlt, seine Mitarbeiterinnen zu einer eigenständigen Existenz ermutigt und mit dem fortschrittlichen Pädagogen Friedrich Fröbel zusammenarbeitet, sehen sich die Vaterländischen Frauenvereine als Hilfsorganisation, welche sich ausschließlich den Aufgaben widmet, welche sie in den Kriegslazaretten und den städtischen Krankenhäusern zugewiesen bekommt. Ihrer Herkunft nach meist Geheimrats- oder Ministerialratsgattinnen, sind sie weder an höheren Idealen noch an Eigenständigkeit, sondern an Pflichterfüllung und Repräsentation interessiert.

Berliner Volksküche um 1866

Ein weiterer Unterschied zwischen den Vaterländischen Frauenvereinen und dem „Hamburger Frauenverein zur Unterstützung der Armenpflege" ist der Aspekt der Ehrenamtlichkeit bzw. der fachlichen Ausbildung: Der

Hamburger Verein gehört zu den ersten Organisationen in Deutschland, die auf der Basis der Fröbel'schen Pädagogik nicht nur Bürgerkindergärten einrichten, sondern auch ab 1849 Kindergärtnerinnen ausbilden und damit – neben den bereits erwähnten katholischen Ausbildungsgängen im Krankenpflegewesen – erste Ansätze zu einer professionellen Praxis im sozialen Feld schaffen. Bis 1872 gelingt es dem 1860 aus einem Frauenverein hervorgehenden Hamburger Fröbelverein 600 Kindergärtnerinnen auszubilden, welche das „Fröbel'sche System in weitere Kreise des praktischen Lebens" einführen und weit über Deutschlands Grenzen hinaus bekannt machen.

Eine abschließende Bemerkung sei dem Verhältnis von Organisationen und Personen in der sozialen Arbeit des 19. Jahrhunderts gewidmet: Während die Anfänge der kommunalen Wohlfahrtspflege, zum Beispiel das Elberfelder System, durchgängig anhand ihrer Ziele und Strukturen dargestellt werden, tritt uns die gesamte „freie Liebesthätigkeit" der Kirchen und Vereine in den zeitgenössischen Darstellungen stark personifiziert entgegen. Wir haben deshalb in diesem bedeutsamen Sektor der sozialen Arbeit nicht nur Mühe, das zahlreich hinter den Führern stehende Fußvolk zu entdecken, sondern auch die zugrunde liegenden Strukturen zu analysieren. So ist die Rede von „Wichern und das Rauhe Haus", „Fliedner und die Kaiserwerther Diakonie-Gründung", „Amalie Sievekings Kampf gegen die Cholera in Hamburg", „Bodelschwingh und seine lieben Brüder von der Landstraße" – aber Aussagen über die strukturellen Bedingungen und die Folgen ihres individuellen Handelns suchen wir weitgehend vergeblich. Marie Baum macht die Problematik, um die es dabei geht, am Beispiel Bodelschwinghs und seiner Wanderarmen fest: „Welche Funktionen dieser von genialer Güte bewegten Seele sind nacheinander in Kraft getreten auf dem Wege, der von der caritativen Hilfe am einzelnen Wanderarmen zum preußischen Wandererfürsorgegesetz geführt hat?" (Baum 1929, S. 7)

Wohlfahrtsmarken (v.l.n.r. Wichern, Bodelschwingh, Kolping und Ketteler)

Der Begriff der „genialen Güte" kennzeichnet dabei in einzigartiger Weise all das, was teilweise schon nach 1848, spätestens aber nach der Reichsgründung 1871, endgültig auf dem Altenteil der sozialen Arbeit landet. Das „Genie" als Ideal gehört zu Beginn des Kaiserreichs bereits dem lange vergangenen Zeitalter der Klassik an; und auch die „Güte" zählt im Frühkapitalismus nicht mehr zu den bürgerlichen Tugenden. Jetzt geht es um Fürsorgegesetze, um Vereinheitlichung, um Professionalisierung und – kontrapunktisch dazu – um eine weibliche Akzentuierung der menschlichen Seite der sozialen Arbeit. „Geistige Mütterlichkeit" ist das Zauberwort, das den nun neu zu schaffenden Frauenberuf mit der typisch weiblichen Aura umgeben soll, welche die „geniale Güte" jenen Pionieren verliehen hat, die den Aufbruch gewagt haben, um als Individuum die Not von Individuen zu lindern.

Kapitel 3 **Von der Armenfürsorge zur Wohlfahrtspflege. Soziale Arbeit im Kaiserreich (1871–1914)**

3.1 Das Kaiserreich und seine Gegner. Historischer Überblick

In der Frühzeit des deutschen Kaiserreichs entstehen jene Strukturen sozialer Sicherung, die bis heute die Grundzüge des sozialen Sektors prägen. Insbesondere die Herausbildung jener Doppelstruktur, welche sowohl Versicherungen gegen grundlegende materielle Nöte als auch Soziale Arbeit in Form von Hilfs-, Beratungs- und Sozialisationsangeboten beinhaltet, findet in dieser Zeit statt. Es vollzieht sich nun auch endgültig der Durchbruch Deutschlands zur Industrienation. Ein rasches ökonomisches Wachstum in den Jahren der Gründerzeit, rapides Bevölkerungswachstum, explosionsartige Zunahme der Einwohnerzahl in den Städten (Urbanisierung), aber auch Konjunktureinbrüche (Gründerkrach), politische Repression (Sozialistengesetze), zunehmende Militarisierung der Gesellschaft bei gleichzeitiger Ausbreitung gesellschafts- und kulturkritischer sozialer Bewegungen wie der Frauenbewegung und der Jugendbewegung prägen die Zeit bis zum Ersten Weltkrieg.

Das 1871 gegründete Kaiserreich ist ein Fürstenbund, der aus 25 Einzelstaaten und Elsass-Lothringen besteht. Jeder dieser Einzelstaaten hat seine eigene Verfassung, seine eigene Herrscherdynastie, seine eigenen Gesetzgebungs- und Exekutivorgane.

Artikel 1 der Reichsverfassung von 1871

„Das Bundesgebiet besteht aus den Staaten Preußen mit Lauenburg, Bayern, Sachsen, Württemberg, Baden, Hessen, Mecklenburg-Schwerin, Sachsen-Weimar, Mecklenburg-Strelitz, Oldenburg, Braunschweig, Sachsen-Meiningen, Sachsen-Altenburg, Sachsen-Coburg-Gotha, Anhalt, Schwarzburg-Rudolstadt, Schwarzburg-Sondershausen, Waldeck, Reuß älterer Linie, Reuß jüngerer Linie, Schaumburg-Lippe, Lippe, Lübeck, Bremen und Hamburg."

Zur Reichskompetenz gehörten aber laut Artikel 4 der Verfassung einige für die Entwicklung der Fürsorge entscheidende Gebiete: Das Reich entscheidet über die „Freizügigkeit, Heimat- und Niederlassungsverhältnisse und Gewerbebetrieb einschließlich des Versicherungswesens". Legt man diese Kompetenzen weit genug aus, so ist es in der deutschen Geschichte zum ersten Mal möglich, reichseinheitlich geltende Sozialgesetze wie etwa das erste deutsche Fürsorgegesetz (das so genannte Unterstützungswohnsitzgesetz) und die ersten drei Sozialversicherungsgesetze (gegen Invalidität, Krankheit und Altersarmut) zu erlassen. Damit sind wichtige Voraussetzungen für die Vereinheitlichung der Armenpflege und -fürsorge gegeben.

Das kapitalistische Interesse an offenen Märkten (Abschaffung der Zollschranken im Binnenmarkt) und an außenwirtschaftlichem Schutz (Schutzzölle) treiben sowohl die nationalstaatlichen Einigungsbestrebungen, die mit der Reichsgründung 1871 ihren Abschluss finden, als auch die Öffnung für mehr staatliche Regulation und Organisation voran. Vor allem die „Große Depression" (1873 bis 1890), die mit dem Gründerkrach beginnt und den bis dahin ungebrochenen Fortschrittsoptimismus in Frage stellt, beschleunigt die Wandlung vom „liberalen Nachtwächterstaat" zum Interventionsstaat, auch mit einer entsprechenden Ausweitung des Staatsapparats.

Mit der nach dem Gründerkrach erneut steigenden Arbeitslosigkeit wächst im Bürgertum die Angst vor Aufruhr und öffentlichen Unruhen. Das Bedürfnis nach ordnungspolitischer Sicherung der wirtschaftlichen Verhältnisse im Reich verbindet sich mit Forderungen der liberal und sozialreformerisch gesonnenen Intelligenz („Kathedersozialisten") nach einer staatlichen Sozialreform. Man meint, der Staat müsse die gesellschaftlichen Ursachen und auch die Mitverantwortung für Armut und Massennot erkennen und durch Maßnahmen zur sozialen Sicherung darauf reagieren.

Eine veränderte Sozialpolitik bleibt aber unwirksam, solange die Arbeiterbewegung auf eine gesellschaftliche Neuordnung abzielt. Der Reichskanzler Bismarck entwickelt deshalb das Modell einer massiven Einschüchterung der Arbeiterbewegung („Sozialistengesetze") bei gleichzeitiger Reform des Sozialversicherungswesens (Schutz vor Krankheit und Invalidität sowie Altersversorgung).

Arbeiterversicherung

„In eine ganz neue Entwicklungsform ist die A. in Deutschland durch die socialpolitische Gesetzgebung der achtziger Jahre des 19. Jahrhunderts getreten. Diese knüpft zum Teil an das Hilfskassenwesen, zum Teil an die durch das Gesetz vom 7. Juni 1871 eingeführte Haftpflicht der Eisenbahnen und industriellen Unternehmer für die Folgen von Betriebsunfällen an, zum Teil beschreitet sie völlig neue Bahnen. Sie bildet einen Versuch zur Lösung der socialen Frage, welche durch das Anwachsen der Socialdemokratie einen akuten Charakter angenommen hatte. Die zur Bekämpfung der Socialdemokratie eingeführten Unterdrückungsmaßregeln sollten in positiver Förderung des Wohls der Arbeiter ihre Ergänzung finden. Da der Staat sich in höherem Maße als bisher seiner hilfsbedürftigen Mitglieder annehme, wurde als eine Aufgabe staatserhaltender Politik

erkannt und als ihr Ziel hingestellt, auch die besitzlosen Klassen der Bevölkerung, welche zugleich die zahlreichsten und am wenigsten unterrichteten sind, durch erkennbare direkte Vorteile dahin zu führen, den Staat nicht als eine lediglich zum Schutz der besser situierten Klassen erfundene, sondern auch eine ihren Bedürfnissen und Interessen dienende Institution aufzufassen."
(Brockhaus Konversations-Lexikon von 1903, Bd. 1, S. 818)

Trotzdem erringt die Sozialdemokratie in den Jahren nach der Reichsgründung ihre ersten großen politischen Erfolge, die auch während des Verbots der Partei durch die „Sozialistengesetze" 1878 bis 1890 anhalten. Damit wird sie aufgrund ihrer zahlenmäßigen Stärke und der Schlagkraft ihrer Organisation eine nicht mehr zu ignorierende politische Kraft. Für ihre Haltung gegenüber der staatlichen Sozialpolitik spielen zwei inhaltliche Wandlungen der Parteiideologie eine wichtige Rolle: Die Einschätzung der Rolle des Staates und die Neubestimmung der Ziele sozialistischer Politik. Das Gothaer Programm der Partei aus dem Jahr 1875 lehnt zwar das Deutsche Reich, den „Junkerstaat", als undemokratisches und ungerechtes System ab, aber nicht mehr den Staat schlechthin.

Auf sozialpolitischem Gebiet tritt der ideologische Wandel in Abkehr von der Marx'schen Verelendungstheorie in Form einer Orientierung von der „Aufhebung des Proletariats" zur „Hebung des Proletariats" ein. Die Partei geht nun von dem Verständnis aus, dass sozialer Fortschritt auf politischem Weg durch staatliches Handeln (bzw. parlamentarische Machtausübung der Partei) zu erreichen sei. Damit ist der Weg geebnet, durch sozialpolitische Maßnahmen zu einer Befriedungsstrategie gegenüber der Arbeiterklasse zu gelangen.

Es ist aber nicht nur die Arbeiterbewegung, die sich in dieser Zeit in Opposition zum Staat befindet. Dem allgemeinen durch Technik, Wissenschaft und Ökonomie getragenen Fortschrittsglauben tritt eine kulturpessimistische Stimmung zur Seite, die auf die zerstörerischen Effekte von Säkularisierung, Entgeistigung, Auflösung der Moral und der sozialen Zusammenhänge in Familie, Nachbarschaft und Dorfgemeinschaft hinweist und sich in vielfältigen sozialen Bewegungen und Alternativprojekten ausdrückt: Lebensreformbewegungen, Genossenschaftsprojekte, Siedlungsgemeinschaften, anarchistische Zirkel, Freikörperkultur und die Bohème mit ihren Utopien einer eigentumslosen, sexuell befreiten und herrschaftsfreien Gesellschaft sind hier vorrangig zu nennen.

Aber auch die Ablehnung erstarrter Traditionen und eine große Sehnsucht nach unzerstörter Natur und naturgemäßer Lebensweise erfassen viele, gerade in den Städten, und tragen zum Entstehen der um die Jahrhundertwende als Wandervogel einsetzenden bürgerlichen Jugendbewegung bei, welche Impulse zur Erneuerung vieler Lebensbereiche, u.a. der sozialen Arbeit, liefert.

DEUTSCHER VEREIN FÜR VERNÜNFTIGE LEIBESZUCHT

Gleichermaßen zählt die bürgerliche Frauenbewegung zu jenen gesellschaftlichen Kräften, die für die Herausbildung der sozialen Arbeit eine wichtige Rolle spielen. Mit ihrem entschiedenen Willen, die „weibliche Kulturaufgabe“ in der Gesellschaft wahrzunehmen und den zerstörerischen Tendenzen entgegenzusetzen, verhelfen sie im Kaiserreich den Frauen nicht nur zu verbesserten Ausbildungs- und Berufschancen, sondern tragen auch wesentlich zum Durchbruch des sozialen Frauenberufs und der sozialen Ausbildung in Deutschland bei.

Nicht zuletzt sind als Träger und Nährer der sozialreformerischen Perspektiven im deutschen Kaiserreich die Wissenschaften zu nennen, die in dieser Zeit einen erstaunlichen Aufschwung erleben. Dies gilt keineswegs nur für die Naturwissenschaften. Nach der Jahrhundertwende entfalten sich in verschiedenen Ansätzen und Disziplinen Sozialwissenschaften, deren Wesen nicht in der Sicherung der materiellen, sondern der gesellschaftlichen und menschlichen Grundlagen besteht. Die Technik der Beherrschung der Naturkräfte wird damit ergänzt durch eine Technik des Sozialen, deren gesellschaftliche Relevanz sich nicht zuletzt bei der Konzeptionierung und Organisation der Anfänge moderner Sozialarbeit erweist.

3.2 Die Enquête als Vehikel der Sozialreform. Die Lage der Klientel

Innerhalb der 43 Jahre von der Gründung des deutschen Kaiserreichs bis zum Beginn des Ersten Weltkriegs, eine Zeitspanne, in der die Bevölkerung von 40,8 Millionen (1871) auf 67,9 Millionen (1914) anwächst, finden gewaltige Veränderungsprozesse im Alltag der Menschen statt: Aufschwünge und Wirtschaftskrisen beeinflussen den Lebensstandard breiter Bevölkerungsschichten, neue soziale Netzwerke führen die Verlagerung der sozialen Probleme von nunmehr besser abgesicherten Bevölkerungsgruppen zu noch immer in Not befindlichen oder zunehmend von Verelendung bedrohten Gruppierungen herbei.

Es beginnt die Zeit der großen Enquêten, die in erster Linie nicht von den Universitäten, sondern von verschiedenen zu Beginn des Kaiserreichs geschaffenen sozialwissenschaftlichen bzw. sozialpolitischen Vereinen durchgeführt und veröffentlicht werden. Federführend sind hierbei der 1880 ins Leben gerufene Deutsche Verein für Armenpflege und Wohlthätigkeit und der bereits 1873 gegründete Verein für Socialpolitik. Die u.a. von diesen beiden Vereinen initiierten Enquêten sind Ausdruck der Sorgen des Bürgertums angesichts der herrschenden sozialen Missstände: Der Augenschein des Elends reicht nicht mehr aus, um die Verantwortlichen aufzurütteln und wirksame Politik zu machen. Nach dem Vorbild der englischen und amerikanischen Statistiken soll die Not in Zahlen gefasst werden, um Grundlagen für soziale Reformen zu schaffen (vgl. Hering 2012a, S. 69-86).

Der Blick auf die statistisch erfassten Daten der sozialen Enquêten zeigt, dass neben der deutlich ablesbaren allgemeinen Bevölkerungsexplosion vor allem das Entstehen der Großstädte durch Zuzug vom Lande und hohe Geburtenziffern das demographische Gesamtbild bestimmen: Während es um 1800 erst zwei Städte in Deutschland mit mehr als 100.000 Einwohnern gibt (Berlin mit 172.000 und Hamburg mit 130.000), existieren 1914 bereits 48 Städte mit über 100.000 Einwohnern. Die Stadt Essen zum Beispiel zählt 1851 (also zu Beginn der Industrialisierung dort) erst 10.000 Einwohner; 1905, etwa 50 Jahre später, sind es schon 230.000, fast eine Viertel Million.

Von der anderen Seite betrachtet: Während die Menschen in Deutschland zu Beginn des 19. Jahrhunderts noch zu über 80% auf dem Lande leben, tun dies im Jahre 1871 nur noch 65%. (Zum Vergleich: heute ca. 40%)

Die Alterspyramide entsprechend der Volkszählung des Jahres 1900 stellt sich wie folgt dar: 44% der Gesamtbevölkerung sind unter 20 Jahre alt, 40% sind zwischen 20 und 50 und nur 16% über 50 Jahre alt. Es gibt also infolge der niedrigen Lebenserwartung viele Kinder und wenig Alte. Bezogen auf das Proletariat haben wir uns diese Zahlen noch extremer vorzustellen.

Entgegen dem gängigen Bild von den heilen Familien in „guter alter Zeit" kommen zur Zeit der Jahrhundertwende auf 10.000 Erwachsene gerade eben 5.331 Verheiratete, 3.784 Ledige und 885 Verwitwete oder Geschiedene.

Die Bevölkerung des wilhelminischen Kaiserreichs ist also im Vergleich zur heutigen sehr jung und zu über 40% unverheiratet; jeder zweite Deutsche zieht im Laufe seines Lebens mindestens einmal um; die großen Ströme fließen vom Land in die Stadt und von Osten nach Westen, also aus den vorwiegend landwirtschaftlichen Gebieten vor allem in das damals als Industriestandort entstehende Ruhrgebiet.

Eine Berufszählung im Jahre 1885 ergibt folgende Verteilung: In der Landwirtschaft arbeiten 5.630.000 Personen (davon 2.390.000 Frauen); in Industrie und Bergbau arbeiten 5.900.000 Personen (davon 970.000 Frauen); im Bereich Handel, Verkehr und Gastwirtschaften arbeiten 1.233.000 Personen (davon 365.000 Frauen) und als Dienstboten arbeiten 1.325.000 Personen (davon 1.282.000 Frauen). Die Anteile der Arbeitsplätze in der Landwirtschaft und derer in der Industrie halten sich zu dieser Zeit also noch nahezu die Waage, der Trend geht aber ganz deutlich in Richtung Industrialisierung. Zunahmen sind auch im heutigen Dienstleistungssektor (Handel, Verkehr, Gastronomie) zu verzeichnen, ebenso im Dienstbotengewerbe.

Vor dieser Folie sind die Fakten und Zahlen zu betrachten, welche die Klientel der sozialen Arbeit im deutschen Kaiserreich unmittelbar betreffen: Die vorliegenden Berichte lassen vermuten, dass es vor allem zwei bedeutsame männliche Zielgruppen gibt, die durch die veränderten Bedingungen im sozialen Sektor profitiert haben: Dies sind vor allem die Industriearbeiter, die nun durch die Einführung der Bismarck'schen Sozialgesetzgebung (Kranken-, Unfall- und Invalidenversicherung) gegen die üblichen sozialen Einbrüche abgesichert sind. Dass die Lebenssituation dieser Arbeiter trotzdem voller sozialer Probleme steckt, welche keine Versicherung dieser Zeit lösen kann, ergibt sich nicht nur aus den Arbeitsbedingungen selbst, sondern ganz grundsätzlich aus den völlig unzureichenden Wohn- und Freizeitbedingungen.

„Mit der Zeit gefiel es mir nicht mehr in meinem Quartier, denn mein Wirt hatte während des Sommers noch zwei Kostgänger angenommen, oder gar drei. Anfänglich hatte ich lange Zeit in einem Bett allein geschlafen, aber schließlich mussten wir in einem breiten Bett unter dem Dache drei Mann zusammen schlafen, und zeitweise kam auch noch der Lehrling hinzu. Da graute Einem bei der Hitze, wenn man zu Bett musste, und konnte schlecht schlafen, und Abends war man froh, wenn Feierabend war, und des Morgens war man noch viel froher, wenn man, ganz in Schweiß gebadet, wieder aus dem Bett konnte. Ich hörte, dass es überall ebenso voll war wie bei uns. Da konnte ich das nicht ändern, und entschloss mich, in Vohwinken aufzuhören und nach der Eifel zu machen, und wollte mir viel lieber eine Bude bauen und darin wohnen, als in solcher Schlafstelle zu schlafen."
(Paul Göhre (Hg.): Denkwürdigkeiten und Erinnerungen eines Arbeiters, 2. Aufl., Leipzig 1903, S. 187)

Vordergründig profitieren auch die Bettler und Hausierer, also jene vormals große und diffuse Gruppe von Menschen, deren spezifische Problemlagen nun erst Beachtung finden, fachgerecht beurteilt und damit teilweise auch lösbar werden: Durch die differenzierte Betrachtung im Rahmen der neu entstehenden Spezialfürsorgen all jener Personen, welche früher pauschal als Arme galten und im Rahmen der Armenfürsorge pauschal versorgt (oder nicht versorgt) wurden, entsteht das Bild neuer Problemgruppen, welche vermutlich zuvor ebenso existiert haben, aber nicht als solche erkennbar waren, weil sie eben der Masse der Bettler und Hausierer zugerechnet wurden. Dazu zählen vor allem Alkoholiker, Geschlechtskranke, Tuberkulose-Kranke, jugendliche Straftäter und Behinderte.

Zusätzlich treten jetzt verstärkt Not leidende Frauen und Kinder in den Sozialenquêten hervor, die vor allem aufgrund der einfühlsameren Sichtweise der zunehmend an den Untersuchungen beteiligten Frauen nicht mehr in Arbeitshäuser abgeschoben, sondern ihrer spezifischen Problemlage gemäß unterstützt werden sollen.

Zu den ins Blickfeld geratenden weiblichen Zielgruppen gehören nicht zuletzt die Arbeiterinnen, die zwar, wenn sie sich in ordentlichen Beschäftigungsverhältnissen befinden, ebenfalls von der Sozialgesetzgebung profitieren, welche aber, zusammen mit ihren Kindern, von den verheerenden Rahmenbedingungen ihrer Arbeit noch nachhaltiger und härter getroffen werden als die Männer.

„Die immer mehr zunehmende industrielle Beschäftigung auch der verheirateten Frau ist namentlich bei Schwangerschaften, Geburten und in der ersten Lebenszeit der Kinder, während diese auf die mütterliche Nahrung angewiesen sind, von den verhängnisvollsten Folgen: massenhaftes Sterben oder Siechtum und Verkümmerung, mit einem Worte: Degeneration der Rasse. Vielfach wachsen die Kinder auf, ohne rechte mütterliche oder väterliche Liebe genossen und wahre Elternliebe empfunden zu haben. So gebiert, lebt und stirbt das Proletariat. Und Staat und Gesellschaft wundern sich, dass sich Rohheit, Sittenlosigkeit und Verbrechen häufen."
(August Bebel: Die Frau und der Sozialismus (1878), 63. Aufl., Berlin 1974, S. 160)

Den Staat alarmiert vor allem die Säuglings- und Kindersterblichkeit in den Arbeiterfamilien: In Deutschland werden zum Beispiel im Jahre 1901 über 2 Millionen Kinder geboren, von denen etwa 65.000 schon bei der Geburt sterben. Weitere 500.000 erleben den fünften Geburtstag nicht, weil sie aufgrund von Unterernährung, Krankheit oder Unfall der Tod ereilt hat.

„Man wende nicht ein, dass sich in der Kindersterblichkeit ein notwendiger Prozess der natürlichen Auslese vollzieht; gerade wer auf dem Boden der Selektionstheorie steht, muss dieser Behauptung energisch entgegentreten. Hier handelt es sich ja nicht um eine ‚natürliche' Auslese, die immer nur unter natürlichen Bedingungen stattfinden kann.
Das soziale Elend, dem jährlich Tausende von Kindern zum Opfer fallen, ist also kein Mittel zur Auslese, sondern ein Mittel zur Vernichtung lebensfähiger, hoffnungsvoller Keime. Dies beweist am schlagendsten die besonders große Sterblichkeit der unehelichen Kinder. Durchschnittlich sterben von den Kindern der begüterten Klassen jährlich 8 %, von denen der Arbeiterbevölkerung 20 %, von den unehelichen Kindern 40 %."
(Anna Pappritz: Die Errichtung von Wöchnerinnen- und Säuglingsheimen – eine soziale Notwendigkeit, eine nationale Pflicht, Berlin 1904)

Heinrich Zille: Fabrikkrippe

Ein Viertel aller Kleinkinder muss sterben, weil sie weder in der Familie noch in den ebenfalls mangelnden Betreuungseinrichtungen betreut werden können. Sie sind somit Mitbetroffene des mangelnden Mutterschutzes.

Der Blick auf die Familien enthüllt noch weitere Schwachstellen der neuen Sozialgesetze, nämlich das Fehlen einer Witwen- und Waisenversorgung bis in den Ersten Weltkrieg hinein. Diese Problematik wird lange Zeit auch aus dem Kanon der Forderungen auf Seiten der Arbeiterbewegung ausgespart, weil diese sich vorrangig auf den erwerbstätigen Menschen orientiert.

„So groß der Segen der Alters-, Invaliden- und Krankenversicherung für die Arbeiterklasse ist, der Schutz, den der Versicherungszwang verleiht, findet seine Grenze in dem Augenblick größter Schutz- und Hilfsbedürftigkeit der Arbeiterfamilie: in dem Augenblick, in dem der Tod den Versicherten abruft. Die Witwen und Waisen bleiben zurück, ohne Anspruch auf irgendwelche Einkünfte zu haben.
Der einzige Versicherungszweig, der auch eine nennenswerte Hilfe für die Familienangehörigen des Versicherten vorsieht, ist die Unfallversicherung. Es gilt daher heute in den besitzlosen Klassen als ein ‚Glück', wenn ein Familienvater nicht durch natürliche Todesursache, sondern durch Unfall ums Leben kommt."
(*Alice Salomon: Das Problem der Witwen- und Waisenversorgung, in: Die Frau, 14. Jg. 1907, S. 330*)

Prostituierte werden verhaftet

Die Enquêten, die zu Beginn des 20. Jahrhunderts entstehen, widmen sich neben diesen Schwerpunkten vor allem folgenden sozialen Problembereichen: Die couragierte Arbeit über „Die wirtschaftlichen Ursachen der Prostitution" (Pappritz 1903), in der die Autorin nachweist, dass einem großen Teil der erwerbstätigen Frauen aufgrund der geringfügigen Löhne überhaupt nichts anderes übrig bleibt, als den eigenen Körper zu verkaufen, repräs entiert einen dieser Bereiche. Zu ähnlichen Ergebnissen bezüglich der (abweichendes Verhalten begünstigenden) strukturellen und finanziellen Benachteiligung von Frauen kommen zwei weitere Untersuchungen: „Die deutsche Frau um die Jahrhundertwende. Eine statistische Studie zur Frauenfrage" (Gnauck-Kühne 1905) und: „Die Ursachen der ungleichen Entlohnung von Männer- und Frauenarbeit" (Salomon 1906).

„Aus Danzig wird beispielsweise angegeben, dass Näherinnen bei voller Beschäftigung 1 Mk. pro Tag verdienen. Für Wohnung und Essen braucht sie aber 26 Mk. monatlich. Sonn- und Feiertage fallen aus, Zeiten der Arbeitslosigkeit treten auch hier ein, und schließlich hat doch jeder Mensch außer Wohnung und Essen auch noch andere Bedürfnisse (Kleidung, Wäsche etc.). Wenn man bedenkt, dass der preußische Militärfiskus für die Ernährung eines Mannes täglich 1 Mk. veranschlagt (während er selbstverständlich en gros bedeutend billiger kauft, als dies eine Einzelperson zu tun imstande ist), so kann man wohl berechnen, dass eine Arbeiterin bei so niedrigem Jahreseinkommen sich nur von Brot, Kaffee und Kartoffeln ernährt. Neben der gesundheitlichen Schädigung durch stetige Unterernährung liegen die sittlichen Gefahren dieses Notzustands auf der Hand: Wie sollen diese Mädchen leben, wenn sie nicht ihre Zuflucht zu dem schmachvollen und traurigen Nebenerwerb der Prostitution nehmen?"
(*Anna Pappritz: Die wirtschaftlichen Ursachen der Prostitution, Berlin 1903, S. 9f.*)

Eine kritische Betrachtung der teilweise katastrophalen Wohnverhältnisse in Berlin liefert eine in den Jahren zwischen 1901 und 1920 durchgeführte Wohnungsenquête (Asmus 1982). Die „Untersuchungen über die uneheliche Bevölkerung in Frankfurt am Main“ (Spann 1905) verweisen auf einen weiteren Mangel. Sie betreffen die sozialen Notlagen von Frauen und Kindern, welche vormals uneingeschränkt als selbstverschuldet bezeichnet wurden und deren Betroffene nun, je nach sozialem Standpunkt, als „Gestrauchelte“ oder als „Opfer männlicher Verantwortungslosigkeit“ gesehen und unterstützt werden.

Obwohl die Kinder mit ihren Problemen weitgehend im Kontext der familiären, also der mütterlichen Obhut gesehen und definiert werden, tauchen sie vereinzelt auch als eigenständige Problemgruppe auf. So zum Beispiel wenn es zur Durchsetzung wirksamerer Sanktionen gegen Kinderarbeit in den Fabriken und Familienbetrieben notwendig wird, hier genauer hinzusehen und für die anstehenden Reformen Datenmaterial zu sammeln wie in der aus den Kreisen der Sozialdemokratie stammenden Studie über „Kinderarbeit, Kinderschutz und die Kinderschutzkommissionen“ (Zietz 1912). Oder wenn es darum geht, nach dem Vorbild der englischen Gesellschaft auch in Deutschland Kinderschutzstellen zu schaffen, durch die diese vor andauernder Misshandlung bewahrt werden sollen.

„In Berlin besteht seit 1875 der Schutzverein zur Beaufsichtigung der Säuglingspflege und Überwachung von Haltekindern. Im Jahre 1898 ward ein Verein zum Schutz der Kinder vor Ausnützung und Misshandlung gegründet. Er lehnt sich an die Tendenzen der englischen Gesellschaft an und erstrebt eine Ausdehnung auf das ganze deutsche Reich. Die Grundidee ist, sich nicht damit zu begnügen, im engen, philanthropischen Sinne Linderung zu bringen, sondern in erster Linie dem Kinde eine gesetzlich geschützte und gesicherte Stellung zu erkämpfen.“
(*Adele Schreiber: Leiden und Rechte des Kindes, in: Die Frau, 8. Jg., 1901, S. 243f.*)

Frauen und Kinder, so legen die Ergebnisse der Studien nahe, sind gefährdeter als früher: Außerhalb ihres Familienverbandes und des schützenden Heims, im rauen Erwerbsleben und auf der Straße also, sind sie weniger sicher als Zuhause. Trotz der empirischen Belege für diesen Befund bleibt die Frage nach dessen Interpretation und nach den daraus zu ziehenden Konsequenzen offen. Je nach politischem Standort wird daraus die Forderung nach der Rückkehr der Frau (und mit ihr der Kinder) zu „Heim und Herd“ abgeleitet, die Abschaffung der kapitalistischen Verhältnisse verlangt, welche das Faustrecht im Erwerbsleben und auf der Straße etabliert haben – oder eine verbesserte Fürsorge für die besonders Gefährdeten vorgeschlagen.

Ein früher Vertreter der Fürsorgewissenschaft, Christian J. Klumker, zitiert im Kontext dieser Kontroverse eine Statistik der Stadt Altona, in der für das Jahr 1896/97 der jeweilige Verbleib der von der Armenpflege Unterstützten ausgewiesen wird. Insgesamt

finden sich dort ca. 3000 Unterstützte, von denen am Ende des Erhebungszeitraums nur noch rund 1000 der Armenpflege weiter anheimfallen. Von den Zweidrittel, die folglich ausgeschieden sind, sind 330 verstorben, 1130 wieder gesund geworden, 210 haben endlich Arbeit gefunden, 110 Personen brauchen keine weitere Unterstützung, weil ihr Ernährer zurückgekehrt ist – und 90 Leute sind weggezogen. Der Anteil der 1000 Menschen, die weiter unterstützt werden mussten, der „Bodensatz" also, hat aus Gründen, die nicht vermerkt sind, keine Arbeit gefunden, ist nicht gesund geworden, der Ernährer kehrte nicht zurück – und er war nicht mehr in der Lage fortzuziehen.
(vgl. Christian J. Klumker: Fürsorgewesen, Leipzig 1918, S. 11)

Insgesamt ist zu konstatieren, dass sich schon in den Jahren bis 1914 gegenüber der Phase des Frühkapitalismus deutliche Verbesserungen sowohl bezüglich der Arbeitsbedingungen als auch der sozialen Hilfsmaßnahmen abzeichnen. Gleichwohl wird ebenfalls sichtbar, dass ein beträchtlicher Teil der Menschen, seien es Männer, Frauen oder Kinder, phasenweise oder ständig hilfsbedürftig ist und bleiben wird. Ob dieses Phänomen durch die so genannte Bodensatztheorie zu erklären ist, welche es zum Naturgesetz erklärt, dass es immer und überall menschlichen „Ausschuss" geben wird, oder ob es nicht doch Verhältnisse geben könnte, die dies verhindern, darüber entbrennt damals bereits eine Kontroverse, die bis heute nicht erloschen ist.

3.3 „Ist diese Fürsorge nicht Sisyphus-Arbeit?" (Christian Jasper Klumker) Gesellschaftliche Interessen und Rahmenbedingungen für die Entwicklung der Profession

Wer nach der Kenntnisnahme der katastrophalen sozialen Folgen der Industrialisierung seit Beginn des 19. Jahrhunderts der Auffassung sein sollte, dass die Ausbreitung der sozialen Arbeit und ihre Entwicklung zur Profession allerorts mit Erleichterung und Wohlwollen aufgenommen worden sei, befindet sich im Irrtum. Ohne Zweifel existiert damals im Bürgertum ein stetig anwachsender Anteil von Menschen, welche es für ihre Pflicht halten, denen zu helfen, die Opfer jener Verhältnisse sind, von denen sie selber profitieren. Altruismus und Eigennutz fügen sich in ihrem Selbstverständnis zusammen zu der Bereitschaft, zur Aufrechterhaltung des Systems die Kosten zu tragen, welche durch die Schattenseiten des Fortschritts verursacht wurden. Gleichermaßen fühlt sich auch das Staatsoberhaupt bemüßigt, die Berechtigung der Ansprüche der Armen und Bedürftigen zu betonen und zu deren Befriedigung im Sinne gesellschaftlicher Befriedung aufzurufen.

Die erste soziale Botschaft Kaiser Wilhelm I. vom 17. November 1881 lautet: „Wir halten es für Unsere kaiserliche Pflicht, dem Reichstag die Förderung des Wohles der Arbeiter

von neuem ans Herz zu legen, und würden Wir mit umso größerer Befriedigung auf alle Erfolge, mit denen Gott Unsere Regierung sichtlich gesegnet hat, zurückblicken, wenn es Uns gelänge, dereinst das Bewusstsein mitzunehmen, dem Vaterland neue und dauernde Bürgschaft seines inneren Friedens und den Hilfsbedürftigen größere Sicherheit und Ergiebigkeit des Beistands, auf den sie Anspruch haben, zu hinterlassen."
(zit. in: Elisabeth Gnauck-Kühne: Das soziale Gemeinschaftsleben im Deutschen Reich, M. Gladbach 1925, S. 100)

Trotzdem sind die Kräfte spürbar, welche sich gegen das neue Fürsorgewesen und dessen schrittweise Institutionalisierung richten. Da gibt es zum einen diejenigen, die sich gegen die Flickschusterei der Armenfürsorge wenden.

„Ist diese Fürsorge nicht Sisyphusarbeit? Wäre es nicht zweckmäßiger, jene Verhältnisse, aus denen die Hülfsbedürftigen hervorgehen, unter denen sie leiden, zum Angriffsgegenstand zu wählen und das Übel an der Wurzel selbst zu bekämpfen?"
(Christian J. Klumker: Fürsorgewesen, Leipzig 1918, S. 6)

Wortführer dieser Richtung sind vor allem die Vertreter der Arbeiterbewegung, deren Interesse es ist, durch eine Verbesserung der Arbeitsbedingungen und die Ausweitung des Versicherungswesens die Ursachen sozialer Notlagen zu bekämpfen, anstatt ein aufwendiges und für die Betroffenen diskriminierendes Auffangsystem zu schaffen.

Zum anderen erheben noch immer all die Vertreter des Liberalismus bzw. des Sozialdarwinismus ihre Stimme, welche die Befürchtung hegen, dass Fürsorge die unnütze Verschwendung von Mitteln an Personen bedeute, welche Schmarotzer dieser Gesellschaft seien und ebenso gut durch Arbeit ihr Brot verdienen könnten. Diese ebenso bei den Unternehmern wie im Kleinbürgertum anzutreffende Richtung eröffnet zwar einerseits den notwendigen Blick auf die Selbstheilungskräfte der Betroffenen, trägt aber auch durch den Hinweis auf Einzelfälle, die doppelt abkassieren oder noch lange Zeit nach der Genesung eine chronische Krankheit vorgetäuscht hätten, zu einer ungerechtfertigten Diskriminierung aller Hilfsbedürftigen bei.

Auch wenn spätestens in den 80er Jahren des 19. Jahrhunderts ganz deutlich wird, dass es unter den gegebenen gesellschaftlichen Bedingungen weder möglich noch wünschenswert ist, auf die Gewährung von Hilfeleistungen zu verzichten, verstummt der Chor der Gegner dieser Entwicklung niemals ganz.

Den Befürwortern stellt sich die Frage nach der Struktur und der Form, im Rahmen derer sich die Institutionalisierung der Sozialen Arbeit und die Professionalisierung ihrer Mitglieder zu vollziehen hat. Die Doppelstruktur von Versicherung und Fürsorge, die sich in diesem Zusammenhang schrittweise herausbildet, ist ein vielschichtiges und von Interessengegensätzen geprägtes Gebilde, welches – als bedeutsamste Grundlage der weiteren Entwicklung der sozialen Arbeit bis heute! – einer näheren Betrachtung zu unterziehen ist (vgl. S. 59ff.)

„Die scharfe Scheidung zwischen Sozialpolitik und Armenpflege war in den Formen begründet, in denen beide ausgeübt wurden. Die Armenpflege, auf das Notwendigste beschränkt, verlor auch in den fortschrittlichsten Gemeinden nicht den Anstrich reiner Almosengewährung, bei der trotz aller Bemühungen (…), auch Arbeiter als Armenpfleger zu gewinnen, der Unterstützungsempfänger nie anders als das Objekt der Fürsorge auftrat. Bei den sozialpolitischen Einrichtungen war er mitbestimmendes Organ. Dort gab es nur Gnade, hier Rechtsansprüche."
(Hans Maier: Karl Flesch's soziales Vermächtnis, Frankfurt 1922, S. 11)

3.3.1 „Wir wachsen nur bei der Arbeit!" (Alice Salomon) Die Entwicklung der Sozialen Arbeit zum Frauenberuf

Ein wesentlicher Faktor in der Geschichte der Sozialen Arbeit in Deutschland ist, dass die Einsicht, die Fürsorge müsse qualifizierter ausgeübt werden, mit einer ganz anderen Entwicklung glücklich zusammentrifft: mit der Initiative der bürgerlichen Frauenbewegung, sich Berufsfelder zu erschließen, die ihnen, mit Ausnahme der Gouvernante und der Privatlehrerin, bisher weitgehend verschlossen sind. In diesem Kontext gehört die Soziale Arbeit zu den wenigen Bereichen, die sich all jenen Frauen seit der Jahrhundertwende in Deutschland anbieten, die nicht nur nach einer sinnvollen ehrenamtlichen Tätigkeit suchen, sondern einen Beruf erlernen wollen, der ihnen perspektivisch einen eigenständigen Status verspricht, ohne dabei ihre „Weiblichkeit zu verleugnen".

Das Bedürfnis, welches es Frauen der bürgerlichen Stände nahe legt, sich aufgrund ihres weiblichen Selbstverständnisses gerade der Nächstenliebe zu widmen, entspricht einem spezifischen Frauenbild, das damals bereits auf einer Tradition beruht, die bis in die christliche Liebestätigkeit des Mittelalters zurückreicht: Aufgabe der Frauen sei das „Helfen, Heilen, Tränentrocknen", so heißt es noch zu Beginn des 20. Jahrhunderts, und zwar aufgrund des spezifischen „naturgegebenen" Wesens der Frau. Basis dieser Tradition weiblicher Wohltätigkeit ist aber nicht nur die angeblich angeborene weibliche Neigung zur Nächstenliebe, sondern auch die Ehrenamtlichkeit und der Laienstatus, eine Form der sozialen Hilfstätigkeit, die bis zum Beginn der Industrialisierung, wie schon gezeigt wurde, ihren Sinn und ihre Berechtigung hatte.

Jetzt aber haben sich die Anforderungen an die Soziale Arbeit verändert, ebenso wie die Erwartungen einer Vielzahl bürgerlicher Frauen an ihr Leben und dessen Aufgaben. Denn nicht zuletzt durch die Initiative der sich seit den 1860er Jahren formierenden Frauenbewegung ist die Vorstellung entstanden, dass die Frau mehr sei als das „schöne Eigentum" des Mannes, dass sie nicht nur das Recht, sondern auch die Pflicht habe, sich öffentlich einzumischen. Nur allzu offensichtlich ist es, dass die Beschränkung auf Haus und Familie nicht ausreicht, um ein vollwertiges Leben zu führen, zumal fast ein Drittel aller Frauen unverheiratet bleibt und damit angeblich ihren Daseinszweck grundsätzlich verfehlt hat.

„Sie war so schön, die Idealgestalt der deutschen Frau, die den Ihren der Mittelpunkt des harmonischen Familienlebens war, die erquickend und tröstend sich der Armen und Bedrückten annahm, aber die tieferen Zusammenhänge der Not des Lebens nicht erkennen durfte."
(*Paula Müller-Otfried: Ein Frauenprogramm, Berlin 1912, S. 2*)

Die Forderungen der Frauenbewegung laufen deshalb im Wesentlichen darauf hinaus, den Frauen eine Wahlfreiheit zwischen Familie und Berufstätigkeit zu eröffnen. Bedingung dafür, dass die Berufsausbildung eine realistische Alternative zur Heirat werden kann, ist für die meisten allerdings die Bezahlung der Arbeit, eine Forderung, die aber weder von der Öffentlichkeit noch von denjenigen Frauen, die in das neue Tätigkeitsfeld drängen, obwohl sie von Haus aus finanziell abgesichert sind, als Selbstverständlichkeit betrachtet wird. Deshalb gibt es bis zum Ersten Weltkrieg zunächst nur relativ wenig Erwerbsarbeit im Bereich der Wohlfahrtspflege, die von Frauen ausgeführt wird; häufiger ist vollzeitliche Tätigkeit, die aber ehrenamtlich, also unbezahlt, verrichtet wird. Am verbreitetsten ist damals jedoch, bei den Männern wie bei den Frauen, die nebenamtlich-teilzeitlich und unbezahlt ausgeübte Wohltätigkeit, so wie wir sie heute noch als soziales Ehrenamt kennen.

Dass die Soziale Arbeit innerhalb weniger Jahre zu einem Frauenberuf wird, geschieht nicht dadurch, dass die Frauen in die vorher männlich besetzen Felder einrücken, sondern dass sie eine weitreichende Ausweitung und Umstrukturierung des gesamten Sektors mit vorantreiben bzw. selbst initiieren. Dass die Frauen sich ihre Arbeitsfelder und ihre Organisationen selbst schaffen und zunächst keine klassischen Männerpositionen übernehmen, lässt sich anhand von zwei Bereichen zeigen, die als Bastionen männlicher Fürsorgetätigkeit bezeichnet werden können: Die kommunale Armenpflege und die Berufsvormundschaft. In beiden Arbeitsfeldern verweigert man den Frauen lange Zeit den Zutritt und ist erst bereit, Zugeständnisse zu machen, als der Personalmangel gegen 1910 so groß wird, dass die Arbeit ohne die Mitarbeit der Frauen nicht mehr leistbar erscheint.

„Ein Feld, auf dem die Frauen um Zulassung beim Staate bitten mussten, ist die soziale Hilfsarbeit, soweit sie in der Hand des Staates und der Kommunen liegt. Da wird bisher von den männlichen Armenpflegern ein energischer Widerstand geleistet und mit

Amtsniederlegung gedroht. Trotzdem hat der Mangel an männlichen Armenpflegern im Verein mit dem Drängen der Frauen mit Befürwortung durch den Verein für Armenpflege und durch den preußischen Städtetag immerhin den Erfolg gehabt, dass in einer ganzen Reihe von Städten teils ehrenamtlich, teils auch besoldet, Armen-, Waisen- und auch Ziehkindpflegerinnen tätig sind.“
(*Robert Wilbrandt: Die Frauenarbeit. Ein Problem des Kapitalismus, Leipzig 1906, S. 23*)

In der freien Wohlfahrtspflege dagegen ist es unstrittig, dass die Frauen, wie bisher auch, ihre Arbeit im Bereich der Kranken- und Altenpflege tun, dass sie Kinder betreuen oder Hausbesuche im Armenviertel machen. Hier geht es vielmehr darum, dass die beteiligten Frauen mehr Einfluss auf ihren Verein gewinnen wollen und diesen mit Vorschlägen und Initiativen dahin zu bewegen versuchen, neue Wege der planvolleren und gezielteren Arbeit einzuschlagen. Darüber hinaus kommt es zu zahlreichen Gründungen von sozialen Vereinen, die sich der Frauenbewegung zugehörig fühlen und, unabhängig von der kommunalen und verbandlichen Arbeit, eigene Projekte ins Leben rufen, wie zum Beispiel Wohnheime für junge Arbeiterinnen oder Wöchnerinnen-Asyle für ledige Mütter.

Hedwig Heyl (1850–1934)

Es gibt zwei Initiativen, die durch die Namen Johanna Goldschmidt, Hedwig Heyl, Minna Cauer, Jeanette Schwerin und Alice Salomon eng mit der deutschen Frauenbewegung verknüpft sind und dazu beitragen, dass der soziale Frauenberuf seit der Jahrhundertwende nicht nur *ein* Bestandteil des Wohlfahrtssystems, sondern seine Grundlage wird: Die Idee einer beruflichen Schulung für Sozialpädagoginnen, d.h. Kindergärtnerinnen, Hortnerinnen und Jugendleiterinnen auf der einen Seite, und der Ausbildung von Fürsorgerinnen bzw. Wohlfahrtspflegerinnen auf der anderen Seite – die Initiative zur Ausbildung für die Soziale Arbeit.

3.3.2 „Helfen will gelernt sein.“ (Alice Salomon) Professionalisierung durch Ausbildung

Die ältere der beiden Initiativen zur Ausbildung für einen sozialen Beruf ist die sozialpädagogische, welche bereits in der Mitte des 19. Jahrhunderts mit der Ausbildung von Kindergärtnerinnen in Hamburg begonnen hat und durch die Fröbel-Nichte Henriette Schrader-Breymann in Berlin aufgegriffen und ausgebaut wird. 1874 entsteht in Berlin ein Volkskindergarten und daran angeschlossen ein Seminar für Kindergärtnerinnen, das sich in den darauf folgenden Jahren dem Bedarf der Kinder und Jugendlichen entsprechend schnell ausweitet: Zu dem Kindergarten kommt eine Arbeitsschule, zu der Arbeitsschule ein Hort.

1884 kommt eine Hauswirtschaftsschule hinzu, da weder die Seminaristinnen, in der Regel „höhere Töchter", die in der eigenen Familie mit Personal aufgewachsen sind, noch die heranwachsenden Mädchen aus den Arbeiterfamilien etwas von der Hauswirtschaft verstehen. In den 1880er und 90er Jahren erfolgt nach dem Tod von Henriette Schrader-Breymann ein weiterer Ausbau auf Initiative von Hedwig Heyl, der in der Gründung des Jugendheim e.V. und dem Umzug der nun als Pestalozzi-Fröbel-Haus (PFH) bekannten Einrichtung nach Schöneberg gipfelt, in dem später auch die Soziale Frauenschule ansässig wird.

In vielen anderen Städten Deutschlands gibt es durch das Engagement von einzelnen Persönlichkeiten und Vereinen ebenfalls schon seit den 80er Jahren des 19. Jahrhunderts das Bedürfnis, durch Vorträge und Tagungen der breiten Öffentlichkeit ein Bewusstsein der Tragweite der sozialen Probleme des Proletariats nahe zu bringen. Diese Veranstaltungen zielen darauf ab, den Personen, die sich in der sozialen Arbeit engagieren, wichtige Kenntnisse zu vermitteln. Aber der entscheidende Impuls zu einer systematischen Ausbildung im Bereich sozialer Arbeit geht eindeutig von der Berliner Initiative des Vereins Frauenwohl und der Deutschen Gesellschaft für ethische Kultur aus und ist mit den Namen Jeanette Schwerin und in der Folge Alice Salomon verbunden.

Kinderspeisung durch weibliche Hilfskräfte

Alice Salomon (1872–1948)

Als 1893 die ersten Mädchen- und Frauengruppen für soziale Hilfsarbeit ins Leben gerufen werden, von ihren Gründerinnen und den Sympathisanten stets nur „die Gruppen“ genannt, geschieht dies vorerst in der Absicht, junge Mädchen und Frauen „zu ernster Pflichterfüllung im Dienste der Gesamtheit zu erziehen“ (Salomon).

„Ich sehe nur einen Weg, auf dem man für die Dauer Glück, Harmonie und Frieden finden kann, und das ist der Weg, der durch Arbeit führt. Leben ist Wachstum, aber wir wachsen nur bei der Arbeit; nur wenn wir einem Ziel zustreben, uns einer Aufgabe mit Treue, Geduld, Fleiß und Gewissenhaftigkeit zuwenden. Niemand hat bleibende Lebenswerte gewonnen, der nicht mit Bezug auf seine Arbeit sagen kann: ‚Ich dien!‘“
(*Alice Salomon: Die Entfaltung der Persönlichkeit und die sozialen Pflichten, Leipzig 1911, S. 14*)

Es handelt sich aber von Anfang an nicht nur um einen innovativen Ansatz zur bildungspolitisch arg vernachlässigten Mädchenbildung, sondern vor allem um die immer wieder (auch von männlichen Pionieren wie Emil Münsterberg) betonte geniale Verknüpfung der Lösung von Frauenfrage und sozialer Frage in einem Streich.

„Stellen wir doch die besitzenden und die arbeitenden Klassen einander gegenüber, was nehmen wir wahr? Hier Wohlstand, dort Armut; hier Mangel an Berufsthätigkeit, dort Überanstrengung im Beruf; hier eine übertriebene Beschränkung auf das Haus, dort maßlose Entfremdung vom Hause. Sollte sich uns da nicht der Gedanke aufdrängen, dass vielleicht ein Ausgleich darin liegen könnte, wenn man diesen Mangel und diesen Überfluss miteinander in Berührung brächte?“
(*Emil Münsterberg: Ziele der weiblichen Hilfsthätigkeit, Berlin 1897/98, S. 420*)

Die Aktivitäten der „Gruppen“ bestehen zum einen in der Organisation von Hilfstätigkeiten in Arbeiterfamilien und in der Betreuung proletarischer Kinder, zum anderen in der Durchführung von Vorträgen und Bildungsveranstaltungen zu sozialen Fragen und ihren Hintergründen. Bis 1899 sind die „Gruppen“ aber eine eher lose Verknüpfung von Hörerinnen, welche die von den Initiatorinnen organisierten Veranstaltungen besuchen und nach Maßgabe ihrer jeweiligen Möglichkeiten unterschiedliche soziale Hilfstätigkeiten ausüben. (Das Programm nennt damals 22 Vereine und Einrichtungen, die sich bereit erklären, die Helferinnen zu beschäftigen.) Max Weber spricht über die „Grundzüge der modernen sozialen Entwicklung"; Ludwig Katzenstein über „Soziale Hülfsthätigkeit in England und Amerika"; Heinrich Albrecht über „Wohlfahrtseinrichtungen für die arbeitenden Klassen mit Besichtigungen". Als einzige Frau spricht die Ärztin Agnes Bluhm über die „Grundzüge der Hygiene".

Aufgrund der Nachfrage verändert sich das Angebot von 1899 in einem entscheidenden Punkt: Die lose zusammengefügte Vortragsreihe wird zu einem Jahreskurs geformt, der ein festes Programm umfasst und eine verbindliche Teilnahme erfordert.

„Durch Einrichtung eines geschlossenen Jahreskurses soll einem kleinen Kreis von Frauen eine systematische Ausbildung für Berufsarbeit in der Armenpflege oder auf einem anderen Gebiete sozialer Hilfsarbeit ermöglicht werden. Es ist zu diesem Zweck eine besondere Vereinbarung mit mehreren Instituten getroffen worden, um Mädchen und Frauen durch systematische Ausgestaltung eines praktischen und theoretischen Arbeitsplans, der für jede Schülerin individuell nach ihren Absichten ausgearbeitet wird, eine berufsmäßige Ausbildung zu gewährleisten."
(Alice Salomon: Die Ausbildung zur sozialen Berufsarbeit, in: Die Frau, 24. Jg., 1917, S. 263)

Alice Salomon betont aus der Rückschau, dass die Ausbildung, die mit den Jahreskursen begann, weniger an festen Aufgaben im Praxisfeld orientiert gewesen sei, sondern diese vielmehr geschaffen habe.

„Es gibt vielleicht keinen anderen Beruf, in dem die Gründung von beruflichen Bildungsstätten der Entwicklung des Berufsstandes so entschieden wie bei dem sozialen Beruf vorangegangen ist. Man nahm die Gründungen vor in der Annahme, dass sowohl Berufsstellungen wie ein Berufsstand mit Berufsernst, Berufstreue und Berufstradition erst entstehen würden, sobald Ausbildungsstätten vorhanden seien."
(*Alice Salomon, ebd., S. 263*)

Bestandteile des Ausbildungsplans sind: Einführung in die Armenpflege; Tätigkeit in Krippen, Kindergärten und Horten; Erziehungslehre; Grundlagen der Wohlfahrtspflege und Einführung in die Volkswirtschaft. Trotz des stark berufsfeldbezogenen Ansatzes wird von den Lehrenden immer wieder hervorgehoben, dass es ihnen nicht nur um die Vermittlung von Wissen und Techniken geht, sondern auch um den Erwerb einer Haltung, um Ethik und Ideale.

Später, als die Jahreskurse schon in eine Schule überführt sind, schreibt Alice Salomon: „Wissen und Handeln, Denken und Tun muss auf einer Weltanschauung ruhen. Die Schule muss zu einem klaren, festen Lebensziel, zu sozialen Lebensidealen hinführen, ohne die man die Schüler wohl zu einem verwaltungsmäßigen Dienst, aber zu keiner wahren volkspflegerischen Arbeit führen kann."
(*Alice Salomon, ebd., S. 265*)

Das Modell des Jahreskurses findet auch außerhalb von Berlin Anklang und Nachahmung, sowohl im Hinblick auf die Ausbildung, als auch im Blick auf die Stellenvermittlung, welche ein zunehmend attraktiver Bestandteil des Konzepts der „Gruppen" wird. Der einflussreiche Deutsch-Evangelische Frauenbund eröffnet 1905 in Hannover auch einen Jahreskurs, der in der Folge, ebenso wie die Berliner Gruppen, zum Ausgangspunkt einer Schulgründung wird.

Die Eröffnung der ersten Sozialen Frauenschule, die unter der Leitung von Alice Salomon steht, erfolgt in Berlin im Jahre 1908. Die Schule ist eingebettet in das bereits erwähnte PFH, das Pestalozzi-Fröbel-Haus, welches damals bereits ein Pädagogisches Seminar zur Berufsausbildung von Kindergärtnerinnen, Kinderpflegerinnen und Hortnerinnen sowie eine Haushaltungsschule beherbergt.

„Alice Salomon war eine langweilige Lehrerin, fing mit der Dreifelderwirtschaft an und kam, wie das in Deutschland so üblich war, nie bis zur Gegenwart.(…) Wenn Alice Salomon krank war, ließ sie sich von Elly Heuss-Knapp vertreten, die an Alter nur zehn, an Lebensfreude aber zwanzig Jahre jünger war als sie. (…) Unsere einzige männliche Lehrkraft war Dr. Albert Levy, Vorsitzender der Zentrale für private Fürsorge. Er hatte diese sehr nützliche Einrichtung aufgebaut und führte die Schülerinnen, die bei ihm Praktikum machten, in ausgezeichneter Weise in die Arbeit der Zentrale ein.(…) Frieda Duensing unterrichtete Jugendfürsorge. Sie war voller Temperament. Jugendnot sah sie als Teil der Fehlorganisation der Gesellschaft an und wollte Reformen der Gesetzgebung und der praktischen Arbeit. (…) Bei meiner beginnenden Neigung zur Politik genoss ich natürlich auch den verfassungskundlichen Unterricht von Margarete Treuge, einer Oberlehrerin, die im Bund deutscher Frauenvereine tätig war.(…) Auch Gertrud Bäumers Unterricht zog mich damals sehr an. Sie unterrichtete das, was sie in ihrem Buch ‚Die soziale Idee in der Weltanschauung des 19. Jahrhunderts' behandelt hatte. Im Gegensatz zu Alice Salomon, die immer abgezehrt und freudlos aussah, war die gleichaltrige Gertrud Bäumer eine blühende Frau, elegant und modisch gekleidet, ihrer bedeutenden Stellung in der Frauenbewegung entsprechend."
(*Hedwig Wachenheim: Vom Großbürgertum zur Sozialdemokratie. Memoiren einer Reformistin, Berlin 1973, S. 30f.*)

Die Ausbildung zur Fürsorgerin/Wohlfahrtspflegerin an der Sozialen Frauenschule ist nun auf 24 Monate ausgedehnt und umfasst einen gestuften Fächerkanon, der von jeweils einer Lehrkraft unterrichtet wird. Bis zum Ersten Weltkrieg breitet sich die Idee der Sozialen Frauenschulen zunächst zögernd, dann (verstärkt durch die kriegsbedingte Nachfrage) rasch über ganz Deutschland aus: 1909 wird die Frauenschule der Inneren Mission in Berlin eröffnet, 1910 das Evangelisch-soziale Frauenseminar in Elberfeld, 1911 die soziale Abteilung der Hochschule für Frauen in Leipzig, 1913 das Frauenseminar für soziale Berufsarbeit in Frankfurt/Main, 1915 die Wohlfahrtsschule der Stadt Köln, 1916 die Soziale Frauenschule in Mannheim und 1917 die Soziale Frauenschule und das Sozialpädagogische Institut in Hamburg. Alice Salomon kommentiert diese Gründungen rückblickend folgendermaßen: „Es ist charakteristisch für die Stellung der sozialen Ausbildungsanstalten innerhalb des beruflichen Bildungswesens, dass ihre Entstehung nicht von pädagogischen oder wissenschaftlichen Kreisen ausging, dass die Anregung nicht von den Universitäten oder anderen Anstalten mit sozialwissenschaftlichen Bildungszielen kam, sondern von Männern und Frauen der sozialen Praxis.“ (Salomon 1917, S. 264)

3.4 Wissen hilft Handeln. Die Entwicklung der Disziplin im Kaiserreich

Die Entwicklungslinien der Sozialwissenschaften, d.h. der Psychologie, Soziologie, Politikwissenschaft, Teilen der Nationalökonomie (wie Sozialpolitik), Medizin (soziale Hygiene, Ernährungswissenschaft) und der Pädagogik reichen weit ins 19. Jahrhundert zurück, aber sie erleben im Kaiserreich eine bedeutende Expansion. Wilhelm Wundt gründet 1879 an der Universität Leipzig das erste psychologische Institut. Um die Jahrhundertwende werden eine Reihe von Ansätzen der Kinder- und Entwicklungspsychologie vorgelegt, heilpädagogische Fragen aufgegriffen und Verfahren zur Diagnose und Therapie entwickelt.

Weniger systematisch setzt um die Jahrhundertwende auch die Entwicklung der Soziologie ein. Sie wird gespeist durch Beiträge von Nationalökonomen (wie Gustav Schmoller, Werner Sombart und Max Weber), Staatswissenschaftlern, Philosophen und Historikern. 1909 geht aus dem 1873 gegründeten Verein für Socialpolitik die Deutsche Gesellschaft für Soziologie hervor und führt das Fach zu einem Höhepunkt, der durch Namen wie Georg Simmel, Alfred Vierkandt, Franz Oppenheimer, Alfred Weber, Ferdinand Tönnies und Leopold v. Wiese markiert ist.

Seit der Jahrhundertwende erscheinen auch eine ganze Reihe von soziologischen Studien aus der Feder von weiblichen Sozialwissenschaftlerinnen (zum Beispiel Elisabeth Gnauck-Kühne, Lily Braun, Henriette Fürth). Aber es gelingt ihnen trotz der Qualität ihrer Arbeiten viel weniger als ihren männlichen Kollegen, öffentliche Aufmerksamkeit und Akzeptanz in der scientific community zu erringen.

Wichtige Einsichten in die Dynamik und die Störungen menschlichen Verhaltens erbringen die neuen Ansätze in der Medizin mit ihren Zweigen der Sozialhygiene, der Eugenik und der Ernährungswissenschaft. Bereits 1873 organisieren sich Vertreter dieser Richtungen in dem Verein für öffentliche Gesundheitspflege. Die Umsetzung der Ergebnisse der Arbeit des

Vereins erfordert nicht nur ausreichende Informationen (zum Beispiel Statistiken über Verbreitung von Epidemien, Todesursachenstatistiken, Verbreitungsstatistik von Infektionskrankheiten etc.), sondern auch das Eingreifen staatlicher Ordnungsgewalt. Am Ende des 19. Jahrhunderts entstehen deshalb eine Reihe von kommunalen und nationalen Gesundheitsbehörden (1876: Reichsgesundheitsamt, 1880: Reichsgesundheitsrat), deren Arbeit auch von den Sozial- und Krankenversicherungen unterstützt wird.

„Zu Beginn des 20. Jahrhunderts wurde man in zunehmendem Maße der Schwierigkeiten inne, die Mannigfaltigkeit der Symptome von Geisteskranken mit Regelmäßigkeit auf bestimmte Veränderungen des Zentralnervensystems zu beziehen. Das weithin vergebliche Suchen nach charakteristischen morphologischen Veränderungen im Gehirn mündete in Resignation und Skepsis gegenüber einer ‚Gehirnmythologie', die den Schlüssel zum Verständnis der Psychosen in Händen zu haben glaubte."
(*W. Bergmann: Der Weg der Medizin seit dem 19. Jahrhundert, in: Das zwanzigste Jahrhundert. Propyläen Weltgeschichte, 20. Band, Frankfurt und Berlin 1960, S. 539*)

Große Bedeutung für die Entwicklung der Gesundheitsfürsorge hat vor allem die Sozialhygiene, die durch ihre präventive Ausrichtung nicht nur auf die Therapie (Wiederherstellung von Gesundheit), sondern auch auf Problemvermeidung (Erhaltung der Gesundheit) abzielt. Sie richtet ihren Blick dabei auch auf gruppen- und klassenspezifische Lebensbedingungen und Lebensweisen und untersucht die gesellschaftlichen und strukturellen Ursachen wie Wohn- und Arbeitsbedingungen, Ernährungs- und Freizeitverhalten, Familienleben und Milieu der Bürger.

Neben der Sozialhygiene ist es insbesondere die Psychiatrie, die sich als medizinische Fachrichtung mit dem sozialen Elend und seinen Begleiterscheinungen wie Alkoholismus, Verwahrlosung, Kriminalität und Persönlichkeitsstörungen beschäftigt. Sie ist aus dem Blickwinkel der Sozialpolitiker vor allem durch ihre Diagnosekompetenz interessant. Sie soll nämlich helfen, die Besserungsfähigen von den Nicht-Besserungsfähigen zu unterscheiden und dadurch die Entscheidung über geeignete Maßnahmen erleichtern. Bereits zur Zeit der Jahrhundertwende beginnt sich neben der Psychiatrie eine eigene pädagogische Richtung zu etablieren, die sich ebenfalls der seelisch und geistig Beeinträchtigten annimmt und unter dem Begriff Heilpädagogik bekannt wird.

Eine andere Disziplin, die im Kaiserreich eine besondere Bedeutung für die Entwicklung der sozialen Arbeit bekommt, ist die schon erwähnte Nationalökonomie. Führende Nationalökonomen, allen voran Gustav Schmoller, wenden sich seit den 1880er Jahren von der traditionellen liberalistischen Schule ab und werden unter dem Namen Kathedersozialisten bekannt. Schmollers Auffassung zufolge soll die Volkswirtschaftslehre eine moralisch-politische Wissenschaft sein, die den Name n Politökonomie verdient. Ihr

Gustav Schmoller (1838–1917)

Gegenstand soll die Untersuchung der Gesetzmäßigkeiten der Wirtschaft, aber ebenso die Aufstellung von Normen für die Gestaltung (Reform) der Sozialbeziehungen sein, um das oberste Ziel, das Gemeinwohl, durch die Verwirklichung von Sittlichkeit und Gerechtigkeit zu erreichen.

Von dieser ethischen Konzeption aus wird es verständlich, dass die sozialreformerische Nationalökonomie maßgeblichen Einfluss auf die vielfältigen Organisationen und Aktivitäten der bürgerlichen Wohlfahrtsorganisationen und auf die Reform des kommunalen Armen- und Fürsorgewesens nehmen kann. Das Programm, das die Kathedersozialisten befürworten, zielt sowohl auf Lernprozesse der Klientel wie auf Veränderungen der Hilfsorganisationen ab. Im Mittelpunkt stehen deshalb sowohl die Erziehung der Armen zur Wirtschaftlichkeit als auch die effektivere Gestaltung des Fürsorgewesens.

3.5 „Dem Zufall und der Planlosigkeit entgegenzuwirken …" (Ilse Arlt)

3.5.1 Die sozialen Organisationen

Stärker noch als die Erörterung der neuen wissenschaftlichen Prinzipien von Sozialreform und sozialer Hygiene tritt das Thema „Organisation" in den damaligen Konferenzen in den Vordergrund. Insbesondere der Deutsche Verein für Armenpflege und Wohltätigkeit bietet hierfür ein Diskussionsforum. Anlässe gibt es genug. Es besteht Konsens darüber, dass sich in den traditionellen Strukturen der kommunalen und privaten Armenpflege mit ihren vielfältigen Zersplitterungen, mangelnder Koordination und Einheitlichkeit, Zufälligkeiten und Willkür zeitgemäße Grundsätze einer Sozialfürsorge nicht verwirklichen lassen. Es steht eine grundlegende Organisationsreform an.

Seit der Jahrhundertmitte sind aus den Initiativen des philanthropischen und sozialreformerischen Bürgertums heraus zahlreiche Einrichtungen privater Wohltätigkeit entstanden. Sie sind überwiegend in Vereinsform organisiert und bleiben in ihrer Zielsetzung und ihrem Wirkungsgrad auf spezielle Zielgruppen und auf das lokale Gebiet beschränkt. Insbesondere in den großen Städten entsteht ein unübersehbares Gewirr aus Hunderten von privaten Wohlfahrtsorganisationen. Diese arbeiten nicht aufeinander abgestimmt, sondern leisten vielfach Doppelt- und Dreifachunterstützung und erhalten damit, wie Kritiker meinen, eher eine „Kultur der Armut" am Leben, als dass sie diese abbauen.

Die Gründung des Deutschen Vereins für Armenpflege und Wohltätigkeit im Jahre 1880 ist der Versuch, diesen Missständen entgegenzutreten. In seinem 1879 veröffentlichten Gründungsaufruf wird der Zweck des Vereins folgendermaßen formuliert: „Die Fragen der Armenpflege und Wohltätigkeit sowohl nach der Seite der Gesetzgebung als auch der praktischen Ausführung einer genauen Prüfung zu unterziehen, die widerstreitenden Meinungen zu klären …, auf die Gesetzgebung einzuwirken, eine auf Vorbeugung gerichtete Wohltätigkeit zu befürworten und nicht zum Letzten: auch auf diesem Gebiet ein alle Glieder des Reiches umschließendes Band zu knüpfen."

Es entstehen in vielen Großstädten Zentralen für private Wohltätigkeit, allen voran die berühmte, 1890 von dem Großindustriellen Wilhelm Merton ins Leben gerufene Frankfurter Zentrale: das Institut für Gemeinwohl. Diese Zentralen sollen als Koordinations- und Regulationsstellen die mannigfaltigen Aktivitäten privater Hilfen erfassen, dokumentieren, abstimmen und arbeitsteilig aufeinander beziehen. Zusätzlich dienen sie als Informationsstellen für alle fürsorgerechtlichen Fragen und als Fortbildungsträger für ehrenamtliche Mitarbeiter. Ihr Vorbild sind die in England und den USA seit längerer Zeit schon bekannten Charity Organization Societies (COS).

Wilhelm Merton (1848–1916)

Im Jahr 1893 wird auch in Berlin die Zentrale für private Fürsorge als Tochter der Gesellschaft für ethische Kultur ins Leben gerufen. Sie entwickelt sich zu einer großen Koordinations- und Forschungsstelle, an der zeitweilig 140 überwiegend weibliche Mitarbeiterinnen beschäftigt sind. Berühmt wird auch die 1913 in Hamburg gegründete städtische Zentrale für private Fürsorge, die Hamburgische Gesellschaft für Wohltätigkeit.

Aus den städtischen Zentral- und Koordinationsstellen geht eine Fülle von landesübergreifenden Fachorganisationen, Zentralvereinen und Dachverbänden hervor. Daneben gründet sich 1898 der von evangelischen Anstaltsleitern angeregte Allgemeine Fürsorgeerziehungstag, 1906 das Archiv der Deutschen Berufsvormünder, 1907 die Deutsche Zentrale für Jugendfürsorge und 1909 der Deutsche Jugendgerichtstag.

Die Organisation der privaten Wohltätigkeit und die Arbeit in ihren Zentralinstituten werden schließlich auch zu einem wichtigen Motor der Neustrukturierung des Armenwesens. Je stärker der soziale Sektor nach dem Gesichtspunkt der Individualisierung umgebaut wird, desto deutlicher wird der undifferenzierte Schematismus der bisherigen Armenfürsorge. Dieser Befund fördert die Bestrebungen, bestimmte Armutsrisiken aus der allgemeinen Armenfürsorge auszugliedern und in Form von so genannten Spezialfürsorgen zu organisieren.

In diesem Zusammenhang kommt es bereits in den ersten Jahren des 20. Jahrhunderts zur Gründung einer Einrichtung, welche die Funktionen eines Wohlfahrtsministeriums in Preußen übernimmt: Aufgrund einer Initiative aus dem Preußischen Landtag wird 1906 die Zentralstelle für Volkswohlfahrt in Berlin ins Leben gerufen. Die Zentralstelle bündelt die Einflüsse aus Politik, Wirtschaft, Wissenschaft, Kirchen und aus den großen Verbänden, um zur Koordinierung, Unterstützung, Anregung, Verbesserung und Beratung von Wohlfahrtseinrichtungen auf Reichsebene beizutragen. 1919 wird die Zentralstelle für Volkswohlfahrt in das Preußische Ministerium für Volkswohlfahrt übergeleitet.

3.5.2 Die Doppelstruktur des Wohlfahrtssystems

Die Modernisierung des Armenwesens hat infolge dieser Erfahrungen unterschiedlichen Erfordernissen zu genügen:

- Das neue Wohlfahrtssystem soll, wenn auch nicht vollends, so doch weitgehend seinen diskriminierenden Charakter verlieren.
- Es soll dem quantitativ enorm gewachsenen Bedarf nachkommen können.
- Es soll den inzwischen erkannten qualitativen Unterschieden der jeweiligen Problemlagen entsprechen können.
- Es soll vorbeugend wirksam werden können, um bestimmte Notlagen gar nicht erst aufkommen zu lassen.
- Und es soll durch seine Vielfalt für die unterschiedlichen sozialen Lager, von der Arbeiterbewegung über die Unternehmer bis zu den Kirchen, konsensfähig sein.

Derart unterschiedliche Anforderungen sind schwerlich durch ein einziges soziales System abzudecken. Im Laufe der 1880er Jahre entsteht deshalb auf der einen Seite das Versicherungssystem, das unter dem Namen bismarcksche Sozialgesetzgebung in die Geschichte eingeht. Merkmal dieses Systems ist in erster Linie der Rechtsanspruch, d.h. die gesicherte Anwartschaft auf Unterstützung im Fall von Arbeitslosigkeit, von Krankheit, Invalidität und Alter durch die geleisteten Beitragszahlungen. Ein weiteres Merkmal ist die

Das deutsche Sozialversicherungssystem

Unantastbarkeit des Leumunds durch die Unterstützung, welche ja potentiell allen gewährt wird und deshalb keinerlei Diskriminierung beinhaltet bzw. beinhalten soll. Und letztlich zeichnet sich dieses System dadurch aus, dass es nicht am tatsächlichen aktuellen Bedarf der Betroffenen ausgerichtet ist, sondern an den allgemein ausgehandelten Beitrags- und Unterstützungssätzen.

Während dieses Versicherungssystem die Grundlage bildet, welche für die Masse der Beitragszahlenden das Auftreten sozialer Notlagen verhindern soll, ist doch gleichzeitig klar, dass damit nicht alle sozialen Probleme gelöst werden können, auch nicht die Probleme der Versicherten. Das damit benannte Defizit liegt nicht nur darin begründet, dass die Renten damals ebenso knapp bemessen sind wie etwa das Krankengeld. Entscheidender wirkt sich der Umstand aus, dass viele Menschen gar nicht in den Arbeitsprozess und damit auch nicht in das Versicherungssystem eingebunden sind und dadurch im Notfall völlig ungeschützt und unabgesichert sind.

Parallel zum Versicherungssystem setzen sich deshalb modernisierte Formen der kommunalen Armenpflege ebenso wie der freien Liebestätigkeit fort, welche bedarfsorientiert zugewendet werden, auf die kein Rechtsanspruch besteht und die, nach wie vor, mit deutlichen Diskriminierungen verbunden sind.

Während das Versicherungswesen zur Basis der Sozialpolitik wird und damit weitgehend in die Hände der Sozialbürokratie übergeht, bleibt die Fürsorge in ihrem Erscheinungsbild vielfältig, von unterschiedlichen Trägern in quantitativ und qualitativ unterschiedlichster Weise ausgeführt; teilweise schon auf rechtlicher Basis agierend, teilweise aber auch eher intuitiv und planlos durchgeführt, ist die Fürsorge der kreativere Bereich der Sozialen Arbeit, schwer zu erfassen und kaum zu evaluieren. Vor allem aber ist es die Fürsorge, von der her der Bedarf nach Professionalisierung ausgeht, nachdem die Erkenntnis sich Bahn gebrochen hat, dass „Helfen gelernt sein will" (Salomon), oder, wie Klumker es sagt, dass man „dem Armen nicht geben darf, was er fordert, sondern was ihn fördert." (Klumker 1918, S. 77)

Das Verhältnis von Arbeiterversicherung und Armenfürsorge zueinander ist vielfach beschrieben und immer wieder neu interpretiert worden. Ob die Fürsorge der Pionier gewesen ist, der dem sozialpolitisch wirksamen Versicherungswesen den Weg gewiesen hat, wie Elisabeth Gnauck-Kühne meint, weil sie vor allem die Flexibilität der Bedarfsorientierung im Bereich der Fürsorge im Auge hat; ob die Sozialversicherung die Pflicht, die Fürsorge hingegen die Kür sei, wie manchmal gesagt wird; oder wie auch immer: Zweifelsfrei gibt es kein Entweder-oder, sondern immer nur ein für die Klientel mehr oder weniger lückenloses und meist eher weniger zureichendes Nebeneinander der beiden Bereiche, welche die Grundpfeiler im Systems des deutschen Wohlfahrtswesen während des Kaiserreichs darstellen.

Weil die wichtigsten Daseinsrisiken der proletarischen Existenz, Invalidität (Arbeitsunfähigkeit), Krankheit, Alter und Arbeitslosigkeit durch Versicherungsleistungen (die ‚Sozialversicherungen') abgedeckt sind, für die Beiträge erhoben werden, auf die aber – bei Eintritt des Versicherungsfalles – ein Rechtsanspruch vorgesehen ist, kann sich die Armenpflege in einer Art Aufgabenaufteilung nach sozialen Prinzipien reorganisieren, die nicht länger ordnungspolitisch sondern sozialpädagogisch orientiert sind.

Mit dieser „Doppelstruktur", mit dieser Trennung und unterschiedlichen Regelung und Institutionalisierung der materiellen Unterstützung („objektive Fürsorge") einerseits und der pädagogisch-personbezogenen Hilfen, Beratungs- und Sozialisationsangebote („subjektive Fürsorge") andererseits gelingt es in der weiteren Entwicklung die zentrale Kritik und den Widerstand der frühen Arbeiterbewegung aufzufangen und zu entkräften. Die sozialdemokratischen Organisationen hatten nämlich gegen die pädagogische Ausgestaltung der Armenfürsorge opponiert; sie verteile „gute Worte statt Brot". Das heißt, sie wende sich mit Rat und Sozialtherapie den Menschen zu, ohne an ihrer materiellen Existenz und Lebenslage das Geringste zu ändern. Zudem unterwerfe sie die Armenbevölkerung der Willkür und Unzuverlässigkeit des Almosens, sie entmündige den Hilfeempfänger, weil sie dem Helfer die Legitimation gebe, sich in die Lebens- und

Verhaltensweisen einzumischen und Unterstützung nach fragwürdigen und nicht kontrollierbaren Normen von ‚Unterstützungswürdigkeit' bzw. ‚Unterstützungsunwürdigkeit' zu verteilen. Statt Almosen forderte die Arbeiterbewegung deshalb Rechte, die bei Vorliegen der Rechtstatsachen ohne Ansehen der Person und ihres Verhaltens eintreten und Hilfe nach im Vorhinein festgelegtem Maß und Höhe auslösen. Sie nannte diesen Grundsatz „objektive Fürsorge" und unterschied sie von der „subjektiven Fürsorge".

3.6 Die Entwicklung der Handlungsfelder

3.6.1 Die „sociale Ausgestaltung der Fürsorge" (Karl Flesch)

Infolge der Modernisierung und Verbreitung der sich entwickelnden sozialen Arbeit entstehen, um die Jahrhundertwende beginnend, in unterschiedlichem Tempo einzelne Handlungsfelder. Sie ergeben sich aus den schon erwähnten problemgruppenbezogenen Spezialisierungen der Hilfsarbeit, der „socialen Ausgestaltung der Fürsorge", wie man damals sagt. Je stärker man die individuell verschiedenen Formen sozialer Not wahrnimmt, desto deutlicher differenziert sich die ehedem schematisch verfahrende Armenfürsorge in einzelne Spezialfürsorgen, die sich dann als eigene Handlungsfelder institutionalisieren. Dieser Prozess lässt sich u.a. an den jeweiligen Themenschwerpunkten der Publikationen sowie der seit 1880 stattfindenden Deutschen Fürsorgetage ablesen, die vom Verein für Armenpflege und Wohltätigkeit (später Deutscher Verein für öffentliche und private Fürsorge genannt) durchgeführt werden.

Geht es auf den Jahrestagungen des Vereins anfänglich noch ganz unspezifisch um die Armen, um Armut, Verarmung und Armenpflege, so treten in den folgenden Jahren einzelne Zielgruppen und Fragen der geeigneten Fürsorge für diese in den Vordergrund der Vorträge und Diskussionen: Verwahrloste und misshandelte Kinder (1884 und 1885), Krankenpflege und Arbeitslosigkeit (1887), Wohnungsfragen und „Trunksucht" (1888), Obdachlose und Straffällige (1893), Wöchnerinnen und schulentlassene Kinder (1897), „Zufluchtsstätten für weibliche Personen" (1898), „schwachsinnige, taubstumme, blinde und verkrüppelte Personen" (1902), Tuberkulosekranke und Ausländerfürsorge (1904), Säuglingssterblichkeit (1905), Berufsvormundschaft (1907), Mutterschutz und Mutterschaftsversicherung (1908), Jugendfürsorge (1910) – um nur einige Schlaglichter der Entwicklung zu nennen.

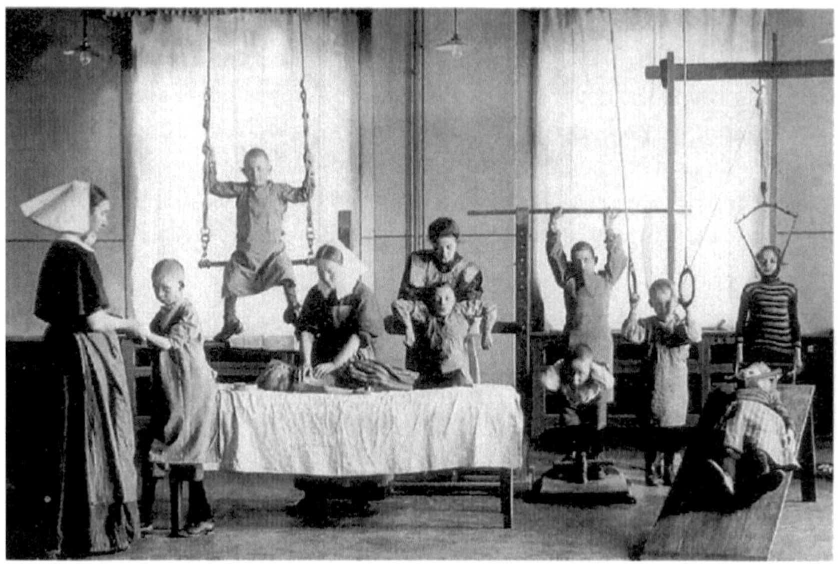

Behandlungsmethoden in einer Kinderklinik

Je intensiver die Beschäftigung mit den sozialen Problemen der betroffenen Menschen wird, umso stärker entsteht ein Bewusstsein dessen, wie weit die Problemlagen gefächert sind und wie breit das Spektrum der Fürsorge sein muss, um gezielte Hilfeleistungen zu ermöglichen. Dieser Prozess der Differenzierung, der zum Aufbau der einzelnen Handlungsfelder innerhalb der sozialen Arbeit führt, lässt sich eindrucksvoll an einem Einzelbeispiel nachvollziehen:

In den 1890er Jahren erbt die Hamburger Kaufmannstochter Lida G. Heymann nicht nur ein beträchtliches Vermögen, sondern auch Immobilien in der Innenstadt. Aufgrund ihres sozialen Engagements und ihrer Zugehörigkeit zur Frauenbewegung greift sie von den vielen möglichen Problemen, zu deren Lösung sie die Initiative ergreifen könnte, die Ernährungsprobleme der in der Stadt beschäftigten Arbeiterinnen und Angestellten auf: Diese verdienen zu wenig, um sich das Mittagessen in einem Lokal leisten zu können, und um zum Essen nach Hause in die Vororte zu fahren, reicht die Zeit nicht.

Deshalb richtet sie einen preiswerten Mittagstisch in der Innenstadt ein. Im Gespräch mit den Frauen, die dort zum Essen kommen, erfährt sie, wie unzureichend deren Kinder während ihrer arbeitsbedingten Abwesenheit versorgt sind. Daraus entsteht u.a. die Idee eines Betriebskindergartens. Weitere Schritte führen zu Rechtsberatung und Rechtsschutzstellen und zur Gründung einer gewerkschaftlichen Organisation der weiblichen Angestellten.

Das Beispiel zeigt: Die einzelnen Handlungsfelder

- entstehen nicht nach einer auf dem Reißbrett entworfenen Systematik, sondern historisch zufällig; nicht deduktiv aus irgendeiner Logik, sondern induktiv aus der praktischen Erfahrung;
- sie stehen nicht in einem geklärten, systematischen Zusammenhang; es gibt Überlappungen, Doppel- und Dreifachangebote, unabgesprochenes Nebeneinander oder gelegentlich auch konkurrentes Gegeneinander. Die oft beklagte „Zersplitterung" ist die Folge.
- Das wiederum drängt nach neuen Formen der Ordnung, des Zusammenschlusses, der Organisation, der Herausbildung von Handlungsfeldern.

3.6.2 Jugend zwischen Schulbank und Kasernentor. Die Entwicklung von Jugendfürsorge und Jugendpflege

Synchron mit der Etablierung einer eigenständigen Lebensphase Jugend (durch die Einführung der allgemeinen Schulpflicht, dem Anstieg der Gewerbeausbildungen und der damit beginnenden Verselbstständigung) wachsen die Sorgen der erwachsenen Generation insbesondere im Bürgertum um das Gelingen dieses Lebensabschnitts. Infolgedessen beginnen im letzten Drittel des 19. Jahrhunderts erste Aktivitäten und Maßnahmen der Sorge um die jungen Menschen, die auf soziale Kontrolle, Schutz vor schädlichen Einflüssen und Erziehungsprogramme zielen.

Drei historische Entwicklungsstränge sind zu unterscheiden:

(a) Die Tradition der Jugendfürsorge, der es um Interventionen bei devianten und dissozialen Jugendlichen geht; hier liegen die Ursprünge dessen, was heute „Hilfen zur Erziehung" heißt.
(b) Die Tradition der sog. Jugendpflege, die sich präventiv aufstellt und Vorsorge treffen will, dass Devianz gar nicht erst entsteht; hier liegt der Ursprung der kommunalen „Offenen Jugendarbeit".
(c) Die Tradition der deutschen Jugendbewegung, die von den jungen Menschen selbst ausgeht und wertradikal eine Erneuerung von Lebensstilen und sozialem Leben fordert. Hier ist der Ursprung der Jugendverbandsarbeit zu suchen.

Die Entstehung der Jugendfürsorge

Im letzten Drittel des 19. Jahrhunderts bürgert sich der Begriff Jugendfürsorge als Sammelbegriff für ein buntes Feld von Maßnahmen ein, die auf die Altersgruppe der Minderjährigen ausgerichtet sind. Gerade diese gelten nämlich als besonders gefährdet, aber auch (noch) als zugänglich für erzieherische Beeinflussung. Man ist deshalb überzeugt, dass sich bei ihnen der fürsorgerische Aufwand lohnt.

Grundlage der Maßnahmen ist der von besorgten Erwachsenen behauptete „Erziehungsnotstand“ der Jugend, der um die Jahrhundertwende die Gemüter bewegt. Schon im Jahr 1878 war in Preußen das sogenannte „Zwangserziehungsgesetz“ in Kraft getreten, das die Fürsorgeerziehung, wo nötig auch durch Einweisung in geschlossene Heime, erstmals außerhalb der Armenfürsorge regelt. Das Bürgerliche Gesetzbuch (BGB) sieht im Jahr 1900 Maßnahmen öffentlicher Erziehung für Minderjährige vor, wenn ein Missbrauch der elterlichen Gewalt (§ 1666) oder ein entsprechendes Versagen eines Vormunds (§ 1838) vorliegt. Das BGB lässt jedoch auch die Möglichkeit offen, Fürsorgeerziehung zu verhängen, wenn sie „zur Abwendung des völligen sittlichen Verderbens“ notwendig scheint.

Neben der damit einsetzenden Diskussion über die Gefährdung der Jugend durch die Folgen von Verstädterung, Industrialisierung und Proletarisierung treten vor allem die junge Wissenschaft der Jugendpsychologie und besonders die Psychopathologie des Jugendalters hervor. Anstöße für die Praxis kommen zudem aus Kreisen des Militärs, der Turn- und Gesundheitsbewegung und aus der Pfadfinderschaft. Politisch steht dabei die Idee einer konservativen Nationalerziehung als Gegengewicht gegen die Einflüsse der Sozialdemokratie im Vordergrund.

Aus der Stadt hinaus in die Natur

Die preußische Schulkonferenz von 1890 beschließt ein Programm zur Pflege des Spiels und körperlichen Ertüchtigung, das den Turnunterricht in der Schule aufwerten soll. 1891 wird in Berlin der Zentralausschuss zur Förderung der Volks- und Jugendspiele als außerschulische Organisation gegründet. Dass diese Initiative auf so großen Anklang stößt, liegt nicht zuletzt an der allgemeinen Sorge um die Wehrtüchtigkeit der Jugend: Der Umstand, dass seit längerem schon bei der jährlichen Rekrutenmusterung eine steigende Zahl von Heeresuntauglichen zurückgestellt werden muss, festigt in der Öffentlichkeit die Überzeugung, dass sportliche und gesundheitliche Förderung im Jugendalter nottut.

Auch die Pfadfinderei wird in Deutschland auf Initiative von Offizieren eingeführt. 1909 erscheint das „Pfadfinderbuch", die deutsche Übersetzung des englischen „Scouting for Boys". Bei der Umsetzung dieser Ideen in Deutschland treten allerdings die vormilitärische Körperertüchtigung, Märsche, Ausdauertraining und Kampfspiele viel stärker in den Vordergrund als bei dem englischen Vorbild.

Ganz andere Anstöße erhält die Jugendfürsorge aus der Armenpflege. Diese sucht nämlich nach Chancen für eine wirksame Prävention: Aus diesem Motiv heraus entstehen das Pflegekinderwesen, das Vormundschaftswesen, die Säuglingsfürsorge, Schulspeisungen, Schülererholung und Kinderhorte. Die Jugendfürsorge, die durch all diese Aktivitäten ein hohes Maß an Zersplitterung aufweist, soll ab 1907 durch die koordinierende Tätigkeit der Deutschen Zentrale für Jugendfürsorge, deren Leiterin Frieda Duensing ist, vereinheitlicht werden.

Die Entstehung der Jugendpflege

Ebenfalls aus diesem Kontext präventiv gerichteter Interessen heraus entstehen nach einer Reihe kleinerer Vorläufertexte 1911 und 1913 die beiden großen Preußischen Erlasse zur Jugendpflege, in denen die Ertüchtigung von Körper, Seele und Geist zur „nationalen Aufgabe ersten Ranges" erklärt wird. Die damit ins Leben gerufene außerschulische Jugendarbeit soll sich auf ehrenamtlich tätige „lebenserfahrene Bürger" stützen und dem Prinzip der freiwilligen Teilnahme genügen. Als Koordinationsorgane werden auf Orts-, Kreis- und Bezirksebene Jugendpflegeausschüsse eingerichtet. Damit werden Strukturen geschaffen, die heute noch das Grundmuster kommunaler Jugendpflege abgeben: eine staatlich initiierte und subventionierte, freie Träger beteiligende, auf Freiwilligkeit und Ehrenamtlichkeit sich stützende außerschulische kommunale Jugendarbeit als Bereich öffentlicher Erziehung.

Diese zielt allerdings fast ausschließlich auf die proletarische Jugend ab, weil sie aufgrund ihrer Lebensbedingungen weit weniger Chancen hat, ein Jugendleben und lange Bildungszeit zu genießen, und weil sie vor allem davor bewahrt werden soll, kriminellen oder aufrührerischen Einflüsterungen nachzugeben. In diesem Sinne soll die „Kontrolllücke zwischen Schulbank und Kasernentor“ durch die Jugendpflege, d.h. den Aufbau einer außer- und nachschulischen Jugendpädagogik, geschlossen werden.

Die Anstöße durch die deutsche Jugendbewegung

Ganz andere Impulse erhält die Arbeit mit Jugendlichen aus der bürgerlichen und – später der sog. proletarischen – Jugendbewegung. Diese speist sich in den Anfangsjahren aus der Sehnsucht nach Naturverbundenheit, nach neuen Liedern, Ritualen und Symbolen, vor allem nach einem Gruppenleben, das auf dem Gefühl tiefer Gemeinschaft beruht und auf Selbsterziehung abzielt. Diese Vorstellungen haben eine große Bedeutung für die Entwicklung der Jugendkultur in den darauf folgenden Jahrzehnten gehabt. Viele Fürsorgerinnen und Fürsorger der Weimarer Republik ebenso wie viele der reformpädagogischen Theoretiker (Bondy, Herrmann, Nohl, Wyneken) sind aus der Jugendbewegung hervorgegangen und haben aus dieser ihre Konzepte der Sozial- und Reformpädagogik geschöpft.

Wandervogel e. V.
Bund für deutsches Jugendwandern
Gau: Mark Brandenburg
Ortsgruppe: Berlin-Steglitz, Gruppe Wilmersdorf
Ausweiskarte für das Jahr 1914
für (Name): Helmut Noack
Wohnung: Wilmersdorf, Hohenzollerndamm 184
Geburtstag und Jahr: 20. 8. 1900
Schule: Fichte-Gymnasium Klasse: O. II
Der Ortsgruppenleiter: I. A. Paul Teschenmacher

Als Urzelle der Jugendbewegung wird der Wandervogel genannt, eine Gruppe von Steglitzer Gymnasiasten, die sich seit 1896 für Wanderungen im Grunewald begeistern. In rascher Folge entstehen in vielen Großstädten und vor allem den Universitätsstädten ähnliche Gruppen, die sich 1913 zu einer Art Dachverband, dem Wandervogel e.V., Bund für deutsches Jugendwandern zusammenschließen. Beim Fest der Jugend, das im gleichen Jahr auf dem Hohen Meißner stattfindet, wird zudem die Freideutsche Jugend als Dachverband der gymnasialen und studentischen Gruppen gegründet. Im Gründungsdokument, der sog. „Meißner-Formel“ werden die Autonomie (eigenständiges Jugendreich) und Selbsterziehungsgemeinschaft (Jugend wird durch Jugend geführt) der Jugendorganisationen betont.

„Die in den letzten Jahrzehnten erfolgte Veränderung der Erwerbsverhältnisse mit ihren nachteiligen Einflüssen auf das Leben in Familie und Gesellschaft hat einen großen Teil unserer heranwachsenden Jugend in eine Lage gebracht, die ihr leibliches und noch mehr ihr sittliches Gedeihen aufs Schwerste gefährdet. Immer ernster wird daher die allgemeine Durchführung von Maßnahmen gefordert, welche dem heranwachsenden Geschlecht ein fröhliches Heranreifen zu körperlicher und sittlicher Kraft ermöglichen. Diese Forderung wird besonders dringend gerade auch von solchen erhoben, welche

selbst seit geraumer Zeit sich um die Pflege der Jugend verdient gemacht und eigene Erfahrungen auf diesem Gebiete gesammelt haben."
(Erlaß des Ministers der geistlichen, Unterrichts- und Medizinal-Angelegenheiten vom 18. Januar 1911)

3.6.3 „Die Opfer kamen hauptsächlich aus der arbeitenden Bevölkerung." (Richard Evans) Die Entwicklung der Gesundheitsfürsorge

Der Bereich der Gesundheitsfürsorge ist gleichzeitig einer der umfangreichsten und schwierigsten in der Geschichte der Sozialen Arbeit. Er umfasst in seiner späteren Ausgestaltung die Bereiche der Krankenpflege, die Volksküchen und Ernährungsberatung, die Aufklärung und Vorbeugung (zum Beispiel zur Bekämpfung der Tuberkulose, der Säuglingssterblichkeit oder des Alkoholismus), die Psychiatrie, die Hygiene und Seuchenbekämpfung, die Eugenik und die Behindertenfürsorge bis hin zur Bevölkerungspolitik.

Die Gesundheitsfürsorge reicht damit von der Anleitung zu ganz praktischen Vollzügen des Umgangs mit Kranken (Hauspflege und Lazarettpflege) über die Organisation von Spezialfürsorgen etwa für Behinderte und psychisch Kranke über sozialpolitische Maßnahmen wie Massenspeisungen, Gesundheitsvorsorge und Geburtenregelung (§ 218), ja sogar bis zur Sanitärreform, die in vielen Großstädten aus Gründen der Seuchenprophylaxe durchgeführt wird.

Die Problematik der darin bestehenden Aufgabenstellungen liegt nicht nur in diesem breiten Spektrum von den gesetzlichen Vorschriften auf der einen und den konkreten Maßnahmen auf der anderen Seite, sondern vor allem in der Unterordnung der sozialen Hilfstätigkeit unter medizinische Richtlinien und medizinische Oberaufsicht. Hinzu kommt die Einordnung in am Volkswohl ausgerichtete ethische wie bevölkerungspolitische Rahmenvorstellungen, die durch eine rassepolitisch geprägte Eugenik bestimmt sind. Deshalb hat es die Gesundheitsfürsorge als verlängerter Arm von Medizin und Politik von Anfang an schwer, ihr eigenes soziales Profil zu entwickeln und zu behaupten.

„In der gesundheitsfürsorgerischen Arbeit lassen sich drei Phasen unterscheiden:
1. Phase: Die Feststellung der Gefährdeten und Erkrankten und Auslese der Fürsorgebedürftigen.
2. Phase: Die Erfassung der Fürsorgebedürftigen durch krankheitsverhütende Beratung und wirtschaftliche Hilfe und Vermittlung für eine eventuell notwendige Heilbehandlung.
3. Phase: Die Nachprüfung der Wirksamkeit der abgeschlossenen Heilbehandlung und Fürsorgehilfe."

(Prof. Dr. Fritz Rott: Soziale Hygiene in Deutschland, Beitrag zur Internationalen Konferenz für Wohlfahrtspflege und Sozialpolitik, Paris 1928, S. 2)

Die Wurzeln der Gesundheitsfürsorge liegen in der anfänglich vor allem in Händen der Kirchen und der in privaten Vereinen befindlichen Krankenpflege. Solange es aus Sicht der Helfenden nur Arme und Kranke gibt, bedarf es keiner weiteren Erörterung, dass die Armen versorgt und die Kranken gepflegt werden. Sobald aber gegen Ende des 19. Jahrhunderts nicht nur die Diskussion über Ursachen, Risikofaktoren und Prävention aufkommt, sondern auch das Interesse des Staates und der Industrie an der Steuerung des Bevölkerungswachstums virulent wird, ändert sich die Situation entscheidend.

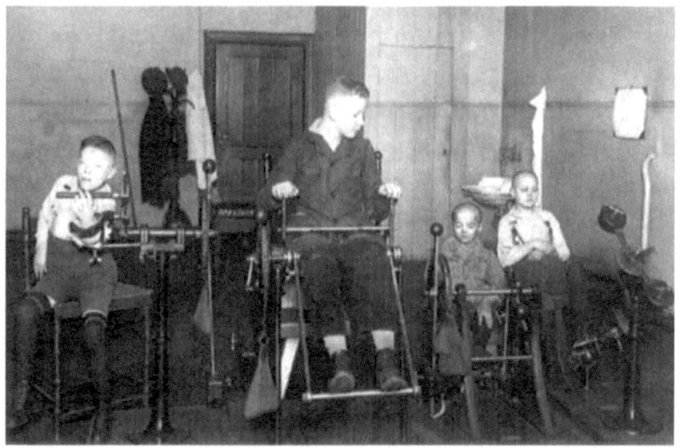

Therapeutische Behandlungsangebote für Kinder

Jetzt gilt es, nicht nur deshalb Leben zu erhalten, weil es dem Gebot der christlichen Nächstenliebe entspricht, sondern weil es gebraucht wird. Es beginnt das Zeitalter der Funktionalisierung der Gesundheit und der Geburtensteigerung mit Maßnahmen der sozialen Kontrolle und der strafrechtlichen Verfolgung, zum Beispiel des Gebrauchs von Verhütungsmitteln. Auf der anderen Seite entsteht der Gedanke der gelenkten Auslese durch die Sterilisation von „Erbkranken und Alkoholikern", um das Sozialbudget nicht unnötig zu belasten.

Von diesen Gedanken sind die Anfänge der Gesundheitsfürsorge jedoch weitgehend unbelastet. Den Kommunen geht es angesichts des immensen Bevölkerungswachstums im Laufe des 19. Jahrhunderts zunächst darum, eine medizinische Versorgung all jener sicherzustellen, die, als die Zahlen noch überschaubar waren, kostenlos von den Stadtärzten mitversorgt wurden. Die Gemeinden, die nun durch das Reichsgesetz über den Unterstützungswohnsitz dazu verpflichtet sind, vor allem für die Kranken zu sorgen, die durch eine an das Lohnarbeitsverhältnis geknüpfte Krankenkasse nicht abgesichert sind (zum Beispiel Kinder und Mütter), regeln diese Aufgabe durch den Aufbau einer kommunalen Gesundheitsfürsorge. Diese umfasst neben der Behandlung von Kranken auch vorbeugende Maßnahmen etwa zur Bekämpfung von Geschlechtskrankheiten und Tuberkulose („die Proletarierkrankheit"), die weit über die individuelle Versorgung hinausgehen.

„Bei der Behandlung der ausgebrochenen Tuberkulose ist das Hauptgewicht auf ein sorgsames diätetisches Verhalten und eine zwecksame Regelung der Lebensweise des Kranken zu legen, da bis jetzt kein medikamentöses Mittel bekannt ist, welches das eingedrungene Tuberkelgift unwirksam zu machen imstande ist. Von schädlichem Einfluss sind vor allem Erkältungen, Excesse jedweder Art, Gemütserregungen und schlechte Ernährung. Deshalb sollen die Kranken sich vor dem Einatmen zu kalter Luft, namentlich kalter, feuchter Luft hüten. (…) Um die Verbreitung der Tuberkulose möglichst zu verhindern, strebt man in neuerer Zeit immer mehr die Errichtung besonderer Heilstätten an."
(*Brockhaus Konversations-Lexikon von 1903, 15. Band, S. 1042*)

Als hilfreich erweist sich in diesem Zusammenhang der Umstand, dass sich parallel zu dieser Entwicklung das Fach Sozialhygiene als Teilbereich der Medizin auszuprägen beginnt. Die Erwartungen an diese neue Wissenschaft sind, wie schon erwähnt, erheblich: Die Gemeinden erhoffen sich von ihr genaue Analysen u. a. bezüglich der Qualität der regionalen Trinkwasserversorgung, der Risiken der Abfallbeseitigung, der Ursachen der Seuchenverbreitung durch unsaubere Wohnungen. Sie müssen dabei hinnehmen, dass die Gutachten, welche die Hygieniker erstellen, in der Regel auf massive Versäumnisse und Risikofaktoren hinweisen.

„Der trockene Sommer von 1874 machte die Notlage besonders akut. Die eintretende Wasserknappheit ließ den Anteil der Verunreinigungen besonders deutlich werden. Es handelte sich um Beize und Jauche. Die Beizabflüsse aus den Fabriken wurden durchweg in Sickergruben aufgefangen und verseuchten dann den ganzen Erdboden und die Brunnen. (…) Aber es handelte sich nicht nur um die Industrieabwässer. Für die Gesundheit ebenso abträglich, ja noch bedenklicher wegen der Gefahr von Epidemien, war die Verseuchung der Brunnen mit den Abwässern aus den Klosettgruben und den Ställen, die überall in der Stadt nach Gutdünken angelegt waren und oft keinen kanalisierten Abfluss hatten. Zwar gab es Kanäle unter den Straßen, aber sie waren undicht und so eng, dass sie nicht gereinigt werden konnten."
(*Günther Deitenbeck: Geschichte der Stadt Lüdenscheid 1813–1914, Lüdenscheid 1985, S. 204*)

Die Hygienewissenschaftler sind aber nicht nur in der Lage, Seuchenherde ausfindig zu machen und Giftstoffe zu analysieren, sondern sie machen auch Vorschläge zur Eliminierung der Risiken. Das bedeutet im Allgemeinen, dass die gesamte Kanalisation, soweit eine existiert, erneuert werden muss, es bedeutet den Abriss ganzer Häuserblocks und die Durchführung von Aufklärungskampagnen großen Stils zur Vermeidung von gesundheitlichen Gefährdungen (zum Beispiel Trinkwasser abkochen, Stillen der Säuglinge etc.).

„1892 starben in Hamburg mehr als 10.000 Menschen in einer sechswöchigen Cholera-Epidemie, die die kritische Aufmerksamkeit der Weltöffentlichkeit auf die Hansestadt lenkte, da die Krankheit zu dieser Zeit in keiner anderen westeuropäischen Stadt grassierte. Die Opfer kamen hauptsächlich aus der arbeitenden Bevölkerung. Nach dem Erlöschen der Epidemie (etwa Anfang Oktober) forderten die Sozialdemokraten eine weitgehende Demokratisierung der politischen Strukturen der Hansestadt. Die undemokratische Verfassung Hamburgs und der Primat der kaufmännischen Interessen wurden weitgehend für die Vernachlässigung der sanitären Einrichtungen, die Verheimlichung der Epidemie in den ersten Wochen und die völlig unzureichende Bekämpfung der Seuche durch den Senat verantwortlich gemacht."
(Richard Evans: Kneipengespräche im Kaiserreich, Hamburg 1989, S. 9f.)

Die immensen Kosten, die der Gesellschaft dadurch entstehen, sind abzuwägen gegen jenes Kapital an Menschenleben und Geld, welches durch Seuchen (vor allem die zahlreichen Choleraepidemien gegen Ende des 19. Jahrhunderts), durch Frühinvalidität (als zwangsläufige Folge der Tuberkuloseerkrankung) und vor allem durch die erschreckend hohen Zahlen der Säuglingssterblichkeit vergeudet wird.

Das Phänomen der ungewöhnlich hohen Säuglingssterblichkeit in Deutschland, wo noch in den 80er Jahren des 19. Jahrhunderts jedes dritte bis vierte Kind stirbt, geht auf eine ganze Reihe von Ursachen zurück. Zum einen ist die Sterblichkeitsrate bei der Geburt und in den ersten Tagen danach auf mangelnde Hygiene zurückzuführen, weil diese in den Entbindungsstationen der Krankenhäuser bis in das erste Jahrzehnt des 20. Jahrhunderts hinein noch unter den Standards der Hausgeburt zu liegen scheint. Zum anderen liegt die Säuglings- und Kleinkindsterblichkeit, wie schon ausgeführt, in der mangelnden Gelegenheit zur Aufsicht und Fürsorge durch die berufstätigen Eltern begründet. Erst als die Wochenarbeitszeit für Frauen auf 45 Stunden zurückgeht, haben die Mütter mehr Zeit, auf die Sicherheit und Gesundheit ihrer Kinder zu achten.

Besonders hoch liegt die Sterblichkeitsrate bei den nichtehelichen Geburten. Hier kommen alle denkbaren Probleme zusammen, um die Überlebenschance der Kinder herabzusetzen: Verursacht durch die in der Regel desolate psychische und finanzielle Verfassung der Mutter (vom Erzeuger mit dem Segen des Gesetzgebers im Stich gelassen, von den eigenen Eltern vor die Tür gesetzt und ohne Arbeitsplatz) finden die Geburten häufig heimlich statt und ohne Hilfsperson, falls nicht ein Wöchnerinnen-Asyl sich bereitgefunden hat, die „Gestrauchelte" aufzunehmen. Nächste Station ist dann die Adoption oder das Heim; in ganz wenigen Fällen nur kann das Kind, unter der Aufsicht eines Vormunds, bei der Mutter bleiben.

1905 wird in Berlin die erste Beratungsstelle des Bundes für Mutterschutz eröffnet, in den Jahren darauf eröffnet der Bund auch Mütterheime. Im gleichen Jahr werden in Berlin und München zusätzlich kommunale Beratungsstellen ins Leben gerufen; zusätzlich werden Stillprämien gewährt und die medizinische Versorgung vor und nach der Entbindung verbessert. Der gesellschaftliche Makel aber, der das „Nichtehelichenproblem" mehr als alles andere belastet, bleibt zunächst noch bestehen.

Mutter-Kind-Heim

Der Bund für Mutterschutz und Sexualreform (BfMS) wurde 1905 von Helene Stöcker und Ruth Bré in Berlin gegründet. Der Verein hatte Ortsgruppen in elf Städten und ca. 4.000 Mitglieder. Der Verein schuf Heime für unverheiratete Mütter sowie Ehe- und Sexualberatungstellen. Ideologisch gehörte der Verein der Richtung der „Neuen Ethik" an und engagierte sich in der Weimarer Republik für den Pazifismus.

Wesentliche Verbesserungen in der Gesundheitsfürsorge werden bis zum Ersten Weltkrieg im Schulbereich verwirklicht. Durch den Einsatz von Schulärzten, von Schulspeisungen und die Einrichtung von Schullandheimen können Erkrankungen der Kinder und Jugendlichen nicht nur sehr viel früher erkannt und bekämpft werden, sondern die gesamte Konstitution der Kinder wird durch regelmäßige und bessere Ernährung sowie durch Ferienfahrten gestärkt.

Zusammenfassend kann man feststellen, dass die Gesundheitsfürsorge unter der Führung der Sozialhygiene im 19. Jahrhundert den größten Aufschwung aller Handlungsfelder erlebt. Die von den Sozialhygienikern propagierten Vorstellungen von einer auf objektiver Wissenschaft beruhenden Reform bewirken im gesamten Bereich der Fürsorge einen Trend zur Verwissenschaftlichung. Insbesondere der Gedanke der Prävention wird aus den Konzepten der Sozialhygiene mit Erfolg auch auf andere Bereiche der Sozialen Arbeit übertragen.

3.6.4 Gegen Mietwucher – für Mindeststandards. Entwicklung der Wohnungsfürsorge

Auch im Bereich der Wohnungsfürsorge spielt die Sozialhygiene und die Gesundheitsreform eine herausragende Rolle, weil sie in vielen Bereichen in engem Zusammenhang zur Gesundheitsfürsorge steht. Die Wanderungsbewegung vom Land in die industrialisierten Gebiete, vor allem in die expandierenden Städte, der Urbanisierungsprozess und die gewaltige Verdichtung durch den Wohnungs- und Mietskasernenbau führt zur Entstehung von Proletariervierteln mit großen Menschenballungen und unsäglich engen und primitiven Wohnbedingungen. Angesichts des Wohnungsmangels werden auch ungeeignete Quartiere mit Mietern belegt, manche mit mehreren Schichten über Tag und Nacht. Dies macht die Wohngebiete zu einer Brutstätte von Krankheiten, Epidemien und „sittlichem Niedergang“. Als Hauptursache für Krankheiten wie Tuberkulose, Cholera, chronische Bronchitis, Befall mit Flöhen und Läusen werden deshalb vor allem die miserablen Wohnungszustände verantwortlich gemacht.

Proletarierwohnung in Berlin

In den 1890er Jahren initiieren Ärzte und Sanitätsbeamte eine Reihe von Wohnungsenquêten, die die skandalösen Zustände dokumentieren und die Bestrebungen des gemeinnützigen Wohnungsbaus sowie der Wohnungsreform unterstützen sollen. Bekannt geworden ist v.a. die Wohnungs-Enquête der Berliner Ortskrankenkasse (Asmus 1982).

Die öffentliche Hand versucht, wenigstens etwas Abhilfe zu schaffen durch die Förderung des Kleinwohnungsbaus im Rahmen gemeinnütziger Baugesellschaften und Baugenossenschaften. Manche Städte führten eine Wohnungsaufsicht oder Wohnungsinspektion ein, die die Einhaltung von Mindeststandards überprüfen, Überbelegungen und Mietwucher verhindern sollen. Die Mindestanforderungen für Wohnraum werden aus den Forderungen der Hygieniker übernommen: Mindeststandards in Bezug auf Größe, Trockenheit, Lüftungs-, Beleuchtungs- und Heizungsmöglichkeiten, Ausstattung mit Aborten, sauberes Wasser usw. Die Vermietung von Kellergewölben oder Schuppen wird untersagt. Bis zum Ersten Weltkrieg gibt es in 30 deutschen Großstädten solche Inspektionen, diese sind aber gegen die realen Missstände aufgrund des Mangels an zumutbaren Wohnmöglichkeiten relativ machtlos.

Auch bei der kommunalen Fürsorge wird, wie im Rahmen der Wohnungsinspektion, Personal eingestellt, das für die Wohnungsfürsorge im engeren Sinn zuständig ist. Die Aufgabe dieser Personen ist es, als Hilfskräfte der Wohnungsinspektion zur Verfügung zu stehen und durch Beratung, Hausbesuche, Informationsarbeit den (Haus-)Frauen zu helfen, die engen Wohnungen mit einfachsten Mitteln in ein Heim zu verwandeln.

Die zugewanderte ländliche Bevölkerung lebt zunächst auch in den Großstädten wie auf dem Lande: Die Wohnung ist für sie Lager, Scheune, Stall, Waschküche – und Schlafstätte. Diese in einen Wohnraum zu verwandeln, in dem ein Familienleben stattfinden kann, setzt eine grundlegende Umstellung der Lebensgewohnheiten voraus. Hier soll die Wohnungsfürsorge ansetzen, Vorschläge für die Wohnlichkeit, für das sparsame Wirtschaften, für gesunde Ernährung, für die alltägliche Hygiene machen.

Diese Umgestaltung hat aber nicht nur hygienische Gründe. Das wohnliche Heim soll zudem die Männer vom üblichen Kneipengang zurückhalten und so verhindern, dass ein Teil des Lohns in Schnaps und Bier umgesetzt wird. Die Wohnungsfürsorge wirkt damit im Kampf gegen den (unter den Arbeitern weit verbreiteten) Alkoholismus auch den in Gewalt und Missbrauch liegenden zerstörerischen Folgen für das Familienleben entgegen.

„Offen gestanden finde ich in der Wirtschaft mehr Vergnügen als Zuhause. Denn ist man Zuhause, so krakeelt die Frau und macht dem Manne noch mehr mutlos. Im Wirtshaus trinkt man den Fusel, und so schwinden alle trüben Stunden.“
(Arbeiter in einer Befragung aus dem Jahre 1912, in: Gesine Asmus: Hinterhof, Keller und Mansarde, Reinbek 1982, S. 251)

3.6.5 „Die Furcht vor Entlassung ist groß." (Bericht einer Vertrauensperson aus dem Jahre 1903) Anfänge der Gewerbeinspektion

Die gravierenden Probleme der Arbeitsbedingungen in der Industrie haben seit den 1860er-Jahren, wie schon erwähnt, rechtliche Maßnahmen im Sinne einer Regulierung der Arbeitszeiten und der Eindämmung gesundheitsschädlicher Einflüsse nach sich gezogen. Diese Maßnahmen werden aber erst wirksam, nachdem in Deutschland Schritt für Schritt eine wirksame Gewerbeinspektion ins Leben gerufen wird, die in der Lage ist, die Einhaltung der Vorschriften zu überwachen. Angebunden sind die Stellen der Gewerbeinspektoren bei den jeweiligen Regierungsstellen, auf deren Autorität sie sich bei ihren Recherchen und Interventionen berufen können.

Die Gewerbeinspektion hat in drei Richtungen zu arbeiten: Zum einen bietet sie an, in Sprechstunden für die Arbeiterinnen und Arbeiter Beschwerden entgegenzunehmen und weiterzuleiten, Rat zu geben und, wo nötig, unterstützend tätig zu werden. Zum anderen steht sie den Arbeitgebern, d.h. den Fabrikbesitzern, als Gesprächspartner zur Verfügung. Sie trägt dort die Beschwerden der Beschäftigten vor, bringt eigene Beobachtungen von Mängeln zur Sprache und versucht, Verständnis für die Belange der Betriebsangehörigen zu wecken. Schließlich ist es ihre Aufgabe, gegenüber den vorgesetzten Behörden, den Ministerien und Gewerberäten, über die vorgefundenen Mängel zu berichten, Vorschläge für eine Verbesserung der rechtlichen Richtlinien zu machen und Hinweise darauf zu geben, wo die Gerichte Forderungen gegenüber den Fabrikherren durchsetzen müssen, bei denen sie kein Gehör gefunden haben.

Ihre Arbeit bezieht sich in erster Linie auf die Überprüfung der Einhaltung von Arbeits- und Ruhezeiten, eine schwierige Aufgabe, solange das Angebot der Arbeitskräfte die Nachfrage seitens der Arbeitgeber übersteigt. Da es keinen Kündigungsschutz gibt, ziehen es die Beschäftigten in der Regel vor, sich den widerrechtlichen Bedingungen zu beugen, anstatt durch Beharren auf den Vorschriften die Kündigung zu riskieren.

> „Sehr schwer bleibt es nach wie vor, die Arbeiterinnen bei Anbringen von Beschwerden zu einer Namensnennung zu bewegen. Wo dies dennoch auf gütliches Zureden geschieht, wird immer die Zusicherung verlangt, den Namen auch den zuständigen Behörden gegenüber zu verschweigen. Hierdurch wird naturgemäß die Feststellung von Missständen in den betreffenden Fabriken sehr erschwert. Aber die Furcht vor Entlassung ist so groß, dass in dieser Beziehung schwerlich Wandel geschaffen wird."
> (*Bericht der Dresdner Vertrauensperson, zit. in: Salomon 1903, S. 100*)

Ähnliches gilt für gesundheitliche Vorschriften: Auch hier erzeugt der soziale Druck die Bereitschaft, wissentlich Schäden, etwa durch giftige Dämpfe oder dauernde Überhitzung/Unterkühlung, auf sich zu nehmen, anstatt sich auf die Rechtslage zu berufen.

Insgesamt erweist es sich als äußerst schwierig, das Vertrauen der Arbeiterinnen und Arbeiter zu gewinnen und sie zur Kooperation zu bewegen, da diese in den Inspektoren einen Teil der Obrigkeit sehen, der ihnen, im Gegensatz zu den Gewerkschaften, nicht parteilich zur Seite stehen wird; außerdem schätzt ein großer Teil der Arbeiterschaft die eigene Lage so aussichtslos ein, dass man nicht an eine wirksame Unterstützung durch die Gewerbeinspektion glauben mag.

Marie Baum (1874–1964), eine der ersten Fabrikinspektorinnen in Deutschland

„In Gladbach hat die Beamtin durch ihre Bemühungen, den Arbeiterinnen ihrer Dienstbereiche näherzutreten, den Erfolg erzielt, dass die anfängliche Zurückhaltung allmählich schwindet. Die Besuche in ihrer Sprechstunde sind von 6 im Vorjahr auf 13 gestiegen. Einen durchschlagenden Erfolg ihrer Tätigkeit meint sie aber erst dann erwarten zu können, wenn es gelänge, bei den Arbeiterinnen ein besseres Verständnis für die Zwecke und Aufgaben der weiblichen Fabrikaufsicht zu wecken."
(*Rechenschaftsbericht der Stadt Gladbach, zit. in: Salomon 1903, S. 95*)

Der „Jahres-Bericht der Königlich Preußischen Regierungs- und Gewerberäte für 1901" weist aus, dass sich damals 224 männliche Gewerbeinspektoren und vier weibliche Assistentinnen dieser Arbeit widmen. Im Südwesten Deutschlands liegen die Zahlen proportional etwas höher, in anderen Gebieten Deutschlands ist das Verhältnis den preußischen Zahlen entsprechend. Die Zulassung von Frauen zur Gewerbeinspektion ist nur gegen heftige Widerstände durchzusetzen gewesen, und nicht zuletzt das Zahlenverhältnis und der unterschiedliche Rang zeigen, dass auch im Jahre 1901 von einem gleichberechtigten Wirken in diesem Bereich keine Rede sein kann.

Die Praxis zeigt jedoch, dass es wichtige Bereiche des Betriebslebens gibt, welche speziell die Arbeiterinnen vor erhebliche Probleme stellen, die sie aber nur schwerlich einem männlichen Inspektor anvertrauen würden. Dazu gehört der gesamte Bereich der Sittlichkeit, zum Beispiel das Einschreiten gegen die Aufforderung an die Arbeiterinnen, wegen der hohen Temperaturen in einer Zuckerraffinerie mit entblößtem Oberkörper zu arbeiten. Oder die Einrichtung getrennter Schlafstätten bei Wanderarbeiterinnen und -arbeitern.

Dazu gehört aber auch eine angemessene Betreuung der Kinder, nicht nur, um der Säuglings- und Kindersterblichkeit entgegenzuwirken, sondern nicht zuletzt, um die uneingeschränkte Arbeitskraft der Arbeiterinnen ausschöpfen zu können.

„Von diesen Anstalten sei das Kinderheim der Aktiengesellschaft für Sächsische Leinenindustrie in Volkenhain erwähnt. Das Heim umfasst neben einer Kleinkinderbewahranstalt und einem Kinderhort auch eine Krippe, in der die Kinder bis zum vollendeten 1. Lebensjahr Tag und Nacht behalten werden. Die Anstalt wird von zwei Diakonissen geleitet. Die Kinder sollen bis jetzt vorzüglich gedeihen."
(*Alice Salomon: Die weibliche Gewerbeinspektion in Deutschland, in: Die Frau, 10. Jg. 1903, S. 97*)

In diesem Zusammenhang ist auch der Wöchnerinnenschutz zu erwähnen, der erst durch die nachhaltige Kontrolle der weiblichen Mitglieder der Gewerbeinspektion widerstrebend eingelöst wird.

Letztlich gehören zu den spezifisch weiblichen Anliegen auch all jene Beschwerden, die sich auf sexuelle Belästigung am Arbeitsplatz beziehen, wie wir heute sagen würden. „So gingen einer Vertrauensperson neun Beschwerden zu, die sich teils auf unerlaubte Vertraulichkeiten eines Vorarbeiters, teils auf Aushängen unanständiger Bilder in einem Arbeitslokal, auf rohes Betragen eines Meisters gegenüber den Arbeiterinnen und dergleichen bezog." (Salomon 1903, S. 100)

So wichtig diese ersten Schritte der Gewerbeinspektion auch sein mögen, stellen sie doch nur einen zaghaften Anfang all jener Aktivitäten dar, die mit dem Ersten Weltkrieg unter der Bezeichnung Betriebswohlfahrtspflege einen bemerkenswerten Aufschwung nehmen.

Für die frühen Jahre ist festzuhalten, dass die Gewerbeinspektion aus jenen sozialreformerischen Ansätzen hervorgeht, in denen die Idee im Mittelpunkt steht, die Veränderung sozialer Strukturen mit individueller Hilfe zu verbinden. Die Wirksamkeit der Gewerbeinspektion, die anfänglich zu Recht bemängelt wird, erstreckt sich im Rückblick allerdings nicht nur auf die Verbesserungen am Arbeitsplatz selbst, sondern auf die Initiativwirkung, welche die Inspektionsberichte in Richtung Gründungen von Einrichtungen zur Kinderbetreuung, Gesundheitsvorsorge, Mütterberatung etc. gehabt haben.

Kapitel 4
Soziale Arbeit im Ersten Weltkrieg

4.1 Ein „heiliger Verteidigungskrieg"? Historischer Überblick

Noch vor dem 1. August 1914, dem Tag der Mobilmachung, beginnen überall in Deutschland die Kriegsvorbereitungen. Wie es zu diesem Krieg kommen konnte, den angeblich niemand gewollt hat, darüber gibt es zahllose Darstellungen und Spekulationen. Die Vielzahl der Faktoren, die zum Krieg führten, lassen sich vielleicht am besten in der Interpretation Hans-Ulrich Wehlers zusammenfassen, dass die deutschen Führungseliten durch die krisenhafte Entwicklung der letzten Jahre so weit in die Defensive geraten waren, dass sie zunehmend bereiter wurden, hohe Risiken einzugehen, um ihre Position zu behaupten. Der Krieg wurde in diesem Sinne ihre Flucht nach vorn vor den Einbrüchen, die sie befürchteten – und die sie am Ende damit umso mehr beschworen. Trotz der offensiven Rolle, die die deutsche Regierung bei der Auslösung der Kriegsmechanismen spielte, gelingt es ihr, nach innen den Mythos vom „aufgezwungenen Verteidigungskrieg" wirksam zu entfalten und damit eine einzigartige Entschlossenheit und Kriegsbereitschaft bei der Bevölkerung zu wecken.

Kaiser Wilhelm II.
„Ich kenne keine Parteien mehr, ich kenne nur noch Deutsche!"

Nicht nur die Bevölkerung stellt sich fast uneingeschränkt hinter die Entscheidung für den Krieg, auch die Sozialdemokratie, Gewerkschaften und Frauenbewegung bejahen in ihrer großen Mehrheit die Position der Regierung und manifestieren ihre Solidarität durch einen „Burgfrieden", der die Beilegung aller innenpolitischen Konflikte bis zum Ende des Krieges besiegeln soll. Das Parlament bewilligt 5 Milliarden Mark Kriegskredite, vertagt sich für vier Monate und überlässt alle Entscheidungsgewalt dem Kaiser, dem

Kanzler und dem Generalstab – unter anderem stimmt es damit auch einer rigide durchgeführten Zensur zu.

Mit dem Beginn des Krieges setzt eine Notsituation für große Teile der Bevölkerung ein: Ganze Industriezweige werden stillgelegt, die Einkünfte der im Heeresdienst befindlichen Ernährer der Familie reichen nicht aus für die Mieten und die Lebensmittelversorgung der Angehörigen. Arbeitslosigkeit und Hunger erfordern schnelle und wirksame Maßnahmen, zumal bald abzusehen ist, dass der Krieg nicht, wie anfangs gedacht, nach spätestens drei Monaten beendet sein wird.

Von dem Zweifrontenkrieg gegen eine große Übermacht (Russland im Osten und Frankreich/England im Westen), den das deutsche Heer seit April 1915 zu führen hat, weiß man in der Heimat wenig. Die Bevölkerung wie das Parlament werden über die verzweifelte Lage an den Fronten nicht informiert. Ohne jeden Realitätsbezug beginnt die Kriegszieldiskussion: Hauptsächlich von den Interessen der Industrie an Bodenschätzen und Maschinenparks geleitet, wird über die Einverleibung ganzer Gebiete (die „Annexionen“) und über die Höhe der von den Feinden nach Kriegsende zu entrichtenden Reparationszahlungen spekuliert. Mit großer Entschlossenheit wird die Umstellung aller gesellschaftlichen Bereiche auf den Krieg Schritt um Schritt vollzogen. Davon zeugen nicht nur die endlosen Sammlungen für die materielle Unterstützung des Krieges, sondern vor allem die ideologische Umrüstung in den Schulen und in der Presse.

Im Jahr 1916, in dem aufgrund der prekären Ernährungssituation Spannungen zwischen den Besitzenden und den Bedürftigen zunehmen, vollzieht sich die so genannte Kriegswende. Zwei Jahre nach Kriegsbeginn wird die amtierende Heeresleitung durch die Generäle Hindenburg und Ludendorff ersetzt, die durch ihre militärischen Erfolge an der Ostfront großes öffentliches Ansehen genießen. Ludendorff übernimmt nicht nur die Oberste Heeresleitung, ihm wird zusätzlich, nicht formal, aber de facto, auch die politische Entscheidungsgewalt in Deutschland zugestanden: Bis zum September 1918 ist die Reichsverfassung mehr oder weniger außer Kraft gesetzt, und Ludendorff regiert mit diktatorischen Vollmachten.

Die neue Oberste Heeresleitung setzt als erstes die vollständige Anpassung der Wirtschaft an die Erfordernisse des Krieges und ein Gesetz über den vaterländischen Hilfsdienst durch, das die Aushebung aller noch verbliebenen Wehrfähigen vorsieht. Unter der Oberleitung des Generalleutnants Groener wird ein Kriegsamt errichtet, welches u.a. für die weitestgehende Mobilisierung der Frauenarbeitskraft verantwortlich zeichnet. Die Frauenbewegung kann der Dienstverpflichtung aller weiblichen Arbeitsfähigen nur knapp durch einen freiwilligen „Fahneneid" zuvorkommen.

Doch schon Anfang 1917 wird der Mythos vom Verteidigungskrieg brüchig, der Belagerungszustand nach innen verschärft sich, die Not nimmt immer noch zu. Der „Burgfriede" lässt sich nur noch mit Mühe aufrechterhalten: Die „Unabhängigen" spalten sich im Frühjahr 1917 von der SPD ab, die Streiks nehmen zu. Die beginnende Revolution in Russland weckt viele Hoffnungen auf einen Umsturz auch in Deutschland.

Trotz der offiziellen Parolen über die Kriegserfolge, mit denen die Hoffnungen auf einen „Siegfrieden" genährt werden, verschlechtert sich die Lage des Heeres zusehends. Die Oberste Heeresleitung versucht im Frühjahr 1917, durch den Einsatz von U-Booten die englische Blockade zu durchbrechen und damit die eigene Position zu verbessern. Der damit einsetzende U-Boot-Krieg führt jedoch zum Kriegseintritt der USA und verringert die Aussichten auf ein für Deutschland siegreiches Ende des Krieges noch mehr.

Um dem immer deutlicher werdenden Unwillen in der Bevölkerung zu begegnen, verspricht der Kaiser in seiner Osterbotschaft im April 1917, das Klassenwahlrecht am Ende des Krieges aufzuheben und die Arbeiterschaft damit stärker an den politischen Entscheidungen zu beteiligen. Damit beginnt die mühsame Diskussion um eine Wahlrechtsreform, die sich bis zum Ende des Krieges erfolglos hinzieht. Auch die Friedensresolution, die SPD, Zentrum und die Fortschrittliche Volkspartei eingebracht und mehrheitlich verabschiedet haben, versickert in den Händen des neuen Kanzlers Michaelis im Ungewissen.

„Heute wie vor drei Jahren gibt es nur die Alternative: Krieg oder Revolution! Imperialismus oder Sozialismus! Dies laut und deutlich zu proklamieren und jeder in seinem Land die revolutionären Konsequenzen daraus zu ziehen, dies ist die einzige proletarisch-sozialistische Friedensarbeit, die heute möglich ist."
(*Rosa Luxemburg, Gesammelte Werke Bd. 4, Berlin 1983, S. 289*)

Der Sieg der Bolschewiki in der russischen Revolution stärkt das Selbstbewusstsein der Arbeiterschaft in Deutschland und beschleunigt kurzfristig die Wahlrechtsdiskussion: durch eine rasche Parlamentarisierung hofft man, einen Umsturz verhindern zu können. Außenpolitisch ist die Revolution willkommen, da sie die militärische Niederlage Russlands bewirkt und so zu einem Teilfrieden im Osten führt: In Brest-Litowsk diktiert die deutsche Delegation der innen- und außenpolitisch geschwächten Sowjetunion unsagbar harte Auflagen. Lenin stimmt zu, da er davon ausgeht, dass die Revolution in Kürze nach Deutschland übergreift und damit alle Absprachen zunichtemacht.

Die Kohlrübe ist das Ernährungssymbol auch des vierten Kriegswinters 1917/18. Erbitterter Widerstandswille, Hunger und Kälte in Deutschland führen zu Beginn des neuen Jahres zu Massenstreiks, an denen sich im Laufe des Frühjahrs 1,5 Millionen Arbeiterinnen und Arbeiter beteiligen.

> „Ende 1915 brachen die ersten Lebensmittelkrawalle in größeren Städten aus: Rathäuser wurden gestürmt, Lebensmittelläden geplündert. Der Zorn der Frauen richtete sich sowohl gegen die ineffiziente und ungenügende staatlich-kommunale Rationalisierungspraxis, als auch gegen die Ladeninhaber, die ihre Ware immer häufiger unter der Hand und zu exorbitanten Preisen verkauften."
> (*Ute Frevert: Frauen-Geschichte zwischen Bürgerlicher Verbesserung und Neuer Weiblichkeit, Frankfurt am Main 1986, S. 162*)

Nachdem Ludendorff diese Streiks ebenso brutal wie erfolgreich niederschlagen lässt und nachdem durch den Frieden im Osten die Oberste Heeresleitung alle Truppen im Westen zusammenziehen kann und Optimismus verbreitet, ist die Angst vor einer deutschen Revolution erst einmal abgewendet. Siegesbewusstsein im Inneren und Siegeshoffnungen an der Front tragen dazu bei, dass die reaktionären Kräfte sich weiter durchsetzen können und die Wahlrechtsreform zu Fall bringen.

Im Laufe des Sommers zeichnet sich jedoch die bevorstehende Niederlage des deutschen Heeres an der Westfront immer deutlicher ab. Ausgerechnet Ludendorff, der bisher allen Demokratisierungstendenzen entschieden entgegengetreten ist, betreibt ab August mit großem Eifer die Parlamentarisierung, um eine Reichstagsmehrheit aus SPD, Zentrum und FVP an die Regierung zu bringen. Er verfolgt dabei zwei Ziele: schnellstmöglich zu einem Waffenstillstand zu kommen, den nur diese Reichstagsmehrheit zustande bringen kann, und durch eine „Revolution von oben" einer „Revolution von unten" den Boden zu entziehen. „Die Parlamentarisierung Deutschlands ist nicht vom Reichstag erkämpft, sondern von Ludendorff angeordnet worden" (Rosenberg 1961, S. 212).

Als der Waffenstillstand tatsächlich zustande kommt, gibt es immer noch Kräfte in Deutschland, die dazu aufrufen, für einen „ehrenvollen" Frieden weiterzukämpfen. Für die allermeisten, die unendlich Kriegsmüden, ist jedoch mit dem Eintreten des Waffenstillstands der Krieg beendet.

„Ehe das deutsche Volk Bedingungen auf sich nimmt, die das Andenken der Toten verleugnen und seinem Namen einen unauslöschlichen Makel anheften, würden die deutschen Frauen bereit sein, ihre Kräfte in einem Verteidigungskampf bis zum Äußersten einzusetzen."
(Gertrud Bäumer als Vorsitzende des Bundes Deutscher Frauenvereine im Herbst 1918, zit. in Ursula v. Gersdorff: Frauen im Kriegsdienst 1914–1945, Stuttgart 1969, S. 272)

Die Toten des ErstenWeltkriegs			
Deutsches Reich	1.808.000	Belgien	70.000
Österreich-Ungarn	1.200.000	USA	115.000
Bulgarien	90.000	Italien	460.000
Türkei	325.000	Serbien	120.000
Frankreich	1.385.000	Rumänien	80.000
Großbritannien	947.000	Portugal }	12.000
Russland	1.700.000	Griechenland }	

Ludendorff tritt zurück, die neue Volksregierung übernimmt die Macht und die Verantwortung. Am 8. November 1918 kommt die Nachricht durch, dass an der Westfront der letzte Schuss gefallen ist. Einen Tag später dankt der Kaiser ab. Die meisten Großstädte befinden sich in den Händen von Arbeiter- und Soldatenräten, ohne dass es zu viel Blutvergießen kommt. Von allen Seiten tönt die Forderung nach schleuniger Einberufung der Nationalversammlung. Das Datum für die ersten Wahlen in der neuen Republik wird auf den 16. Februar 1919 festgelegt.

4.2 „Der Engel des Todes geht durch das Land." (Alice Salomon) Die Lage der Klientel

In den 52 Monaten, die der Erste Weltkrieg dauert, sterben etwa 800.000 Zivilpersonen, in Deutschland vor allem Frauen und Kinder. Obwohl sich das Kriegsgeschehen weitgehend außerhalb der Landesgrenzen abspielt, wird die gesamte Bevölkerung, vor allem durch den eklatanten Mangel an Nahrungsmitteln und Brennmaterial, in Mitleidenschaft gezogen. Die Problematik, die als Erste nach Kriegsausbruch virulent wird, ist die Arbeitslosigkeit aufgrund der Stilllegung breiter Industriezweige. Von dieser Arbeitslosigkeit sind vor allem die Personen betroffen, die in Branchen gearbeitet haben, welche nun völlig brachliegen.

„Alle großen weiblichen Berufsgruppen außer der Landwirtschaft arbeiten auf Gebieten, über die vom Kriege Stillstand verhängt ist. Handelsangestellte, Textil- und Konfektionsarbeiterinnen – wie viele oder wie wenig werden im Augenblick gebraucht! Entlassene Dienstmädchen, Musiklehrerinnen, Malerinnen – Frauenarbeit in allen Schichten ist entbehrlich geworden. Und wo sollen Arbeitsplätze für diese Tausende entstehen? Auch hier wird die ungeheure Summe freier, nicht voll genutzter Frauenkraft, die jetzt den Markt des Roten Kreuzes mit Hemden und Strümpfen der Liebe überschwemmt, zum volkswirtschaftlichen Problem."
(*Gertrud Bäumer: Heimatchronik während des ersten Weltkrieges, Berlin 1930, S. 7*)

Erst als die Kriegsindustrie, vor allem die Munitionsfabriken, die Nachfrage nach Arbeitskräften anheizen, kommt es, allerdings in spürbarem Maße erst ab 1916, zu Vollbeschäftigung und späterhin sogar zu Dienstverpflichtungen.

Zunächst tragen aber die unzähligen freiwilligen Helferinnen nicht wenig dazu bei, die Arbeitsplätze weiter zu verknappen und den Kampf um die Bezahlung der sozialen Hilfsdienste zu behindern. Ebenso schwerwiegend wirken sich die Hamsterkäufe der Begüterten aus, die eine unmäßige Steigerung der Lebensmittelkosten zur Folge haben. Angeheizt wird der Kampf um die knappen und teuren Lebensmittel zusätzlich durch zwei aufeinander folgende Missernten sowie die Schwierigkeiten, den Ernteertrag mit den wenigen Helferinnen und Helfern, die geblieben sind, einzubringen.

„Das zweite Kriegsjahr begann mit dem Wirtschaftsplan für die Getreidewirtschaft. Im Herbst kam die Fleischrationierung, im Februar 1916 die Beschlagnahme der Webstoffe, die Kartoffelbewirtschaftung durch die Kommunen, im Mai die Begründung des Reichsernährungsamtes. Im Frühjahr und im Vorsommer 1916 zeigte sich die Unzulänglichkeit der vorjährigen Ernte. Wir konnten im Juni in Berlin die Volksernährung nur noch mit Einrichtung neuer Massenspeisungen bewältigen."
(*Gertrud Bäumer: Lebensweg durch eine Zeitenwende, Tübingen 1933, S. 297*)

Trotz der Volksküchen, die überall errichtet werden, und den Bemühungen der Administration, Misswirtschaft und Schwarzmarkt zu unterbinden, gelingt es nicht, die schweren gesundheitlichen Folgen und die zahlreichen Todesfälle zu vermeiden, welche die Kohlrübenwinter 1916 auf 1917 und 1917 auf 1918 mit ihren extremen Niedrigtemperaturen nach sich ziehen.

Die Kampagnen, mit denen zu Sparsamkeit und Einfallsreichtum aufgerufen wird, um selbst noch aus Kohlrüben schmackhafte Speisen zu zaubern und durch den Einsatz von Kochkisten Brennmaterial zu sparen, werden nicht nur vonseiten der Sozialdemokratie als Augenwischerei und Problemverschiebung kritisiert.

„Was leider vermisst wird, ist die Zustimmung der Sozialdemokratie. Sie bekämpfen bei jeder Gelegenheit die Behauptung, dass die Notlage sehr verringert würde, wenn die nötige Sparsamkeit und zweckmäßige Wirtschaftsführung verbreitet wäre."
(*Helene Bonfort: Notstandsunterweisung, in: Die Frau, 22. Jg. 1914/15, S. 159*)

Selbst prominente Vertreterinnen des Nationalen Frauendienstes weisen darauf hin, „dass auch mit den genauesten Berechnungen und den sinnigsten Verwendungen keine Wunder zu bewirken" seien (Bäumer).

Da der Sold der Kriegsteilnehmer sich nicht nach dem bisherigen Berufsstatus, sondern allein nach militärischem Rang richtet, kommt es zu gewaltigen sozialen Einbrüchen: In ehedem wohlhabenden bürgerlichen Familien wird das Personal entlassen, und viele der zurückgebliebenen Ehefrauen (geschweige denn die Kriegerwitwen) können die Miete für die Wohnung nicht mehr bezahlen. Die Nachfrage nach billigem Wohnraum steigt, und es kommt, obwohl keine Häuser zerbombt werden, zu allgemeiner Wohnungsnot.

„Das Kriegswitwengeld beträgt, wenn keine andere Versorgung besteht, für die Witwe eines Generals 2000 M, eines Stabsoffiziers 1600 M, eines Hauptmanns, Leutnants o.ä. 1200 M, eines Feldwebels 600 M, eines Sergeanten, Unteroffiziers o.ä. 500 M, eines Gemeinen 400 M."
(*Alice Salomon: Die Fürsorge für die Hinterbliebenen der gefallenen Krieger, in: Die Frau, 22. Jg., 1915, S. 385*)

Dadurch, dass im Krieg jeder zweite Mann als Ernährer und Familienoberhaupt fehlt, sei er an der Front oder gefallen, richtet sich das allgemeine Interesse auf die Familie als nunmehr defizitäres System. Dabei fällt der Blick der Wohlfahrtspflege als Erstes auf die Kinder, die zudem durch die massenhaft erwerbstätigen Mütter weitgehend unversorgt sind.

„Eine neue Sorge kam hinzu: um die Verwahrlosung der Jugend. Die Schule mit all ihren Noteinrichtungen konnte sie nicht mehr im alten Gefüge eines geordneten Lebens halten. Die Familie, der Vater im Felde, die Mutter vielfach auf Erwerbsarbeit oder von all den Mühen und Umständlichkeiten der „Bezugsscheine" belastet, verlor vielfach ihre bergende Kraft."
(*Gertrud Bäumer: Lebensweg durch eine Zeitenwende, Tübingen 1933, S. 298*)

Den kleineren Kindern bemüht man sich, durch Betriebskindergärten oder Schulhorte Aufsicht und Pflege angedeihen zu lassen. Dass die Größeren durch gezielte Freizeitangebote in ihrer Entwicklung unterstützt werden sollten, ist ein Gedanke, der schon vor 1914 in der Jugendpflege aufgekommen ist, der aber durch die Verwahrlosungstendenzen in der Kriegszeit mit besonderen Anstrengungen in die Praxis umgesetzt wird.

„Der Engel des Todes geht durch das Land. Wir können fast das Schlagen seiner Flügel hören. Die draußen decken mit ihren Leibern unser Leben. Wir aber wollen im Geist dienender und fürsorgender Liebe erleben, dass dem Tode die Macht genommen und dass Leben und unvergängliches Wesen ans Licht gebracht ist."
(*Alice Salomon: Begrüßungsrede zur Tagung des Deutschen Vereins für Armenpflege und Wohltätigkeit „Soziale Fürsorge für Kriegerwitwen und Kriegerwaisen", München und Leipzig 1915, S. 13*)

Der Frage, was mit Kriegerwitwen und -waisen zu geschehen habe, wird bereits ab 1915 große Aufmerksamkeit zuteil. Da diese Zielgruppe keinerlei Schuld an ihrer Situation trifft und ihr die „Dankesschuld des Vaterlandes" gebührt, gilt es in der Tat, sich in diesem Bereich keinerlei Versäumnisse zuschulden kommen zu lassen.

Auf der Tagung des Deutschen Vereins für Armenpflege und Wohltätigkeit zur „Sozialen Fürsorge für Kriegerwitwen und Kriegerwaisen" im April 1915 wird zunächst eine Rechnung aufgemacht, um wie viele Betroffene es sich denn bisher überhaupt handelt.

Da es keine Reichsstatistik gibt, wird am Beispiel der Stadt Freiburg (Stand: April 1915) hochgerechnet: „Bei einer Einwohnerzahl von 112.000 stehen 6.850 Männer im Krieg. Davon sind gefallen 370. Von diesen waren verheiratet 88. Halbwaisen haben sie zurückgelassen 176, Vollwaisen 3. Wenn wir nun diese gewonnenen Resultate auf das ganze deutsche Vaterland mit seinen 67 Millionen Menschen anwenden, so erhalten wir folgendes Ergebnis: 53.000 Kriegerwitwen, 100.000 Halbwaisen, höchstens 2.000 Vollwaisen." (Prälat Lorenz Werthmann, Tagungsbericht S. 14)

Einigkeit besteht darüber, dass die Witwen nur im Ausnahmefall voll versorgt werden können und dass sie dazu angehalten werden müssen, ihren Lebensunterhalt selbst zu verdienen. Diejenigen, die wegen der großen Zahl kleiner Kinder keiner Arbeit außer Haus nachgehen können, möchte man am liebsten aufs Land umsiedeln, obwohl die ersten Erfahrungen damit gezeigt haben, dass weder die Landbevölkerung, noch die betroffenen Frauen darüber besonders beglückt sind.

„Man weiß doch nur zu gut, wie schwer es unter allen Umständen auch für die tüchtigste Frau bleibt, Proletarierkinder in der Großstadt gut zu erziehen, dass psychopathische Konstitutionen – Wandertrieb, Ausreißertum – bei Kindern geradezu durch die eingeengte, unnatürliche Lebensweise entwickelt werden. Daher das Streben, städtische verwaiste Familien auf das Land zu verpflanzen."
(*Alice Salomon: Die Kriegerwitwe auf dem Lande, in: Die Frau, 24. Jg., 1916, S. 149*)

Die Halbwaisen sollen nach Möglichkeit bei der Mutter bleiben, für die Vollwaisen soll eine Pflegefamilie gesucht oder es soll ihnen in einem der etwa 700 katholischen Erziehungshäuser oder ebenso zahlreichen evangelischen Rettungshäuser ein Platz zugewiesen werden. Auf keinen Fall sollen neue Waisenhäuser gebaut werden, weil dafür weder Bedarf noch fachliche Begründung gesehen wird.

Als im Laufe des Kriegs die Zahl der Toten dramatisch ansteigt, ist es nicht nur die Fürsorgepflicht, sondern auch bevölkerungspolitische Besorgnis, welche die Verantwortlichen zum Handeln treibt.

„Das Bevölkerungsproblem, auf Deutsch die unmittelbare Gefahr eines rapiden Hinsiechens der deutschen Volkskraft, steht drohend vor uns, und die Regierenden selbst haben diesen furchtbaren Ernst erkannt. Was aber machen sie, um ihm beizukommen? Sie machen Gesetze zur Bekämpfung der Geschlechtskrankheiten, und das ist gut. Sie machen Gesetze, um die Herstellung und den Verkauf von Empfängnis verhütenden Mitteln zu verbieten, und das ist schlecht. Zu einem solchen Gesetz ist zu sagen, dass die in ihm liegende Denkweise ebenso ungeheuerlich ist als verkehrt. Ungeheuerlich, weil der darin eingeschlossene Zwang zur Zeugung ein schmachvoller Eingriff in die staatsbürgerlichen Grundrechte der persönlichen Freiheit ist; verkehrt aber, weil solcher Zwang unwirksam bleibt, weil er Wirkungen bekämpft statt Ursachen."
(*Münchner Post vom 19. Mai 1918*)

Die Herstellung und der Gebrauch von Verhütungsmitteln werden unter Strafe gestellt, die Verfolgung des Schwangerschaftsabbruchs verschärft. Neben diesen ebenso unwirksamen wie drakonischen Maßnahmen wird stellenweise auch konstruktiv verfahren: Beispielsweise durch die Verbesserung des Wöchnerinnenschutzes, durch die Anfänge einer wirksamen Mutterschaftsversicherung und die Aufhebung der Diskriminierung nichtehelicher Kinder und ihrer Mütter. Wie zweckmäßig allerdings auch dieser letztgenannte Akt der Toleranz eingeordnet wird, zeigt sich an dem Hinweis des namhaften Fürsorgetheoretikers Klumker, dass man zwei Bataillone mehr hätte ins Feld stellen können, wenn man die Nichtehelichenfürsorge zeitiger betrieben hätte. (vgl. Die Neue Generation, Juli 1918, S. 245)

4.3 Der Krieg als Modernisierer? Die Entwicklung der Profession

Auch wenn der Erste Weltkrieg in Deutschland zur Niederlage geführt hat, so ist doch zumindest die Wohlfahrtspflege zu den Gewinnern zu zählen.

„So niederschlagend das für den Idealisten sein mag: tatsächlich ersetzt kein ethischer Gemeinsinn, keine Bruderliebe und soziales Wohlwollen an tatenerzwingender Wucht

jene Zusammenballung der Nation zu einem Verteidigungskörper, wie der äußere Feind, der nicht diese oder jene Schicht bedroht, sondern das Ganze. Das Soziale ist selbstverständlich geworden wie das Nationale. Nicht mehr ein Zugeständnis an die Benachteiligten, sondern die Selbsterhaltung der Gemeinschaft."
(*Gertrud Bäumer: Soziale Zukunftsfragen, in: Die Frau, 24. Jg., 1916, S. 5*)

Aber nicht nur deshalb sind 99% all derer, welche damals zum Siegeszug der Wohlfahrtspflege im Ersten Weltkrieg beigetragen haben, „Hurra-Patrioten" und Kriegsbefürworterinnen gewesen. Der überwiegende Teil der Fachleute im Bereich der sozialen Arbeit hat den Krieg aus nationalen Motiven heraus mitgetragen.

Sozialpolitisch hat der Krieg als Modernisierer gewirkt, er hat überfällige Reformen ermöglicht und die Bedingungen dafür geschaffen, sich von überkommenen Denktraditionen zu verabschieden: Die spezifischen Umstände des Krieges erlauben es, die Schuldfrage bei dem Zustandekommen sozialer Not einer neuen Sichtweise zu unterziehen, welche in den darauf folgenden Jahren richtungsweisend für die sachgerechte Beurteilung der Hilfsbedürftigen wird. Die extreme Zunahme der Zahl der Problemfälle von Kriegsbeginn an erfordert deren maximale Differenzierung – und gleichzeitig geeignete Maßnahmen zur Vereinheitlichung der von Zersplitterung gekennzeichneten Angebotsvielfalt. Immerhin: die Frage, ob fürsorgerische Tätigkeit einer qualifizierten Ausbildung bedarf, wird von keiner Seite mehr gestellt: Die Nachfrage nach gut ausgebildeten Hilfskräften ist so groß, dass die zahlreich gegründeten Sozialen Frauenschulen kaum mit der Ausbildung nachkommen. Trotzdem werden bis zum Ende des Kaiserreichs keine Männer an den Wohlfahrtsschulen ausgebildet.

„Wenn der Gründungseifer sich in den nächsten Jahren weiter steigert, so kann mit Sicherheit eine schwere, krisenhafte Gefährdung des neuen Berufsstandes vorausgesagt werden. Die Zahl der Schulen – darüber darf der außergewöhnliche Kriegsbedarf an sozialen Berufsarbeiterinnen nicht täuschen – hat die Grenze des Bedürfnisses erreicht, wenn nicht überschritten."
(*Alice Salomon: Die Ausbildung zur sozialen Berufsarbeit, in: Die Frau, 25. Jg., 1917, S. 265*)

Mit dem Beginn des Krieges im August 1914 vollzieht sich die schon zuvor in Ansätzen sichtbare Veränderung der Wohlfahrtspolitik vom liberalistischen „laissez faire" zum „Interventionsstaat" in voller Konsequenz. Städte eröffnen Kriegsfürsorgeämter zur Durchführung von Familienunterstützung, deren Kosten jedoch das Reich trägt. Da in den Städten 30-40% aller Familien unterstützt werden müssen, würden die dafür erforderlichen Mittel den Etat der Kommunen bei weitem übersteigen.

„Die Kriegsfürsorge des Jahres 1870/71 war in Deutschland von dem Geist wärmster Hingabe und reinster Opferwilligkeit getragen und für die sonstigen Verhältnisse der

Zeit in erstaunlicher Weise differenziert, es fehlte ihr aber noch der planmäßige Ausbau auf lokalem und interlokalem Gebiet, mit einem Wort, die von unseren heutigen Freunden bewunderte, von unseren Feinden so gefürchtete machtvolle Organisation."
(Jenny Apolant: Einiges über die Kriegsfürsorge des Jahres 1870/71, in: Neue Bahnen [Mit der monatlichen Beilage: Blätter für soziale Arbeit], 51. Jg., 1916, S. 4)

Der Charakter der Kriegsfürsorgeämter hebt sich für die Hilfesuchenden wohltuend von Einrichtungen der Vorkriegszeit ab: Dadurch, dass die kriegsbedingt Not leidenden Familien einen Rechtsanspruch auf Hilfe haben, fällt die zuvor mit der Fürsorgeunterstützung verbundene Diskriminierung weg. Not ist zum Massenschicksal geworden – und Fürsorge zum „Dienst am Volksganzen".

„Ich möchte in der Kriegsfürsorge zwei Richtungen unterscheiden: die eine 1914 einsetzende, die sich die Sorge für den Zusammenhalt der durch den Kriegsdienst ihres Ernährers beraubten Familie zur Aufgabe macht. Die Zweite, in der Zeit und aus den Verhältnissen des Hindenburgprogramms geborene, die sich der durch die Heranziehung der Frauen zum Kriegsdienst hinter der Front erwachsene noch stärkere Bedrohung der Familie entgegenwarf, indem sie die geminderte Pflege- und Erziehungskraft der Familie durch sozialhygienische und sozialpädagogische Einrichtungen ergänzte."
(Marie Baum: Die Familienfürsorge, Karlsruhe 1927, S. 18)

Aufgrund des Massenandrangs und der erschwerten Arbeitsbedingungen (zum Beispiel in der Nahrungsmittelversorgung) werden jetzt viele Bereiche kommunal oder staatlich institutionalisiert, die zuvor von den freien Trägern abgedeckt worden waren. Dadurch wollen die Ämter mehr Übersichtlichkeit, Planmäßigkeit und Vereinheitlichung schaffen, können den Anspruch aber nur einlösen, wenn dafür auch das geeignete Personal vorhanden ist.

Deshalb wird es mit großer Erleichterung zur Kenntnis genommen, dass sich schon in den letzten Julitagen 1914 der Nationale Frauendienst als gigantische weibliche Hilfsorganisation mit professionellen Standards formiert. Im Gegensatz zu den „Socken strickenden und Suppe kochenden" Frauenvereinen des Roten Kreuzes oder der „Vaterländischen", tritt der Nationale Frauendienst mit Mitarbeiterinnen wie Gertrud Bäumer, Marie Baum, Marie Elisabeth Lüders, Alice Salomon oder Josephine Rathenau an der Spitze als eine in Bezug auf ihre Fachlichkeit konkurrenzlose Organisation auf den Plan.

Als organisierte Frauenbewegung „dem bedrohten Vaterland zu Hilfe eilend", versäumt es der Nationale Frauendienst jedoch keineswegs, mit den Hilfsdiensten auch die Gleichberechtigung der Frau voranzutreiben: Alle ihre weiblichen Hilfskräfte arbeiten, sei es im Rahmen der eigenen Organisation, sei es in den Kriegsfürsorgeämtern oder ab 1916 unmittelbar im Kriegsamt, nur unter Führung und Anleitung von Frauen. Das Prinzip einer weiblichen Basis unter männlicher Führung wird abgelehnt. Gleichermaßen wird die unbezahlte Arbeit so weit wie möglich zurückgewiesen, da der Krieg als einzigartige Chance gesehen wird, die Sozialarbeit als (bezahlten) Frauenberuf zu etablieren.

Die Kooperation des Nationalen Frauendienstes mit den kommunalen Fürsorgeämtern findet in unterschiedlicher Weise statt, abhängig davon, wie viel oder wenig sich die einzelnen Kommunen bisher der Mitarbeit von Frauen geöffnet haben. „Berlin ist der Typus einer Stadt, in der der Nationale Frauendienst selbst die städtische Hilfstruppe der praktischen Kriegswohlfahrtspflege ist, aber seine Arbeit unter eigenem Vorstand selbständig organisiert und leitet. Die Stadt hat neben ihm keine andere Organisation geschaffen.“ (Bäumer 1916, S. 78) In anderen Städten gehen die Frauen in der allgemeinen Organisation der Kriegsfürsorge gleichberechtigt mit auf, arbeiten mit männlichen Hilfskräften Hand in Hand in einem, wie es damals heißt, „gemischten Apparat“. Der dritte Typus der Kooperation basiert auf strenger Trennung der Ebenen kommunaler Verwaltung und weiblicher Hilfsorganisation. Die Frauen dürfen nicht an den Beratungen teilnehmen, sondern verhandeln gesondert mit den Verantwortlichen der städtischen Kommissionen über die Aufgaben, die sie übernehmen können und wollen.

„Jede der Formen, in denen die Frauen in die Kriegswohlfahrtspflege eingegliedert sind, hat ihre eigenen Vorzüge. Die bessere Verbindung mit der städtischen Verwaltung in der gemischt städtisch-freiwilligen Organisation erleichtert naturgemäß die Arbeit sehr. Außerdem liegt in dem Aufgehen der Frauen in der gemeinsamen Wohlfahrtsarbeit mit Männern und Behörden die Verwirklichung eines lange erstrebten, hier und da auch schon erfüllten Friedensideals. Andererseits besitzt die in sich selbst geschlossen organisierte Frauentruppe ohne Zweifel mehr Bewegungsfreiheit, mehr Spielraum für eigene Initiativen und die Durchführung eigener Ideen und Überzeugungen.“
(*Gertrud Bäumer: Die Eingliederung der Frauen in die Kriegswohlfahrtspflege, in: Die Frau, 22. Jg., 1914, S. 79*)

Mit der Errichtung des Kriegsamtes im Winter 1916/1917 ändert sich die Situation auch für den Nationalen Frauendienst. Es gelingt zwar, in der Person von Marie Elisabeth Lüders als Leiterin der Frauenarbeitszentrale eine eigene Expertin im Kriegsamt zu platzieren, aber durch die nahezu uneingeschränkten Entscheidungsvollmachten der Obersten Heeresleitung werden die Handlungsspielräume in allen Bereichen der Wohlfahrtspflege stark beschnitten. Lüders und ihre Mitarbeiterinnen schaffen es mit vereinten Kräften, den massenhaften Arbeitseinsatz von Frauen zumindest teilweise mit den dafür notwendigen flankierenden Maßnahmen zu versehen, aber den Einsatz junger Mädchen in der Etappe oder die rücksichtslosen Demobilisierungsmaßnahmen zur Rückführung von Arbeiterinnen in ihre Familie ab 1918 können sie trotz aller Bemühungen nicht verhindern.

Weiblicher Arbeitseinsatz im Krieg

In den Jahren 1916 und 1917 herrscht jedoch zunächst noch ein schier grenzenloser Bedarf an Arbeitskräften. Dabei stellt sich die Frage nach den körperlichen Schäden, welche die Frauen, die für die Fabrikarbeit rekrutiert werden, aufgrund der Dauerüberlastung davontragen. Vor allem aber gibt die Lage ihrer Kinder zu großer Besorgnis Anlass und führt dazu, dass ab Oktober 1916 ein spezielles Fürsorgewesen für die erwerbstätigen Frauen geschaffen wird, das vor allem drei Bereiche umfasst: Kinder- und Säuglingsfürsorge, Fabrikpflege und Jugendfürsorge. An der zusätzlich beim Frauenreferat eingerichteten Kommission für Kinder- und Jugendfürsorge unter Leitung von Anna v. Gierke beteiligen sich auch die Gewerkschaften und die Wohlfahrtsverbände.

Der professionelle Einsatz des Nationalen Frauendienstes kann nicht darüber hinwegtäuschen, dass es in der Wohlfahrtspflege an allen Ecken und Enden an ausgebildeten Hilfskräften fehlt. An den schon bestehenden Sozialen Frauenschulen wird fieberhaft ausgebildet, um neue Hilfskräfte ins Feld schicken zu können; viele neue Schulen, darauf wird noch ausführlich einzugehen sein, entstehen in dieser Zeit. Da aber der Personalmangel damit allein nicht zu beheben ist, kommt es u.a. zu Notstandsunterweisungen, einem Versuch, professionelle Minimalstandards auch in die ehrenamtliche Hilfstätigkeit einfließen zu lassen.

Beispielsweise in Hamburg bemüht sich ein Kriegshilfe-Frauenausschuß aktiv zu werden, indem er die engagierten Frauen aus den wohlhabenden Familien anleitet, den Unbemittelten Ratschläge für eine sparsame und zweckmäßige Haushaltsführung (Kriegsküchenrezepte u.ä.) zu erteilen. Diese Anleitung ist notwendig, weil die Damen der besseren Gesellschaft zwar hilfswillig sind, aber selber gar nicht kochen können und speziell von sparsamer Haushaltung keine Ahnung haben. Einige müssen sich sogar erklären lassen, woran man erkennt, dass Wasser kocht.

„Wir fanden viele, die ihrer Gesinnung nach gern bereit waren, in herzlicher Teilnahme und mit Verständnis das Schicksal anderer mitzuerleben; aber gerade unter diesen Besseren hielten sich manche zurück, weil sie sich bewusst waren, an vielen Punkten der nötigen Kenntnisse zu entbehren, die Grundlage der Beratung sein müssen. Aus diesen Erwägungen hat der Frauenausschuss Unterweisungskurse eingerichtet, die in 6 Zusammenkünften von je 1 1/2 Stunden Einführung in solche Pflegetätigkeit gewähren."
(*Helene Bonfort: Notstandsunterweisung, in: Die Frau, 22. Jg., 1914, S. 157*)

Auch die führenden Vertreterinnen des Nationalen Frauendienstes und die Dozentinnen der Sozialen Frauenschulen sind ein Leben mit Haushälterinnen, Köchinnen und Sekretärinnen gewöhnt, ein Umstand, der vor allem den Schülerinnen, die nicht aus dem Besitzbürgertum stammen, als Diskrepanz zum sozialen Ethos der Betreffenden auffällt.

„Wir gehörten zu den jungen Frauenjahrgängen, deren Werte, die ihnen Schule und Elternhaus vermittelt hatten, schließlich restlos zerbrachen. Dazu kamen die schmalen Einkünfte, die nur für eine knappe Ernährung reichten und ein kümmerliches möbliertes Zimmer mit Fenster zum Hinterhof. Unsere Lehrerinnen und Vorgesetzten, die aus wohlhabenden, teilweise sogar begüterten Familien stammten, hingegen befanden sich noch immer auf dem Sockel, der aus ihren von früher mitgebrachten und entwickelten Wertvorstellungen herrührte."
(*Erika Runge, in: Hering/Kramer (Hg.): Aus der Pionierzeit der Sozialarbeit, Weinheim 1984, S. 47*)

Der Erste Weltkrieg trägt viel dazu bei, dass sich die soziale Kluft zwischen Helfenden und Hilfesuchenden verringert. Aufgrund des hohen Bedarfs erhalten erstmalig nicht mehr nur die höheren Töchter, sondern auch junge Frauen aus der Arbeiterschicht Zugang zur sozialen Berufsausbildung.

Die Zahl der seit 1879 bestehenden Ausbildungsstätten für sozialpädagogische Frauenberufe (Kindergärtnerin, Hortnerin und Jugendleiterin) sowie der seit 1908 existierenden Sozialen Frauenschulen und Wohlfahrtsschulen zur Ausbildung von Fürsorgerinnen vervielfacht sich in den Kriegsjahren. Zudem vollzieht sich eine Anpassung der Unterrichtsgegenstände an die kriegsbedingten Erfordernisse. Es kommt dabei zu einer Abkehr von der Ausrichtung an eher allgemein bildenden Prinzipien zugunsten einer stärker berufsbezogenen Ausbildung.

Alice Salomon, die eine Anhängerin des allgemein bildenden Ansatzes ist, versucht diese Entwicklung durch eine erstmals 1917 einberufene Konferenz der Sozialen Frauenschulen aufzuhalten, auf der eine Abstimmung über die Vereinheitlichung der Lehrinhalte erfolgen soll. Aber die Mehrheit der anwesenden Schulleiterinnen, vor allem aber die beteiligten Vertreter der Ministerien (Kultusministerium und Innenministerium), drängen darauf, dass die Professionalisierung der sozialen Arbeit durch die theoretische und praktische Vermittlung von berufsbezogenen Kenntnissen an den Schulen ihre Grundlage erhalten muss. Dem Wunsch der Ministerien, dass die Gesundheitsfürsorge einen übergeordneten Stellenwert im Bereich der Wohlfahrtspflege wie der Ausbildung erhalten soll, widersetzen sich die Schulen jedoch energisch, da sie geschlossen der Ansicht sind, dass die Soziale Arbeit nicht der Oberaufsicht von Medizinern unterstellt werden darf.

Gründungen der Sozialen Frauenschulen (Wohlfahrtsschulen):

- *Schulen in Vereinsträgerschaft:*
  Berlin-Schöneberg 1899, Charlottenburg 1910, Frankfurt a.M. 1913, Mannheim 1916, Stuttgart 1917, Düsseldorf 1917, Bremen 1918, Thale 1921, Weimar 1925
- *Schulen in evangelischer Trägerschaft:*
  Hannover 1905, Berlin (Innere Mission) 1909, Elberfeld 1910, Dresden 1913, Berlin (Ev. Frauenseminar) 1916, Kaiserswerth 1917, Freiburg i.Br. 1918, Kiel 1918, Königsberg 1918, Stuttgart 1924, Danzig 1926, Nürnberg 1927
- *Schulen in katholischer Trägerschaft:*
  München 1909, Aachen 1916, Berlin 1917, Münster 1917, Freiburg i.Br. 1918.
- *Schulen in städtischer Trägerschaft:*
  Leipzig 1911, Köln 1915, Hamburg 1916, Breslau 1919, München 1919, Nürnberg 1927
- *Schulen in der Trägerschaft der Provinz*
  Stettin 1921

(Jahresbericht der Konferenz Sozialer Frauenschulen [Wohlfahrtsschulen] o.O. 1927)

Mit der fortschreitenden Professionalisierung der Sozialen Arbeit, aber auch mit Rücksicht darauf, dass immer mehr junge Frauen aus dem Arbeitermilieu, die auf einen Lebensunterhalt durch Arbeitslohn angewiesen sind, in die Soziale Arbeit eintreten, stellt sich die Frage nach der Bezahlung in neuer Dringlichkeit. Ob diese Bezahlung nur eine Unkostenvergütung sein soll, oder ob sie als Lohn auch den nichtbegüterten Frauen die Möglichkeit einer beruflichen Existenz bieten soll, darüber gehen die Meinungen auseinander. Die Gründerinnengeneration der Frauenschulen, die in der Regel finanziell unabhängig sind, plädiert für den Primat der ehrenamtlichen Arbeit, um nicht in Abhängigkeit von der Bürokratie zu geraten. Gleichzeitig liegt ihnen auch daran, den Beruf den höheren Töchtern vorzubehalten, da man ein Absinken des Niveaus befürchtet, wenn die sozialen Einrichtungen von Frauen aus dem Kleinbürgertum und der Arbeiterschaft überschwemmt werden.

Ähnlich wie bei der Haltung der Konferenz der Sozialen Frauenschulen zur Frage des Stellenwerts der Ausbildung, geht auch in dieser Frage die allgemeine Tendenz in Richtung auf Öffnung und Verberuflichung, eine Entwicklung, die vor allem durch die im November 1916 stattfindende Gründung des Deutschen Verbandes der Sozialbeamtinnen (DVS), dem ersten Berufsverband im Bereich der sozialen Arbeit, vorangetrieben wird. In diesem neuen Verband sollen nur beruflich tätige Fürsorgerinnen mit dem Nachweis der staatlichen Anerkennung einer Sozialen Frauenschule aufgenommen werden, die sich damit ein Anrecht auf Bezahlung erworben haben.

Die Aufgaben des Verbandes sind Beratung und Weiterbildung, allgemeine Interessenvertretung, Einwirkungen auf die Sozialgesetzgebung, Arbeitsvermittlung, Tarifvereinbarungen und Förderung der Ausbildung. Von gewerkschaftlichen Positionen grenzt sich der Verband jedoch ab, weil, so wird immer wieder betont, dass der „Dienst am Volksganzen kein Klassenkampf" sei. Obwohl die Fürsorgerinnen, die der Sozialdemokratie und den Gewerkschaften nahe stehen, mit dieser Position keineswegs einverstanden sind, organisieren sie sich ebenfalls in dem Berufsverband, um keine Aufsplitterung aufkommen zu lassen. Das Verhältnis zwischen den bürgerlichen und sozialistischen Mitgliedern bleibt aber bis in die Weimarer Republik hinein spannungsgeladen.

Dem Deutschen Verband der Sozialbeamtinnen gehören vorwiegend die kommunalen Fürsorgerinnen an, da die arbeits- und besoldungsrechtlichen Forderungen der Mitglieder häufig die finanziellen Ressourcen der privaten Wohlfahrtsverbände übersteigen. Viele ausgebildete Fürsorgerinnen verlassen die privaten Verbände auch deshalb, weil sie sich bei den Kommunen bessere Arbeitsbedingungen erhoffen, eine Erwartung, die sich flächendeckend erst einlöst, als durch die Sozialreformen der Weimarer Republik die rechtlichen Grundlagen für den Aufbau städtischer Ämter geschaffen werden.

Zusammenfassend ist anzumerken, dass in diesen Jahren des Ersten Weltkrieges bis hinein in die Anfänge der Weimarer Republik die Strukturen in Ausbildung und Praxis geschaffen werden, die noch heute das Berufsbild der sozialen Arbeit bestimmen.

4.4 „Alle soziale Arbeit hat mit Menschen zu tun ..." (Alice Salomon) Die Entwicklung der Disziplin

Mit der Gründung Sozialer Frauenschulen vor und während des Ersten Weltkriegs ändert sich das Verhältnis von Profession und Disziplin in der Sozialen Arbeit. Gaben zuvor wissenschaftliche Paradigmata aus unterschiedlichen Disziplinen, vor allem aus der Nationalökonomie und der Medizin (Hygiene und Psychiatrie), die Grundkonzepte für die soziale Praxis vor, so suchen die Dozentinnen an den Wohlfahrtsschulen nun mehr und mehr nach einem eigenständigen, integrativen wissenschaftlichen Kanon, den sie der Ausbildung zugrunde legen können. Gegen die Abhängigkeit von fremden Wissenschaften setzen sie den Versuch, die Anleihen aus den verschiedenen Disziplinen zu einer eigenständigen „Ausbildungswissenschaft" bzw. einer Fürsorgewissenschaft zusammenzufassen.

Aufgabe dieses eigenständigen Ansatzes soll es sein, die „Verwissenschaftlichung der Handlungsvollzüge" zu leisten, d.h. als „Theorie der Praxis" der Verbesserung des beruflichen Handelns zu dienen. Trotz der zahlreichen Veröffentlichungen, die zum Thema „Wissenschaftliche Grundlagen der Wohlfahrtspflege" seit 1917 erscheinen, kommt es aber weniger zu einem eigenständigen Ansatz, als vielmehr zur Etablierung einer Anwendungswissenschaft, welche eklektisch (oder: patchworkartig, wie wir heute sagen würden) mit jeweils unterschiedlichen Akzenten die einschlägigen Erkenntnisse aus Psychiatrie, Hygiene, Volkswirtschaft, Soziologie, Psychologie und Pädagogik für die Praxis umsetzt.

Einige Schulen sehen das Zentrum des sozialen Berufs in pflegerischen oder sozialhygienischen Tätigkeiten unter ärztlicher Aufsicht und betonen entsprechend medizinische Fächer. Kaum weniger stark ist eine Strömung, die den Schwerpunkt auf Verwaltungshandeln legt und damit auf den Bedarf kommunaler Behörden und Verwaltungen abzielt. Wiederum andere stellen eine hauswirtschaftliche Ausrichtung mit volkswirtschaftlichem Bezug in den Vordergrund und legen damit den Schwerpunkt auf die Ausbildung von Fürsorgerinnen in der Fabrikpflege, in den Näh- und Kochstuben, in der Wohnungsfürsorge und natürlich in der Armenpflege, welche das Verständnis für ökonomische Zusammenhänge und für sparsames Wirtschaften wecken soll.

„Die Zeit, in der jeder Spezialist auf einem Teilgebiet der sozialen Arbeit seine Sache als die ganze soziale Arbeit hinzustellen pflegte, in der die Kompliziertheit und doch Einheitlichkeit sozialer Arbeit noch nicht erkannt war, ist vorüber. Wir dürfen es heute als großen Fortschritt buchen, dass soziale Arbeit als etwas Einheitliches gesehen wird, dass weiter anerkannt wird, dass in jedem Akt sozialen Handelns erzieherisches Handeln bewusst oder unbewusst mitwirkt, und dass eben diesem Erzieherischen nicht begrenzte Domänen, etwa bestimmte Gebiete der Jugendfürsorge, zuzuerkennen sind, sondern dass auch in der Arbeit der Wirtschaftsfürsorge und der Berufsberatung, ebenso im gesundheitlichen Dienst, erzieherisches Verhalten sich auswirkt."
(Luise Besser: Der Unterricht in Psychologie und Pädagogik, in: Preußisches Ministerium für Volkswohlfahrt: Beiträge zur Methodenfrage, Berlin 1931, S. 32)

Die bei den Sozialen Frauenschulen und Wohlfahrtsschulen zugrunde liegenden unterschiedlichen Sichtweisen drängen „zu einer Vereinheitlichung von Ausbildungsziel und Methode, von Aufnahmebedingungen und Lehrplan", wie Alice Salomon im Rückblick (1927, S. 9) formuliert. Die bereits erwähnte Konferenz Sozialer Frauenschulen Deutschlands, die 1917 unter dem Vorsitz von Alice Salomon erstmals zusammentritt, widmet sich u.a. der Aufgabe, diese Vereinheitlichung herbeizuführen. Die Konferenz einigt sich darauf, dass es nicht darum gehen soll, den jeweiligen spezifischen Schwerpunkt der einzelnen Schulen (Hauswirtschaft, Hygiene, Verwaltung) zu nivellieren, sondern durch eine gemeinsame Grundlegung („Theoriebasis") einen für alle Schulen gültigen fachlichen Sockel zu schaffen. In den „Richtlinien für die Gestaltung Sozialer Frauenschulen", auf die die Konferenz sich auf ihrer ersten Sitzung einigt, heißt es: „Die theoretische Ausbildung soll eine allgemein sozialwissenschaftliche sein." (Peyser 1958, S.78)

„Alle soziale Arbeit hat eine gemeinsame Richtlinie. Sie hat es mit Menschen zu tun, mit der wechselseitigen Anpassung von Menschen und Lebensumständen. Sie hat entweder Individuen zu fördern und zu beeinflussen, damit sie sich in ihrer Umwelt zurechtfinden und bewähren, oder sie hat die Lebensumstände, die Umwelt der Menschen so zu gestalten, dass der Einzelne zur freien Entfaltung seiner Kräfte, zur Erfüllung der in ihm ruhenden Möglichkeiten gelangen kann. Daraus ergibt sich eine klare Aufteilung des Lehrplans."
(*Alice Salomon: Ausbildung zum sozialen Beruf, Berlin 1927, S. 90*)

Von besonderer Bedeutung ist in dieser Phase der Entwicklung die Frage, ob es sich bei der Sozialen Arbeit zukünftig um einen ‚Brotberuf' handeln soll, oder ob diese nach wie vor überwiegend ehrenamtlich von Frauen ausgeführt werden soll, die es aufgrund ihrer Herkunft nicht nötig haben, Geld zu verdienen. Der immer stärker anwachsende Anteil von Frauen, die diese privilegierten Voraussetzungen nicht erfüllen, spricht dafür, die Bezahlung der Arbeit zu einem nicht verbindlichen, aber ‚normalen' Bestandteil der Berufsausübung zu machen. Die Einsicht, dass mit diesen Schritt eine größere Abhängigkeit von fachfremden Interessen und administrativen Vorschriften verbunden sein wird, führt aber bei vielen Vertreterinnen der ‚alten Garde' zu erheblichen Vorbehalten, die sich spätestens seit Einsetzen der Sozialstaatsstrukturen in der Weimarer Republik bewahrheiten werden (vgl. Hering 2013, S. 53-70) Trotzdem ist ihre Position zu sehr an elitäres Denken gebunden, als dass sie auf die Dauer hätte durchsetzbar sein können.

In der praktischen Wendung dieser Lernziele, d.h. in ihrer Umsetzung in praktisches Handeln, geht es allen Beteiligten aber vorrangig um die „Arbeit von Mensch zu Mensch". Diese Pädagogisierung des Handelns hat seinen Grund in einer spezifischen politischen Auffassung darüber, wie die „Gestaltung der Umwelt" gesellschaftlich zu organisieren sei. Die drängende Umgestaltung der sozialen Lebensbedingungen der Mehrheit der Bevölkerung ergibt sich für die der sozialen Ausgestaltung der Wohlfahrtspflege

Kgl. Elisabethschule · Berlin
Kochstraße 65
Frauenschule (wissenschaftliche u. praktische Weiterbildung)
Kindergärtnerinnen-Seminar
— mit staatlicher Abschlußprüfung —
Weibliche Oberrealschulkurse von Obertertia an

Frauenseminar für soziale Berufsarbeit
Frankfurt a. M.
Ausbildung zu freiwilliger und bezahlter sozialer Berufsarbeit.
Pflegerische oder kaufmännische Ausbildung, theoretische Fachklasse, Ausbildg. in offener Fürsorgearbeit, Fortbildungskurse
Prospekte durch die Direktion: Große Friedberger Straße 28, II.

Frauenschule für **Berufsarbeiterinnen** der **inneren Mission** und **sozialen Arbeit**.
Seminar für **evang. Kindergärtnerinnen** u. **Hortleiterinnen.**
Dauer der Kurse 1—1½ Jahr. — Beginn April und Oktober.
Diakonissen-Mutterhaus „Paul Gerhardt-Stift“, Berlin N. 65.
Lehrpläne usw. durch den Vorstand.

Frauenschule der Inneren Mission
zu Berlin
Berufliche und allgemeine Ausbildung für soziale Tätigkeit der Inneren Mission und der Kirchgemeinde, sowie für kommunale und staatliche Wohlfahrtspflege. Theoretischer einjähriger Lehrgang Praktische Ausbildung in Gemeinden, Vereinen, Anstalten und Büros. Prospekte u. Auskunft durch die Geschäftsstelle in Berlin W. 35, Kurfürstenstr. 43 III.

Evang. Fröbelseminar in Cassel
Zweiganstalt des Evang. Diakonievereins
Abt. I. Anerkannte Frauenschule. Privates Oberlyzeum.
Abt. II. Anerkanntes Seminar zur Ausbildung von Kindergärtnerinnen, Hortnerinnen und Jugendleiterinnen mit staatlicher Abschlußprüfung.
Abt. III. Töchterheim (Hausmutterschule). Ausbildung in allen hauswirtschaftlichen Kenntnissen und Fertigkeiten. Sorgfältige körperliche Pflege.
Prospekte und illustrierte Broschüre durch die Anstaltsleitung
Meldungen an Herrn **Mühlmann**, Geh. Regierungsrat, Regierungs- u. Schulrat a. D., Vors. des Kuratoriums

Christlich-soziales Frauenseminar
des Deutsch-Evangelischen Frauenbundes
Hannover, Ferdinandstraße 13B.
Ausbildung und Fortbildung gebildeter Frauen und Mädchen für berufliche und ehrenamtliche soziale Hilfsarbeit und christliche Liebestätigkeit.
Kursusdauer: 17 Monate, vom 3. Januar bis 31. Mai des folgenden Jahres.
I. Teil. (3. Januar bis 31. Mai.) Theoretischer Unterricht. Lehrfächer: Sozialer Gehalt der Bibel, Kirchengeschichte, die Persönlichkeit Jesu, Geschichte der christlichen Liebestätigkeit und der Innern Mission, Volkswirtschaftslehre, soziale Gesetzgebung, Bürgerkunde, Geschichte der Frauenbewegung und der sozialen Frauenarbeit, Geschichte der Frauenbildung, Erziehungslehre auf psychologischer Grundlage, Gesundheitslehre mit besonderer Berücksichtigung volkshygienischer Fragen, Hauswirtschaftliche Buchführung, Verfassen von Eingaben, Stilübungen, Vermögensverwaltung.
II. Teil. (1. Juni bis 30. September.) Praktische Arbeit in Anstalten der Diakonie und der Wohlfahrtspflege.
III. Teil. (1. Oktober bis 30. November.) Vorträge über Einzelgebiete der sozialen Arbeit.
IV. Teil. (3. Januar bis 31. Mai.) Praktische Anstaltsarbeit.
Aufnahme-Bedingungen: Höhere Mädchenschulbildung, vollendetes 20. Lebensjahr und Gesundheitszeugnis. Erwünscht ist hauswirtschaftliche Vorbildung.
Honorar 450.— M., das den freien Aufenthalt während der 9-monatigen Anstaltsarbeit in sich schließt. Für Mitglieder des Deutsch-Evang. Frauenbundes 10% Ermäßigung.
Auskunft und Prospekte durch die Sekretärin Frl. **L. Höhndorf, Hannover,** Ferdinandstraße 13B. Gelegenheit, geeignete Anstellungen zu erlangen durch die **Zentrale der Stellenvermittlung des Deutsch.-Evang. Frauenbundes.**

verbundenen Schulen nicht durch politische Aktionen, sondern aus der Arbeit „sozialer Gesinnungsbildung“. Damit ist aber auch die Arbeit der Gestaltung der Lebensumstände (die fürsorgerische Traditionslinie) letztlich pädagogische Arbeit. Das „Soziale“ und „Pädagogische“ in dieser Weise zusammengenommen ergeben die spezifische Fundierung der Fürsorgerinnenausbildung, welche die in den kommenden Jahrzehnten erfolgte Konvergenz zwischen Sozialarbeit und Sozialpädagogik vorwegnimmt.

„Pflege und Erziehung von Menschen (…) gehört zum Wesen aller Fürsorge. Selbst wo diese erzieherische Einwirkung sich in Kleinigkeit zersplittert, so besonders in der Gesundheitspflege, wo es sich oft nur um Gewöhnungen des äußeren Lebens handelt, stets sind auch sie ein Stückchen Erziehung und können nur unter dieser Betrachtung richtig gewürdigt werden. Wer also beruflich in der Fürsorge arbeiten will, der soll stets andere Menschen erzieherisch beeinflussen.“
(Christian J. Klumker: Die Ausbildung von Beamten für die Wohlfahrtspflege, in: Schriften der Zentralstelle für Volkswohlfahrt, Heft 14 der neuen Folge, Berlin 1919, S. 97)

4.5 Die Bekämpfung der Not als „Massenschicksal". Entwicklung der Organisationen

Die Verwerfungen, die durch den Ersten Weltkrieg und seine Auswirkungen zustande kommen, haben auch für die Organisationsformen der Sozialen Arbeit bedeutsame Folgen. Alle die Ansätze, die in der Vorkriegszeit schon angelegt waren, entfalten sich jetzt durch eine planmäßige staatliche Sozialpolitik zu den Konstitutionsbedingungen eines Wohlfahrtsstaates. Damit muss sich auch das Verhältnis von öffentlicher und privater Fürsorge ändern, weil es im Sinne einer planvollen Wohlfahrtspflege erforderlich ist, nicht, wie bisher, nebeneinander her zu arbeiten, sondern alle Aktivitäten zu koordinieren. Dies geschieht auf der Basis einer vom Stigma der Asozialität befreiten Fürsorge, die von den Kommunen im Rahmen einer erweiterten öffentlichen Verpflichtung umgesetzt wird.

„Die Organisation kommunaler Kriegsfürsorge und Kriegswohlfahrtspflege trug zwar den in der Vorkriegszeit vielfach geäußerten Forderungen nach besserer Koordination beider Bereiche Rechnung. Sie änderte aber zugleich ihr wechselseitiges Verhältnis. Der Krieg verschweißte die Fürsorge auf kommunaler Ebene zu einem einheitlichen Gesamtkomplex, in dem der Unterscheidung von öffentlich und privat nur noch formelle Bedeutung zukam. Die Übertragung gesetzlicher Aufgaben an private Organisationen brachte deutlich zum Ausdruck, dass die Kriegsfürsorge insgesamt eine öffentliche Aufgabe war. Folgerichtig änderte sich die Finanzierung der privaten Wohlfahrtspflege. Zwar hatte es kommunale Zuschüsse an private Wohlfahrtsorganisationen auch vor dem Kriege gegeben. Jetzt aber wurde der privaten Wahrnehmung öffentlicher Aufgaben durch eine systematische öffentliche Subventionierung privater Organisationen Rechnung getragen. Auch insofern bildete die Kriegsfürsorge die spätere Entwicklung bereits vor."
(Christoph Sachße und Florian Tennstedt: Geschichte der Armenfürsorge in Deutschland, Band 2, Stuttgart 1988, S. 60)

Die durch den Militärdienst, kriegsbedingte Invalidität, Verwaisung und Witwenschaft in Erfüllung der vaterländischen Pflicht erlittene Armut wirft nämlich die Frage auf, ob die Unterstützung der Kriegerfamilien nach den Regularien der herkömmlichen Armenfürsorge erfolgen könne und damit deren diskriminierende Effekte (zum Beispiel individuelle Überprüfung der Bedürftigkeit) übernehmen dürfe. Da dies ausgeschlossen ist, wird im Rahmen der Kriegsfürsorge ein Rechtsanspruch vorgesehen, der bisher in der kommunalen Armenfürsorge nur bedingt eingeräumt worden war. Damit entsteht eine soziale Fürsorge, die nicht mehr auf dem vordem üblichen Elendsniveau erfolgt, sondern in der Höhe der Unterstützungsleistungen dem gehobenen Niveau des bisherigen Lebensstandards der Betroffenen Rechnung tragen muss.

Diese Ausgestaltung einer organisatorisch von der kommunalen Armenpflege getrennten Kriegsfürsorge führt dazu, dass zum ersten Mal das

Reich als Gesamtheit wohlfahrtspolitische Verantwortung für die Existenzsicherung großer Bevölkerungsteile übernimmt. Damit wird auch der Grundgedanke sozialstaatlich gewährleisteter gesellschaftlicher Solidarität zum ersten Mal akzeptiert und praktisch wirksam: dass die größere Gemeinschaft (Staat) der in Not geratenen kleinen Gemeinschaft (Familie) gegenüber zur Hilfeleistung verpflichtet ist. Die Erweiterung und Differenzierung der Fürsorge führt im Laufe des Ersten Weltkriegs erstmals zum Gedanken einer Bündelung der Angebote im Rahmen einer übergreifenden Familienfürsorge.

Auch im Bereich der kommunalen Wohlfahrtspflege und in den Hilfseinrichtungen der privaten Verbände schlägt sich das neue Denken nieder: Es entstehen erweiterte Unterstützungs- und Fürsorgemaßnahmen, die das Absinken der vom Krieg in Mitleidenschaft gezogenen Zivilbevölkerung auf das Niveau der öffentlichen Armenpflege verhindern soll. Zu dieser erweiterten Fürsorge gehören nicht nur materielle bzw. finanzielle Hilfen, sondern auch regelmäßige Beratung und familienunterstützende Maßnahmen wie Ernährungs- und Kleidungsberatung, Kinderbetreuung, Ferienerholung, Krankenpflege.

Vor allem der Deutsche Verein propagiert durch mehrere Tagungen und Denkschriften diese neue "soziale Fürsorge" und hilft mit, sie durchzusetzen. Durch diese flankierenden Maßnahmen wird erreicht, dass die Erweiterungen nach dem Ende des Krieges nicht mehr ohne weiteres rückgängig gemacht werden können und so etwas wie einen neuen Standard sozialer Hilfen abgeben.

„Mitten im Krieg gab der Deutsche Verein, seiner Zeit wieder vorausdenkend, ein Grundsatzprogramm künftiger Fürsorge bekannt. Unter Fürsorge verstand er, jeden Zweifel ausschließend, nur noch soziale Fürsorge. (…) Zentralprinzip aller weiterführenden Überlegungen war, dass die soziale Fürsorge – im Gegensatz zur obligaten Armenfürsorge herkömmlicher Art – nicht gleichsam am Rande der Gesellschaft dort einzugreifen habe, wo individuelle Existenzgefährdung bereits Leben bedrohe, sondern dass sie als Organisationsform gesellschaftlicher Selbsthilfe notwendig dem gesamten Sozialgefüge zu integrieren sei. Alle Unterschiede zwischen genereller Sozialpolitik und individueller Fürsorge konnten, diesem Zentralprinzip folgend, aufgehoben werden in einer umfassenden Sozialgesetzgebung. Insofern enthielt das neue Fürsorgeprogramm des Deutschen Vereins schon Grundzüge des sozialen Rechtsstaats."
(*Eberhard Orthband: Der Deutsche Verein in der Geschichte der deutschen Fürsorge 1880–1980, Frankfurt am Main 1980, S. 161f.*)

Schließlich setzt sich während des Krieges auch der Gedanke durch, dass Frauen sehr wohl Arbeitsplätze in der Industrie und öffentliche Ämter in der Kriegswohlfahrtspflege und den kommunalen Deputationen einnehmen können. Vor allem in der organisatorischen Wirksamkeit des Nationalen Frauendienstes, in dem sich neben den bürgerlichen auch sozialdemokratische Frauenverbände zusammengeschlossen haben, zeigt sich, dass Frauen nicht nur eine pflegerische, sondern auch administrative Begabung haben und deshalb zu Leitungsaufgaben in der Wohlfahrtspflege befähigt sind. Außerdem zeigt sich, dass diese Fähigkeit keineswegs an schichtspezifische Begrenzungen gebunden ist, da sich die Frauen aus der Arbeiterschaft und dem Kleinbürgertum ebenso bewähren wie die Frauen und Töchter des Bürgertums.

4.5.1 Die Gründung einer jüdischen Wohlfahrtsorganisation

Betrachtet man die Entwicklung der Wohlfahrtspflege von ihrer Entstehung im letzten Drittel des 19. Jahrhunderts bis zum Ende der Weimarer Republik, so fällt einerseits die relativ große Zahl von Persönlichkeiten – vor allem Frauen – jüdischer Herkunft auf, die führende Funktionen in Theorie und Praxis inne haben: Lina Morgenstern, Alice Salomon, Helene Simon, Cora Berliner, aber auch Albert Levy und viele weitere Männer. Andererseits zeigt die Geschichte, dass immer wieder soziale Einrichtungen der jüdischen Wohlfahrt innovative und impulsgebende Wirkungen für die Gesamtentwicklung des sozialen Praxisfeldes gehabt haben. Das ist schon lange vor der Gründung der Zentralwohlfahrtsstelle der deutschen Juden (ZWST) so und betrifft fast alle Arbeitsgebiete. Beispiele hierfür sind Kindergärten, Erholungsmaßnahmen, Kinderheime, Jugendclubs, Stadtteilarbeit und – immer wieder – Integrationsarbeit und Emigrationshilfen für Zuwanderer, insbesondere jüdische Zuwanderer aus Osteuropa.

Nicht immer ist es einfach, genau zu bestimmen, was die Besonderheit jüdischer Traditionen in der Sozialen Arbeit ist und welche Spuren sie hinterlassen hat. Viele der führenden Persönlichkeiten jüdischer Herkunft in der Wohlfahrtspflege entstammen assimilierten Familien, d.h. sie sind zum christlichen Glauben übergetreten und fühlen und verstehen sich als deutsche Christen. Dennoch verweist ihre soziale Herkunft aus dem jüdischen Bürger- und Großbürgertum auf das philanthropische Selbstverständnis dieser Kreise, auf die Ideen von sozialem Ausgleich und auf den Auftrag zur „Versöhnungsarbeit" – wie Alice Salomon es genannt hat. Deshalb kommt auch außerhalb der explizit jüdischen Wohlfahrtseinrichtungen der Gedanke der „Zedakah", der sozialen Gerechtigkeit, aufgrund des Einflusses assimilierter jüdischer Fachleute als ethisches Postulat zum Tragen und wird zum Bestandteil „deutscher" Wohlfahrtsethik.

Umso mehr sind die Einrichtungen von dem Gedanken des sozialen Ausgleichs und der Gerechtigkeit geprägt, die als spezifische Einrichtungen der jüdischen Wohlfahrt entstehen und sich als Teil jüdischer Kultur in Deutschland verstehen. Die Einrichtungen umfassen ein Spektrum, das von

Führer durch die jüdische Wohlfahrtspflege in Deutschland

herausgegeben von der

Zentralwohlfahrtsstelle der deutschen Juden

Verlag Dr. Fritz Scherbel, Berlin - Charlottenburg

Zweite verbesserte Ausgabe

Umfang des redaktionellen Teils 332 Seiten, brosch. Mk. 4,—, geb. Mk. 5,—

ZEDAKAH

Zeitschrift der jüdischen Wohlfahrtspflege

Doppelheft 1927/28 52 Seiten Quartformat Preis Mk. 1,50

Die Zentralwohlfahrtsstelle der deutschen Juden

Was sie ist und was sie will

Ein Informationsblatt · Unentgeltlich

Weiterer Verleih des Films:

Ein Freitag Abend

Bilder aus der jüdischen Wohlfahrtspflege

Die vorstehend verzeichneten Veröffentlichungen sowie der Film sind zu beziehen durch:

Zentralwohlfahrtsstelle der deutschen Juden

Berlin-Charlottenburg 2 Kantstraße 158

Wohltätigkeitsvereinen, die zu Beginn den 19. Jahrhunderts aus den zahllosen Gemeinden hervorgegangen sind, über den 1901 gegründeten international agierenden Hilfsverein der deutschen Juden, über die bedeutsamen sozialen Aktivitäten des seit 1904 bestehenden Jüdischen Frauenbundes, den 1917 gegründeten jüdischen Wohlfahrtsverein (ZWST) bis hin zum Wohlfahrts- und Fürsorgeamt der Jüdischen Gemeinde zu Berlin reicht.

Es ist oft versucht worden, die p rominente Rolle jüdischer Frauen und Männer in der Geschichte der Sozialen Arbeit zu erklären. Eine besondere Rolle wird dabei der Jahrhunderte langen Ausgrenzung und Marginalisierung der jüdischen Bevölkerung überall auf der Welt zugewiesen, weil die Integrations- und Assimilationsanstrengungen, die ihnen immer wieder abverlangt wurden, geeignet waren, eine besondere Sensibilität und Aufmerksamkeit für die Randgruppen der Gesellschaft zu entwickeln. Daneben steht der Hinweis auf die jüdische Religion, beispielsweise auf den Propheten Amos im Alten Testament, der die Durchsetzung des Gerechtigkeitsanspruchs Gottes auf Erden gefordert hat und soziale Ungerechtigkeit als Frevel, als ein Vergehen an Gottes Willen gebrandmarkt hat.

Trotz der Bedeutung, die den jüdischen Traditionen in der deutschen Wohlfahrtspflege zukommt, ist es nicht unproblematisch, „das jüdische Element" unnötig heraus zu heben und gegen andere Bewegungen und Strömungen auszuspielen. Die Übergänge zwischen der jüdischen Wohlfahrtspflege und der allgemeinen Wohlfahrtsarbeit in Deutschland sind viel zu fließend, um sinnvolle Abgrenzungen vorzunehmen. Sie sind aber ebenso zur Kenntnis zu nehmen und zu würdigen wie etwa die Übergänge zwischen der Sozialen Arbeit des katholischen Caritasverbandes und der evangelischen Diakonie.

4.6 Die Entwicklung der Handlungsfelder

Wie bereits angedeutet, zeichnet sich die Entwicklung in den Jahren zwischen 1914 und 1918 sowohl durch eine weitere Differenzierung der Handlungsfelder und gleichzeitig durch Tendenzen ihrer Bündelung in der Familienfürsorge aus. Nur wenige Bereiche, deren Erfordernisse man zunächst für kriegsbedingt hält, haben sich nachher erledigt, da die meisten neu geschaffenen Bereiche in den festen Bestand der Wohlfahrtspflege übergehen: Die Kriegsversehrten ebenso wie die Witwen und Waisen bedürfen der öffentlichen Fürsorge auch in den zwanzig „Friedensjahren", die ihnen bis zum Beginn des Zweiten Weltkriegs vergönnt sind.

4.6.1 „Jugend unter der Siegessäule" Die Entwicklung der Jugendfürsorge

Es verwundert nicht, dass sich mit dem Beginn des Krieges die bereits in der Vorkriegszeit virulenten militärischen Züge in der Jugendpflege und Jugendfürsorge massiv verstärken. Damit verbunden ist eine noch rigidere Ausrichtung auf die männliche Jugend und eine fast schon traditionelle Vernachlässigung der Mädchen. Natürlich teilen auch die Jugendverbände und die Träger der Jugendpflege die allgemeine Begeisterung der Augusttage 1914. Sie setzen ihre Aktivitäten in den ersten Kriegswochen ungebrochen fort, wobei sich die vaterländischen und militaristischen Züge der Angebote noch verstärken. Dieser heute schwer verständliche Enthusiasmus der Jugend lässt sich besser nachvollziehen, wenn wir uns die Geschichte der Jugendpflege in den vorangehenden Jahrzehnten ins Gedächtnis rufen.

Seit Beginn der Aktivitäten um die Jahrhundertwende hatte die Jugendpflege zwar eine große Zahl der bürgerlichen Jugend erreicht und integriert, die Beteiligung der proletarischen Jugend aber blieb äußerst dürftig. Die Arbeiterjugend hatte neben ihrer Berufstätigkeit wenig Zeit für körperertüchtigende Spiele, und zudem hatte sie massive Vorbehalte gegen die nationalistisch-militärischen Parolen. Angesichts der allgemeinen Mobilisierung nationaler Gesinnung zu Beginn des Kriegs gilt es nun als vordringliche Aufgabe, diese Distanz zu überwinden. Mitte August 1914 bereits setzen der Unterrichts-, der Kriegs- und der Innenminister einen gemeinsamen Erlass in Kraft, wonach angesichts der „eisernen Zeit" die gesamte männliche Jugend ab 16 Jahren freiwillig an vormilitärischen Übungen teilnehmen und so ihrer „Ehrenpflicht gegenüber dem Vaterland" nachkommen soll. Eine Reihe von Bundesstaaten beginnen daraufhin, die vormilitärische Erziehung in Form von „Jugendkompanien" mit quasi militärischem Reglement zu organisieren.

„Erlass betreffend die militärische Vorbereitung der Jugend während des mobilen Zustandes vom 16.8. 1914: Eine eiserne Zeit ist angebrochen, welche die höchsten Anforderungen an die Leistungsfähigkeit und Opferwilligkeit jedes Einzelnen stellt. Auch die heranwachsende Jugend vom 16. Lebensjahre ab soll nötigenfalls zu militärischem Hilfs- und Arbeitsdienst nach Maßgabe ihrer körperlichen Kräfte herangezogen werden. Hierzu und für den späteren Dienst im Heere und in der Marine bedarf sie einer besonderen militärischen Vorbereitung. Zu diesem Zwecke werden am besten in den größeren Orten oder für mehrere kleine gemeinsam die jungen Leute aller Jugendpflegevereine vom 16. Lebensjahre ab gesammelt, um nach den anliegenden vom Kriegsministerium gegebenen Richtlinien unverzüglich herangebildet zu werden. Es darf erwartet werden, dass auch diejenigen jungen Männer, die bis jetzt den Veranstaltungen für die sittliche und körperliche Kräftigung ferngeblieben sind, es nunmehr als eine Ehrenpflicht gegenüber dem Vaterlande ansehen, sich freiwillig zu den angesetzten Übungen usw. einzufinden.(...) Alle Behörden werden aufgefordert, die militärische Vorbereitung der heranwachsenden Jugend nach Kräften zu fördern und zu unterstützen. An diejenigen aber, welche bisher schon im Dienste der Sache gestanden haben, ergeht die Bitte, nicht bloß selbst in der bisherigen treuen Weise weiter zu helfen, sondern auch neue Mitarbeiter zu gewinnen."

(zit. nach Christoph Schubert-Weller: „Kein schönrer Tod ..." Die Militarisierung der männlichen Jugend und ihr Einsatz im Ersten Weltkrieg 1890–1918, Weinheim und München 1998, S. 223f.)

Trotzdem sollen die bisherigen Organisationen der Jugendpflege dadurch nicht behindert, in ihrer Selbständigkeit bedroht oder durch Konkurrenz an den Rand gedrängt werden. Der Erlass betont: „An den bestehenden staatlichen Jugendpflegeorganisationen soll nicht gerüttelt werden. Die Schaffung neuer Instanzen ist zu vermeiden." Genau das ist aber die Wirkung der neuen Jugendkompanien. Sie sind de facto eine neue jugendpädagogische Institution, die die überkommene Jugendpflege in Frage stellt.

Die bisherigen Traditionen der Jugendpflege werden auch dadurch unterlaufen, dass ihre Träger zur Verbreitung der Kriegspropaganda unter der Jugend verpflichtet sind und die Jugendpflege damit ideologisch instrumentalisiert wird. Die „Richtlinien für die militärische Vorbildung der älteren Jahrgänge der Jugendabteilungen während des Kriegszustandes", die am 19.

August 1914 (also nur fünf Tage nach dem Erlass über die vormilitärischen Übungen) verabschiedet werden, fordern die Erziehung zur „Hingabe für das Vaterland, für Kaiser und Reich" und die Festigung des unbedingten Siegeswillens. Hierzu gehörte auch die Herausbildung eines „klaren" Feindbildes.

„Richtlinien für die militärische Vorbildung der älteren Jahrgänge der Jugendabteilungen während des Kriegszustandes vom 19.8.1914: Bei den Altersklassen vom 16. Lebensjahre aufwärts, denen sich die vielen Tausende von jungen Männern anschließen werden, die sich schon freiwillig zum Kriegsdienst gemeldet haben, aber zurückgewiesen werden mussten, tritt die Vorbereitung für den Kriegsdienst in den Vordergrund, soweit es ohne Ausbildung mit der Waffe möglich ist. Vor allen Dingen ist ihre Vaterlandsliebe, ihr Mut und ihre Entschlossenheit anzufeuern; ihre Hingabe für das Vaterland, für Kaiser und Reich zu entflammen durch den Gedanken an die ungeheure Gefahr, in der diese sich befinden. Es ist ihnen klar zu machen, dass Deutschland untergehen würde, wenn wir nicht siegen, sodass wir siegen müssen und jeder Vaterlandsverteidiger bis zum jüngsten hinab den festen Willen dazu im Herzen trägt."
(zit. nach Christoph Schubert-Weller, ebenda, S. 228 f.)

Es kann nicht wundern, wenn die Sozialdemokratie und einige Jugendverbände (wie der Wandervogel) trotz des „Burgfriedens" gegen solche Auswüchse der Kriegsideologie protestieren. Zwar wollen sie sich ihrer vaterländischen Pflicht nicht entziehen, drängen jedoch auf Mäßigung. Getreu der alten politischen Maxime „Bürgerrechte für Kanonen" machen sie ihre Teilnahme an den Jugendkompanien von drei Forderungen abhängig:

(1) Der Unterricht soll frei von parteipolitischen Tendenzen, von Chauvinismus und Erziehung zum Hass sein.
(2) Die aus der Vorkriegszeit datierende Diskriminierung der Arbeiterturnvereine und sozialistischen Jugendverbände soll aufgehoben werden.
(3) Die Leiter proletarischer Jugendorganisationen sollen in die Führung der Jugendkompanien integriert werden. Die preußische Regierung akzeptiert diesen Kompromiss zögernd und mit Vorbehalten. Aber auch innerhalb der SPD bleibt er umstritten, denn manche Bezirks- und Landesleitungen lehnen nach wie vor jede Beteiligung an vormilitärischer Jugenderziehung grundsätzlich ab.

In den Leitungsgruppen des Wandervogels (und anderer unabhängiger Jugendbünde, die nicht dem nationalistischen Lager angehören) will man sich trotz der Bedenken, die sich aufgrund der Ziele, Formen und des „geistigen Gehalts“ der Jugendkompanien ergeben, dem „Gebot der Stunde“ nicht entziehen: „So wenig der Betrieb (der Jugendkompanie – d. V.) freien Wandervogelgeist atmet, so notwendig ist er dennoch jetzt. Andere Zeiten erfordern andere Maßnahmen“ (Ratgeber 11/1914, S. 170). Den Mitgliedern wird ans Herz gelegt, trotz der Mitarbeit in den Jugendkompanien das „fleißige Jugendwandern“ nicht aufzugeben, also zweigleisig zu fahren.

Trotz der offenen oder kompromisshaften Unterstützung von vielen Seiten, wird die Idee der Jugendkompanien kein Erfolg, in manchen Regionen sogar ein krasser Fehlschlag. Bereits im Jahr 1915 zeichnen sich Schwierigkeiten ab, geeignete Leiter und Ausbilder zu finden, weil die Reserveoffiziere, die den vormilitärischen Teil der Aktivitäten geleitet hatten, sukzessive an die Front abkommandiert werden. Mehr und mehr bleiben Ältere und Invaliden als Gruppenleiter übrig, deren pädagogisches Geschick mangelhaft und durch „stramme Gesinnung” nicht zu ersetzen ist. Je länger der Krieg dauert, umso schwerer wird es auch, die Vaterlandsliebe und Kriegsbegeisterung bei den Jugendlichen aufrecht zu erhalten. Alle Versuche und Gesetzesinitiativen, vor allem von Seiten der Militärs, die Teilnahme an vormilitärischer Erziehung zur allgemeinen Pflicht ab dem 16. Lebensjahr zu machen und um eine analoge Dienstpflicht für Mädchen zu ergänzen, haben deshalb keinen Erfolg und scheitern schon vor ihrer Verabschiedung.

Auch die Jugendfürsorge (einschließlich der geschlossenen Heimerziehung, damals „Zwangserziehung” genannt) bleibt nicht unbeeinflusst vom Krieg und seinen Folgen für die Lebensverhältnisse und den Alltag. Mit der Dauer des Krieges verlängert sich die Abwesenheit der Väter, die Not in den Arbeiterfamilien, der Zwang der Mütter, einer Erwerbstätigkeit nachzugehen, um Mieten und Nahrungsmittel bezahlen zu können. Die Grenzen zwischen Recht und Unrecht werden durchlässig, denn viele lebensnotwendige Dinge sind nur noch (halblegal oder illegal) über Tauschhandel und Schwarzmarkt zu erhalten.

Die schon in der Vorkriegszeit geäußerten Sorgen des Bürgertums über die „Verwilderung der Jugend” wachsen beständig an und verdichten sich zu einer Debatte über angeblich „Frühreife“ und „Halbstarke“. Im Jahre 1912 veröffentlicht der Hamburger Pastor Clemens Schultz eine Broschüre über „Die Halbstarken“. Darin beschreibt er das auffällige, aufmüpfige, frühreife Verhalten proletarischer männlicher Jugendlicher. Durch Erwerbstätigkeit früh selbständig geworden, dem Kontrolleinfluss der Schule und des Elternhauses entzogen, leben diese jungen Leute ein in den Augen des Bürgertums ungehöriges, gefährliches und verwildertes Leben mit dem Besuch von Kneipen und Tanzetablissements, mit Alkohol und Tabak.

„Bedrohlicher wegen ihrer Verbreitung erscheinen aber gewisse andere Zeichen der Verwilderung, wie wachsende Neigung zum Herumtreiben, unstatthafter Kino- und Wirtshausbesuch, Vorliebe für Schundliteratur und vor allem die leidige Rauchunsitte. Als Hauptursachen dafür kommen ganz allgemein in Betracht die Lockerung der Disziplin: Nachlassen der häuslichen Zucht infolge Einberufung des Vaters, Erwerbstätigkeit der Mutter, unvermeidliche Störungen des Unterrichtsbetriebs, anfangs auch eine absichtlich milde Handhabung der Strafgewalt in Schule und Fortbildungsschule. Ferner veränderte wirtschaftliche Verhältnisse; vermehrter Verdienst für Kinder und Schulentlassene, vielfach erzwungenes Feiern der jungen Mädchen."
(*Zeitschrift „Ratgeber für Jugendvereinigungen", hrsg. von der Zentralstelle für Volkswohlfahrt, Berlin 1916, Heft 3, S. 35*)

Die Kriminalstatistik weist in der Tat seit Beginn des Krieges ansteigende Zahlen im jugendlichen Deliktbereich auf. Die von dem Moralpädagogen Friedrich Wilhelm Foerster auf dem dritten Jugendgerichtstag (1912) angestiftete Debatte über die Alternative „Kriminalstrafe versus Fürsorgeerziehung" lebt vor diesem Hintergrund wieder auf und stärkt die Positionen, welche die Verschärfung der Strafpraxis und eine verpflichtende Teilnahme an vormilitärischem Drill das Wort reden.

„Durch körperliche Übungen, durch militärische Übungen, durch einen strengen, strammen Drill muss man den Jugendlichen daran gewöhnen, dass er Ordnung hält, dass er den Vorzug der Autorität erkennen lernt, dass er die Notwendigkeit des präzisen Ausführens von gegebenen Befehlen begreift."
(*Verhandlungen des dritten deutschen Jugendgerichtstags vom 10. bis 12. Oktober 1912, hg. von der Deutschen Zentrale für Jugendfürsorge, Leipzig 1913, S. 64f.*)

Diese härtere Linie setzt sich, wenn auch gegen Widerstände, auf dem vierten Jugendgerichtstag im April 1917 in Berlin durch, wird aber nicht in die Praxis umgesetzt. Jedoch wird auf Initiative des Strafrechtsreformers Franz von Liszt der Deutschen Zentrale für Jugendfürsorge ein Ausschuss für Jugendgerichte und Jugendgerichtshilfen angegliedert, der fortan zum Forum für die Diskussionen zwischen Justiz und Jugendfürsorge wird.

Trotz der Verschärfung der Strafen steigt die Zahl der Fürsorgezöglinge in Preußen von gut 55.000 im ersten Kriegsjahr auf fast 63.500 im Jahre 1917 an. Angesichts dieser Zahl von fast 41.000 männlichen und etwa 22.500 weiblichen Zöglingen lässt sich nachvollziehen, dass die Jugendfürsorge sich im Ersten Weltkrieg der Kritik „innerer Auflösungserscheinungen" stellen und langfristig Lösungen für das Dilemma finden muss, in das der gesellschaftliche Bankrott die Jugend gestürzt hat (vgl. Peukert 1986, S. 328).

4.6.2 „Hand in Hand mit der Rassenhygiene“ (Agnes Blum) Die Entwicklung der Gesundheitsfürsorge

Die Kriegsfolgen im Inneren des Landes stellen insbesondere eine Herausforderung an die Leistungsfähigkeit der Gesundheitsfürsorge dar. Dabei spielen die Bereiche Lebensmittelfürsorge, Mutterschutz und Säuglingspflege, Tuberkulose- und Geschlechtskrankheitenbekämpfung sowie die „Rassenhygiene“ eine herausragende Rolle. Die Wirksamkeit der Hilfen in diesen Bereichen wird zum Prüfstein sowohl für die Zweckmäßigkeit ihrer Organisation als auch für die Reichweite der Sozialversicherung, d.h. die Möglichkeiten der am meisten Betroffenen, darauf zurückzugreifen. Begleitet werden diese Maßnahmen von einer bemerkenswerten Diskussion über die Gefahren der Entlassung des Einzelnen aus der Verantwortung für sein eigenes Wohl durch die soziale Absicherung der Krankenkasse.

„Es wird das Zentralproblem der künftigen Volkshygiene sein, ob es ihr gelingt, bei ausreichender Sicherung der Volksgesundheit Verzärtelung, Schwächung der Widerstandskraft und des persönlichen Verantwortungsgefühls, Stärkung des Materialismus und der Bequemlichkeit zu vermeiden.“
(*Gertrud Bäumer: Soziale Zukunftsfragen, in: Die Frau, 25. Jg., 1917, S. 257*)

Trotzdem setzt man auf das Prinzip der Solidargemeinschaft, weil darin ja nicht nur dem Einzelnen „Haftbarkeit für sein eigenes Schicksal“ abgenommen, sondern auch „Haftbarkeit für die Gesamtheit“ auferlegt wird. (vgl. Bäumer 1917, S. 260)

Helferinnen in der Lebensmittelfürsorge

Ein besonderes Problem der Gesundheitsfürsorge ist die Versorgung der Bevölkerung mit ausreichender Nahrung. Die in diesem Zusammenhang erfolgende Lebensmittelausgabe erstreckt sich vor allem auf die Verteilung von Brotmarken und die Milchversorgung kinderreicher Familien. Daneben werden aufgrund der wirtschaftlichen Vorteile und der Beschäftigungslage der Frauen Mittagsspeisungen verabreicht, die durchschnittlich einen halben Liter dickes Gemüse und 50 bis 70 Gramm Fleisch enthalten. Dieser vergleichsweise hohe Level kann allerdings in den „Kohlrübenwintern“ 1916/17 und 1917/18 nicht aufrechterhalten werden. Folge der Verknappung von Marken und Senkung der Rationen sind Hungertote im Umfang von ca. 500.000 Menschenleben.

> „In der Lebensmittelfürsorge lassen sich drei Tätigkeitsgebiete unterscheiden, von denen das Erste die im großen Umfang betriebene Lebensmittelausgabe an Bedürftige ist, die (in Berlin – d.V.) durch 23 Hilfskommissionen erfolgt. Der zweite Aufgabenkreis umfasst die aufklärende, beratende und propagandistische Tätigkeit über unsere Versorgung, unsere Vorräte und deren zweckmäßigsten Verbrauch, während als drittes Arbeitsfeld die Durchführung behördlicher Maßnahmen zu bezeichnen ist."
> *(Annie Friedländer: Die Lebensmittelfürsorge des Nationalen Frauendienstes, in: Die Frau, 23. Jg., 1916, S. 356)*

Große Anstrengungen werden auch darauf gerichtet, angesichts der dramatisch verschlechterten Lebensbedingungen der Familien das Ausmaß der Säuglings- und Kindersterblichkeit zu begrenzen. Gleich zu Kriegsbeginn werden Maßnahmen ergriffen, um die Versorgung der nichtehelichen Kinder der Sicherung der ehelich geborenen anzugleichen, da bei dieser Bevölkerungsgruppe die höchsten Sterblichkeitsziffern verzeichnet werden. Weiterhin kommt es zur Einführung der Familienversicherung innerhalb der Krankenversicherung als Regelleistung. Damit wird der Versicherungsanspruch auch auf die Familienmitglieder ausgeweitet, die selber nicht im Erwerbsleben stehen. Zusätzlich dazu wird die Reichswochenhilfe ausgebaut, um die Versorgung der Wöchnerinnen und Neugeborenen sicherzustellen. Durch diese Maßnahmen gelingt es, den Stand der Säuglingssterblichkeit bei etwa 13% zu halten und damit zumindest eine Steigerung zu vermeiden.

Da aufgrund der Verschlechterung der hygienischen Bedingungen und des Ärztemangels in der Kriegszeit die Gefahr von epidemischen Infektionen stark zunimmt, ist eine der Hauptanforderungen an die Gesundheitsfürsorge, der weiteren Ausbreitung von Tuberkulose und Geschlechtskrankheiten mit wirksamen Maßnahmen entgegenzutreten. Trotz vielfältiger Bemühungen stagniert jedoch der Bau von Heilstätten, in welchen die mit Tuberkulose Infizierten dringend isoliert untergebracht werden müssten; zudem schwächt die notorische Unterernährung der Bevölkerung seit 1916 die Widerstandskräfte gegen die Krankheit, sodass die Bilanzen am Ende eine deutliche Zunahme der Krankheit ausweisen.

Auch der Schritt, die Geschlechtskrankheiten auf Kosten der Krankenkassen ausheilen zu lassen (mit welchem die Position überwunden wird, die Krankheit sei selbstverschuldet und müsse auch selbst verantwortet, d.h. bezahlt werden), führt nicht zu den erhofften Resultaten: Das kriegsbedingte Ansteigen der Promiskuität und damit der Geschlechtskrankheiten wirkt sich auf die Statistiken nachhaltiger aus als die Reduktion der Ansteckungen aufgrund der besseren medizinischen Behandlung.

„Die Rückkehr unserer Armee aus dem Felde bedroht unser Volk mit neuer Durchseuchung. Wenn wir das Unglück, das durch draußen erkrankte Ehemänner den bestehenden Familien droht, sicherlich nur in geringem Umfang werden abwenden können, so müssen wir umso bestrebter sein, eine Ansteckung Neuvermählter unmöglich zu machen."
(*Agnes Bluhm: Sozialpolitik und Rassenhygiene, in: Die Frau, 23. Jg., 1915, S. 141*)

Ein Phänomen, das besondere Beachtung verdient, ist das Hervortreten rassenhygienischer Argumente während des Ersten Weltkriegs. Eine der profiliertesten Vertreterinnen der Rassenhygiene ist die Ärztin Agnes Bluhm, welche die Aufgaben der neuen medizinischen Richtung folgendermaßen beschreibt: „Das Ziel der Rassenhygiene ist die Erhaltung, Mehrung und allseitige Vervollkommnung der Rasse. Sie geht von der Erkenntnis aus, dass die einzelnen Menschen ungleichartig und ungleichwertig sind. (…) Sie sieht dementsprechend ihre Aufgabe außer in der Verhütung der Entartung der Erbmasse des Einzelnen, vor allem in der Hintanhaltung des Überhandnehmens mit schlechten Anlagen ausgestatteter Individuen und in der Förderung der Vermehrung rassetüchtiger Elemente." (Bluhm 1915, S. 134)

„Keine grausame natürliche Lebensauslese, sondern milde, bewusste Keimauslese, das ist die Losung der Rassenhygiene!"
(*Agnes Bluhm: Sozialpolitik und Rassenhygiene, in: Die Frau, 23. Jg., 1915, S. 134*)

Die Maßnahmen, welche die Rassenhygienikerin vorschlägt, erstrecken sich auf Anreize ebenso wie auf Sanktionen: Die Frauenlöhne in den unteren Schichten sollen angehoben werden, um das Interesse der Arbeitgeber an ihrer Arbeitskraft zu dämpfen und sie damit ins Haus zurückzuverweisen. Die Anfangslöhne von Beamten und Akademikern sollen steigen, damit diese „Träger wertvoller Erbmasse" früher heiraten und mehr Kinder zeugen können. Wer als Kriegsteilnehmer keinen Nachweis erbringen kann, frei von Geschlechtskrankheiten zu sein, soll, wie oben schon angedeutet, keine Heiratserlaubnis bekommen. Die Tuberkulosekranken und Alkoholabhängigen ebenfalls nicht. Der Gedanke, dass eine Person ohne Heiratserlaubnis keineswegs an der Fortpflanzung gehindert ist, wird 1915 noch abgewehrt, da die konsequente Umsetzung des rassenhygienischen Konzepts auf Eingriffe zur Sterilisation hinauslaufen würden, die damals weder als wünschenswert noch als durchsetzbar eingeschätzt werden. Die Anerkennung, welche der Rassenhygiene trotz der ethischen Vorbehalte zuteil wird, beruht auf ihrer Verheißung, wesentlich zum Ansteigen der Bevölkerungszahlen beitragen zu können: „Nur Hand in Hand mit der Rassenhygiene wird die Sozialpolitik der nächsten Zukunft imstande sein, die Einbußen wettzumachen, die unser Volk in der Gegenwart auf dem Schlachtfeld erleidet. Nur Hand in Hand mit der Rassenhygiene wird sie unser Volk einer glücklichen Zukunft entgegenführen können." (Bluhm 1915, S. 141)

Die Diskussion um die körperlichen Schädigungen und Verkrüppelungen der Kriegsteilnehmer, eigentlich der naheliegendste Gegenstand einer Gesundheitsfürsorge in Kriegszeiten, setzt erst gegen Ende des Krieges möglichst unter Ausschluss der Öffentlichkeit ein und bleibt auch in der Weimarer Republik ein Tabuthema. Verschwommen wird darüber gesprochen, dass die Sozialarbeit nun auch „Seelsorge" (Salomon) zu leisten habe, dass man trösten und neue Wege zeigen müsse. Aber es werden öffentlich keine konkreten Zahlen genannt, es erfolgt keine fachliche Auseinandersetzung über den Umgang mit den invaliditätsspezifischen Behinderungen. Diejenigen, die Abbildungen der Verletzten zeigen oder offen über die sinnlosen Opfer sprechen, gelten als Verräter und werden teilweise sogar gerichtlich verfolgt.

4.6.3 Der Kampf gegen Mietwucher und Kündigung Die Entwicklung der Wohnungsfürsorge

Das durch den Krieg hervorgerufene massive Armutsproblem vor allem der proletarischen Kriegerfamilien, aber auch bei den Kriegshinterbliebenen aus der bürgerlichen Schicht, verschärft auch deren Wohnungsprobleme. Gehaltsfortzahlungen an Eingezogene gibt es nur in Ausnahmefällen, und der Wehrsold der Soldaten und Unteroffiziere reicht im Allgemeinen nicht für die Bezahlung der Mieten und der notwendigsten Lebensmittel.

Die Kriegswohlfahrtspflege, in der staatliche Stellen und freie Träger zusammenarbeiten, entwickelt deshalb, wie schon beschrieben, vielfältige Fürsorgemaßnahmen außerhalb der gesetzlichen Armenpflege, die u.a. Mietzuschüsse, Zuweisung von Wohnraum für kinderreiche Familien und Kriegerwitwen und -waisen sowie bestimmte Kündigungsschutzbestimmungen vorsehen. Das „Gesetz betreffend die Unterstützung von Familien in den Dienst eingetretener Mannschaften" in der Fassung vom 4. August 1914 sieht auch die Einrichtung von so genannten Mieteinigungsämtern bei den

Kommunen vor. Diese Ämter sollen als Schlichtungsstellen bei Mietstreitigkeiten, vor allem aber als Vorkehrung gegen Mietwucher unter Ausnutzung der prekären materiellen Lage der Soldatenfamilien arbeiten. In vielen Fällen ist ihr Wirkungsgrad freilich gering.

Das Gesetz bezieht sich zudem nur auf die Ehefrauen von eingezogenen Soldaten und ihre ehelichen Kinder unter 15 Jahren. Nur für diese besteht zunächst ein Rechtsanspruch auf Unterstützung, der allerdings späterhin aufgrund der offensichtlichen Notlagen auf den Kreis der Vollwaisen und engeren Verwandten erweitert werden muss. Ein besonderer Mietkündigungsschutz steht auch Schwangeren und Wöchnerinnen zu. Dass trotzdem die Beträge der Kriegsunterstützung und des Mietzuschusses selten ausreichend sind, machen engagierte Frauen der Kriegswohlfahrtspflege am Beispiel von Modellrechnungen deutlich.

Nicht wenige Soldatenfamilien, die sich durch die Kündigungsschutzklauseln des Mietrechts vor dem Hinauswurf sicher fühlen, verweigern angesichts ihrer finanziellen Not weitere Mietzahlungen. Vermieter und vor allem die Besitzer der großen Mietskasernen fühlen sich deshalb um ihre Rechtsansprüche betrogen und verlangen eine Änderung des Gesetzes. Man einigt sich darauf, Mietbeihilfen und Mietzuschüsse zu gewähren, die mehr oder minder direkt den Hausbesitzern zufließen sollen. Es handelt sich bei dieser Maßnahme also um eine Art indirekter Subvention für Hauseigentümer, die im Fall überteuerter Mieten an die Bedingung geknüpft wird, dass der Mietzins gesenkt wird.

Anders als im Zweiten Weltkrieg bleibt die massenhafte Zerstörung des Wohnraums durch kriegerische Auseinandersetzungen, durch Spreng- und Brandbomben, der Bevölkerung erspart. Dennoch zeigen die Zahlen der kriegsbedingten Räumungen und Umzüge, in welchem Ausmaß der Krieg in die Wohnsituation der Menschen eingreift.

4.6.4 „Jetzt werden Hunderte benötigt" (Marie Elisabeth Lüders) Die Entwicklung der Betriebsfürsorge

Die ersten Anfänge der Betriebsfürsorge oder Gewerbeinspektion, wie es bis zum Ersten Weltkrieg heißt, liegen bereits im letzten Drittel des 19. Jahrhunderts. Doch seine moderne Ausprägung erhält dieser Bereich, wie so viele andere auch, erst durch die veränderten Bedingungen des Krieges.

Diese Veränderungen kommen maßgeblich dadurch zustande, dass ein neues Bewusstsein gegenüber den Ursachen von Armut und Not entsteht, sodass weitgehend, wie in den Ausführungen über die Gesundheitsfürsorge schon gezeigt wurde, ein Abrücken vom individuellen Schuldprinzip

Kontrolle der Arbeitspausen

stattfindet. Bedeutsam ist aber auch, dass der Staat die Zuständigkeit für die Planung und Aufsicht über die Durchführung sozialer Maßnahmen an sich zieht und auf diesem Wege zu einer gewissen Systematik des Vorgehens gelangt.

Ein dritter Umstand, weshalb uns viele Maßnahmen wie Beratungsstellen und Betriebskindergärten, die im Ersten Weltkrieg entstehen, so modern anmuten, ist in der hohen Frauenpräsenz in Öffentlichkeit und Beruf zu suchen – für die damaligen Jahre ein völlig neues Bild. Vor allem der große Anteil der Frauen an der Fabrikarbeit macht Strukturen erforderlich, die uns heute unter dem Schlagwort Vereinbarkeit von Familie und Beruf vertraut geworden sind. Die seit 1916 geforderte massenhafte Rekrutierung von Frauen für die Munitionsfabriken hat nur Aussicht auf Erfolg, wenn man es schafft, diese von einem Teil ihrer häuslichen Verpflichtung, vor allem aber von der Betreuung der Kinder zu entlasten.

Die Frauenarbeitszentrale im Kriegsamt, die unter der Leitung von Marie Elisabeth Lüders vorrangig dafür verantwortlich zeichnet, die Integration der Frauen in den Arbeitsprozess zu organisieren, wird damit zum maßgeblichen Steuerungsinstrument für den Ausbau der Betriebsfürsorge.

„Die Frauenarbeitszentrale hat darauf hinzuwirken, dass alle Arbeitshemmnisse für die Frau nach Möglichkeit hinweggeräumt werden. Hierzu gehört:

a) Schutz der Gesundheit
b) Bereitstellung geeigneter Erholungsräume, Wohn- und Schlafgelegenheiten
c) Beschaffung angemessener Berufskleidung
d) Verbesserung der Beförderungsverhältnisse und Verkehrsmittel
e) Verbesserung der Organisation der Nahrungsmittelbeschaffung und -verteilung für die Frauen."

Daneben wird auf die Notwendigkeit der „Ausgestaltung von Pflegestellen, Krippen, Bewahranstalten, Kindergärten" etc. hingewiesen.

(Erlass des Kriegsamtes vom 16.1.1917, zit. in Christoph Sachße: Mütterlichkeit als Beruf, Opladen 1994, S. 157)

Für diesen Ausbau bedarf es einer großen Anzahl ausgebildeter Inspektorinnen, die weitgehend von den Absolventinnen der Sozialen Frauenschulen gestellt werden, ohne damit den gesamten Bedarf, der weit höher liegt, abdecken zu können. Nach einer Zählung aus dem Jahr 1911 gab es vor dem Krieg in Deutschland nur 29 weibliche Gewerbeaufsichtsbeamte (zum Vergleich: in Großbritannien und Frankreich je 18, in den Niederlanden sieben, in Österreich fünf, in Belgien und Finnland je zwei und in Dänemark, Italien und Norwegen je eine – vgl.: Die Christliche Frau, 9. Jg., 1911, S. 323). Jetzt werden Hunderte benötigt, um die vom Kriegsamt vorgeschriebenen Maßnahmen in den Fabriken nicht nur installieren, sondern auch überwachen zu können.

„Der Aufbau ging rasch vonstatten. Bis Ende Oktober waren bereits neben den Frauenarbeitshauptstellen etwa 50 Arbeitsnebenstellen und ca. 450 Fürsorgevermittlungsstellen geschaffen worden. An diesen Stellen waren Anfang 1918 etwa tausend Frauen tätig. Bis Ende 1917 hatten auf Betreiben der Frauenreferate, unterstützt von den Gewerbeaufsichtsbeamten, 538 Betriebe 540 Fabrikpflegerinnen eingestellt, von denen 364 die von den Kriegsamtsstellen eingerichteten Fabrikpflegerinnenkurse mitgemacht hatten und über eine halbe Million Arbeiterinnen betreuten."
(*Marie Elisabeth Lüders: Das unsichtbare Heer, Berlin 1936, S. 124*)

Insgesamt bleiben jedoch viele der allgemeinen Standards, welche die Betriebsfürsorge vor dem Kriege erreicht hatte, angesichts der erhöhten kriegsbedingten Produktionsanforderungen auf der Strecke. Die Arbeiter, die nicht an der Front kämpfen müssen, stehen unter hohem moralischen Druck, der es ihnen verbietet, Überstunden, mangelnde Schutzvorrichtungen u. ä. wirksam zurückzuweisen.

Deshalb entsteht während der Kriegszeit der Eindruck einer einseitigen Privilegierung der Frauen, welcher viel Unmut erzeugt und deshalb auch in der Arbeiterschaft die Forderung der Demobilisierung von Frauenarbeit bei Kriegsende hervorbringt.

4.6.5 „Die Verantwortung für das Ganze in einer Hand" (Marie Baum) Die Entwicklung der Familienfürsorge

Die Familienfürsorge als Institution ist ein Resultat des Ersten Weltkriegs, auch wenn die Beschäftigung mit der Familie, zum Beispiel mit der mangelnden Beaufsichtigung der Kinder in proletarischen Familien mit berufstätigen Müttern, ins 19. Jahrhundert zurückreicht. Im Ersten Weltkrieg wird die Familie vor allem deshalb zum Problem der Allgemeinheit, weil in einem Großteil der Familien der Ernährer aufgrund des Fronteinsatzes fehlt.

Sprechstunde bei der Familienfürsorge

Ein zweiter Aspekt, durch den die Frage der Familienfürsorge zum Gegenstand aktueller Diskussionen wird, liegt in der Zersplitterung der im Krieg immens ausgeweiteten sozialen Aktivitäten, welche durch ihre mangelnde Koordination zu Irritationen sowohl auf der Seite der Helfenden wie der Hilfesuchenden führen. Deshalb werden ab 1915 erste Versuche einer familienzentrierten Bündelung von Angeboten unternommen.

„In der gleichen Gemeinde können selbst heute noch nebeneinander wirken: im Auftrag der Stadt Fürsorgerinnen und Pflegerinnen der verschiedenen Ämter und Amtsabteilungen (wie zum Beispiel Jugend-, Gesundheitsamt usw.), im Auftrag der Polizei die Polizei-Fürsorgerinnen, im Auftrage soziohygienischer Fachverbände Tuberkulose- und Säuglings-Fürsorgerinnen, daneben die von der kirchlichen Gemeinde angestellten Gemeindeschwestern oder ehrenamtliche Organe karitativer Vereine. So konnte es geschehen, dass Familien, in denen gesundheitliches, wirtschaftliches und erzieherisches Elend sich häufte, die armseligen Fetzen ihres bedrohten Schicksals immer wieder vor fremden Augen ausbreiten mussten. Dass Leute mit weniger Ehrgefühl die Sachlage dazu ausnutzen, möglichst ohne Wissen der einen von der anderen, Unterstützungen zu empfangen, war die eine üble Folge diese Zustandes, die zweite, dass von Seiten der Fürsorge niemand für das Ganze sich verantwortlich fühlte."
(*Marie Baum: Die Familienfürsorge, Karlsruhe 1927, S. 11*)

Die Initiative dazu geht maßgeblich auf Marie Baum zurück, die zu jener ersten Generation von akademisch ausgebildeten Frauen gehört, denen die Soziale Arbeit entscheidende Impulse zu verdanken hat. Während des

Weltkrieges entwickelt sie im Nationalen Frauendienst die integrierte Familienfürsorge im Sinne einer umfassenden Einheitsfürsorge, in der „alle Zweige der Wohlfahrtspflege ausnahmslos in einer Hand liegen". Die einzelnen Bereiche der Wirtschafts-, Gesundheits- und Erziehungsfürsorge sollen zur Vermeidung von Überschneidungen und Doppelbetreuungen, vor allem aber im Interesse der in Fürsorge stehenden Familie so zusammengefasst werden, dass diese sich nur an eine Stelle zu wenden braucht, welche ihr nach einem einheitlichem Plan Hilfe zukommen lässt.

Der grundsätzlich so plausibel klingenden Idee steht entgegen, dass es nicht dem Verwaltungsprinzip der Trennung von Innen- und Außendienst entspricht. Der Außendienst soll in den Wohnungen die konkreten Umstände der Notlage und den Hilfebedarf ermitteln, der Innendienst soll auf der Basis der Ermittlungen ggf. auch gegen die Antragsteller entscheiden. Viele möchten an dieser Trennung festhalten, da man glaubt, Frauen seien zu gutmütig, um auch mal „nein" zu sagen. Bekräftigt wird dieses Vorurteil nicht zuletzt durch die Argumentation der Frauenbewegung selbst, die Frauen wegen ihrer angeborenen Sensibilität und Empathie im Umgang mit Schwachen in der Wohlfahrtspflege für besonders geeignet hält.

Im Weltkrieg treten solche Bedenklichkeiten in den Hintergrund. Viele Frauen unterstützen Marie Baum und bestätigen, dass vom organisatorischen Standpunkt die Einführung der Familienfürsorge eine notwendige Reform innerhalb des Systems der sich aus der Armenpflege emanzipierenden Wohlfahrtspflege sei. Unter methodischem Gesichtspunkt ist die Einführung der Familienfürsorge von Bedeutung, weil bei der Durchführung nicht eine Einzelnot, sondern grundsätzlich die Gesamtlage der Familie zum Ausgangspunkt der Prüfung und zur Aufstellung des Hilfeplans gemacht wird.

Zusammenfassend ist festzustellen:

- Im Ersten Weltkrieg erweitert und verändert sich die Klientel der Familienfürsorge, welche nun neben den proletarischen auch die bürgerlichen Familien erfasst.
- Entsprechend erweitert sich die Zielsetzung, die bisher vor allem auf materielle Unterstützung ausgerichtet war, um Beratung, Förderung und Bildungsangebote.
- Erstmals wird die Arbeit mit Familien als Prävention gegen Verwahrlosungstendenzen und Asozialität begriffen und ihr Bestand im Sinne gesellschaftlicher Stabilisierung vorangetrieben.

Kapitel 5
Konsolidierung und Krise der Sozialen Arbeit Die Weimarer Zeit

5.1 „Die ungeliebte Republik“ (Wolfgang Michalka/Gottfried Niedhart) Historischer Überblick

Die Weimarer Republik folgt auf den Zusammenbruch der Monarchie und die Niederlage Deutschlands im Ersten Weltkrieg. Von Seiten der fortschrittlichen Kräfte ruhen vielfältige Erwartungen auf der ersten deutschen Republik: Das liberale Bürgertum besteht auf den seit langem geforderten Verfassungsänderungen mit größeren Beteiligungsrechten; die Frauenbewegung drängt auf eine aktive Präsenz in Politik und Öffentlichkeit; die erstarkte Sozialdemokratie will ihre Konzepte der Demokratisierung und der sozialpolitischen Sicherung durchsetzen.

Die konservativen Kräfte in Militär, Wirtschaft und Verwaltung fürchten den totalen Umsturz nach dem Vorbild der Sowjetunion. Sie akzeptieren eine Republik unter Führung der Sozialdemokratie aber als das kleinere Übel, nachdem die Aufstände der Matrosen und Soldaten niedergeschlagen und die Bayerische Räterepublik nach wenigen Wochen bezwungen ist.

Die im Januar 1919 gewählte Nationalversammlung erarbeitet die neue Weimarer Verfassung, die am 11. August 1919 in Kraft tritt. Obwohl die Weimarer Republik ein Bundesstaat ist, gibt die Verfassung dem Reich eindeutige Gesetzgebungsrechte. Hierzu gehört nach Artikel 7 und 9 auch die Gesetzgebungskompetenz im Bereich Sozialpolitik und Wohlfahrtspflege.

Wie in anderen gesellschaftlichen Bereichen auch, gelingt die Umsetzung dieser Gesetze jedoch nur teilweise, weil die dafür erforderlichen finanziellen Mittel nicht aufgebracht werden können. Der Staat steht von Anfang an durch die Kriegsverluste und die in den Versailler Verträgen festgelegten Reparationskosten auf einem schwachen wirtschaftlichen Fundament.

Bereits in der ersten Legislaturperiode wird das Land von heftigen Krisen erschüttert: Die Inflation, die gleich nach der Demobilisierungsphase beginnt, stürzt vor allem die obere und untere Mittelschicht, die Rentner und Kleinhandwerker, in materielle Nöte. In den Jahren 1922 und 1923 eskaliert die Geldentwertung: Für einen US-Dollar muss man 20.000 Reichsmark bezahlen. Jedes Geld, das man erhält, muss umgehend ausgegeben werden, da es morgen nur noch einen Teil des heutigen Gegenwerts besitzt.

„Es herrschte Inflation, das Gehalt wurde in Billionen ausgezahlt. Die Mittel zum Besuch des Seminars musste ich mir borgen, denn die Rücklagen, die meine Eltern für die Ausbildung der Kinder angespart hatten, waren durch die Zeichnung von Kriegsanleihen und schließlich durch die Inflation verloren gegangen."
(Erika Runge, in: Hering/Kramer: Aus der Pionierzeit der Sozialarbeit, Weinheim 1984, S. 47)

Die politischen Auswirkungen der wirtschaftlichen Probleme, angeheizt durch die mangelnde Akzeptanz der neuen Republik von Seiten der noch immer in der Verwaltung und Justiz tätigen Monarchisten, kulminieren 1920 im Kapp-Putsch, einem Versuch rechtsgerichteter Militärs, die Regierung zu stürzen. Nur durch einen von den Gewerkschaften ausgerufenen und durchgeführten Generalstreik kann der Staatsstreich, dem Parlament und Parteien machtlos gegenüberstehen, vereitelt werden.

Die Gewerkschaften konnten ihre Mitgliedszahlen von 3,9 Millionen im Jahre 1918 auf 13,3. Millionen im Jahre 1922 steigern.

Obwohl sich die Verhältnisse danach für ein paar Jahre stabilisieren und damit die Rahmenbedingungen für all jene Initiativen und Programme schaffen, welche der Zeit den Namen Goldene Zwanziger Jahre verliehen haben, bahnt sich ab 1924 durch unterschiedliche Einflussfaktoren, wie restriktive Kreditpolitik und Rationalisierung, ein beständiger Anstieg der Arbeitslosenzahlen an, der im Jahre 1932 mit einer Zahl von sechs Millionen seinen Höhepunkt erreicht.

Während sich im Reichstag SPD und KPD Redeschlachten liefern, in denen sie sich gegenseitig beschuldigen, die Arbeiterklasse verraten zu haben, formiert sich im rechten Flügel schon seit Beginn der 20er Jahre die NSDAP, welche mit ihren auf Straßen und politischen Versammlungen agierenden Schlägertrupps (nach einigen anfänglichen Fehlschlägen) die Öffentlichkeit zunehmend dazu zwingt, ihren Machtanspruch zur Kenntnis zu nehmen.

Erst nach den ersten ernsthaften Konfrontationen begreifen die Organisationen der Arbeiterbewegung, dass ihnen in Gestalt der Nazis nicht nur ein Feind gegenübersteht, sondern ein Konkurrent, der die Massen davon zu überzeugen versteht, dass nationale und sozialistische Gesinnung im Nationalsozialismus vereinbar seien. Durch dieses Konkurrenzverhältnis kommt es zu einer Polarisierung zwischen einem gespaltenen linken und einem aufstrebenden rechten Lager, welches es den auf Ausgleich bedachten Kräften zunehmend schwer macht, die Demokratie weiter im öffentlichen Bewusstsein zu verankern und die Mitte zu stärken.

Mit der Wahl Hindenburgs zum Reichspräsidenten im Jahre 1925 kündigt sich endgültig der Rechtsruck an, der, nach der Aushöhlung der Demokratie durch eine Reihe von Notverordnungen seit dem Amtsantritt Brünings 1928, endgültig im Januar 1933 in die Machtübernahme der NSDAP einmündet. Durch die Notverordnungen werden zunehmend die parlamentarischen Kontrollen außer Kraft gesetzt, welche noch geeignet wären, den einsetzenden Trend zum totalitären Staat aufzuhalten. Verfassungsrechtlich basieren die Notverordnungen auf dem Artikel 48 der Weimarer Verfassung, praktisch forciert werden sie von den reaktionären Kräften in Adel, Militär und Großindustrie, die auf die Kündigung der Versailler Verträge und die Ausschaltung aller gewerkschaftlich-demokratischen Einflüsse drängen.

Während die NSDAP bei den Wahlen 1928 nur 12 Reichstagsmandate gewinnen kann, zeigt sich an ihrem Anstieg auf 107 Mandate bei den Wahlen im Jahr 1930, dass sie der eigentliche Gewinner der wirtschaftlichen und politischen Krise ist. Jede neue Bankrotterklärung der absterbenden parlamentarischen Demokratie gibt den Antidemokraten die Chance, mit dem Versprechen grundsätzlicher Verbesserungen, vor allem auf sozialem Gebiet, die öffentliche Meinung auf ihre Seite zu ziehen.

Berliner Ausgabe

Berliner Ausgabe

VÖLKISCHER BEOBACHTER

Der Wille des deutschen Volkes erfüllt:

Der Reichstag übergibt Adolf Hitler die Herrschaft

Annahme des Ermächtigungsgesetzes mit der überwältigenden Mehrheit von 441 gegen 94 Stimmen der S.P.D. / Einstimmige Annahme auch im Reichsrat / Hitlers historische Abrechnung mit den Novembermännern

Als Hitler im Frühjahr 1933 Reichskanzler wird, hat die Weimarer Demokratie schon seit fast fünf Jahren aufgehört lebendig zu existieren.

5.2 „Not ist um uns – bitterer denn je" (Hertha Kraus) Die Lage der Klientel

Für die Masse der Bevölkerung bringt die Weimarer Republik überaus widersprüchliche Erfahrungen mit sich. Auf der einen Seite führen verschiedene Krisen wie die Arbeitslosigkeit aufgrund der Demobilisierung gegen Ende des Weltkrieges, die Inflation des Jahres 1923 und die Weltwirtschaftskrise 1929 bis 1932 neue Problemlagen mit sich, die mit den Mitteln der Sozialpolitik nur unzureichend aufgefangen werden können und deshalb zu Missmut und anhaltender Not führen.

Ernst Aufseeser: Charleston (1927)

Auf der anderen Seite erleben die Menschen zum ersten Mal den Versuch, demokratische Verhältnisse in Deutschland zu etablieren: Durch die Regierungsbeteiligung der Sozialdemokratie erwächst die Hoffnung auf Interessenvertretung der Arbeiterschaft im Reichstag, das Frauenstimmrecht verheißt die lange umkämpfte Partizipation an den politischen Entscheidungen auf kommunaler, Landes- und Reichsebene.

Der kulturelle und emanzipative Aufschwung der Goldenen Zwanziger Jahre bringt die „Neue Frau" mit Bubikopf, kurzem Rock, Berufstätigkeit und vielleicht sogar schon mit Führerschein. Er bringt eine neue Sexualmoral, die es u.a. erlaubt, öffentlich gegen den § 218 zu protestieren und ohne Trauschein zusammenzuleben. Er bringt die Volksbildungsbewegung und eine Reformpädagogik, die vor allem den durch den Krieg aus der Bahn geworfenen Kindern und Jugendlichen neuartige Möglichkeiten der Orientierung und Gesellung bietet. Und er bringt modernes Theater und Kabarett, den Stummfilm, mitreißende Tanzmusik wie den Charleston – und den Anfang des Jazz.

Für die liberal-bürgerlichen Kreise bedeutet das gewaltsame Zerbrechen der alten bürgerlichen Welt zugleich das Scheitern jahrelanger Anstrengungen zur Versöhnung der Klassengegensätze und zur Hebung der Arbeiterklasse, d.h. zu ihrer Integration in ein bürgerliches Normengefüge.

„Die meisten sozialen Arbeiter haben die Revolution nicht gewünscht, sie sind an ihrer Herbeiführung unbeteiligt. Sie taten ihre Arbeit aus der Überzeugung heraus, dass eine Veränderung der gesellschaftlichen Zustände auf friedlichem Wege, durch die Einsicht und durch das Bemühen der bevorrechteten Klassen herbeizuführen sei.“
(*Alice Salomon: Wie stellt sich der einzelne Sozialarbeiter oder die einzelne Organisation der privaten Fürsorge auf die neuen Verhältnisse ein? in: Deutscher Verein: Gekürzter Bericht über die Tagung des Fachausschusses für private Fürsorge, Frankfurt am Main 1919, S. 49*)

Für die wachsende Anzahl sozialdemokratischer Fürsorgerinnen dagegen ist jetzt endlich der Zeitpunkt gekommen, die Wohlfahrtspflege aus dem Korsett bürgerlichen Standesdenkens zu befreien und auf rechtlich abgesicherte Grundlagen zu stellen.

Wieweit die Personen, die zur alten oder neuen Klientel der Wohlfahrtspflege zählen, sich der Veränderungen bewusst werden, die das neue System herbeiführt, sei dahingestellt. Ganz sicherlich aber spüren sie deutlich die Einflüsse der aktuellen politischen und wirtschaftlichen Situation auf ihre Lebensumstände.

Im November 1918 ist der Krieg zwar endlich zu Ende, aber seine Folgeprobleme belasten die Menschen wie den Staat ganz erheblich. Acht Millionen Kriegsteilnehmer sind arbeitslos, und ihre Reintegration in den Arbeitsmarkt kostet die Frauen, die in der Zwischenzeit die Arbeit verrichtet haben und mehrheitlich auf den Verdienst angewiesen sind, die Stelle. Das Problem der Arbeitslosigkeit wird also nicht strukturell gelöst, sondern, rechtlich abgesichert durch das Gesetz gegen das Doppelverdienertum, zugunsten der männlichen Kriegsteilnehmer verlagert. Die hohen Reparationskosten, welche an die Siegermächte zu entrichten sind, verhindern nach Kriegsende einen durchschlagenden wirtschaftlichen Aufschwung ebenso wie es ab 1929 die Weltwirtschaftskrise tut. Deshalb bleibt die Arbeitslosigkeit, mit einer kurzen Atempause in der Mitte der 1920er Jahre, das zentrale Problem der Weimarer Republik von seinen Anfängen bis zum Ende.

Gewaltige soziale Veränderungen werden durch die Inflation verursacht, welche 1923 ihren Höhepunkt erreicht. Die Kleinrentner, die bisher von den Zinsen öffentlicher Anleihen und Hypotheken ein ordentliches Auskommen hatten, stehen nun vor dem Nichts und werden von der öffentlichen Fürsorge abhängig. Aber auch die Besserverdienenden sind betroffen: Dadurch, dass ein großer Teil des Besitzbürgertums seine Rücklagen verliert, verschwindet vor allem für viele unverheiratete höhere Töchter die Existenzgrundlage einer Lebenszeitrente, die ihnen bisher erspart hat, gegen Bezahlung arbeiten zu müssen. Auch sie drängen jetzt auf den ohnehin angespannten Arbeitsmarkt. In den bürgerlichen Familien selbst wirkt sich die Geldentwertung ganz entscheidend auf Lebensstandard und Lebensstil aus: Das Personal muss weitgehend entlassen werden, die Dame des Hauses wird zur Hausfrau, der nun neben der Hausarbeit auch die Kindererziehung obliegt.

Infolge dieser Einbrüche verschwindet fast vollständig ein ganzer Berufsstand: die Dienstboten. Hunderttausende von Menschen, vor allem Frauen, verlieren damit ihre Stellung und müssen nach neuen Existenzformen suchen. Ein Teil von ihnen bleibt arbeitslos. Denjenigen, die eine neue Stelle finden, erlauben die verbesserten Einkommensverhältnisse unter Umständen den Aufbau einer kleinbürgerlichen Existenz. Die weiblichen Dienstboten, denen dies nicht gelingt, bemühen sich um eine solche Existenz durch eine bescheidene Familiengründung mit einem männlichen Ernährer, der gelernter Arbeiter, Angestellter oder Handwerker ist und einer Ehefrau und Mutter, die „nicht arbeiten muss", also keiner Erwerbstätigkeit nachgeht.

Inflationsgeld

Vor allem der Arbeiterschaft zerrinnt der Lohn in den Händen. Die umlaufende Geldmenge übersteigt das Warenangebot bei weitem und treibt die Preise weiter in die Höhe. Auf dem Höhepunkt der Inflation kostet ein Brot Millionen, teilweise sogar Milliardenbeträge. Auch die Kommunen sind von der Finanzknappheit betroffen und können ihre sozialen Unterstützungsleistungen nicht mehr voll erbringen, sodass diejenigen, die durch den Zusammenbruch ihrer Existenz der Fürsorge anheimgefallen sind, keine oder spürbar weniger Zuwendungen erhalten als bisher.

Nachdem sich die Wirtschaft mit Unterstützung des Dawes-Plans und einer Verringerung der Reparationsforderungen wieder stabilisiert hat, steigen auch die Löhne langsam an, erreichen aber erst 1928 wieder den Stand des Vorkriegsjahres 1913. Von diesem Anstieg profitieren jedoch nicht alle, da seit 1926 bereits wieder Arbeitsstellen abgebaut und die Arbeitslosenzahlen gesteigert werden.

Diese Entwicklung setzt sich bis 1932 fort, dem Jahr, in dem die Zahl der Arbeitslosen einen Höchststand von 6,13 Millionen erreicht, da die industrielle Produktion nach der Weltwirtschaftskrise drastisch zurückgegangen ist und damit auch zu einem Maximum der sozialen Not der Bevölkerung führt.

„Not ist um uns, dringlicher und bitterer als je. Materielles Entbehren in weitesten Kreisen der Menschen, die von der Wirtschaftskrise unmittelbar betroffen sind: Kurzarbeiter, Erwerbslose, Empfänger von Wohlfahrtsunterstützungen aller Art, Klein- und Sozialrentner. Wer kann ermessen, was es für eine Mutter bedeutet, mit Unterstützungsbeträgen zu wirtschaften, wenn sie vielleicht vor kurzem noch ihren Familienbedarf im Rahmen der üblichen Löhne nicht ausreichend zu decken wusste?"
(*Hertha Kraus: Winternot und Winterhilfe, in: Die Frau, 39. Jg., 1931, S. 89*)

In der Folge dieser Notsituation steigt der Bedarf an ganz konkreten Hilfen wie in der Kriegszeit zuvor an: Arbeitslose suchen Massenspeisungen und Wärmehallen auf. Mütter zahlreicher Kinder bitten um Kleiderspenden, alte Leute, die in großen Wohnungen leben, versuchen Zimmer unterzuvermieten, um ihre Rente aufzubessern.

Ein weiteres Phänomen, das damals zur Besorgnis Anlass gibt, ist das kontinuierliche Absinken der Geburtenrate (von 37 Geburten auf 1000 Einwohner im Jahre 1899 auf 18,3 im Jahre 1927). Die Verminderung der Gebärfreudigkeit in der Bevölkerung ist zwar auf ganz verschiedene Ursachen zurückzuführen, u.a. auf die Veränderungen in den Familien, auf die Ausbildungs- und Arbeitsbedingungen für Frauen und die Verbesserung der Verhütungsmittel, ganz sicher spielen aber auch die bedrückenden sozialen Verhältnisse in den 1920er Jahren in Deutschland eine große Rolle.

„Angesichts dieser Lage wird es zur dringenden Pflicht des Staates, alles aufzubieten, um die Gebährfähigkeit der Frau zu erhalten und zu verhindern, dass die Frucht oder Kind geschädigt werden."
(*Frieda Wunderlich: Der Schutzanspruch der Frau an den Staat, in: Die Frau, 40. Jg., 1933, S. 366*)

Die Kehrseite des Geburtenrückgangs ist die spürbare Zunahme der über 65-Jährigen, die bis zum Jahr 1925 zwar gerade erst 5,6% der deutschen Bevölkerung ausmachen, deren rapides Anwachsen aber klar kalkulierbar ist. Die Verlängerung der Lebensdauer durch die Verbesserung des Gesundheitswesens, die Auflösung der Familie sowie die starken Verluste der jüngeren und mittleren Generation durch den Krieg tragen gegen Ende der Weimarer Republik zu einer Situation bei, in der sich erstmals der Ausbau von Altersheimen als soziale Notwendigkeit darstellt.

„Es sei an dieser Stelle darauf hingewiesen, dass fast nirgendwo die Altersheime ausreichen, dass überall die Nachfrage nach Heimwohnungen größer ist, als die vorhandenen Möglichkeiten der Unterbringung. Ganz abgesehen davon, dass in vielen Städten überhaupt noch keine Altersheime existieren."
(*Lina Wolff: Altersheime – eine soziale Notwendigkeit, in: Die Frau, 36. Jg., 1929, S. 529*).

Der Umstand, dass die Hoffnungsträger der Nation, die Kinder und Jugendlichen, ebenfalls hart betroffen sind, ist zwar im Vergleich zu früheren Elendsperioden keine ungewöhnliche Erscheinung, er wird jedoch nun aufgrund der Einrichtung von Jugendämtern und Fürsorgestellen genauer registriert und kritischer bewertet.

„Zahlreiche Kinder, auch im zartesten Alter, erhalten nie einen Tropfen Milch, kommen ohne warmes Frühstück zur Schule. Als Schulfrühstück erhalten sie trockenes Brot oder als Aufstrich gequetschte Kartoffeln. Die Kinder gehen vielfach ohne Hemd und warme

Kleidungsstücke zur Schule oder werden aus Mangel an Leib- und Unterwäsche ganz vom Schulbesuch zurückgehalten."
(*Aus dem Bericht eines Jugendamtes, zit. in: Landwehr/Baron: Geschichte der Sozialarbeit, Weinheim 1983, S. 99*)

5.3 „Der Dienst am Volksganzen ist kein Klassenkampf!" (Gertrud Israel) Die Entwicklung der Profession

Der Ausbau des Sozialstaats in der Weimarer Republik ist auf der einen Seite maßgeblich von dem Willen zur Übernahme von Verantwortung und zur Verankerung sozialer Grundrechte und -pflichten in der Verfassung geprägt, auf der anderen Seite ist er gelähmt durch den Mangel finanzieller Möglichkeiten zur Umsetzung der geplanten Maßnahmen und Reformen. Interessant ist der Aufstieg der Wohlfahrtsverbände in dieser Zeit. Sie erstreiten sich in diesem Spannungsfeld von hohen Ansprüchen und restriktiver Wirklichkeit eine herausragende Stellung, die, durch Einführung des Prinzips der Subsidiarität, den Staat in eine eher nachgeordnete Position verweist.

Von nachhaltigem Einfluss ist auch der Einbruch der Männer in die berufliche Sphäre der Fürsorgerinnen und Wohlfahrtspflegerinnen, der in engem Zusammenhang mit den Einflüssen der Jugendbewegung und der sich daraus speisenden Reformpädagogik zu betrachten ist.

5.3.1 Die Lage der Wohlfahrtspflegerinnen und der Einfluss des Berufsverbands

Die Nachkriegssituation der Arbeitskräfte in der Wohlfahrtspflege ist von einer Vielfalt von Faktoren bestimmt: Zum einen besteht große Angst vor Massenentlassungen, die z.T. auch tatsächlich stattfinden, weil die Regierung zunächst davon ausgeht, dass mit dem Krieg auch die sozialen Probleme beendet seien. Schon 1917 hatte Alice Salomon davor gewarnt, einen Überschuss an Fürsorgerinnen auszubilden, die in Friedenszeiten keine Beschäftigung mehr finden würden. Nun scheint sich dieser Eindruck zu bestätigen, zumal nicht nur Stellen abgebaut, sondern auch mit den zurückkehrenden Kriegsteilnehmern umbesetzt werden.

„Mit der formalen Gleichberechtigung der Frau geht seltsamerweise eine Zurückdrängung der Frauen aus ihren Arbeitsstätten Hand in Hand, die sich zum Teil mit brutaler Offenheit, zum Teil in verschleierten Formen vollzieht. Es handelt sich dabei nicht etwa um das selbstverständliche Zurücktreten von Frauen von Posten, die vor dem Kriege von Männern besetzt waren, sondern vielfach sehen wir auf direkte Veranlassung von Behörden und ‚Ausschüssen' die Frauen aus Posten verdrängt, die erst während des Krieges für sie geschaffen wurden und nur von Frauen richtig versehen werden können." (*Helene Lange: Aussprache, in: Die Frau, 26. Jg., 1919, S. 344*)

Die resignative Grundhaltung, die dadurch entsteht, wird verstärkt durch das in bürgerlichen Kreisen vorherrschende Entsetzen über die Revolution und die Regierungsbildung der Sozialdemokratie, begleitet von einem deutlichen Erstarken der Gewerkschaften. Ein Teil der Verantwortlichen in der Ausbildung wie der Praxis der Wohlfahrtspflege sieht deshalb nicht nur die Arbeitsplätze bedroht, sondern auch den Sinn und Zweck der bisherigen Arbeit in Frage gestellt bzw. zerstört. Dies gilt besonders für die kirchlich orientierten Wohlfahrtsverbände, welche nun meinen, „ihr letztes Stündlein habe geschlagen" (Zahn-Harnack), weil sie sich in diesem neuen Staat, als vorwiegend christlich, ehrenamtlich und freiwillig arbeitende Organisationen, keinerlei Existenzmöglichkeiten mehr erhoffen.

„Es machte sich vielfach die Befürchtung geltend, dass der freien Liebestätigkeit durch die Revolution – und zwar sowohl durch die neue Regierung selbst, als auch durch geistige Strömungen, die durch die Revolution zur Geltung gelangt sind – der Boden abgegraben werden könnte. Schon jetzt sind Bestrebungen im Gange, die freie Liebestätigkeit zu ‚sozialisieren', d. h. in staatliche oder gemeindliche Betriebe zu überführen." (*Verlautbarung der „Freien Vereinigung für Kriegswohlfahrt" 1918/1919, in: Muthesius (Hg.): Beiträge zur Entwicklung der deutschen Fürsorge, Köln und Berlin 1955, S. 222*)

Relativ schnell zeigt die Weimarer Republik jedoch, dass sie nicht nur bereit ist, die bisherigen Traditionen der Wohlfahrtspflege zu tolerieren, sondern ihnen durch Gesetze auch zu einer Verankerung zu verhelfen, welche große Fortschritte in der Versorgung der Not leidenden Bevölkerung in Aussicht stellen. Die Sorge um den Abbau der Stellen im Bereich der Wohlfahrtspflege erweist sich deshalb als überflüssig, im Gegenteil: Die neu geschaffenen Jugend- und Wohlfahrtsämter benötigen zunächst eine so große Anzahl von qualifizierten Mitarbeiterinnen und Mitarbeitern, dass der Ausbau der Schulen für Wohlfahrtspflege im Tempo der Kriegsjahre weiter voranschreitet. Dieser Aufwind hält jedoch nur bis zur Inflation und dem darauf folgenden Stellenabbau im öffentlichen Dienst an. Dann tritt eine Stagnation auf dem Arbeitsmarkt ein, von dem nur die Gesundheitsfürsorgerinnen aufgrund der großen Nachfrage in diesem Bereich ausgenommen sind.

Sonderbeilage: Vorschläge für eine Berufskleidung d. Sozialbeamtinnen.

Blusenrock a mit längerem Leibchen.

Nicht darauf kam es an, eine Uniform zu schaffen, die die Mitglieder des Berufes sowohl uniformierte als auch abhob von der Menge außerhalb des Standes, sondern die Aufgabe konnte nur lauten, eine einheitliche Form finden, die der Eigenart der Trägerinnen, der Besonderheit der Berufsarbeit gerecht wurde, ohne das Eine darüber außer acht zu lassen: das Arbeitskleid der Frau sei zugleich zweckmäßig und schön.

Wir haben „Moden" für schlanke und starke, für kleine und große Gestalten — und gut wäre es, jede wüßte, zu welcher Gruppe sie sich rechnen muß! Aber mit Mode hat die Berufskleidung nun wenig zu tun, und es zeigt sich bald, geht man an die Aufgabe heran, daß unter gewissen Voraussetzungen das „Eines schickt sich nicht für Alle" seine Geltung verliert. Es kommt nun darauf an, eine dem menschlichen Körper gemäße Grundform zu finden, also vom Menschen ausgehen und nicht den Menschen in eine Schablone pressen, wie es die Mode so gerne tut.

Diese Grundform aber, das kann man leicht beweisen, eignet sich für Jung und Alt, für Große und Kleine; sie ist nur Rahmen, dessen Wirkung die Trägerin bestimmt.

Blusenrock mit Unterziehbluse a und b, welcher, wie die Abbildungen zeigen, mit längerem und kürzerem Leibchen gewählt werden kann, zeichnet sich besonders durch gute Gewichtsverteilung aus. Er belastet die Schultern nicht, weil die Hüfte mitträgt. Die großen Rocktaschen und die kleinere Uhrentasche werden eingeschnitten verarbeitet. Unter dem Blusenrock a oder b können Unterziehbluse a und b abwechselnd getragen werden. Unterziehbluse a hat weite Ärmel in ein schmales Bündchen gefaßt, welches enger und weiter geknöpft werden kann. Die Ärmel von Bluse b sind etwas anliegender gearbeitet und werden durch zwei Schlingen und Knöpfe, welche beim Arbeiten geöffnet werden, fest um das Handgelenk geschlossen.

Blusenrock b mit kurzem Leibchen.

Bei dem **Blusenkleid** c ist der Rock an einem Leibchen befestigt, die Bluse mit Gürtel wird darüber getragen. Uhrentasche unter dem Gürtel, ebenso sind die Rocktaschen unsichtbar eingearbeitet.

Die **Schürze**, nach dem Vorbilde der Tracht der Reiffensteiner Schülerinnen, paßt sich dem Kleide gefällig an. (Ansicht auf der Rückseite.)

Die **Haube**, die weiße für den Innendienst, die dunkle als Kopfbedeckung für die Straße, ist kleidsam und doch nicht nur Zutat oder Zierat, sondern wirklich Kopfschutz.

Dazu gehört für kalte Tage in Stadt und Land die schützende und wärmende Jacke.

J. M.-Ce.

Brosche a. Ornament und Buchstaben gleichwertig geschnitzt.

Blusenkleid c. Rock am Leibchen, Bluse mit Gürtel darüber.

Jacke, offen und geschlossen zu tragen.

Brosche b. Buchstaben flacher geschrotet, damit das Ornament hervortritt.

Kleidung der Sozialbeamtinnen

Als problematisch erweist sich zusätzlich der Umstand, dass es bezüglich der Arbeitsplätze in den sozialen Einrichtungen zu einem Konkurrenzkampf zwischen den Geschlechtern kommt, der durchmischt ist von geschlechtsstereotypen Zuschreibungen, von Fragen der Fachlichkeit und Vorbildung sowie von einer unterschiedlichen Gewichtung pflegerischer und verwaltungsbezogener Arbeiten im sozialen Sektor. Die neuen gesetzlichen Grundlagen und der Aufbau von Ämtern ermöglichen zwar eine neue Qualität der sozialen Dienstleistung, stellen aber teilweise das vor allem in den Sozialen Frauenschulen geschaffene integrative Verständnis der Prinzipien und Methoden des Helfens infrage: Die in den Ämtern vorherrschende Aufteilung in Innendienst (Verwaltung mit Entscheidungsvollmachten) und Außendienst (Aufsuchen und Versorgung der Notleidenden) zerteilt die Hilfeleistung in bisher unübliche Vollzüge, die nicht nur hierarchisch, sondern auch geschlechtsspezifisch strukturiert sind. Die fachlich ausgebildeten Frauen finden sich darin, zugespitzt gesagt, als ihrer autonomen Entscheidungskompetenz beraubte Handlangerinnen von fachlich nicht ausgebildeten männlichen Verwaltungsbeamten und Angestellten wieder.

„In der behördlichen Wohlfahrtspflege sind noch fast alle leitenden Stellen mit Männern besetzt, die zum allergrößten Teil keine soziale, sondern eine rein verwaltungsmäßige Schulung besitzen. Sie haben das Aktenmaterial unter sich, sie zeichnen die Briefe, sie treffen alle grundsätzlichen Entscheidungen, sie vertreten die Arbeit nach außen. Auf vier Personen, die mit den Hilfsbedürftigen zu tun haben (zwei Säuglings- und Kleinkindfürsorgerinnen, zwei Ermittlerinnen) kommen 14 Bureauleute und zwei Diätare (=Angestellte, d.V.). 20-30% der Arbeit ist menschlich-persönliche Einwirkung, 70-80% sind Aktenführung, Eintragungen und sonstige äußere Geschäfte.“
(*Agnes von Zahn-Harnack: Die arbeitende Frau, Breslau 1924, S. 25*)

Dieser sich zunächst abzeichnende Prozess der Dequalifizierung der Sozialen Arbeit wird von den verantwortlichen Fachgremien überwiegend kritisch bewertet. Die Konsequenzen, die daraus gezogen werden, laufen jedoch nicht, wie die Vertreterinnen der „Sozialarbeit als Frauenberuf“ sich dies gewünscht haben, auf einen Rückzug der Männer aus dem umkämpften Terrain, sondern auf eine Qualifizierungskampagne der Männer hinaus. Es werden gleichermaßen Wohlfahrtsschulen für Männer eingerichtet, die beispielsweise eine Praxistätigkeit im Rahmen der Jugendfürsorge anstreben, als auch universitäre Aufbaustudiengänge anbieten, welche akademisch vorgebildeten Volkswirten, Medizinern, Juristen o.ä. sozialfürsorgerische und sozialpolitische Kenntnisse zur Übernahme von Leitungspositionen in der Wohlfahrtspflege vermitteln. Doch dazu später mehr.

Zur Kennzeichnung der beruflichen Situation bleibt festzuhalten, dass die Hierarchisierung der Arbeit in den Ämtern bleibt, ebenso wie die Bürokratisierung, obwohl nicht nur der 1916 gegründete Berufsverband der Sozialbeamtinnen beide Entwicklungen kritisiert.

„Ich behaupte, dass auf den unerhörten Widerspruch zwischen dem, was von den Sozialbeamtinnen an seelischer, geistiger und physischer Leistung verlangt wird, und ihrer Einreihung in die bürokratische Skala und Ordnung noch lange nicht scharf und entschieden genug hingewiesen ist. Insbesondere die so genannten ‚Fachkreise‘ und ‚Sach-

verständigen‘ können hier von schweren Unterlassungssünden nicht freigesprochen werden. Man hat Organisationsfragen, Kostenfragen, juristische und verwaltungstechnische Details mit staunenswerter Akribie behandelt. Die Frage der Ökonomie der menschlichen Kräfte, die dieser ganzen Arbeit Seele und Sinn geben sollen, ließ man mit gewissem naiven Optimismus auf sich beruhen.“
(*Gertrud Bäumer: Berufsschicksal der Wohlfahrtspflegerin, in: Die Frau, 42. Jg., 1935, S. 748*).

Der Verband, der sich als eine Gemeinschaft empfindet, die zwar nicht antigewerkschaftlich eingestellt ist, deren sittlich-soziale Grundeinstellung aber einen weiblich geprägten Sonderweg erfordert, kann und will den Einbruch der Männer in alle Bereiche der Fürsorge zwar nicht verhindern, versucht aber ethische Standards aufrechtzuerhalten, welche die Soziale Arbeit von anderen x-beliebigen Berufen unterscheiden soll. Dies ist die gemeinsame Basis des überkonfessionellen Deutschen Verbandes der Sozialbeamtinnen und dessen beiden in der Nachkriegszeit gegründeten konfessionellen Schwesterverbänden, welche sich zu dritt zu einem Kartell zusammengeschlossen haben.

Bei ihrem Rückblick auf „Zehn Jahre sozialer Berufsverband“ kann Gertrud Israel nicht nur auf die stattliche Zahl von 3500 Mitgliedern allein im überkonfessionellen Verband verweisen, sondern auch auf die gelungene Aussöhnung mit den Gewerkschaften und die Vereinigung mit dem Bund deutscher Sozialbeamter, welche unter dem Vorsitz von Carl Mennicke die männlichen Wohlfahrtspfleger organisiert.

Der Berufsverband ist aber nicht in der Lage, der steigenden Arbeitslosigkeit von Wohlfahrtspflegerinnen, die sich seit der Weltwirtschaftskrise des Jahres 1929 abzeichnet, durch verbindliche Regelungen mit den Trägern der Wohlfahrtspflege Einhalt zu gebieten. Obwohl prinzipiell der Bedarf an Fürsorge steigt, sobald die Arbeitslosigkeit zunimmt, gestaltet sich die Nachfrage nach fachlich geschultem Personal zum Ende der Weimarer Republik hin nicht antizyklisch. Die Zahlen der Vorsitzenden der Konferenz der Wohlfahrtsschulen, Alice Salomon, besagen, dass die Schulen nur noch einen Teil ihrer Absolventinnen und Absolventen vermitteln können, und dass ganz entschieden darauf hinzuweisen ist, dass ein großer Teil der ausgebildeten Wohlfahrtspflegerinnen keine angemessene Beschäftigung mehr findet.

Die berufliche Situation der Absolventinnenjahrgänge 1927 bis 1929 aller deutscher Wohlfahrtsschulen	
In vollbezahlter Arbeit oder in vollbezahlter Praktikantinnenarbeit	72,9 %
In unbezahltem Praktikum	5,1 %
Arbeitslos gemeldet	4,4 %
Aus dem Arbeitsmarkt ausgeschieden	16,7 %

Quelle: Salomon: Die Berufslage der Sozialarbeiterinnen, in: Die Frau 39/1931, S. 144

5.3.2 Der Aufstieg der Wohlfahrtsverbände

Der Deutsche Verein für Armenpflege und Wohlthätigkeit, der 1880 gegründet wurde und sich 1919 in Deutscher Verein für öffentliche und private Fürsorge umbenennt, wirkt in der Übergangszeit zwischen Kriegsfürsorge und neuer Wohlfahrtspflege besonders engagiert als Vermittler zwischen den Trägern öffentlicher und privater Interessenverbände. Die anfängliche Sorge der freien Verbände, durch Sozialisierungsmaßnahmen der Sozialdemokratie geschluckt zu werden, bewirkt den Aufbau einer schlagkräftigen Lobby zum Erhalt der Traditionen und Einrichtungen konfessioneller und humanitärer Liebestätigkeit.

„Unveräußerlich ist das sittliche Recht und die heilige Pflicht der Menschenliebe. Ihre Werke waren durch Jahrhunderte der Ruhmestitel unseres Volkes. Sie heute daran hindern, heißt die edelsten Güter unseres Volkslebens verkümmern. Auch der neue Staat kann sie nicht entbehren. Nicht ihre Mittel, nicht ihre persönlichen Kräfte."
(*Resolution des Fachausschusses für private Fürsorge des Deutschen Vereins, zit. in: Landwehr/Baron: Geschichte der Sozialarbeit, Weinheim 1983, S. 160*)

Auf etlichen Fachtagungen wird für die Beibehaltung der pluralen Struktur von freier und öffentlicher Wohlfahrtspflege geworben, gekämpft und endlich Überzeugungsarbeit in dem weitgehenden Sinne geleistet, dass der Erhalt der freien Verbände Aufnahme in die Verfassung findet: „Das Eigentum und andere Rechte der Religionsgesellschaften und religiösen Vereine an ihren für Kultus-, Unterrichts- und Wohltätigkeitszwecke bestimmten Anstalten, Stiftungen und sonstigen Vermögen werden gewährleistet." (Art. 138, Abs. 2) Damit sind all jene Bestrebungen vom Tisch, die innerhalb der Sozialdemokratie aufgrund des in Jahrzehnten angesammelten Unmuts über die Anmaßungen und Diskriminierungen der Armenfürsorge eine konsequente Verstaatlichung der Sozialen Arbeit befürwortet haben. Die freien Verbände haben sich in diesem Machtkampf jedoch nicht nur den Anspruch auf ihren Erhalt erstritten, sondern erreichen auch, dass ihnen in den folgenden Jahren in der RFV und dem RJWG (siehe S.133) noch weitergehende Rechte übertragen werden, u.a. eine paritätische Besetzung der sozialen Ausschüsse und das Subsidiaritätsprinzip. Diese Erfolge sind nur deshalb möglich, weil sich zum einen das Spektrum der Verbände seit 1919 um die Arbeiterwohlfahrt und den Deutschen Paritätischen Wohlfahrtsverband erweitert und damit seinen einseitigen konfessionellen Charakter verloren hat. Zum anderen erfolgt die Festschreibung der Doppelstruktur von freier und öffentlicher Wohlfahrtspflege aus der Einsicht der Überforderung auf Seiten des Staates und der Kommunen heraus.

Eine Sonderrolle im Rahmen der Wohlfahrtsverbände spielen die Internationale Arbeiterhilfe (IAH) und die Rote Hilfe, die von der Kommunistischen Partei Anfang der 1920er Jahre gegründet werden, um gegen die spezifischen Benachteiligungen von proletarischen Familien vorzugehen. Dabei geht es der Roten Hilfe besonders darum, die eigenen Genossen und ihre Familien zu unterstützen, wenn sie dem „weißen Terror" ausgesetzt sind, d.h. Verhaftungen und Hausdurchsuchungen über sich ergehen lassen müssen. Zum Schutz der Kinder, deren Eltern getötet wurden oder im Gefängnis sitzen, werden Kinderheime eingerichtet, um sie zu versorgen und zu einem parteipolitischen Verständnis ihrer Lage zu bewegen.

Die bereits 1917 gegründete Zentralwohlfahrtsstelle der deutschen Juden (ZWST) ist neben der Inneren Mission, dem Deutschen Roten Kreuz, der Caritas, der Arbeiterwohlfahrt (AWO) und dem Paritätischen Wohlfahrtsverband (DPWV) der sechste Spitzenverband der freien Wohlfahrtspflege. Obwohl die ZWST die kleinste der drei konfessionellen Verbände ist, hat sie aufgrund ihrer internationalen Verbindungen und der in vielen Bereichen sehr fortschrittlichen Konzepte, die sie vertritt, einen nicht unerheblichen Einfluss auf die Modernisierung der gesamten Wohlfahrtspflege in Deutschland.

5.3.3 Ausbau der Aus- und Weiterbildung

Die Entwicklung der Ausbildung zum sozialen Beruf sowie die daran anschließenden Weiterbildungsbestrebungen in der Weimarer Republik stehen ganz im Zeichen der oben beschriebenen Konflikte mit ihren speziellen fachlichen und geschlechtsspezifischen Anteilen. Der Konkurrenzkampf der Geschlechter, der sich vor allem in den Ämtern abspielt, ist allerdings nur für diejenigen, die nach wie vor an die „Allmacht der Hormone" glauben, ein Konflikt, dessen Wurzeln in den unterschiedlichen weiblichen und männlichen Anlagen und Neigungen zu suchen sind. Den Unvoreingenommenen dagegen ist deutlich, dass es sich um einen tief greifenden Interessenkonflikt handelt, bei dem es vorrangig um die Sicherung von Arbeitsplätzen geht, d.h. um den Stellenerhalt der Verwaltungsangestellten ebenso wie den der Fürsorgerinnen. Eng verwoben mit diesem Machtkampf um Stellen und Positionen innerhalb der Hierarchie ist die Auseinandersetzung um die Inhalte, d.h. um die Konzepte und Methoden der Wohlfahrtspflege, um die Leitdisziplin und damit auch die Rangfolge der Entscheidungsbefugnisse: Die jetzt erfolgte Vermählung von Sozialpädagogik und Fürsorge auf der einen Seite und Verwaltung auf der anderen, die u.a. Alice Salomon immer vermeiden wollte, macht einen Kampf um die Vormachtstellung in diesem Bereich unausweichlich, in den die Frauen als Waffen nur die Fachlichkeit einbringen können, über die sie, und zurzeit nur sie, verfügen; die Männer dagegen können darauf verweisen, dass die Ämter, in welche die Frauen jetzt eindringen, ein Terrain sind, das nach ihren Regeln gestaltet wurde und in dem ihre Herrschaftsansprüche unantastbar sind.

„Wer sich im Einzelnen die Tätigkeit klarmacht, die in der Familienfürsorge ausgeübt wird, der wird keinen Augenblick daran zweifeln, dass vieles davon vom Manne vielleicht bureaumäßig, aktenmäßig erledigt werden, mit warmen Leben aber nur von der Frau erfüllt werden kann. Es handelt sich um die Versorgung und Beratung von Witwen und Waisen, oder in der Familie eines Kriegsbeschädigten und eine für die Mutter zu findende Berufstätigkeit, um die Zuführung kranker Frauen und Kinder in ärztliche Behandlung oder Erholungsaufenthalte. Alles das kann nur von Frauen für Frauen geleistet werden."
(Helene Lange: Die Stellung der Frau in der sozialen Familienfürsorge, in: Die Frau, 26. Jg., 1919, S. 345)

Es geht also um die Verteidigung von zwei Monopolstellungen in einem Kampf, der mit so ungleichen Waffen geführt wird, dass die Frauen, und mit ihnen das Prinzip der Fachlichkeit, keine Chance haben. Sie können die übermächtige Bürokratie nicht verändern, auch wenn es ihnen gelingen sollte, darin aufzusteigen.

„Die Wohlfahrtspflegerin muss imstande sein, theoretische Erkenntnis auf konkrete Fragen des praktischen Lebens anzuwenden. Sie muss grundsätzlich in ihrer Arbeit als Mitschöpferin auch der Organisation dieser Arbeit stehen. Empfängt sie dafür die Ausrüstung nicht, so wird sie der theoretischen Überlegenheit des Akademikers auf der einen Seite und der bürokratischen Routine des mittleren Beamten auf der anderen Seite unbedingt unterliegen."
(Gertrud Bäumer: Zur Ausbildung der Wohlfahrtspflegerin, in: Die Frau, 30. Jg., 1922, S. 79)

Die Männer, und mit ihnen das Verwaltungsprinzip, haben dagegen sehr wohl die Chance, die Wohlfahrtspflege durch Bürokratisierung zu verändern und tun dies auch, mit positiven wie mit negativen Konsequenzen.

Der Prozess, in dem sich all dies abspielt, beinhaltet zunächst Konfrontation und Machtkampf, er beinhaltet aber in der Folge auch eine Durchmischung, sowohl was den geschlechtsspezifischen, als auch was den fachlich-bürokratischen Aspekt betrifft: Während es zu Beginn der Weimarer Republik im Prinzip nur Bürokraten und Fürsorgerinnen gibt, existieren bereits zehn Jahre später auch Bürokratinnen und Fürsorger, wenn auch, wie noch heute, als Minderheit.

Dass diese Durchmischung erfolgen kann, ist nicht zuletzt ein Erfolg der veränderten Aus- und Weiterbildung. Bereits zu Beginn der Weimarer Republik zeichnet sich ein Interesse der Männer ab, eine den Frauen vergleichbare fachliche Ausbildung zur Sozialen Arbeit zu erhalten.

„Die Erkenntnis der Vorzüge einer besonderen fachlichen Schulung weiblicher Berufskräfte hat seit einiger Zeit eine Bewegung ausgelöst, eine gleichartige Schulung für männliche Berufskräfte vorzusehen. Bisher bestand eine solche im begrenzten Umfange nur für Kräfte der freien Wohlfahrtspflege, soweit sie als Diakone oder Brüder für die Tätigkeit in Anstalten und Vereinen benötigt wurden."
(*Wilhelm Polligkeit: Die Organisation der Wohlfahrtspflege in Deutschland, in: Protokolle der internationalen Konferenz für Wohlfahrtspflege und Sozialpolitik, Paris 1928, S. 10*).

Dieser Impetus erfolgt vorrangig nicht aus dem oben skizzierten berufspolitischen Kalkül heraus, sondern aus den Erfahrungen von Krieg und Jugendbewegung, welche die humanitären und gemeinschaftsbezogenen Bedürfnisse der männlichen Jugendlichen geweckt haben. Unterstützt wird diese Idee auch von den gleichaltrigen jungen Frauen, welche, zu Beginn des Jahrhunderts geboren, eher in der Tradition der Jugendbewegung als der Frauenbewegung stehen, und die Männer weniger als Konkurrenten denn als Kameraden sehen.

„Mit den männlichen Sozialarbeitern fühlten wir uns eines Geistes: Aktiv am Zeitgeschehen teilzunehmen und gegen menschliches Unrecht an sozial Schwachen uns mit aller Kraft einzusetzen. Wir waren weit davon entfernt, diese Männer-Kollegen als Konkurrenten anzusehen. Im Gegenteil. Miteinander fühlten wir uns stärker."
(Grete Devulder, zit. in: Hering/Kramer, Aus der Pionierzeit der Sozialarbeit, Weinheim und Basel 1994, S. 66)

Gertrud Bäumer, die von 1917 bis 1920 als Leiterin der Sozialen Frauenschule und des Sozialpädagogischen Instituts in Hamburg und danach als Referentin im Innenministerium über den aktuellen Überblick verfügt, kritisiert allerdings in diesem Zusammenhang zu Recht, dass es, seit eine soziale Fachausbildung für Männer auf dem Plan steht, nur noch um diese zu gehen scheint. Sie weist auch warnend darauf hin, dass in diesem Zusammenhang stets von einer geschlechtsspezifischen Hierarchisierung ausgegangen wird: „Vielleicht ist auch das charakteristisch, dass die Frage der Berufsausbildung der Männer von vornherein als eine Frage nach der Ausbildung ‚leitender Kräfte' aufgeworfen wurde" (Bäumer 1922, S. 98). Dies ist umso überraschender, als, allen anderen voran, das von Carl Mennicke 1923 in Berlin gegründete Seminar für Jugendwohlfahrt an der Hochschule für Politik den Sozialen Frauenschulen curricular weitestgehend entspricht.

Die Leiterinnen der Sozialen Frauenschulen sehen weniger in diesen neuen und zahlenmäßig geringen Anstrengungen, männliche Fachkräfte für die Praxis auszubilden, eine Gefahr, als vielmehr in der Tendenz, Verwaltungsfachleute für Leitungsaufgaben vorzusehen oder universitäre Ausbildung dafür anzubieten. Sie reagieren deshalb 1925 mit dem Aufbau einer Deutschen Akademie für soziale und pädagogische Frauenarbeit, die in den Sozialpädagogischen Instituten des Berliner Jugendheims und der Hamburger Frauenschule bereits gewisse Vorläufer hatte.

Mit der Deutschen Akademie wird eine Einrichtung geschaffen, die einen vorläufig letzten Versuch darstellt, in Deutschland einen akademischen weiblichen Sonderweg einzuschlagen, wie er durch die Women's Colleges in den Vereinigten Staaten ebenfalls existiert, aber im Gegensatz zu Deutschland bis heute eine Eliteausbildung garantiert. Alice Salomon, die Initiatorin und Leiterin der Deutschen Akademie, verfolgt mit ihrer Gründung das Ziel, Fortbildung auf akademischem Niveau für Sozialbeamtinnen anzubieten, die in Führungspositionen aufsteigen wollen. Damit soll die Möglichkeit geschaffen werden, bei der Besetzung von Spitzenpositionen auch weibliche Bewerberinnen berücksichtigen zu können, die ihre Anschauungen und ihre Kenntnisse aus der Tradition der sozialen Frauenschulen beziehen. Dieses Kalkül geht allerdings nur teilweise auf, da ein großer Teil der jungen Frauen, die Leitungsaufgaben in der Wohlfahrtspflege übernehmen wollen, lieber direkt auf die Universität geht, um sich dort als Pädagogin oder Juristin für die zukünftigen Aufgaben zu qualifizieren, zumal ihnen dort u.a. mit Hermann Nohl in Göttingen und Christian Klumker in Frankfurt renommierte Professoren die Tore geöffnet haben.

Etwas außerhalb der Schusslinie befinden sich in den Jahren der Weimarer Republik noch die Sozialpädagoginnen, die durch den Aufbau der Ausbildung, ausgehend von dem Beruf der Kindergärtnerin, keinerlei männliche Begehrlichkeiten wecken. Die seit den 90er Jahren des 19. Jahrhunderts bestehende Ausbildung hat im Laufe der Jahre im Rahmen des Pestalozzi-Fröbel-Hauses, aber auch in anderen Einrichtungen, Ausbildung und Praxis vom Vorschulbereich auf die Hortnerinnen, Jugendleiterinnen und Werklehrerinnen ausgeweitet und damit, vor allem bezogen auf die beiden letztgenannten Berufe, einen hoch qualifizierten Frauenberuf mit einem gesicherten und anspruchsvollen Wirkungsfeld geschaffen.

„Dr. Elisabeth Blochmann zeigte, wie der Beruf der Jugendleiterin (seit seiner Schaffung 1911) ständig neue Aufgabengebiete ergreifen musste, besonders Verwaltungsarbeit und Lehrtätigkeit, d.h. außer der reinen Arbeit mit Kindern: Jugendpflege, Unterricht an Frauenschulen, Berufsschulen, Arbeit im Jugendamt, im Kinderkrankenhaus, in heilpädagogischen Heimen usw.“
(*Hilde Lion: Fragen der sozialpädagogischen Ausbildung, in: Die Frau, 35. Jg., 1928, S. 674*)

Die eigenständige Position der Sozialpädagoginnen – in Abgrenzung zu den Fürsorgerinnen und Wohlfahrtspflegerinnen – wird durch eigene Publikationsorgane (zum Beispiel die von Anna von Gierke herausgegebenen „Sozialen Blätter“) und auch durch eine spezifische Fortbildung in Sozialpädagogischen Instituten, die den Ausbildungseinrichtungen angegliedert sind, unterstrichen. Die Zusammenführung beider Berufe vollzieht sich, in gegenseitiger Absprache, auf höchster Ebene in der Deutschen Akademie für soziale und pädagogische Frauenarbeit, in der sowohl sozialpolitisch, fürsorgerisch sowie sozialpädagogisch ausgerichtete Lehrkräfte und Forscherinnen versammelt sind.

5.3.4 Die Gründung der Gilde Soziale Arbeit

Der Begriff der Sozialpädagogik erhält in den Kriegsjahren und zu Beginn der Weimarer Republik noch eine weitere Bedeutung, die dem Verständnis der Jugendbewegung entstammt. Der Begriff wird für eine Reihe reformpädagogischer Projekte im Bereich der Heimerziehung und des Jugendstrafvollzuges ebenso gebraucht wie für eine neue akademische Richtung, die sich von dem schulisch überformten Verständnis der Pädagogik abgrenzen und den eigenen Anspruch sozial akzentuieren möchte.

Eine Art organisatorischen Rahmen geben sich die Vertreterinnen und Vertreter der neuen sozialpädagogischen Bewegung durch die Gründung der „Gilde“, in der sich Persönlichkeiten aus der Praxis wie aus der Lehre zusammenschließen. In der Präambel des erstes Rundbriefes der 1924 gegründeten Vereinigung heißt es: „Die Gilde Soziale Arbeit ist der Zusammenschluss der Männer und Frauen, die aus der Jugendbewegung stammen oder ihr im Geiste nahe stehen und ehrenamtlich oder beruflich in der sozialen Arbeit tätig sind. Die Gilde will die Kräfte der Jugendbewegung in der sozialen Arbeit einsetzen und in ihr entwickeln. Ihren Mitgliedern soll sie Anregung und Unterstützung in der Arbeit geben. (…) Über den Kreis der Mitglieder hinaus will die Gilde Einfluss auf die Gestaltung und Entwicklung der sozialen Arbeit gewinnen.“

Dieser Einfluss wird insbesondere durch den im Zuge des neuen Jugendwohlfahrtsgesetzes geschaffenen Jugendwohlfahrtsausschuss möglich, zu dem auch Vertreter der Jugendbewegung gehören sollen, um dort ihr Verständnis von Jugendfürsorge und Jugendpflege zu Gehör zu bringen. Eine Einflussnahme ergibt sich aber ganz einfach auch daraus, dass die Mitglieder, die sich zahlreich in der Gilde zusammenschließen, hinreichend motiviert und befähigt sind, wo immer sie arbeiten, dem „Geist der Gilde“ Geltung zu verschaffen.

Aber auch die sechs Jahrestagungen, welche die Gilde zwischen 1927 und 1932 abhält, stoßen in der Fachwelt auf große Resonanz und werden von den Mitgliedern als Schulungs- und Fortbildungswochen genutzt. Nicht nur der relativ hohe Anteil sozialistischer und jüdischer Mitglieder der Gilde verbietet es, die Arbeit nach 1933 fortzusetzen. Der Nationalsozialismus hat auch aus der Sicht der meisten anderen schon vor der Machtübernahme sein Gesicht allzu deutlich gezeigt, um noch der geringsten Hoffnung auf ein mögliches Arrangement Raum zu geben.

5.4 Recht und Organisation schaffen Verlässlichkeit Die Entwicklung der Organisationen

5.4.1 Die Verrechtlichung der Sozialen Arbeit

Sehr rasch nach der Konstituierung der Weimarer Republik beginnt die Gesetzgebungsarbeit zu drei zentralen, für die weitere Entwicklung der Sozialen Arbeit maßgeblichen Gesetzeswerken: Das 1922 verabschiedete „Reichsjugendwohlfahrtsgesetz“ (RJWG), das „Jugendgerichtsgesetz“ (JGG) von 1923 und die „Reichsfürsorgepflichtverordnung“ (RFV) von 1924 (die das Unterstützungswohnsitzgesetz von 1870 ablöst) zusammen mit den „Reichsgrundsätzen über Voraussetzung, Art und Maß der öffentlichen Fürsorge“ (RGr).

Vorstellungen zur Entwicklung eines gesonderten Jugendrechts sind schon seit der Jahrhundertwende diskutiert worden (Hasenclever 1978, S. 20f.). Dabei treten sich von Anfang an zwei verschiedene Auffassungen entgegen. Die eine Gruppe fordert ein umfassendes Jugend- und Erziehungsrecht, da es ihr um die Normierung eigenständiger sozialer Rechte und Ansprüche für Kinder und Jugendliche, also um die Entwicklung eines Rechtssystems für den gesellschaftlichen Teilbereich Jugend, durchaus vergleichbar mit der Entwicklung des Arbeitsrechts zur Regelung der Rechtsposition des Arbeitnehmers gegenüber Betrieb und Staat geht.

Insbesondere Paul Felisch vertritt in seinen Reden und Schriften seit dem ersten Deutschen Jugendgerichtstag (1909) diese Auffassung. Er fordert eine staatliche Jugendpolitik, die das zu schaffende Jugendrecht gestaltend durchdringen müsse. Dabei versteht er Jugendpolitik als Querschnittspolitik: Sie soll sich nach seiner Meinung nicht auf den ausgegrenzten Bereich der Jugendpflege beschränken, sondern zu einem unverzichtbaren Teil der Schul-, der Wirtschafts- und Sozialpolitik, auch der Kirchenpolitik gemacht werden.

Die Vorstellungen Felischs, die auf die Etablierung eines Sozialisationsrechts unter Einschluss aller an der Sozialisation beteiligten Bereiche zielten, geraten schon 1910 auf der Königsberger Tagung des Deutschen Vereins über „Die Organisation der Jugendfürsorge" unter massive Kritik. Um den Deutschen Verein herum (ebenso wie in der Deutschen Zentrale für Jugendfürsorge) gruppieren sich nämlich die Anhänger der zweiten Denkrichtung, denen es nicht um die Normierung sozialer Rechte für Kinder und Jugendliche, sondern um die Regelung und Integration des Praxisbereichs der Jugendfürsorge (oder, etwas weiter gefasst, der Jugendwohlfahrtspflege) geht. In heutigen Begriffen ausgedrückt: Statt um die Etablierung eines eigenständigen Jugendrechts geht es dieser Gruppe um die Ausarbeitung eines Jugend*hilfe*rechts, das den Maßnahmen von Erziehungsinstitutionen eine gesetzliche Grundlage geben sollte.

Sogleich zu Beginn der Weimarer Zeit wird diese Debatte wieder aufgenommen, um im Benehmen zwischen Parlament (Reichstag), Verbänden und Ministerien einen verabschiedungsreifen Gesetzentwurf zu erarbeiten. Die Verhandlungen auf dem Deutschen Fürsorgetag Berlin (1918) und auf dem Allgemeinen Deutschen Fürsorgeerziehungstag in Dresden (1921) stecken dafür die weitere Entwicklung ab: Das neue Jugendrecht soll ein *Jugendamtsgesetz* werden. Deshalb geht es vor allem um die Abgrenzung eines ressortspezifischen Handlungsspielraums und um die Definition spezifischer Kompetenzen des neu zu schaffenden Amts, die schließlich im RJWG festgelegt werden.

Der Gedanke eines allgemeinen Jugendrechts ist nur noch indirekt im präambelartigen § 1 RJWG erhalten geblieben: „Jedes deutsche Kind hat ein Recht auf Erziehung zur leiblichen, seelischen und gesellschaftlichen Tüchtigkeit." Trotz seiner Unverbindlichkeit und seiner Nichteinklagbarkeit gründet sich der Stolz der Vorkämpfer für ein deutsches Jugendamt nicht zuletzt auf diesen Paragraphen.

„Zum ersten Mal in der deutschen Gesetzgebung wird hier das Verhältnis zwischen Staat und Familie in der Erziehung unter den Gesichtspunkt gestellt, wie es auf die Förderung oder Beeinträchtigung der Rechte des Kindes wirkt. Die Anerkennung des Rechtes des Kindes auf Erziehung in Verbindung mit der gleichzeitigen Zusicherung öffentlicher Jugendhilfe für den Fall, dass der Erziehungsanspruch notleidet, bedeutet einen erheb-

lichen Fortschritt in der Rechtsauffassung über die Pflichten des Staates in der Erziehung."
(*Wilhelm Polligkeit: Die Organisation der Wohlfahrtspflege in Deutschland, in: Protokolle der internationalen Konferenz für Wohlfahrtspflege und Sozialpolitik, Paris 1928, S. 151*)

Kinder in Not

Die eigentliche Bedeutung des RJWG für die Verselbständigung der aus der Jugendbewegung heraus entstandenen Richtung der Sozialpädagogik und insbesondere für den großen Praxisbereich der Jugendhilfe liegt aber in der *Zusammenfassung* und einheitlichen *Abgrenzung* ehedem zerstreuter oder fehlender gesetzlicher Grundlagen für die Maßnahmen der Jugendhilfe und damit in der endgültigen gesetzlichen Normierung eines fest umrissenen Praxisbereichs (Sachße/Tennstedt 1988).

Eine durchaus parallele Entwicklung lässt sich auch in der Geschichte der „Reichsverordnung über die Fürsorgepflicht" und den darauf beruhenden „Reichsgrundsätzen über Voraussetzungen, Art und Maß der öffentlichen Fürsorge" (RFV und RGr) verfolgen. „Bei den Überlegungen zur Reform des Fürsorgerechts sind zwei Richtungen zu unterscheiden: die eine beabsichtigt, ein neues Armenrecht unter Einbeziehung der neu entstandenen Sonderfürsorge zu schaffen; die andere erstrebt ein großes Reichswohlfahrtsgesetz" (Hasenclever 1978, S. 58). Ähnlich wie im Bereich der Jugendfürsorge stehen diese Überlegungen im Zusammenhang mit der Konzipierung einer neuartigen Behörde, dem so genannten Wohlfahrtsamt. Besonders die Notzustände nach Kriegsende haben der anspruchsvolleren Konzeption eines Gesetzes zur Sicherung der Volkswohlfahrt jedoch keine Chance gelassen.

5.4.2 Öffentliche und freie Träger: kommunal-staatliche und zivilgesellschaftliche Organisationen kooperieren

Neben der kommunalen Armenverwaltung sind in der zweiten Hälfte des 19. Jahrhunderts, wie bereits erwähnt, private Bürgervereine für Wohltätigkeit, Familien-, Jugend- und Gesundheitsfürsorge usw. entstanden. Da deren Tätigkeit sich auf soziale Hilfen außerhalb des armenrechtlich geregelten Bereichs erstreckt, sind die Beziehungen zwischen den kommunalen und privaten Hilfseinrichtungen zunächst nur lose und ungeregelt. Schon in der Kriegsfürsorge, besonders aber mit Verabschiedung des RJWG, änderte sich dies. Die Verabschiedung rechtlicher Grundlagen für den Aufbau verschiedener kommunaler Ämter im sozialen Sektor erregt wachsendes Misstrauen aufseiten der freien Träger und weckt Befürchtungen einer („sozialistischen") Kommunalisierung der Wohlfahrtspflege. Das Verhältnis von freier und öffentlicher Sozialarbeit muss neu geregelt werden.

„Ich muss es aussprechen, dass mein Vertrauen zu den Kommunalverwaltungen großer Städte schon aufgrund der in der Armen- und Waisenpflege gemachten Erfahrungen keineswegs unbegrenzt ist, sodass ich eine weitere Zentralisierung und Kommunalisierung der Wohlfahrtspflege ohne das Gegengewicht der Caritas nicht herbeiwünschen kann."
(*Marie Baum: Die Wohlfahrtspflege, ihre einheitliche Organisation und ihr Verhältnis zur Armenpflege, München und Leipzig 1916, S. 3*)

Gegen die von der SPD, vor allem aber von der USPD und der KPD, vertretene Politik der konsequenten Kommunalisierung der sozialen Dienste gelingt es den freien Trägern mit Hilfe der (katholischen) Zentrumspartei, auf die Sozialgesetzgebung Einfluss zu nehmen

§ 6
Das Jugendamt hat die freiwillige Tätigkeit zur Förderung der Jugendwohlfahrt unter Wahrung ihrer Selbständigkeit und ihres satzungsmäßigen Charakters zu unterstützen, anzuregen und zur Mitarbeit heranzuziehen, um mit ihr zum Zwecke eines planvollen Ineinandergreifens aller Organe und Einrichtungen der öffentlichen und privaten Jugendhilfe und der Jugendbewegung zusammenzuwirken.

Subsidiarität im RJWG

und den Vorrang bzw. ein Betätigungsrecht der privaten Wohlfahrtsorganisationen rechtlich festzuschreiben. In dem hierdurch ausgelösten so genannten Subsidiaritätsstreit, in dem es um die Frage des Vorrangs privater Hilfsangebote vor staatlichen Initiativen geht, setzen sich die Wohlfahrtsverbände durch: Wenn freie Träger (mit Hilfe der staatlichen Finanzzuschüsse) ausreichende Maßnahmen auf einem bestimmten Fürsorgegebiet anbieten, soll der Staat von eigenen Angeboten absehen („Subsidiaritätsprinzip; vgl. Krug von Nidda 1955).

Des Weiteren versuchen die freien Träger und privaten Wohlfahrtsverbände, mit der sich entfaltenden staatlichen Wohlfahrtsbürokratie durch weitere Organisationsbildung Schritt zu halten. Im Reichsgebiet bestehen 1923 sechs nationale Spitzenverbände, von denen vier erst nach 1917 gegründet werden: Zentralwohlfahrtsstelle der deutschen Juden (1917), Hauptausschuss für Arbeiterwohlfahrt (1919), „Fünfter Wohlfahrtsverband“, heute: Paritätischer Wohlfahrtsverband, (1924) und der Zentralwohlfahrtsausschuss der christlichen Arbeiterschaft (1921). Nur die Innere Mission, heute: Diakonisches Werk, (1849) und die Caritas (1897) haben einen weiter zurückreichenden Ursprung.

Gegen die Kommunalisierungsbestrebungen schließen sich im Jahr 1919 die Innere Mission, die Caritas, die Zentralwohlfahrtsstelle der deutschen Juden, das Deutsche Rote Kreuz und der Fünfte Wohlfahrtsverband zunächst zum Reichsverband, 1925 zur Liga der freien Wohlfahrtspflege zusammen, welche bis heute als Bundesarbeitsgemeinschaft der freien Wohlfahrtspflege existiert (Buck 1983).

Ein weiterer wichtiger Schritt beinhaltet die Gründung so genannter Fachvereinigungen und Dachverbände, um der im Vergleich zur kommunalen Arbeit ungleich stärkeren Zersplitterung privater Träger entgegen zu wirken. Schon vor dem ersten Weltkrieg waren in diesem Sinne der Allgemeine Fürsorgeerziehungstag (AFET), das Archiv der deutschen Berufsvormünder und die Deutsche Zentrale für Jugendfürsorge gegründet worden. Jetzt kommen der Evangelische Reichserziehungsverband (EREV 1920), der Verband der katholischen Waisen- und Fürsorgeerziehungsanstalten (1924) und eine große Zahl weiterer Dachverbände hinzu, die teilweise heute noch bestehen.

5.5 „Pädagogisierung" der Methoden und „Verwissenschaftlichung" der Konzepte. Die Verselbstständigung der Sozialen Arbeit als Wissenschaft

Die bereits im Kontext der „Socialen Ausgestaltung" der Armenfürsorge eingeleitete pädagogische Ausrichtung der Disziplin konsolidiert sich in den 1920er Jahren. Die Soziale Arbeit versteht sich weitgehend als eine pädagogisch orientierte, auf Verhaltensbeeinflussung abgestellte Sozialtherapie. Die ersten bedeutsamen Lehrbücher erscheinen, und an einigen Universitäten beschäftigt man sich mit der wissenschaftlich-pädagogischen Grundlegung sozialer Praxis. Dass sich „normales" und „abweichendes" Verhalten, sozial angepasste und verwahrloste Lebensformen klar unterscheiden, wird damals ebenso wenig infrage gestellt wie die normativen Ziele, die für die sozialpädagogische Arbeit vorgegeben werden. Erst im kritischen Rückblick werden die kontrollierenden und stigmatisierenden Aspekte der Normen und ideologischen Ausrichtung der Sozialpädagogik als Fach herausgearbeitet („Sozialdisziplinierung"; Peukert 1986).

Am Ende der Weimarer Republik bildet sich eine neue Nomenklatur heraus, um diese Pädagogisierung disziplinär abzugrenzen: Unter Sozialpädagogik wird nicht länger ein Prinzip der allgemeinen Pädagogik (wie bei Natorp) verstanden, das als „Erziehung zur Gemeinschaft durch Gemeinschaft" in allen pädagogischen Feldern, in der Familie, der Schule und im Gemeinwesen zur Geltung kommen soll. Sozialpädagogik wird jetzt als Theorie eines eingegrenzten Handlungsbereichs verstanden, als „alles was Erziehung, aber nicht Schule und nicht Familie ist" (Bäumer 1929, S. 3).

Sozialpädagogik „bezeichnet nicht ein Prinzip, dem die gesamte Pädagogik, sowohl ihre Theorie wie ihre Methoden, wie ihre Anstalten und Werke – also vor allem die Schule – unterstellt ist, sondern einen Ausschnitt: alles was Erziehung, aber nicht Schule und nicht Familie ist. Sozialpädagogik bedeutet hier den Inbegriff der gesellschaftlichen und staatlichen Erziehungsfürsorge, sofern sie außerhalb der Schule liegt."
(Gertrud Bäumer: Die historischen und sozialen Voraussetzungen der Sozialpädagogik und die Entwicklung ihrer Theorie, in: Herman Nohl/Ludwig Pallat (Hg.): Handbuch der Pädagogik, Band V: Sozialpädagogik, Langensalza 1929, S. 1)

Die Probleme der Klientel werden im Verständnis der damaligen Sozialpädagogik als Störungen der Entwicklung, des Lernens, der Motivation oder Moral definiert. Es ist oft versucht worden, den Übergang von der Armenpflege zur modernen Sozialen Arbeit durch eine qualitative Veränderung der Erscheinungsformen der Armut zu begründen: von der materiellen zur psycho-sozialen Verarmung. De facto liegt dem Tranformationsprozess aber keine reale Abnahme der materiellen Notlagen, sondern ein veränderter Blick und ein anderer Zugriff von Seiten der Profession zugrunde.

In der Theorie der Wohlfahrtspflege vollzieht sich nämlich eine ähnliche Blickwendung wie in der zeitgenössischen Pädagogik und Psychologie. Vor allem das Fundamentalprinzip der Psychoanalyse, vom Verhalten einer Person (den Symptomen) bis zur Tiefen-Struktur der Persönlichkeit vorzudringen, hat für das Selbstverständnis der Sozialpädagogik schon frühzeitig große Bedeutung. „Die Psychoanalyse bietet dem Fürsorgeerzieher neue psychologische Einsichten, die für die Erfüllung seiner Aufgabe unschätzbar sind. Sie lehrt ihn das Kräftespiel erkennen, das im dissozialen Benehmen seine Äußerung findet, öffnet seine Augen für die unbewussten Motive der Verwahrlosung und lässt ihn Wege finden, auf denen der Dissoziale dazu gebracht werden kann, sich wieder in die Gesellschaft einzureihen." (August Aichhorn: Verwahrloste Jugend, 7. Auflage, Stuttgart und Wien 1971, S. 9).

Notwendig für jede erzieherische Arbeit wie für jedes psychologische Verstehen ist, dem damaligen Verständnis entsprechend, die Beschäftigung mit der Persönlichkeit des einzelnen Menschen, sei er Kind oder Erwachsener, jenseits seiner äußeren Lebensumstände. Mit Bezug auf die Pädagogik formuliert der Reformpädagoge Herman Nohl die Wende der 1920er Jahre so: „Die alte Erziehung ging aus von den Schwierigkeiten, die das Kind macht, die neue von denen, die das Kind hat" (Nohl 1927, S. 78).

Herman Nohl (1879–1960)

Mit der Tendenz zur Pädagogisierung entfernt die Disziplin sich aber von den Lebensverhältnissen der Klientel, welche durch die Kriegsfolgen und die ökonomischen Krisen nicht bloß „seelisch", sondern gerade „materiell" hochgradig belastet ist. Die wachsende Arbeitslosigkeit erschöpft sich keineswegs in Motivationsproblemen und Verwahrlosungserscheinungen, sondern hat ökonomisch-politische Ursachen und zieht Wohnungselend, Verschuldung, Resignation und den Zwang zur Schwarzarbeit nach sich. Die Arbeitslosen leiden nicht an Sozialisationsdefiziten, sondern an der Not prekärer Lebensumstände. Sie haben keinen Erziehungs- oder Beratungsbedarf, sondern brauchen Arbeit, Wohnung und verlässliche Zukunft.

Die Praxis der Sozialen Arbeit, ob in der Familien-, in der Jugend- oder in der Betriebsfürsorge kann sich verständlicherweise der Bearbeitung dieser sozialen Probleme nicht oder nur schwer entziehen. Sie wird im Laufe der Jahre, vor allem aber in den Krisenjahren seit 1927, immer mehr zu einer „Nothilfe", welche wieder mehr an der fürsorgerischen Traditionslinie anknüpft. Dadurch kommt es zu Spannungen zwischen Berufspraxis (Profession) und Disziplin. Nur im Bereich der Jugendhilfe (mit dem Schwerpunkt der Erziehungshilfe) entwickeln sich Theorie und Praxis weitgehend parallel und in Bezug aufeinander. (Nohl: „Das Erzieherische ist vielleicht am reinsten in der Jugendfürsorge verwirklicht.") Trotzdem lässt sich auch in diesem Arbeitsfeld nicht verhehlen, dass die aus der sozialpädagogischen Theorie heraus entwickelten Reformprojekte (zum Beispiel Lindenhof und Hahnhöfersand) nach kurzer Zeit schon zum Scheitern verurteilt sind, weil ihre Zielsetzung als „utopisch" erscheint.

Trotz der deutlich sichtbar werdenden Praxisferne einiger theoretischer Ansätze der Weimarer Republik, zeigt die große Zahl der Lehrbücher, die teilweise durch Rezeption der amerikanischen Literatur, zunehmend aber auch durch eigene Produktion entstehen, wie fruchtbar sich die wissenschaftliche Beschäftigung mit der sozialen Praxis und ihren Bedingungen in dieser Zeit niederschlägt und dabei ein eigenes disziplinäres Profil gewinnt.

Lehr- und Handbücher zur Sozialen Arbeit

Ilse Arlt: Die Grundlagen der Fürsorge, 1921

Marie Baum: Familienfürsorge, 1927

Gertrud Bäumer: Die historischen und sozialen Voraussetzungen der Sozialpädagogik und die Entwicklung ihrer Theorie, 1929

Julia Dünner: Handwörterbuch der Wohlfahrtspflege, 1929

Hildegard Hetzer: Kindheit und Armut. Psychologische Methoden in Armutsforschung und Armutsbekämpfung, 1929

Herman Nohl: Jugendwohlfahrt. Sozialpädagogische Vorträge, 1927

Alice Salomon: Leitfaden der Wohlfahrtspflege, 1921

Alice Salomon: Soziale Diagnose, 1925

Alice Salomon: Die Ausbildung zum sozialen Beruf, 1927

Helene Simon: Aufgaben und Ziele der neuzeitlichen Wohlfahrtspflege, 1922

Hedwig Wachenheim: Lehrbuch der Wohlfahrtspflege, 1927

Adolf Weber: Fürsorge und Wohlfahrtspflege. Eine Einführung in die soziale Hilfsarbeit, 1926

Else Wex: Vom Wesen der Sozialen Fürsorge, 1929

Siddy Wronsky: Methoden der Fürsorge, 1932

Siddy Wronsky/Arthur Kronfeld: Sozialtherapie und Psychotherapie in den Methoden der Fürsorge, 1932

Siddy Wronsky/Hans Muthesius: Methoden individualisierender Fürsorge in Deutschland, 1928.

Als Folge der Abnabelung von der Erziehungswissenschaft, der Nationalökonomie, der Sozialhygiene und der Psychologie als Leitwissenschaften kann sich die Soziale Arbeit nun endgültig als eigenständige Ausbildungsdisziplin etablieren (Amthor 2003; Gängler 1998). Die erste Stufe der Akademisierung wird durch die Einrichtung der Lehrstühle für Sozialpädagogik bzw. Fürsorgewissenschaft sowie entsprechender Kurse oder Aufbaustudien an den Universitäten in Frankfurt am Main, Freiburg im Breisgau, Köln, Leipzig und Münster eingeleitet und zieht schrittweise die wissenschaftliche Qualifizierung der Leitungskräfte nach sich. Vor allem der von Alice Salomon 1925 gegründeten und bis 1933 geleiteten „Deutschen Akademie für soziale und pädagogische Frauenarbeit" kommt hier eine herausragende Bedeutung für Forschung, Dokumentation, Qualifikation und Weiterbildung von Führungskräften im Bereich der Sozialen Arbeit zu.

Das disziplinäre Selbstbewusstsein und die pädagogische Ausrichtung der sozialen Theorie und Praxis schützen am Ende der Weimarer Republik allerdings nicht davor, dass Erfahrungen mit den „Grenzen der Erziehbarkeit" und der Resozialisierungsresistenz in Teilen der Klientel zu Erschütterungen innerhalb der Disziplin führen. Die Ratlosigkeit gegenüber den „Unerziehbaren" und den nicht mehr „Eingliederungsfähigen" bringt all jene medizinischen und erbbiologischen Ansätze verstärkt in die Diskussion, welche ab 1933 – nach dem Exodus der fortschrittlichen Kräfte innerhalb der Profession – mit erbbiologischen Erklärungs- und Ausleseparadigmata die Soziale Arbeit dem Primat der Rassenpolitik unterordnen.

5.6 Die erste Blüte der Forschung im Feld Sozialer Arbeit

Folgen wir den Untersuchungen zur Entwicklung der empirischen Forschungsarbeiten im Feld Sozialer Arbeit (vgl. u.a. Miethe 2013), so zeigt sich, dass Studien zur Lage der Klientel und zur Wirksamkeit von Hilfen damals durchaus keine marginale Erscheinung waren, auch wenn sie eher am Rande der Wissenschaftsszene entstanden sind. Dies beruht auf dem Umstand, dass es damals im akademischen Bereich keine großangelegten empirischen Forschungsnetzwerke gegeben hat. Die männlichen Protagonisten in diesem Bereich der Wissenschaft wie Max Weber oder Gustav Schmoller, mussten ihre Vorhaben deshalb im Rahmen der ihnen zur Verfügung stehenden relativ eingeschränkten Rahmenbedingungen durchführen. Dies galt umso mehr für die zahlreichen Forscherinnen, die sich ohnehin damals noch abseits der etablierten Zunft befanden (vgl. Hering 1997).

Umso bemerkenswerter ist es, dass in der Zeit seit der Gründung des Vereins für Socialpolitik im Jahre 1872 eine ganze Reihe von wichtigen Studien entstanden sind, die für die Reform der Sozialpolitik im Kaiserreich und in der Weimarer Republik eine wichtige Rolle gespielt haben. Elisabeth

Gnauck Kühne (1850–1917) hat beispielsweise ihre mit der Erforschung der Arbeiterinnenfrage verbundenen Vorstellungen folgendermaßen dargestellt: „Wenn wir uns über die Lebensverhältnisse der Arbeiterinnen ernstlich unterrichten wollen, so tun wir gut, uns an eine Wissenschaft zu wenden, die sie zahlenmäßig zu erfassen bemüht, an die Statistik. Diese Wissenschaft, ein junger Sproß am Baum gelehrter Forschung, ist eine bedeutsame Hilfe beim Studium der Volkswirtschaft, sie gibt uns Tatsachen, sie sagt uns, was ist.“ (Gnauck-Kühne 1905, S. 13)

Es ging bei den Studien aber keineswegs nur um ‚Volkswirtschaft‘ im Sinne der Interpretation von allgemeinen Daten zu Wohn- und Lebensverhältnissen der Bevölkerung. Miethe (2013) weist darauf hin, dass die Mehrzahl der Studien, die zwischen 1872 und 1933 entstanden sind, im Zentrum Sozialer Arbeit angesiedelt waren: „Sie beschäftigen sich mit den sozialen Problemen der Zeit, wie sie sich vor allem in Folge der Industrialisierung und der damit verbundenen sozialen Folgeproblemen wie Verelendung der Arbeiterschaft und Landflucht ergaben.“ (Miethe 2013, S. 228) Die Ergebnisse dieser Studien konnten vielfach dazu beitragen, statt moralisierender Vorwürfe an die Adresse der Besitzenden nunmehr Fakten vorzulegen, welche die verantwortlichen Politiker dazu veranlasst haben, die sozialen Verhältnisse in den Kreisen der notleidenden Bevölkerung zu verbessern und nachweisbare Missstände abzuschaffen.

Soziale Arbeit hat aber nicht nur von den Ergebnissen empirischer Sozialforschung profitieren können, in dem sie genauere Angaben über Anzahl und Ausmaß sozialer Probleme vorgelegt und bessere Ausgangsbedingungen für die Hilfen bekommen hat, sondern sie war auch selber Motor der Forschung, weil sie auf die in der Praxis deutlich werdenden Nöte hingewiesen und vielfach auch die notwendigen Rahmenbedingungen und Settings für die Forschungsvorhaben zur Verfügung gestellt hat.

5.7 Die Entwicklung der Handlungsfelder

Die soziale Bereitschaft des Wohlfahrtsstaats Weimarer Republik überschreitet die finanziellen und organisatorischen Ressourcen des Krisenstaats Weimarer Republik bei weitem. Ohne in Rechnung zu stellen, dass die bisherigen Träger der Hauptlast karitativer Anstrengungen, das philanthropische Großbürgertum, nicht mehr existiert bzw. sich resigniert zurückgezogen hat, lädt der Staat nun alles auf seine Schultern und die Schultern der Kommunen. Durch die engagierte Sozialgesetzgebung kommt es dabei nicht nur zu einer Bestandswahrung des im Kaiserreich geknüpften sozialen Netzes, sondern zu erheblichen Ausweitungen, die teilweise den durch die Kriegsfolgen und Krisen verursachten Problemlagen geschuldet sind, teilweise aber auch den ehrgeizigen Ansprüchen der Reformerinnen und Reformer.

5.7.1 Reformmodelle und „Verwahranstalten". Die Fürsorgeerziehung

Das Geburtsmal der neuen Jugendfürsorge ist die Knappheit der Mittel, die jeden Reformansatz in der Weimarer Republik belastet. Daher kommt es, obwohl das RJWG die Einweisungskriterien in die Fürsorgeerziehung ausdehnt, zu einem kontinuierlichen Rückgang der Zöglingszahlen in Preußen, nachdem der absolute Höhepunkt 1925 (mit 64.384, darunter 41 % Mädchen) erreicht worden ist.

Körperliche Züchtigung

Knapp die Hälfte der Fürsorgezöglinge ist in Anstalten untergebracht, die anderen bei Familien oder in Lehr- und Arbeitsstellen. Welche „schlechten Neigungen" zur Verwahrlosungsdiagnose und deshalb Einweisung in die Fürsorgeerziehung führen, lässt sich bei 6.585 (davon 3.662 männlichen und 2.873 weiblichen) 1927 überwiesenen Zöglingen feststellen. Demnach neigen Jungen angeblich vor allem zum Betteln und Landstreichen und zum Stehlen, während das Hauptverwahrlosungskriterium für Mädchen die „Unzucht" ist. Die Zöglinge kommen weitgehend aus den Großstädten und aus der Unterschicht, wie die Struktur der Herkunftsfamilien zeigt: Die Mehrzahl der Eltern von eingewiesenen Zöglingen zeigt „schlechte Neigungen", viele sind vorbestraft oder werden als „geistig minderwertig" klassifiziert. Deshalb achten die Erzieherinnen und Erzieher auf eine möglichst vollständige Isolation der Zöglinge von ihrem Herkunftsmilieu.

Die Fürsorgeerziehung endete für zwei Drittel aller Zöglinge mit der Volljährigkeit (21 Jahre) und nur bei ca. 15 % vorzeitig, „weil der Zweck der Erziehung erreicht ist", bei 20 % „auf Widerruf". Etwas über 40 % aller Fürsorgezöglinge sind Mädchen, bei denen bei mehr als der Hälfte Verwahrlosung, also sexuelle Freizügigkeit bis hin zur Prostitution und Geschlechtskrankheit diagnostiziert wird. Im Umgang mit diesen Mädchen stehen die besonders ausgeprägten sexualmoralischen Tabus der kirchlichen Träger vieler Fürsorgeeinrichtungen einer fortschrittlichen Umsetzung der Erziehungsideale entgegen.

Obwohl zu Beginn der Weimarer Republik im Bereich der Jugendfürsorge ein deutlicher Optimismus bezüglich der „Erziehbarkeit des Menschen“ spürbar ist, verkennt das RJWG nicht die Bedeutung der Frage, was mit jenen zu geschehen habe, die sich nicht zur „seelischen, leiblichen und gesellschaftlichen Tüchtigkeit“ erziehen lassen können oder wollen. Es sieht deshalb im § 73 RJWG die Entlassung Unerziehbarer aus den Einrichtungen der Fürsorgeerziehung vor, insofern eine „anderweitig gesetzlich geregelte Bewahrung“ für diese vorhanden sei. Um dafür einen Rahmen zu schaffen, bildet sich die Initiativgruppe für ein Verwahrungsgesetz, dem die katholische Sozialpädagogin und Zentrumsabgeordnete Agnes Neuhaus, der Vorsitzende des Deutschen Vereins für öffentliche und private Fürsorge, Wilhelm Polligkeit, und die sozialdemokratische Wohlfahrtspolitikerin Helene Simon angehören.

Durch das Verwahrungsgesetz sollen alle jene erfasst und sicher untergebracht werden, die zwar die Strafgesetze nicht verletzt haben, aber durch ihre Lebensweise auffällig werden: Alkoholabhängige und Drogensüchtige, arbeitsunwillige Vagabunden und moralisch Verwahrloste. Um diese Bestimmung weder zu eng noch zu weit zu fassen, gelingt es dem Deutschen Verein mit einer an die Vorschläge von Agnes Neuhaus angelehnten Definition der Zielgruppe des Gesetzes, einen Kompromissvorschlag durchzusetzen.

„Eine Person über 18 Jahre, welche verwahrlost ist oder zu verwahrlosen droht, kann durch Beschluss des Vormundschaftsgerichts der Bewahrung überwiesen werden, wenn

a) dieser Zustand auf einer krankhaften oder außergewöhnlichen Willens- oder Verstandesschwäche oder auf einer krankhaften oder außergewöhnlichen Stumpfheit des sittlichen Empfindens beruht und
b) keine andere Möglichkeit besteht, diesen Zustand der Gefährdung oder Verwahrlosung zu beheben.“

(*Hilde Eiserhardt: Ziele eines Bewahrungsgesetzes. Aufbau und Ausbau der Fürsorge, Frankfurt 1929, S. 29*)

Für die Reformpädagogen widerspricht aber nicht nur das Verwahrungsgesetz, sondern die traditionelle Fürsorge als Ganze den Grundprinzipien einer freiheitlichen Pädagogik. Zu einer offenen Auseinandersetzung über die gegensätzlichen Vorstellungen in diesem Bereich kommt es 1928 durch die Aufführung des umstrittenen Theaterstücks von Peter Martin Lampel

„Revolte im Erziehungshaus", welches die teilweise skandalösen Verhältnisse in den Einrichtungen schonungslos offen legt.

Nachdem die Bagatellisierungsversuche der Fürsorgeträger nun nicht mehr greifen, beginnt eine erregte Debatte auf vier Ebenen: Innerhalb der Profession selbst, die den Vorkommnissen mehrheitlich kritisch gegenüber steht; in der politisierten Öffentlichkeit, die das Offenbarwerden des Skandals als Symptom für die Krise des gesellschaftlichen Systems wertet; vor Gericht, wo bei allen Problemen der Beweiserhebung doch genügend erschütterndes Faktenmaterial zusammenkommt, um zu einzelnen Verurteilungen von Erziehern schreiten zu müssen; und nicht zuletzt bei betroffenen Jugendlichen selbst, die zwischen spontanem Aufbegehren und den politischen Identifikationsangeboten schwanken, die ihnen u.a. von den linken Jugendverbänden anboten werden.

Die reformpädagogische Idee einer konsequent auf die Selbstbestimmung der Jugendlichen setzenden Pädagogik, die u.a. in den Projekten in Berlin-Lindenhof (Karl Wilker), Frankfurt-Westendheim (August Verleger) oder in der auf einer Elbinsel gelegenen Jugendstrafanstalt Hahnöfersand (Curt Bondy und Walter Herrmann) verwirklicht werden soll, scheitert an mangelnder öffentlicher Unterstützung und/oder an inneren Konflikten.

Im Blick auf diese Erfahrungen konstatiert Theodor Litt 1926, dass sich nach Jahrzehnten des pädagogischen Optimismus nunmehr „die Glut des pädagogischen Eros an dem Eigensinn des Wirklichen erprobt und gekühlt" habe. Daher sei der „pädagogischen Hybris" durch das „Eigenrecht des werdenden Geschlechts" eine Grenze zu setzen. Das Wort von den „Grenzen der Erziehung" machte schnell die Runde. „Die pädagogische Hybris ist nicht nur ein Verkennen der eigenen Wirkungsmöglichkeiten, sie ist auch ein Vergreifen an dem Recht zu eigener Verantwortung, mit dem die Jugend ihrer, der ihr vorbehaltenen Zukunft entgegenschreitet." (Theodor Litt: Möglichkeiten und Grenzen der Pädagogik, Berlin 1926, S. 10)

Die meisten Reformerinnen und Reformer plädieren in der Folge für eine Beschränkung der Anstaltserziehung auf einen möglichst kleinen Kreis, bei gleichzeitiger Erweiterung der offenen Jugend- und Familienfürsorge. In der Anstaltserziehung selbst will man zwischen Leicht- und Schwerererziehbaren, zwischen „Psychopathen“ und „Normalen“ differenzieren. „Wir müssen eine Auslese treffen. Wir müssen erwägen, wie viel Schwachsinnige, wie viel Psychopathen von einer Gemeinschaft von so und soviel sonst annähernd Normalen ertragen werden können.“ (Karl Wilker: Wie gestalten wir die Erziehung in den Fürsorgeerziehungsanstalten durch Selbstbetätigung der Zöglinge wirksam? In: Blätter für Wohlfahrtspflege 10, 1928)

Dieser Ansatz zur Selektion zwischen „Psychopathen“ und „Normalen“ wird rasch von all jenen aufgegriffen, die schon immer für „Säuberungen“ plädiert haben. So heißt es damals zum Beispiel beim Rheinischen Landesjugendamt: „Das Problem der Fürsorgeerziehung ist ein Problem der Reinigung! Aber nicht einer Reinigung von ungeeigneten Erziehern, sondern vielmehr von ungeeigneten Zöglingen“. Noch fehlt es jedoch an der legitimatorischen Basis für solche Auslesepolitik. Die sich dazu anbietenden eugenischen und rassebiologischen Theorien finden in der Weimarer Republik, zumindest innerhalb der Profession, kaum Anhänger.

5.7.2 Sorge um die Jugend – die Jugendpflege

Die 1920er Jahre sind die Blütezeit der organisierten Jugend. Dem Reichsausschuss der deutschen Jugendverbände gehören im Jahre 1926 insgesamt 76 Jugendverbände mit 4,35 Millionen Mitgliedern an. Sie repräsentieren damit jeden zweiten männlichen und jede vierte weibliche Jugendliche. In Fortsetzung der Vorkriegstraditionen überwiegt dabei die Jugendpflege auf konfessioneller Basis und in den Sportvereinen.

Der hohe Organisationsgrad der Jugend ist allerdings kein Indikator für die Fortschrittlichkeit der Konzepte, mit der die Jugendpflege betrieben wird. Die durch demokratisches Vokabular nur geringfügig drapierte Kontinuität jugendpflegerischer Zielvorgaben wie Erziehung zur Respektierung von Autorität, zu Vaterlandsliebe, Volksgesundheit und Immunität gegenüber den „Zivilisationsgiften von A(lkohol) bis Z(eitung)“ wird in Preußen schon dadurch gewährleistet, dass das zuständige Wohlfahrtsministerium an die konservative Zentrumspartei geht. Die Denkschrift der Partei zur Jugendpflege distanziert sich ganz ausdrücklich von allen Jugendlichen, die in der Folge der Revolution von 1918 nur darauf aus gewesen sind, „jede Autorität abzulehnen und blindlings denen zu folgen, die ihr schrankenloses Sichausleben predigten.“ Den daraus resultierenden Zivilisationsschäden soll die Jugendpflege mit der Erziehung zu positiven Werthaltungen entgegenwirken. „Die wirkungsvollste Art, diesen Lastern entgegenzutreten, ist die Gewöhnung der Jugend an Turnen, Spiel, Sport und Wandern und an edle geistige Genüsse (Volkslied, Musik, bildende Kunst, wissenschaftliche Vorträge, Volkstänze, Laien- und Heimatspiele u.a.m.).“ (Ministerium für Volkswohlfahrt (Hg.): Denkschrift des Preußischen Ministeriums für Volkswohlfahrt über die staatliche Förderung der Jugendpflege in Preußen, Berlin 1925)

Nicht zuletzt aufgrund solch konservativer Konzepte gibt es viele Jugendliche, die sich der organisierten Jugendpflege nicht anschließen mögen, sondern eigene Gruppen bilden. Vor allem sog. „Wilde Cliquen“ machen in den 1920er Jahren von sich reden. In den Cliquen treffen sich hauptsächlich ungelernte, unregelmäßig beschäftigte oder erwerbslose Jugendliche an Straßenecken, in Parks oder in den Stadtranderholungsgebieten. Sie fallen durch ungewöhnliche Kleidung, provokantes Auftreten, aggressive Lieder sowie durch Rauf- und Sauflust, frühreife Männlichkeit und betonte Sexualität auf und stellen für die Jugendpflege eine schwer zu ertragende Provokation dar.

„Trotz der enormen Vielfalt im Erscheinungsbild der Wilden Cliquen lassen sich einige wichtige Gemeinsamkeiten feststellen. Die Wilden Cliquen zeichneten sich, vor allem in den ersten Jahren, durch eine streng einheitliche Kluft aus. Räuberzivil war unerwünscht, zünftig waren Seppelhose mit Geschirr, grüne Wadler, kräftige (Wander-) Schuhe, weißes Hemd mit grünem Jersey. Als Abzeichen galten das Edelweiß und der Wimpel mit dem Cliquennamen. Sie waren zugleich das Erkennungszeichen für befreundete Wilde Cliquen, die mit ‚Wild frei‘ begrüßt wurden, aber auch für feindliche Cliquen, denen ein Zicke-Zacke-Ruf entgegentönte, dem dann meist eine Schlägerei folgte.“
(*Andreas Mischok: „Wild und frei“, in: Vom Lagerfeuer zur Musikbox, hg. von der Berliner Geschichtswerkstatt, Berlin 1985*)

5.7.3 Der Schutz vor „Schund und Schmutz“ Die Bemühungen des Jugendschutzes

Die Kampagnen zum so genannten sittlichen Jugendschutz zeigen überdeutlich, dass die Formulierungen der Weimarer Reichsverfassung und des RJWG in Bezug auf den Jugendschutz überwiegend von Leerformeln geprägt sind. Obwohl man von rechts bis links dem Grundsatz des Jugendschutzes zustimmt, wie ihn Theodor Heuss 1926 bei der Beratung des Gesetzes zum Schutz der Jugend vor Schund und Schmutz aufstellt („Es gibt nicht nur eine Sozialpolitik der Tarifverträge, sondern auch eine Sozialpolitik der Seele“), gibt es über die Frage, wie die Jugend vor den „Zivilisationsgiften“ zu schützen sei, nur wenig Übereinstimmung.

Einig ist man sich nur bei der konsequenten Stigmatisierung des Groschenhefts aufgrund der angeblich so schädlichen Wirkungen auf seine jugendlichen Leserinnen und Leser. Die Forderung, dass Kunst und Literatur zur sittlichen Veredelung und zur kulturellen Hebung vor allem der

Schund und Schmutz

unteren Schichten beizutragen hat, soll einen klaren Trennungsstrich zu jenen Teilen der Unterschichtsjugend ziehen, welche sich weiterhin an eher proletarischen Kulturtraditionen orientieren. In diesem Sinne signalisiert das 1926 verabschiedete Schund- und Schmutzgesetz weniger die Bereitschaft zu einem wirksamen Schutz der Jugend, als vielmehr den Willen, bildungsbürgerlichen Normen zu einer allgemeinen Verbreitung zu verhelfen.

5.7.4 Das Krisenjahr 1932 als Wendepunkt für die Jugendhilfe

Die offene Krise des Weimarer Sozialstaats und mit ihm der Sozialen Arbeit zeigt sich vornehmlich an zwei Stellen: an der Undisziplinierbarkeit von Teilen der Unterschicht und an der mangelnden Finanzierbarkeit sowie organisatorischen Problemen des expandierenden Bereichs der Jugendfürsorge.

Die Weltwirtschaftskrise stellt das sozialstaatliche Netz vor die Zerreißprobe zwischen wachsendem Hilfsbedarf und Abbau der Hilfe, vor allem angesichts der Not der erwerbslosen Jugendlichen. Gelegentliche Sonderprogamme für diese Gruppe können nicht kaschieren, dass den ausufernden Debatten über die jugendpflegerische Verantwortung für erwerbslose Jugendliche eine zersplitterte und dürftige Praxis gegenübersteht.

Besonders deutlich wirkt sich die Kürzungspolitik im damaligen Kernbereich der Jugendhilfe, in der Fürsorgeerziehung, aus. Der kontinuierliche Rückgang der Zöglingszahlen beschleunigt sich weiter. Der dramatische Rückgang ist zum einen der Kürzung der preußischen Zuschüsse zur Fürsorgeerziehung von bisher jährlich 25 Mill. RM auf nun 15 Mill. RM zuzuschreiben, zum anderen den Auswirkungen der Novellierung des RJWG. 1931 fordert der Preußische Minister für Volkswohlfahrt dem Kostendruck der Fürsorgeerziehung durch eine Revision des RJWG zu begegnen. Dies erfolgt mit der Notverordnung vom 4. November 1932. Die Fürsorgeerziehung ist nun zu unterlassen, „wenn sie offenbar keine Aussicht auf Erfolg bietet“, der

§ 73 erlaubt die vorzeitige Entlassung, „wenn der Minderjährige an erheblichen geistigen oder seelischen Regelwidrigkeiten leidet“. Das Ende der Fürsorgeerziehung wird obligatorisch auf den 18. Geburtstag vorverlegt.

Kommentar zu § 73 RJWG: „Außer den Minderjährigen, die geistig oder seelisch krank sind (…), werden hierzu (zu denjenigen, die an erheblichen geistigen oder seelischen Regelwidrigkeiten leiden, d. A.) Dauerfortläufer und daneben besonders Schwerverwahrloste (angehende Gewohnheitsverbrecher, Mitglieder von Cliquen und Ringvereinen, schwer verwahrloste Prostituierte beiderlei Geschlechts) zu rechnen sein; außerdem gewisse gemütsarme, rohe, stumpfe, spröde, eigenwillige, trotzige, übererregbare und verbitterte Menschen, die sich in keiner Gemeinschaft halten lassen, allen Erziehungsversuchen ablehnend oder passiv gegenüberstehen und im Heim unter den übrigen Minderjährigen zersetzend wirken.“
(*Friedeberg/Polligkeit: Das Reichsgesetz für Jugendwohlfahrt. Kommentar, 2. Auflage 1930, S. 26*)

Erst 1932 werden Konzepte massenhafter Erfassung der Arbeitslosen in Einsätzen des so genannten freiwilligen Arbeitsdienstes erprobt, welche zum Vorbild des Reichsarbeitsdienstes in der NS-Zeit werden.

5.7.5 „Die Behandlung soll durch öffentliche Mittel sichergestellt werden.“ Die Entwicklung der Gesundheitsfürsorge

Die gesundheitliche Lage der Bevölkerung in der Nachkriegszeit weist eine ganze Reihe von Folgeschäden auf, die auf die Unterernährung und die mangelnden Heizmöglichkeiten im Kriege zurückzuführen sind. Diese Folgeschäden werden nicht selten zu chronischen Erscheinungen, da die Versorgung der Bevölkerung in den Großstädten mit Nahrungsmitteln und Brennmaterial auch in der Inflationszeit und während der Weltwirtschaftskrise ausgesprochen dürftig ist.

Der Ausbau der Gesundheitsfürsorge erfolgt nach dem Krieg zunächst auf freiwilliger Basis und versucht, neben der Versorgung der Kranken der Vorbeugung und Aufklärung besonderes Gewicht zukommen zu lassen. In der Folgezeit werden jedoch Schritt für Schritt gesetzliche Grundlagen für die medizinische Versorgung und Überwachung geschaffen. 1923 entsteht in Preußen das Gesetz zur Bekämpfung der Tuberkulose, das eine Meldepflicht vorsieht und weitere Schritte zur Isolation und medizinischen Versorgung der Erkrankten festlegt. Diese, wie auch eine Reihe weiterer Maßnahmen im Bereich der Seuchenbekämpfung, werden in Zusammenarbeit mit der Wohnungsfürsorge durchgeführt, da man zurecht davon ausgeht, dass die eigentlichen Ursachen der Erkrankungen in den teilweise skandalösen Wohnverhältnissen zu suchen sind.

„Die alte Großmutter hatte als junge Frau Lungentuberkulose gehabt. Die Krankheit war ausgeheilt worden, die Frau selbst hatte längst keine Beschwerden, sie hüstelte nur, sie hatte keinen Auswurf, sie hielt sich für vollkommen gesund. Albert und Alma hatten sie auch für vollkommen gesund gehalten. Ihnen fehlte die Miete, so zogen sie zur Großmutter. Vielleicht hätten sie schon früher, als sie noch in der eigenen Wohnung lebten, das Wohnungsamt aufgesucht, hätten sie geahnt, dass das Zusammenwohnen mit der Großmutter die Kinder gefährden könne. Sie ahnten es nicht. Hätten sie 36 Mark Monatsmiete gehabt, so wären die Kinder nicht angesteckt worden."
(*Ruth Fischer/Franz Heimann: Deutsche Kinderfibel, Berlin 1932*)

1927 kommt es nach sechs Jahren Verhandlung endlich zu einem Gesetz zur Bekämpfung der Geschlechtskrankheiten, welches, so die Reichstagsabgeordnete Marie Elisabeth Lüders, eine langfristige „Befreiung von Krankheit und Lüge" in Aussicht stellt. „Das Gesetz verpflichtet alle Geschlechtskranken, sich von einem für das Deutsche Reich approbierten Arzt untersuchen und solange behandeln zu lassen, wie nach ärztlichem Urteil eine Ansteckungsgefahr besteht. Ausführungsbestimmungen sollen dafür sorgen, dass für diejenigen Minderbemittelten, die keinen Anspruch auf anderweitige ärztliche Hilfe haben, die Behandlung durch öffentliche Mittel sichergestellt wird." (Lüders 1927, S. 302)

Unterstützend zu der Arbeit der Geschlechtskrankenfürsorge soll die Eheberatung wirken, deren Einrichtung bereits 1926 durch das Preußische Wohlfahrtsministerium angeregt wird. Dem Ministerialerlass entsprechend soll die Eheberatung vor allem darauf hinwirken, die Ehekandidaten „eugenisch" zu beraten, d.h. etwaige Geschlechtskrankheiten auszuschließen und nach Erbkrankheiten in der Familie zu forschen. Daneben obliegen ihnen Aufgaben wie Sexualaufklärung, Verhütungsberatung und Hilfen bei Sexualstörungen. Bei der Wahrnehmung dieser Aufgaben zeigt sich im Laufe der Weimarer Republik ganz besonders deutlich die Bandbreite des sozialpolitischen Selbstverständnisses, welches die Praxis leitet: Neben reformerischen Sexualberatungsstellen, die sich dem Abbau von Vorurteilen (etwa bezüglich der Homosexualität) und dem Selbstbestimmungsrecht der Frau (§ 218 StGB) verschrieben haben, stehen andere Einrichtungen, die sich mit Stolz ihrer rassehygienischen Leistungen und ihrer volkspolitischen Mission rühmen.

„Für die Vernichtung lebensunwerten Lebens muss eine gesetzliche Handhabe geschaffen werden; denn auch das schafft Raum für Lebenstüchtige und schützt vor seelischen und wirtschaftlichen Nöten. Selbstverständlich wird man nur das Leben vernichten, von dem man nach dem heutigen Stand der Wissenschaft mit vollster Sicherheit sagen kann, dass es niemals Werte schaffend werden kann."
(*Dr. med. Josephine Höber: Zweck, Erfahrungen und Ziele der Eheberatung, in: Die Frau, 35. Jg., 1928, S. 147*)

Für die organisatorische Durchführung der gesundheitlichen Hilfen im Allgemeinen sind vier Träger in Gemeinschaftsarbeit zuständig:

„1. Der Staat als Gesetzgeber und Quelle der Verwaltungsmaßnahmen,
2. die Gemeinden als rechtsmäßige Verwaltungen mit örtlicher Begrenzung,
3. die Versicherungsträger als öffentlich-rechtliche Körperschaften
4. und die privaten Wohlfahrtsorganisationen als Vereine bürgerlichen Rechts." (Rott 1928, S. 3f.)

Die Organisation der Versorgung und Hilfsangebote im Bereich der Gesundheitspflege durch die privaten Wohlfahrtsorganisationen ist nicht einheitlich strukturiert. Die Gesundheitsämter stehen grundsätzlich unter der Leitung einer Ärztin oder eines Arztes. Das Personal, das die Aufgaben des Gesundheitsamtes wahrnimmt, besteht ganz überwiegend aus gut ausgebildeten, hauptamtlich tätigen Fürsorgerinnen, welche schon während ihrer Ausbildung eine Spezialisierung in diesem Gebiet angestrebt haben. Die Reibungen, die durch die Zusammenarbeit der beiden Berufsgruppen entstehen, werden in der Regel durch eine Unterordnung der sozialen unter die medizinischen Gesichtspunkte gelöst, da die „Götter in Weiß" aufgrund ihrer Jahrhunderte alten akademischen Tradition und ihrer formalen Leitungsfunktion das Primat der letzten Entscheidung für sich beanspruchen. Da das medizinische Personal, das sich für die Arbeit in den neuen Gesundheitsämtern zur Verfügung stellt, jedoch durchweg eher aufgeschlossen und reformfreudig ist, kommt es durchaus auch zu einer kooperativen und produktiven Form der Zusammenarbeit.

Kinderklinik

5.7.6 „Die Familie ist als Ganzes zu sehen." (Marie Baum) Die Entwicklung der Familienfürsorge

Die Familienfürsorge, deren Wurzeln in die Kriegsfürsorge zurückreichen, wird in erster Linie ins Leben gerufen, um, aus Sicht der Wohlfahrtspflege, Mehrfachbetreuung zu vermeiden bzw. der Klientel zu ersparen, mehrere Ämter oder Einrichtungen aufsuchen zu müssen, um Probleme zu lösen, die eng miteinander zusammenhängen.

Der Begriff der Familienfürsorge wird zunächst noch uneinheitlich verwendet: Zum einen umfasst er alle Maßnahmen der Fürsorge im Sinne des § 119 WRV, d.h. er schreibt den Schutz und die Stärkung der Familie vor. Zum anderen beinhaltet er die Methode, sich nicht nur der Einzelnot verschiedener Familienmitglieder anzunehmen, sondern die Familie als Ganzes zu sehen und die Maßnahmen auch auf die Zusammenhänge zwischen den Familienmitgliedern abzustimmen. Drittens soll die Familienfürsorge in dem oben angedeuteten Sinne zu einer Koordination der Eingriffe durch Jugend-, Wohlfahrts- und Gesundheitsamt beitragen. Um namentlich die letztgenannte Funktion der Familienfürsorge organisatorisch umzusetzen, greift man wieder auf das alte Prinzip der Quartiere zurück und weist der Familienfürsorgerin einen Bezirk zu, für den sie „zuständig" ist (Nave-Herz 1988).

Familienberatung

Marie Baum, eine der Initiatorinnen der Familienfürsorge, definiert ihre Aufgaben folgendermaßen: „Bezirksfamilienfürsorge ist die in einem bestimmten geographischen Bereich in der Form der Einheits- und nach den Methoden der Familienfürsorge durchgeführte Wohlfahrtspflege, die je nach Lage des Einzelfalls zu Maßnahmen der Wirtschafts-, Gesundheits- und Erziehungsfürsorge greifen, offene oder geschlossene Fürsorge vermitteln, vorbeugenden, heilenden oder rettenden Charakter annehmen kann, und die in all ihren Schritten bewusst auf die Stärkung der in der Familie liegenden Pflege- und Erziehungskraft abzielt." (Marie Baum: Die Familienfürsorge, Karlsruhe 1927, S. 5)

So sehr auch die organisatorischen Vereinfachungen, welche die Familienfürsorge mit sich bringt, begrüßt werden, verläuft ihre Einführung nicht ohne Probleme. Zum einen wird relativ schnell deutlich, dass sich bestimmte Spezialfürsorgen durch das Eingreifen der Familienfürsorgerin nicht erübrigen, weil ihre Umsetzung vom Umfang wie der Qualität der Maßnahme her den Tätigkeitsbereich der Allround-Kraft sprengen würde. Zum anderen erheben sich auch bei einem eingeschränkten Zuständigkeitsradius bereits Zweifel, ob all das, was an Arbeit und Verantwortung auf eine einzelne Familienfürsorgerin zukommt, nicht eine Überforderung darstellt (Zeller 1987).

Das entscheidende Problem liegt jedoch nicht in der Arbeit mit der Klientel begründet, sondern in den amtsinternen Arbeitsbedingungen. Das Konzept der Familienfürsorge, das auf Integration und Ganzheitlichkeit aufbaut, wird dadurch konterkariert, dass die einzelnen Fürsorgerinnen zwar eine gewisse Anzahl von Familien aufsuchen und betreuen sollen, dass ihnen aber nicht die Entscheidung darüber zusteht, was mit diesen zu geschehen hat. Wie weiter oben schon skizziert, bewirkt die in den Ämtern institutionalisierte Aufteilung in Innen- und Außendienst, dass die Zuständigkeit für beispielsweise Erziehungsarbeit und Erziehungsverantwortung bei zwei verschiedenen Personen liegt. Diejenige, die den direkten Kontakt zu der Familie pflegt, legt über ihre Arbeit einen Bericht und eine Empfehlung vor, die Entscheidung über das weitere Verfahren trifft aber der Verwaltungsmann im Innendienst.

„Und nun wollen wir mit Wohnungs-, Tuberkulosen-, Säuglingsfürsorge, mit Jugendpflege und anderen Maßnahmen in einem früher ungeahnten Umfange in die Häuser, in die Familien dringen. Unerträglich, von jedem freieren Gesichtspunkt geradewegs abzulehnen wären diese Bestrebungen, wenn nicht durch Ausschluss jedes bureaukratischen, polizeilichen Charakters, durch überaus sorgfältige Auswahl derjenigen, die den ‚beweglichen Teil' der Arbeit, die direkte Berührung mit den von der Fürsorge Erfassten zu leisten haben, völlig sichere Gewähr für warmherziges, taktvolles Benehmen und für Kulturförderung echtester Art geboten wäre."
(*Marie Baum: Die Wohlfahrtspflege, ihre Organisation und ihr Verhältnis zur Armenpflege, München und Leipzig 1916, S. 3f.*)

Durch dieses Verfahren, das nicht zuletzt eine Kontrolle über die mutmaßlich viel zu leichtgläubige und gutmütige Mitarbeiterin beinhaltet, wird es für die Fürsorgerin schwer, ein tragfähiges Vertrauensverhältnis zu ihrer Klientel aufzubauen, da sie teilweise Entscheidungen vertreten muss, hinter denen sie nicht steht. Dass sie zudem in ihrer Fachlichkeit infragegestellt und beschnitten wird, ist ein Problem, dessen Tragweite bereits erörtert wurde.

„Es gibt zweifellos Naturen, von denen man die unmittelbare Empfindung hat, dass sie für die Frontarbeit in der Wohlfahrtspflege prädestiniert sind, (…) deren Glück voll und rund ist, wenn sie anderen helfen können. Denen die praktische Tat mehr wert ist als

jede Problematik; deren Gefahr allerdings darin liegt, dass sie die Grenzen ihrer Wirksamkeit nicht recht abzuschätzen vermögen."
(*Else Ulich-Beil: Wohlfahrtspflege als Beruf, in: Sonderheft für Alice Salomon in „Die Frau", 1923, S. 418*)

Die Erwartungen, die in die Familienfürsorge gesetzt wurden, erfüllen sich deshalb nur zum Teil. Das Schicksal, dass gegen Ende der 1920er Jahre auch die Familienfürsorge aufgrund der Streichungen ihren Verpflichtungen nur noch partiell nachkommen und deshalb die offensichtliche Not nicht beheben kann, teilt sie mit allen übrigen Bereichen der Wohlfahrtspflege.

5.7.7 „Soziale Betriebsarbeit basiert auf dem Prinzip der Selbsthilfe." (Ilse Ganzert) Die Entwicklung der Betriebsfürsorge

Zu Beginn der Weimarer Republik ist zunächst ein deutlicher Rückgang der Betriebsfürsorge zu konstatieren, der auf unterschiedliche Ursachen zurückzuführen ist: Zum einen waren seit 1916 auf Druck des Kriegsamtes so viele Fabrikpflegerinnen eingestellt worden, die teilweise keine zureichende Ausbildung hatten, dass die Arbeitgeber sie, von den Ergebnissen enttäuscht, nach Kriegsende bei nächstbester Gelegenheit wieder entlassen. Zum anderen weckt die neue Sozialgesetzgebung der Weimarer Republik den Eindruck, umfassende Fürsorge zu leisten und dadurch eine fabrikinterne Arbeit obsolet zu machen.

Tatsächlich zielen die Vertreterinnen und Vertreter des Arbeitsbereichs, der sich nun Soziale Betriebsarbeit nennt, auf etwas Neues ab und nicht mehr nur auf die Kontrolltätigkeit der alten Gewerbeinspektion, die jetzt weitgehend vom Betriebsrat übernommen worden ist. Das neue Konzept der sozialen Betriebsarbeit geht, ähnlich wie die zeitgleich in den USA entstehende Human-Relations-Richtung, davon aus, dass Umfang und Qualität der Produktion nicht zuletzt von der Zufriedenheit der Belegschaft abhängig sind.

Die Soziale Betriebsarbeiterin, die ihre Arbeit in einem Unternehmen aufbaut, hat nun also die Aufgabe, die Belegschaft zu aktivieren, nicht um sie vor extremer Ausbeutung und Gesundheitsschädigung zu schützen wie früher, sondern, um das Arbeitsklima zu verbessern und ihre Initiative zu stärken, den zunehmenden Freizeitanteil sinnvoll zu gestalten.

Fabrikkantine

„Ganz konkret sah mein Anfang in dieser Kunstseidenfabrik so aus: Der Obmann des Betriebsrates sagte zu mir völlig resigniert: ‚Hat alles keinen Zweck mit Ihrer Arbeit hier. Es wird doch nichts gemacht – versprochen, versprochen und nichts gehalten.‘ Der Arbeitgeber sagte zu mir mit einer noch patriarchalen Einstellung: ‚Die Arbeiter sind undankbar – eine große Bibliothek habe ich ihnen gestiftet – denken Sie, die wird benutzt? So gut wie überhaupt nicht. Außerdem sind die Arbeiter Schweine – Noch nicht einmal ihre Waschräume und ihre Klos können sie sauber halten!‘ Also muss man bei der ‚Schweinerei‘ anfangen, dachte ich, und legte gleich Hand an. Später fand ich bei ähnlichen Ereignissen unerwartete Helferinnen. Die Klos wurden von da ab sauber gehalten. Das imponierte dem Arbeitgeber, und plötzlich trat das Unerwartete und schon immer Beantragte von heut auf morgen ein: Es entstanden neue Klos mit Wasserspülung und neue Waschräume.“
(Erika S. Runge, in: Hering/Kramer: Aus der Pionierzeit der Sozialarbeit, Weinheim und Basel 1994, S. 49)

Für diese Arbeit werden bestimmte Grundsätze entworfen:

„1. Die Soziale Betriebsarbeit als solche ist interkonfessionell und unpolitisch.
2. Die Soziale Betriebsarbeiterin beginnt in dem Betriebe, in dem sie eine sozialpädagogische Arbeit aufbauen soll, als Arbeiterin und arbeitet in den verschiedenen Abteilungen der Fabrik mit.
3. Die Ausführung jeglicher sozialpädagogischer Arbeit geschieht in engster Verbindung mit dem Betriebsrat, führenden Arbeitern und Arbeiterinnen.
4. Die Soziale Betriebsarbeiterin ist nicht Angestellte der Fabrik, in der sie arbeitet (sie bekommt von dieser nur den Arbeiterinnenlohn), sondern des Ausschusses für Soziale Betriebsarbeit.“ (Ganzert 1929, S. 344)

Dass die Soziale Betriebsarbeit als sozialpädagogische Arbeit bezeichnet wird, zeigt, inwieweit sie sich inhaltlich von dem Selbstverständnis der „Fabrikfürsorgerin“ entfernt hat, welche noch die Aufgabe zu erfüllen hatte, die Rahmenbedingungen dafür herzustellen, dass eine Frau überhaupt zur Arbeit gehen kann, während nun dafür gesorgt werden soll, dass sie die Arbeit zu ihrer Zufriedenheit ausführt.

„Die Soziale Betriebsarbeit ist ein Versuch, den Aufgaben der industriellen Wohlfahrtsarbeit gerecht zu werden, in einer Form, die der heutigen Zeit entspricht, basiert auf dem Prinzip der Selbsthilfe, denn: Wollen befreit, das ist die wahre Lehre von Willen und Freiheit; so lehrt sie auch Zarathustra.“
(*Ilse Ganzert: Soziale Betriebsarbeit, in: Die Frau, 36. Jg., 1929, S. 348*)

5.7.8 „Ein neues Stück Sittlichkeit ist verwirklicht“ Die Entwicklung der Erwerbslosenfürsorge

In Artikel 163 der Weimarer Reichsverfassung heißt es: „Jedem Deutschen soll die Möglichkeit gegeben werden, durch wirtschaftliche Arbeit seinen Unterhalt zu erwerben. Soweit ihm angemessene Arbeitsgelegenheit nicht nachgewiesen werden kann, wird für seinen notwendigen Unterhalt gesorgt.“ Damit bekommt der Einzelne zwar kein Recht auf Arbeit, aber das Recht auf Schutz vor den Konsequenzen der Arbeitslosigkeit. Die Fürsorge für Erwerbslose wird damit zu einer zentralen Aufgabe des Staates – zunächst vorrangig als Antwort auf die Problematik der Demobilisierung. „Mit der Arbeitslosenversicherung sind das Lebensrecht des Arbeiters und damit der Selbstzweck und die Würde seines Daseins von der Gesellschaft grundsätzlich anerkannt; ein neues Stück Sittlichkeit ist verwirklicht.“ (Eduard Heimann, in: Tormin (Hg.): Die Weimarer Republik, Göttingen 1964, S. 155)

Arbeitslose bei den Arbeitsämtern im Jahresdurchschnitt (in 1000)			
1926	2.011 (10,0)*	1931	4.520 (21,9)
1927	1.353 (6,2)	1932	5.576 (29,9)
1928	1.353 (6,3)	(Feb. 1932:	6.128
		1933	4.804 (25,9)
1929	1.892 (8,5)	1934	2.718 (13,5)
1930	3.076 (14,0)		

* In Klammern: Arbeitslose in v.H. der Erwerbspersonen

Im November 1918 wird eine Verordnung für die Erwerbslosenfürsorge erlassen, die ursprünglich nur ein Jahr Bestand haben soll, tatsächlich aber bis zur Einführung der Arbeitslosenversicherung im Jahr 1927 bestehen bleibt. Die Gemeinden werden verpflichtet, eine Fürsorge für Be-

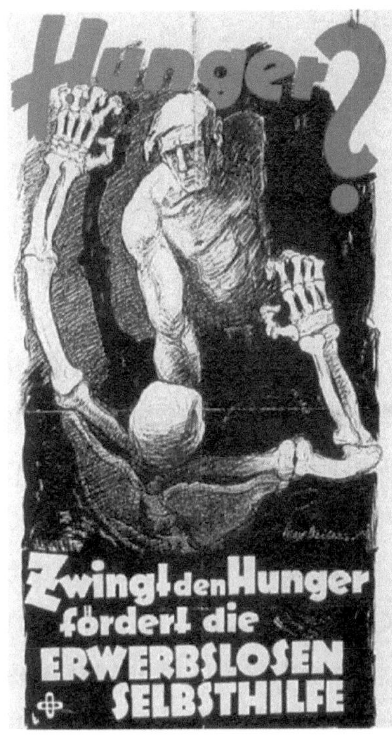

dürftige einzurichten, die nach Ende des Krieges keine Stelle gefunden haben. Die Leistungen werden arbeitswilligen und arbeitsfähigen Personen bis zu einem halben Jahr gewährt, falls Bedürftigkeit vorliegt. Außerdem versucht man, durch „Notstandsarbeiten“ und andere gemeinnützige Beschäftigungen neue Arbeitsplätze zu schaffen.

Bis zur Einführung der Arbeitslosenversicherung wird diese Verordnung mehrfach modifiziert: Seit 1923 werden Arbeitgeber und Arbeitnehmer zu Beitragszahlungen herangezogen; ein Jahr später werden nur noch diejenigen unterstützt, die in den letzten 12 Monaten wenigstens drei Monate einer krankenversicherungspflichtigen Beschäftigung nachgegangen sind. Als 1927 die Arbeitslosenversicherung in Kraft tritt, ist ein Bedürftigkeitsnachweis nicht mehr zu erbringen, da nun ein Rechtsanspruch auf Unterstützung besteht.

„Im Haushaltsjahr 1928/29 verzeichnete die Reichsanstalt für Arbeitslosenversicherung bereits ein Defizit von fast einer halben Milliarde Mark, und als der Reichstag Ende April den neuen Etat beriet, ließ sich voraussehen, dass bis Ende Juni gegen 370 Millionen als Darlehen für die Arbeitslosenversicherung notwendig sein würden.“
(*Walter Tormin: Die Weimarer Republik – Zeitgeschichte in Text und Quellen, Göttingen 1964, S. 178*)

Infolge der Wirtschaftskrise seit 1929 und der dadurch rasch ansteigenden Zahl der Erwerbslosen gerät die Reichsanstalt für Arbeitslosenversicherung in Zahlungsschwierigkeiten, die zunächst mit einem Reichsdarlehen aufgefangen werden können, langfristig jedoch zu einer weiteren Modifizierung der Anspruchsberechtigung führen: Es kommt zu Leistungseinschränkungen und zur „Aussteuerung“ derjenigen, die länger als 45 Wochen arbeitslos sind und deshalb wieder an die kommunale Fürsorge zurückverwiesen werden müssen.

5.7.9 Fürsorge für Kriegshinterbliebene und Kriegsbeschädigte

Der Umgang mit den über 2 Millionen Kriegsopfern, die nach 1918 zur Versorgung anstehen, stellt den Sozialstaat vor besondere Aufgaben: Man will die Betroffenen großzügig unterstützen, nicht nach ihrer Bedürftigkeit fragen, sondern die Ansprüche zugrunde legen, die sich aus ihrer sozialen Situation in der Vorkriegszeit ableiten. Auf der anderen Seite will man sie nicht dauerhaft stigmatisieren, sondern ihnen so schnell wie möglich wieder eine eigenständige Existenz eröffnen. Das heißt, dass die vorliegenden Grundsätze zur Invaliden- und Hinterbliebenenversicherung ergänzt werden müssen.

„Das Invaliditäts- und Altersversicherungsrecht wurde 1889 erlassen, 1899 ausgebaut. 1912 wurde die Hinterbliebenenversorgung eingegliedert. Das Gesetz gewährt dem Versicherten eine Invalidenrente
- bei Vollendung des 65. Lebensjahres oder
- bei Eintritt dauernder Erwerbsunfähigkeit um mehr als zwei Drittel,
- bei vorübergehender Invalidität oder Wegfall des Krankengeldes (...)

Die Hinterbliebenen eines Versicherten haben Anspruch auf Versorgung, wenn der Versicherte nach dem 1. Januar 1912 gestorben bzw. dauernd invalide geworden ist. (...) Nach dem 20. August 1923 kann auch ein Witwer rentenberechtigt sein.“
(*Elisabeth Gnauck-Kühne: Das soziale Gemeinschaftsleben im Deutschen Reich, M. Gladbach 1925, S. 142*)

George Grosz: Krüppelmarsch

In dem Reichsversorgungsgesetz von 1920 werden deshalb drei Arten von Leistungen vorgesehen: Die Heilbehandlung, die soziale Fürsorge und die

Gewährung von Renten an Kriegsbeschädigte und Kriegshinterbliebene. Durch die Heilbehandlung sollen Rehabilitationsmaßnahmen gefördert werden, welche eine Reintegration in den Arbeitsmarkt ermöglichen und durch spezielle Maßnahmen der Berufsfürsorge unterstützt werden. Es werden, wie wir heute sagen würden, behindertengerechte Arbeitsplätze geschaffen, deren Inhaber zusätzlichen Anspruch auf soziale Betreuung haben. Die soziale Fürsorge soll den Familien der „Beschädigten" bzw. den Hinterbliebenen der Toten Hilfen bei dem Aufbau einer neuen Existenz bieten. Dabei geht es in der Regel um einen Arbeitsplatz für die Mutter, um Erziehungshilfen für die Kinder und um Beratung bei all den Problemen, die entstehen, wenn der männliche Familienvorstand plötzlich nicht mehr der Ernährer der Familie sein kann.

Zur Durchsetzung ihrer Interessen organisieren die Kriegsbeschädigten sich u.a. in folgenden Verbänden, die sich dem Reichsausschuss der Kriegsbeschädigten- und Kriegshinterbliebenenfürsorge (RAM) anschließen: Bund erblindeter Krieger e.V., Deutscher Kriegerbund (Kyffhäuserbund), Einheitsverband der Kriegsbeschädigten und Kriegshinterbliebenen Deutschlands, Internationaler Bund der Kriegsopfer, Reichsbund der Kriegsbeschädigten, Kriegsteilnehmer und Kriegshinterbliebenen, Zentralverband Deutscher Kriegsbeschädigter und Kriegshinterbliebener, Deutscher Offiziersbund.
(aus: Christoph Sachße/Florian Tennstedt: Geschichte der Armenfürsorge in Deutschland. Band 2: Fürsorge und Wohlfahrtspflege 1871 bis 1929, Stuttgart 1988, S. 228)

Je weiter die Kriegszeit zurückliegt, umso mehr schwindet das soziale Gewissen der Öffentlichkeit den Kriegsopfern gegenüber, zumal die schnell auf das Kriegsende folgenden Krisen wie Kapp-Putsch und Inflation zu einer allgemeinen Relativierung der Gewichtung von Problemlagen führen. Deshalb zögert der Staat am Ende der 1920er Jahre nicht, auch zu Kürzungen im Bereich der Kriegsopferfürsorge zu schreiten, da diese in allen anderen Bereichen ebenfalls notwendig geworden sind.

Kapitel 6
Von der Fürsorge zur „Volkspflege“

6.1 Soziale Arbeit in der Zeit des Nationalsozialismus. Historischer Überblick

Die Machtübernahme der NSDAP im Januar 1933 war der Endpunkt einer krisenhaften Entwicklung, die sich unterschwellig durch die gesamte Entwicklung der Republik von Weimar zog und seit der Weltwirtschaftskrise (1929) und ihren politischen und sozialen Folgen zunehmend sichtbar wurde. Verantwortlich hierfür war sicherlich eine Reihe von Faktoren. Ein – neben den wirtschaftlichen Problemen – besonders wichtiger war die mangelhafte Akzeptanz der republikanisch-demokratischen Staatsform durch die bürgerlichen Eliten. Ein anderer war die schleichende Aushöhlung der parlamentarischen Demokratie durch das sog. „Parteiengezänk“ einerseits und durch die „Notverordnungspolitik“ andererseits. Es ist notwendig, darauf hinzuweisen, dass die demokratischen Grundlagen der Weimarer Republik schon durch die Regierungen „Brüning“ (1929–1932) und „Papen“ (1932–1933), die weite Teile der Verfassung durch Notverordnungen außer Kraft setzen, ausgehöhlt werden. Die Bevölkerung ist seit 1930 daran gewöhnt, dass es eine wirksame parlamentarische Kontrolle der Politik kaum noch gibt. Man ist ebenfalls daran gewöhnt, dass Hilfsprogramme nicht funktionieren, Zusagen nicht eingehalten werden und dass die allgemeine Hilflosigkeit, die angesichts der wirtschaftlichen Einbrüche und der hohen Arbeitslosenzahlen herrscht, fast jedes Mittel, das Abhilfe zu schaffen verspricht, rechtfertigt.

Daraus erklärt sich die relativ große Bereitschaft, Hitler eine Chance zu geben, die Krise mit seinen Mitteln zu beheben: Gelingt es ihm nicht, kann man den lautstarken Herausforderer endlich mundtot machen, gelingt es ihm, umso besser.

Dass Teile der Großindustrie Hitler stützen, und dass der greise Reichspräsident von Hindenburg ihm sein Vertrauen ausspricht, sind gleichfalls Umstände, die geeignet sind, dem bisher eher übel beleumundeten Gefreiten, Ex-Häftling und „Anstreicher“ den Weg zur Macht zu ebnen. Die Warnungen, die vor allem von der Linken mit Blick auf den italienischen Faschismus formuliert werden, dass es sich bei der Machtübernahme der NSDAP nicht nur um einen weiteren Versuch der Krisenbewältigung handeln würde, sondern um den radikalen Abbau von Demokratie und Freiheitlichkeit, finden kein Gehör. Auch die zahlreichen Bemühungen, einen wirksamen Zusammenschluss von SPD, KPD und Gewerkschaften gegen die „Gefahr von Rechts“ zu organisieren, scheitern – vor allem an der internen Zerstrittenheit im linken Lager.

Ergebnisse der Reichstagswahlen (1924–1933)

Stimmenanteile jeweils in Prozent der abgegebenen gültigen Stimmen

	4.5.1924	7.12.1924	20.5.1928	14.9.1930	31.7.1932	6.11.1932	5.3.1933
SPD	20,5	26,0	29,8	24,5	21,6	20,4	18,3
KPD	12,6	9,0	10,6	13,1	14,6	16,9	12,3
NSDAP	(6,6)	(3,0)	2,6	18,3	37,4	33,1	43,9
DNVP	19,5	20,5	14,2	7,0	5,9	8,8	8,0
DVP	9,2	10,1	8,7	4,5	1,2	1,9	1,1
DDP	5,7	6,3	4,9	3,8	1,0	1,0	0,9
Zentrum	13,4	13,6	12,1	11,8	12,5	11,9	11,2

Aus: Eike Hennig: Bürgerliche Gesellschaft und Faschismus in Deutschland, 2. Aufl., Frankfurt am Main 1982, S. 189

Deshalb gibt es keine gesellschaftliche Kraft, die sich dem NS-Terror noch machtvoll widersetzen kann, als dieser ab Februar 1933 beginnt, seine Herrschaftsinstrumente vorzuführen: Verhaftungen aller prominenten politischen Gegnerinnen und Gegner, Auflösung des Parlaments, Entlassung „politisch Unzuverlässiger“ aus dem öffentlichen Dienst, Überwachung durch die Geheime Staatspolizei (Gestapo), Rechtsbeugung, Schauprozesse (beginnend mit dem Reichstagsbrandprozess), Aufbau von Massenorganisationen, Repressalien gegen Unangepasste und erste Schritte zur Ausgrenzung „nichtarischer“, d.h. vor allem jüdischer Bevölkerungsteile. Deren Anteil macht im Gebiet des Deutschen Reiches – ganz im Unterschied zu den osteuropäischen Staaten, wie v.a. Polen und die Sowjetunion – mit ca. einer halben Million Menschen noch nicht einmal 1 % der Gesamtbevölkerung aus; dennoch gelten sie neben „den Bolschewisten“ als Staatsfeind Nummer eins.

Wer sich durch diese Maßnahmen nicht unmittelbar bedroht fühlt, so zum Beispiel Juden, die im Ersten Weltkrieg „als Deutsche gedient“ haben oder Konservative, die noch meinen, „das Schlimmste verhindern“ zu können, bleibt in der Regel zunächst in Deutschland. Bei einem Teil der deutschen Intellektuellen (v.a. solchen jüdischer Herkunft) lösen diese Maßnahmen jedoch eine berechtigte Panik aus und viele beschließen ins Ausland zu fliehen, soweit ihnen dies vor ihrer Verhaftung noch gelingt. Aus dieser hastigen Flucht wird für die meisten eine viele Jahre andauernde Emigration unter schwersten Bedingungen: Die Einreise in die USA gelingt nur mit finanziellem Rückhalt und guten Beziehungen. In Moskau, dem favorisierten Ziel der KPD-Mitglieder, breitet sich zu Beginn der 30er Jahre ein den deutschen Verhältnissen vergleichbarer Terror aus, der mittels des langen Arms der sowjetischen Geheimpolizei KGB teilweise auch diejenigen trifft, die nach Frankreich, Mexiko oder Kuba fliehen. Länder wie Dänemark, Frankreich und die Tschechoslowakei sind nur so lange sicher, bis die deutschen Truppen dort einmarschieren. Die neutrale Schweiz knausert mit Aufenthaltserlaubnissen und setzt die Flüchtlinge damit jederzeit der Gefahr der Auslieferung an Deutschland aus.

Die Regierungen des Auslands lassen sich lange Zeit von Hitlers geschickter Außenpolitik blenden. Von dem deutsch-britischen Flottenabkommen im Jahre 1935, über das Münchner Abkommen von 1938, in dem Deutschland von den Westmächten das Sudetenland zugesprochen bekommt, bis zum spektakulären deutsch-sowjetischen Nichtangriffspakt August 1939 (der rechtzeitig vor dem Überfall auf Polen abgeschlossen wird), versteht es die deutsche Regierung trotz der Besetzung des Rheinlandes, der Wiedereingliederung des Saargebiets, der Annexion der Tschechoslowakei und des „Anschlusses“ Österreichs, das Ausland zum Stillhalten zu bewegen.

Nachdem die Opposition aus dem Land vertrieben, verhaftet oder liquidiert worden ist (darunter auch die Führung der SA, Hitlers ehemalige „Hausmacht“, als sie 1934 droht, abtrünnig zu werden), kann im Inneren des Landes mit der „Gleichschaltung“ aller Organisationen durch den Aufbau völkischer Zusammenschlüsse und Ideologien begonnen werden. Während die eine Seite des Januskopfes „Nationalsozialismus“ der Terror ist, stellt sich die andere Seite mit einem bunten und breit gefächerten Programm zum Aufbau und zur Festigung der Volksgemeinschaft dar: Ein Meer von Hakenkreuzfahnen, fröhliche Aufmärsche junger blonder Menschen in Uniform, Sport und Spiel, Ernteeinsätze, Ferienfahrten mit Kraft-durch-Freude-Dampfern, Mutterkreuz, raffinierte Propagandafilme und die Olympischen Spiele 1936 suggerieren das glückliche Gemeinschaftsleben der Mitglieder einer hochwertigen nordischen Rasse, deren Privilegiertheit durch den Kontrast zu den „rassisch Minderwertigen“, die sie Schritt um Schritt aussondern, erst vollends zur Geltung kommt.

Vor allem gelingt es dieser Gemeinschaft „wie durch Zauberhand“, ein Leben ohne Arbeitslosigkeit, mit spürbarem wirtschaftlichem Wachstum (Paradebeispiel ist der Autobahnbau), ohne öffentlich ausgetragene Konflikte, ohne Streiks und ohne Angst auf der Straße leben zu können. Dass diese „paradiesischen Zustände“ mit einer beispiellosen Staatsverschuldung, einem gigantischen Kontroll- und Sicherheitsapparat, mit Pressezensur und

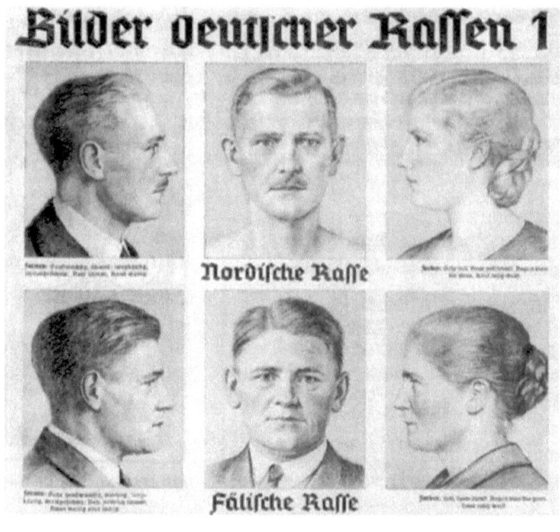

einem völlig skrupellos geführten Propagandaministerium erkauft werden, wird nur für diejenigen sichtbar, die sich – in „innerer Emigration“ – bewusst aus dieser Volksgemeinschaft ausschließen, sich – beispielsweise aus christlicher Überzeugung – gegen die Gleichschaltung zur Wehr setzen oder die offiziellen Verlautbarungen kritisch hinterfragen.

All dies wäre allein schon bedrückend genug. Der eigentliche Schrecken des Nationalsozialismus offenbart sich aber erst mit der systematischen Verfolgung und Vernichtung der Juden, welche mit dem Novemberpogrom („Reichskristallnacht“) 1938 einsetzen und sich von Deutschland aus über alle von der Wehrmacht besetzten Länder erstrecken. – Und mit der Entfesselung eines Krieges, in den am Ende die meisten europäischen Länder sowie Nordafrika, die USA, Japan und China verwickelt sind, und der nach Schätzungen innerhalb von fünfeinhalb Jahren ca. 55 Millionen das Leben gekostet hat, wurde die Welt in den größten Land-, See- und Luftkrieg der Geschichte gestürzt. 6 Millionen Jüdinnen und Juden, 26 Millionen Soldaten (darunter 13,6 Millionen Sowjetsoldaten und 4 Millionen Deutsche) und 20 bis 30 Millionen Tote in der Zivilbevölkerung (7 Millionen in Russland, 4,2 Millionen in Polen, 3,8 Millionen in Deutschland) sind umgekommen.

Mit dem Plan der Vernichtung der europäischen Jüdinnen und Juden und der Unterwerfung der slawischen Völker im Osten zur Etablierung einer „Herrenrasse bis zum Ural hin“ vollendet sich ein Rassenwahn, der keine Erfindung der Nazis ist, von ihnen aber mit besonderer Perfidie und Perversion praktiziert wurde. Er fußt auf rassenhygienischem, rassenbiologischem und eugenischem Gedankengut, das von bürgerlichen Wissenschaftlern, Ärzten und Sozialpolitikern seit dem Ende des 19. Jahrhunderts entwickelt wurde und als eugenisch gewendeter Darwinismus seit dem Ende des 19. Jahrhunderts zu einem salonfähigen Wissenschaftszweig avancierte. Die Vulgarisierung dieser Ansätze, vor allem aber ihre Verbindung mit militantem Antisemitismus, brachten seit den zwanziger Jahren jenes brisante, menschenverachtende Gebräu hervor, das die Nazis zur Leitideologie ihrer Ausgrenzungs- und Vernichtungspolitik machen. Nirgends außer in Deutschland ist dieser Rassenwahn zur Staatsdoktrin geworden, die mit einer absolut perfekten Tötungsmaschinerie umgesetzt wurde.

6.2 Leben in der „Volksgemeinschaft“ Die Lage der Klientel

Die wichtigste Meldung in den offiziellen Berichten zur Situation der Bevölkerung in der NS-Zeit ist der Hinweis auf den eklatanten Rückgang der Arbeitslosenzahlen von 4,8 Millionen im Jahre 1933 auf 119.000 im Jahre 1939. Vordergründig ein beeindruckendes Ergebnis! Nur: Der Sieg über die Arbeitslosigkeit gelingt nicht durch eine neuartige und erfolgreiche Wirtschaftspolitik, sondern durch hochsubventionierte Beschäftigungsprogramme, durch die Wiedereinführung der allgemeinen Wehrpflicht, durch den mit Prämien gesteuerten Rückzug der Frauen aus dem Arbeitsmarkt und durch eine Vielzahl von „Notstandsarbeiten“ und neu geschaffenen Arbeitsplätzen im Rahmen des Landjahrs und des Freiwilligen Arbeitsdienstes. Insgesamt werden ca. 5,5 Milliarden Reichsmark für das Programm aufgewendet – ein hoher propagandistischer Aufwand, um die Erfolge zu feiern und die Misserfolge zu verschleiern.

Die Neuorganisation des Arbeitsmarkts ist beispielhaft für den Zentralismus und Dirigismus, mit dem die neue Regierung ihre Aufgaben angeht. Das zuvor föderale System wird jetzt auf Berlin als Entscheidungszentrum orientiert, die Gestaltungsmöglichkeiten der Kommunen werden beschnitten, der Einfluss der Verbände bestenfalls auf die Mitwirkung in den Massenorganisationen beschränkt.

„Du bist nichts, dein Volk ist alles!“ – ist eine der zutreffendsten und wirkungsvollsten Parolen, welche die Partei – flankierend zu ihren zentralistischen Steuerungsmodellen – ausgibt, um die Bevölkerung auf das Ende des Individualismus einzustimmen. Adressat fürsorgerischer Leistungen und sozialer Hilfe ist nun nicht mehr das hilfsbedürftige Individuum, sondern die „Volksgemeinschaft“. Alle Wohlfahrtspflege und Soziale Arbeit soll nicht individuellen Notlagen gewidmet sein, sondern der Gesunderhaltung des „Volkskörpers“, der Leistungsfähigkeit der Volksgemeinschaft und der Stärkung des reinen und gesunden Blutes dienen. Aus „Wohlfahrtspflege“ soll „Volkspflege“ werden, aus individueller Wohlfahrt „Volkswohlfahrt“. Die Arbeitslosigkeit wird nicht beseitigt, weil sie für den Einzelnen ein Unglück bedeutet, sondern, weil der Einzelne vom Staat gebraucht wird. Rassenbiologische, sozialhygienische und eugenische Prinzipien sollen nun konsequent angewendet werden. Das bedeutet, dass die Menschen – deutsche Bürger – erfasst und in verschiedene Kategorien eingeteilt werden, mit denen unterschiedliches Recht und Status verbunden sind: rassisch reine (Arier), erbgesunde, wertvolle oder minderwertige, fremdvölkische, lebensunwerte, erbunwerte usw.

Dass die Frau vom Arbeitsmarkt verdrängt wird, hängt ebenfalls damit zusammen, dass der Staat sie braucht: als Mutter und verlängerten Arm des Staates bei der Versorgung und Erziehung der Kinder. Da die Familie keinen geschützten Binnenraum mehr darstellt und keine Privatheit beanspruchen kann, ist die Wahrnehmung der Mutterrolle – seit jeher Inbegriff der Intimität – ein öffentliches Amt geworden.

„Geht man den Gründen für das Absinken einer asozialen Familie nach, so ergibt sich, dass nicht selten auch die Frau Schuld daran hat; ist sie unwirtschaftlich, unmoralisch, leichtsinnig, verantwortungslos, so wird auch ein gutartiger Familienvater arbeitsunlustig und hemmungslos." (Deutsche Zeitschrift für Wohlfahrtspflege 1937/38, S. 410)

Auch die Kinder sind nicht ausgenommen von der allseitigen Funktionalisierung für den Staat. So früh wie möglich werden sie bei Massenkundgebungen und für Straßensammlungen u.ä. eingesetzt. Wichtiger noch ist allerdings, dass sie von Anfang an begreifen, dass sie, als Gesamtheit der Kinder, die „Garanten der Zukunft Deutschlands" sind – und nicht ein x-beliebiges Kind einer x-beliebigen Familie.

Eingebettet in ein System der Vollbeschäftigung und in das Gemeinschaftsgefüge der Massenorganisationen, zusätzlich dazu ausgestattet mit einem Auftrag und einer Zukunftsvision, muss „der Deutsche" – davon geht die Regierung aus – seine sozialen Probleme, sofern er überhaupt noch welche hat, grundsätzlich aus eigener Kraft lösen können. Zeigt er sich dazu in der Lage, bekommt er Gratifikationen und punktuelle Unterstützung. Ist er „lebensuntüchtig", stellt sich umgehend die Frage, ob er überhaupt „lebenswert" sei (Kuhlmann 1999).

So kommt es im Kontext des NS-Wohlfahrtsstaates relativ rasch zu einer Polarisierung der funktionierenden Mehrheit auf der einen Seite, der es angeblich an nichts mangelt, und einer funktionsuntüchtigen Minderheit auf der anderen Seite, die zwar überwiegend nach den traditionellen Vorgaben der Fürsorge betreut, deren Mitglieder im Einzelfall jedoch auch „ausgelesen" werden: Zwischen 1933 und 1945 wird etwa eine halbe Million Menschen zwangssterilisiert und ca. 275.000 Menschen (so die Zahlen, die in den Nürnberger Prozessen genannt werden) fallen der „Euthanasie" zum Opfer. Zu den Opfern zählen vor allem diejenigen, die als Behinderte oder

Geisteskranke in öffentlichen Einrichtungen untergebracht sind und keine Angehörigen mehr haben (Sachße/Tennstedt 1992).

§ 6 StGB

(1) Wer durch wiederholte verbrecherische Betätigung sowie nach seiner Lebensführung und nach seiner Persönlichkeit einen Hang zu ernsten Straftaten erkennen lässt, wird als gemeinschaftsfeindlicher Verbrecher zu Zuchthaus von unbestimmter Dauer verurteilt.
(2) Der gemeinschaftsfeindliche Verbrecher verfällt der Todesstrafe, wenn der Schutz der Volksgemeinschaft oder das Bedürfnis nach gerechter Sühne es erfordert.

„Es ist eine Halbheit, unheilbar kranken Menschen die dauernde Möglichkeit einer Verseuchung der übrigen gesunden zu gewähren. Es entspricht dies einer Humanität, die, um dem einen nicht wehe zu tun, hundert andere zugrunde gehen lässt. Die Forderung, dass defekten Menschen die Zeugung anderer ebenso defekter Nachkommen unmöglich gemacht wird, ist eine Forderung klarster Vernunft und bedeutet in ihrer planmäßigen Durchführung die humanste Tat der Menschheit."
(*Adolf Hitler: Mein Kampf, München 1933, S. 279*)

Die jüdische Bevölkerung, die – entgegen dem propagandistischen Bild vom wohlhabenden jüdischen Kaufmann – bereits durch die Weltwirtschaftskrise zu großen Teilen verarmt ist, erleidet durch die Repressalien der NS-Autoritäten (Berufsverbote, Gewerbeeinschränkungen, Enteignungen, Beschäftigungsverbote, Kaufboykotte, Kürzung von Steuerentlastungs- oder Subventionsleistungen) einen weiteren Verarmungsprozess und sozialen Abstieg. Viele können die Kosten der von der NS-Regierung anfangs noch gewollten Emigration nicht oder nur mit Hilfe von Freunden und Verwandten aufbringen. Ein wachsender Anteil fällt zwangsläufig der Fürsorge „zur Last". Die Führung steht damit vor dem selbstgeschaffenen Widerspruch zwischen Ausgrenzungswillen und öffentlicher Fürsorgepflicht: sie will einerseits den Ausschluss der Juden von der öffentlichen Unterstützung, schafft aber selbst immer weiteres Klientel; andererseits behindert die Verarmung der jüdischen Familien das politische Ziel der Verdrängung durch Emigration. Da sowohl einer Ausweitung der Unterstützung wie einem Verzicht auf die Verdrängungspolitik die antisemitische Ideologie entgegensteht, spitzen sich die Debatten zu, die eine konsequente Verschärfung der Restriktionen bis hin zur Vernichtung fordern.

Bevor ab 1941 die „Endlösung der Judenfrage" beginnt, lavieren Regierung, Gemeindetag und Kommunen zwischen verschiedenen Kompromissformen hin und her: Bis 1938 versucht man, durch Kürzungen und Beschränkungen die Unterstützung für bedürftige jüdische Familien so niedrig wie möglich zu halten. Immer mehr Zuständigkeiten, vor allem aber die Unterstützungspflicht, werden an den „Zentralausschuss für Hilfe und Aufbau" (eine Zwangsvereinigung, in der alle jüdischen Wohlfahrtsorgani-

sationen Mitglied sein mussten) delegiert, um das eigene Budget möglichst wenig zu belasten. Bei diesen Kürzungen und Ausgrenzungsmaßnahmen spielt der Deutsche Gemeindetag unter Vorsitz des Münchner Oberbürgermeisters Karl Fiehler eine führende Rolle, dessen repressive Strategien die Anordnungen der Regierung teilweise noch übertreffen (Gruner 1997).

Als die Pogrome im November 1938 ihre geplante Wirkung verfehlen, die verbliebene jüdische Bevölkerung außer Landes zu treiben, beginnt der Prozess der konsequenten Ausgrenzung und Stigmatisierung der jüdischen Klientel in den Fürsorge- und Arbeitsämtern durch Sonderverordnungen, Sondersprechzeiten und Sonderdienststellen. Einzelne Kommunen streichen die Unterstützung für jüdische Bedürftige gänzlich und verweisen diese nur noch an ihre eigene Wohlfahrtsorganisation, die sich im Bedarfsfall die Mittel aus dem Ausland besorgen soll. Als im Herbst 1941 die Massendeportationen beginnen, achten die zuständigen Ämter darauf, dass die jüdischen Empfänger von Wohlfahrtsleistungen vorzeitig ausgewählt werden, um damit endgültig die Frage ihrer Unterhaltsansprüche ad acta legen zu können.

„In meinem Bezirk wohnten viele ärmere jüdische Familien. Ich hatte einmal eine Wohnung zu inspizieren und kam in ein Haus, in dessen Kellerwohnung zahlreiche jüdische Erwachsene und Kinder zusammengepfercht waren, die sich auf mich stürzten und wissen wollten, was mit ihnen geschehen würde. Ich konnte ihnen schon deshalb keine klare Antwort geben, weil damals zwar gerüchteweise bekannt war, dass die Juden im Osten in Lagern zusammengefasst würden, wir uns aber trotz unseres Misstrauens gegenüber dem Naziregime nicht die dann erfolgten Vernichtungsaktionen vorstellen konnten.“
(*Leni Kampffmeyer, zit. in: Hering/Kramer: Aus der Pionierzeit der Sozialarbeit, Weinheim und Basel 1994, S. 103*)

Ähnliche Probleme wie mit der bedürftigen jüdischen Bevölkerung stellen sich den Wohlfahrtsbehörden auch durch die Gruppe der Zwangsarbeiterinnen und Zwangsarbeiter, die vor allem aus Polen nach Deutschland geschafft werden, um hier zu arbeiten, die im Krankheits- oder Invaliditätsfall aber der deutschen Fürsorge anheimfallen. Auch hier steht man vor dem

Widerspruch einer ideologisch abgeleiteten Definition des „Untermenschen", für den die deutschen Rechtsansprüche nicht gelten sollen, und der Fürsorgepflicht gegenüber in Deutschland beschäftigten Personen.

„Die Nazis haben uns richtig geschult, wie wir diese Polen zu behandeln hätten, und zwar so schlecht wie möglich. Wir sollten ihnen auf keinen Fall dasselbe wie uns zu essen vorsetzen, auf keinen Fall etwas zum Anziehen geben und auf keinen Fall ein freundliches Wort. Einmal sagte der Schulungsleiter, ein Tierarzt war es, eine Bäuerin wäre von ihm besonders geschätzt. Sie hätte ihr Polenmädchen so geschlagen, dass – ich zitiere – ihr der Rotz um die Backe gespritzt wäre. Und dies möchte er uns als Vorbild geben."
(Ilse Krüger, zit. in: Hering/Kramer: Aus der Pionierzeit der Sozialarbeit, Weinheim und Basel 1994, S. 126)

Für die Mehrheit der Bevölkerung setzt der entscheidende Einbruch in ihrer sozialen Situation nicht 1938, sondern im Herbst 1939, mit Kriegsausbruch, und dann noch einmal 1941 mit Beginn der Bombardierung der Städte ein.

Bombardierte Städte

„Der Reichsarbeitsminister hat zu der Frage der Beurlaubung werktätiger Frauen während des Fronturlaubs der Ehemänner wie folgt Stellung genommen: Es ist eine Ehrenpflicht der Betriebsführer, dem Wunsch werktätiger Frauen auf Beurlaubung während des Fronturlaubs des Ehemannes weitestgehend nachzukommen."
(Die Frau, 47. Jg., 1940, S. 219)

Ähnlich wie im Ersten Weltkrieg vollzieht sich zunächst die Organisation des Arbeitseinsatzes der Frauen in der Landwirtschaft und in den Fabriken – wenn auch diesmal nicht „freiwillig", sondern mittels einer Dienstverpflichtung.

„Im Arbeitsdienst für die weibliche Jugend stehen zurzeit rund 100000 Arbeitsmaiden. Die Einführung der Arbeitsdienstpflicht ist der Abschluss einer ganz organisch verlaufenen Entwicklung. Allerdings hat der Krieg diese Entwicklung beschleunigt. Auf der einen Seite wuchs durch den Ausfall der männlichen Arbeitskräfte die Notwendigkeit des Arbeitseinsatzes, zum anderen wurde die technische Durchführung der Dienstpflicht dadurch erleichtert, dass in den frei gewordenen männlichen Arbeitslagern sofort beziehbare Unterkünfte zur Verfügung standen."
(Die Frau, 47. Jg., 1940, S. 219)

„Der Gau Pommern wird in der nächsten Zeit in Stettin das erste ‚Kriegsmütterheim' eröffnen. Aufnahme finden junge Mütter, verheiratete und auch ledige, die aus bestimmten Gründen ihrem Beruf nachgehen müssen und ihre Kinder tagsüber in einem solchen Heim unterbringen möchten. Sie können die Aufnahme beantragen bei dem zuständigen Ortsgruppenleiter der NSDAP."
(*Die Frau, 47. Jg., 1940, S. 219*)

Wiederum ist für die Kinder der Berufstätigen zu sorgen und den Frauen Entlastung zu schaffen.

Mit Fortschreiten des Krieges kommt zu den Belastungen durch Erwerbsarbeit plus Kinderversorgung, die drei Jahre anhaltende Existenzbedrohung der Bevölkerung durch die Bombenangriffe, die Evakuierungen und – am Ende – die Flucht.

Flüchtlingstreck

Die soziale Situation der Soldatenfamilien gleicht der im Ersten Weltkrieg, ist aber durch mehrere Faktoren erschwert: zahlreicher sind die Familien, die durch Tod oder Invalidität betroffen sind; die Zahl der Kriegerwitwen und Kriegswaisen erreicht traurige Rekorde; stärker noch als 1914–1918 leidet die „Heimat" unter Lebensmittelrationierungen, Hungerwintern, Brennstoffknappheit. Vor allem aber lässt sich seit den alliierten Bombenangriffen die Heimat nicht mehr von den Kriegshandlungen ausnehmen, sie wird selber zum Kriegsschauplatz. Der normale Alltag, das normale Familienleben wird dadurch – zumindest in den Städten – empfindlich belastet und zerstört. Kinder werden, wo es geht, aus Sicherheitsgründen aus den Städten evakuiert und auf dem Land untergebracht. Noch vor den letzten großen Bombenangriffen und der Massenflucht vor der heranrückenden Front sind viele Familien auseinander gerissen worden.

6.3 Im Dienst der Volksgemeinschaft – die Entwicklung der Profession

6.3.1 Arbeit für die Gesundheit des „Volkskörpers"

Der Nationalsozialismus steuert von seiner Ideologie ausgehend das Ziel an, Soziale Arbeit weitgehend überflüssig zu machen. Die Volksgemeinschaft – so die Überzeugung – werde gesunden, sobald die schädlichen Elemente isoliert und ausgeschieden sein würden. Rassenbiologie und Vererbungslehre sollten hierfür die „(pseudo-)wissenschaftlichen" Voraussetzungen liefern. Und über die Gesundheit des „Volkskörpers" sollte ein möglichst engmaschiges Netz von Kontrollinstanzen (bis herab zum Block- oder Hauswart) wachen. Seien die Handlungsweisen der Wohlfahrtspflege erst auf die Beine gestellt, indem den Starken („Erbgesunden") geholfen, die Schwachen („Lebensunwerte", „Entartete", „Asoziale") aber ausgeschieden werden, so würden sich nach Überzeugung der nationalsozialistischen „Führer" der Volkswohlfahrt die Aufwendungen der Sozialen Arbeit auf ein Minimum zurückführen lassen.

Diese Überzeugung konnte in der Praxis zwar nur sehr lückenhaft eingelöst werden, wird aber für die Entwicklung der Profession und ihr berufliches Selbstverständnis ausschlaggebend. Die Beseitigung der Arbeitslosigkeit, darüber besteht nach fünf Jahren Wirtschaftskrise Konsens, ist eine Aufgabe wirtschaftlicher und politischer Steuerung, bei der die Fürsorge bestenfalls flankierend wirken kann. Von dem übrigen breiten Spektrum der Wohlfahrtspflegeeinrichtungen, die in der Weimarer Republik aufgebaut wurden, scheint den neuen Machthabern nur das Gesundheitswesen wichtig und brauchbar zu sein, das sich um sozialhygienische Arbeit, um „Erbgesundheitspflege" zu kümmern und Einrichtungen zur Begutachtung und Auslese der Schwachen zu errichten hat.

> „Wohlfahrtspflege als bloße Korrektur eines wirtschaftlichen Systems, dessen Ziel nicht selbst Wohlfahrt ist, ist zu schwach, um ihr eigenes Ziel zu erreichen. (...) Mit vollem Recht darf von dem Nationalsozialismus eine breitere Überwindung dieser Hemmungen erwartet werden, und niemand kann diese Möglichkeiten freudiger begrüßen als alle diejenigen, die innerhalb und außerhalb der Wohlfahrtspflege ihre Ohnmacht und ihre Grenzen erfahren mussten."
> (*Gertrud Bäumer: Der Sinn der Wohlfahrtspflege, in: Die Frau, 42. Jg., 1935, S. 324*)

Von daher kommt es zu radikalen Kürzungen der Reichszuschüsse für die Wohlfahrtspflege der Gemeinden und in der Folge auch zu einer deutlichen Senkung der Richtsätze für die Unterstützung von Bedürftigen. „Die Nationalsozialisten haben in der Sozialpolitik von Anfang an die Taktik verfolgt, die früheren allgemeinen Sätze bestehen zu lassen, dafür aber in der Anwendung auf den Einzelfall alle Mittel anzuwenden, um die Unterstützung zu vermindern.“ (Deutschlandberichte der Sozialdemokatischen Partei Deutschlands 1934–1940, Salzhausen-Frankfurt 1980, S. 834)

Die öffentlichen Einrichtungen bleiben aber bestehen und das Personal wird weiterbeschäftigt, im Laufe der Jahre sogar deutlich aufgestockt. Da der Ausbau nach dem bereits im Juli 1933 erlassenen „Gesetz zur Verhütung erbkranken Nachwuchses“ vor allem in den Gesundheitsämtern und in der Mutter-Kind-Fürsorge der Bezirke vonstattengeht, liegt es aus der Sicht der Organisatoren nahe, vor allem Fürsorgerinnen zu beschäftigen, da diese für die Arbeit am geeignetsten erscheinen.

Mit der ideologischen Ausrichtung der Sozialen Arbeit an Rassenbiologie und Gesundheitswesen gerät der soziale Beruf wieder in die Regie von Ärzten und Medizinalbeamten. Männer übernehmen die Leitungsaufgaben und medizinisches Denken beherrscht die Fachlichkeit. Damit verbindet sich zugleich eine systematische Refeminisierung des Berufes, da die Soziale Arbeit in den Gesundheitsämtern als typisch weibliche Hilfsarbeit betrachtet und die Familienfürsorge ohnehin als genuin weibliche Aufgabe interpretiert wird (Kramer 1983).

Wieweit die Alltagsarbeit einer ‚normalen‘ Familienfürsorgerin oder Bezirksfürsorgerin, wie es jetzt heißt, in die Prozesse von „Auslese und Ausmerze“ eingebunden sind, zeigt der ganz gewöhnliche Erfahrungsbericht einer Sozialarbeiterin, der 1942 in der „Frau“ abgedruckt wird: „Ich habe meine Arbeit 1921 im Innendienst begonnen, ging nach einem Jahr in die Außenfürsorge und bin seit 1929 Bezirksfürsorgerin. Zwischenzeitlich arbeitete ich nach der Einführung des Erbgesundheitsgesetzes etwa anderthalb Jahre mit dem beauftragten Arzt des Gesundheitsamtes als beigeordnete Fürsorgerin an den sich daraus ergebenden Aufgaben. Das am Jugendamt vorhandene reiche Material der familienfürsorgerischen Akten bot zum größten Teil die Unterlagen für die zu ergreifenden Maßnahmen und Entscheidungen.“ Und etwas weiter heißt es: „Wenn auch alle Fragen der Erbgesundheit zum Aufgabenbereich des Gesundheitsamtes gehören, so ist doch bei uns den Bezirksfürsorgerinnen als sozial geschulten Außenorganen die Aufstellung der Sippentafeln und Anfertigung der dazu gehörenden Berichte übertragen worden. Eine umfangreiche, verantwortliche Arbeit, die aber durch die meist jahrelange Tätigkeit der Fürsorgerin in ihrem Stadtbezirk und der daraus erwachsenen Kenntnis der Familien dankbarer und befriedigender gelöst werden kann.“ (Margarete Peters, in: Die Frau, 50 Jg., 1942, S. 17)

Das, was hier so harmlos als „Aufstellung von Sippentafeln“ und Erledigung der sich aus dem Erbgesundheitsgesetz ergebenden „Aufgaben“ bezeichnet wird, heißt im Klartext, dass die Bezirksfürsorgerin an der Entscheidung beteiligt wird, ob an einem ihrer Fürsorge überantworteten

Menschen (zum Beispiel an einer jugendlichen Prostituierten) eine Zwangssterilisation durchgeführt wird oder ob beispielsweise ein behindertes Kind dem Tod durch Euthanasie überantwortet wird.

6.3.2 Ausbildung zur „Volkspflege“ Die Entwicklung der Ausbildungsstätten

Die Entprofessionalisierung des Wohlfahrtspflegeberufes in der NS-Zeit lässt sich auf unterschiedliche Ursachen zurückführen: Zum einen stellt die Praxis, so wie sie sich unter den veränderten Bedingungen gestaltet, verminderte Anforderungen an die eigenständigen analytischen und methodischen Fähigkeiten der Mitarbeiterinnen und Mitarbeiter. Die Richtlinien, nach denen entschieden und gehandelt werden soll, sind klar, kritisches Denken ist unerwünscht.

Zum anderen werden im Ausbildungsbereich nicht nur die herausragenden Lehrkräfte entlassen, so zum Beispiel Alice Salomon ebenso wie Anna v. Gierke, es finden auch einschneidende Veränderungen der Zugangsbedingungen und der Lehrplangestaltung statt: Entgegen der bisher üblichen Praxis werden kaum noch Abiturientinnen aufgenommen, sondern vorzugsweise Mittelschülerinnen oder Volksschülerinnen mit einer Ergänzungsprüfung. Der Unterricht zerfällt in drei wesentliche Teile: 1. Die Lehre von Volk und Staat (mit Volks- und Menschenkunde, Staatskunde, Wirtschaftskunde und Sozialpolitik), 2. Volkspflege (aufgeteilt in allgemeine Wohlfahrtspflege, Jugendhilfe und Volksgesundheitspflege) sowie 3. Erziehung zur persönlichen Kultur (Körperpflege, musische Tätigkeiten, Volkstanz, Festgestaltung, Wohnkultur etc.). Prüfungsthemen sind zum Beispiel: Der Versailler Vertrag, Warum Kolonien?, Deutschtum in Nordosten Deutschlands, Gewinnung Jugendlicher für die Landarbeit, Durchführung der Sterilisation von Erbkranken.

Eine ganze Reihe von Ausbildungseinrichtungen wird geschlossen, andere werden von der NSV übernommen.

„Aufstellung der Ausbildungseinrichtungen im Herbst 1938

Ausbildungsstätten der NSV für Volkspflege:

1. Reichsseminar Blumberg b. Berlin
2. Soziale Frauenschule der NSV, Thale am Harz
3. NS-Frauenschule für Volkspflege, Stettin, Turnerstr. 59b
4. NSV-Wohlfahrtsschule, Dresden-Blasewitz, Hindenburgufer 84
5. NS-Frauenschule für Volkspflege in Gelsenkirchen
6. NS-Frauenschule für Volkspflege, Danzig
7. NS-Frauenschule für Volkspflege, Köln
8. Frauenschule für soziale Berufe der NSV, Mannheim

Sozialpädagogische Ausbildungsstätten der NSV:
1. Reichsseminar der NSV in Steintal b. Ziegenhain, Bez. Kassel
2. NS-Sozialpädagogisches Seminar, Königsberg/Pr., Ratslinden
3. NSV-Seminar f. Kindergärtnerinnen und Hortnerinnen, Schwerin
4. NSV-Seminar f. Kindergärtnerinnen und Hortnerinnen, Saarbrücken
5. Grenzlandkindergärtnerinnenseminar, Radewirt, Kreis Flatow
6. NSV-Seminar in Buchau am Federsee
7. NSV-Kindergärtnerinnenseminar, Friedberg
8. NSV-Kinderpflegerinnenschule, Hannover
9. NSV-Kindergärtnerinnenseminar, Dresden-Blasewitz, Hindenburgufer 85

Alle Seminare sind mit einem Internat verbunden. Nähere Auskünfte über Ausbildungslehrgänge, Aufnahme, Kosten usw. durch das Hauptamt für Volkswohlfahrt, die zuständigen Gauamtsleitungen des Amtes für Volkswohlfahrt und durch die Seminare."
(*Die Frau, 46. Jg., 1938, S. 221*)

Kaum eine der Schulen hat mehr als eine oder bestenfalls zwei hauptamtliche Lehrkräfte, fast der gesamte Unterricht wird von Lehrbeauftragten erteilt. Damit geraten die Qualitätsstandards immer mehr ins Hintertreffen zugunsten „politischer" Interessen und parteibezogener Aktivitäten. Auf das im Anschluss an die Ausbildung vorgesehene Probejahr kann jetzt eine Tätigkeit im Freiwilligen Arbeitsdienst, beim Bund Deutscher Mädel oder beim Landjahr angerechnet werden.

Als besonders dequalifizierend wirkt es sich aus, dass die staatliche Anerkennung als Volkspflegerin auch an Personen vergeben wird, die keinerlei Ausbildung genossen haben, aber stattdessen auf eine langjährige ehrenamtliche Praxis zurückblicken können. Damit fällt die gesamte Ausbildung auf ein Niveau zurück, das es seit Einführung der vom Staat erlassenen Studienordnung (1920) sowie der Vergabe der staatlichen Anerkennung noch nicht gegeben hat. Spätestens seit Kriegsausbruch erfolgt die Vergabe der Zertifikate nur noch, je nach Bedarfslage, prinzipienlos pragmatisch oder politisch opportunistisch. Eine ähnliche Entwicklung lässt sich im Schulbereich bei den erleichterten Abschlüssen der Kurzlehrgänge und bei den so genannten „Sonderreifeprüfungen" beobachten.

Die Konferenz der Sozialen Frauen- und Wohlfahrtsschulen, die in der Weimarer Republik großen Einfluss auf die ministeriellen Entscheidungen im Ausbildungssektor hatte, kann ihre Position nun in keiner Weise mehr wahren. Seit 1935 in „Reichszusammenschluss staatlich anerkannter Schulen für Volkspflege" umbenannt, beschränkt sich die Konferenz unter Vorsitz von Elisabeth Nitsche, der Direktorin der Schule der Inneren Mission in Berlin, darauf, kommentarlos die Forderungen des Ministeriums anzuhören und der Androhung von Sanktionen bei deren Nichteinhaltung weitestgehend Rechnung zu tragen. 1937 löst sich der „Reichszusammenschluss" konsequenterweise auf.

Ähnlich umstandslos lassen sich auch die Berufsverbände einverleiben. Mit Ausnahme des katholischen Verbands, der durch Geschicklichkeit bis 1939 als „Hedwig-Bund“ bestehen bleiben kann, treten der überkonfessionelle Verband der Sozialbeamtinnen und der Verband der evangelischen Wohlfahrtspflegerinnen der „Fachschaft der Wohlfahrtspflegerinnen“ bei. Im Februar 1939 wird die Fachschaft Teil der „Deutschen Angestelltenschaft“; nach Auflösung der Gewerkschaften wird den einzelnen Wohlfahrtspflegerinnen nahe gelegt, Mitglied der „Deutschen Arbeitsfront“ (DAF), Fachabteilung Gesundheit, zu werden. Eine öffentliche Diskussion über die Aufgaben der Ausbildung, die Lage der Berufstätigen und die Qualität der geleisteten Arbeit findet nicht mehr statt.

6.3.3 Jüdische Wohlfahrtspflege im NS-Staat[1]

Unmittelbar nach der Machtübernahme im Januar 1933 erlässt die Regierung die Verordnung ‚Zum Schutz von Volk und Staat‘. Damit ist die gesetzliche Grundlage für die Verfolgung aller Gegner des Regimes geschaffen. Wenig später kommt es bereits zu Massenverhaftungen und Einweisungen in die schon seit März 1933 errichteten ersten Konzentrationslager. Von diesen Maßnahmen sind neben den politischen Gegnern auf Seiten der Linken auch bereits Teile der jüdischen Bevölkerung betroffen, deren Gesamtheit damals die Zahl von 500.000 nur knapp übersteigt. In den darauf folgenden Jahren kommt es zunehmend zu starken Einschränkungen der Lebens- und Arbeitsmöglichkeiten für Personen, die per Gesetz als Juden eingestuft werden. Die Feindseligkeiten gegenüber der jüdischen Bevölkerung gipfeln vorläufig in den Ereignissen der Pogrome im November 1938 (vgl. Steinweis 2012). Die systematische Deportation und Vernichtung aller deutschen Juden, denen es nicht gelungen ist, das Land zu verlassen, setzt Anfang der 1940er Jahre ein und ist 1944 so gut wie abgeschlossen.

Angesichts dieser Repressalien und Bedrohungen kommt es zu einer teilweise in Form notwendiger Selbsthilfe durchgeführten, teilweise aber auch von der Regierung erzwungenen Umorganisation der jüdischen Wohlfahrtspflege. Die erste jüdische Selbsthilfeeinrichtung, die bereits 1933 entsteht, ist die ‚Zentralstelle für jüdische Wirtschaftshilfe‘, deren Beratungsangebote sich besonders an die von Entlassungen Betroffenen richten. Daneben kommt es zur Gründung des ‚Zentralausschusses für Hilfe und Aufbau‘, der später in die ‚Reichsvertretung der deutschen Juden‘ übergeht.

1 Diese Ausführungen stützen sich in erster Linie auf die Darstellungen von Maierhof (2002, S. 31 ff.)

„So begann wenige Wochen nach dem ersten Judenboykott vom 1. April 1933 der Zentralausschuss mit einer umfassenden Doppeltätigkeit, einerseits mit konstruktiver Hilfe, andererseits mit dem Appell an diejenigen Juden, die noch arbeiten durften oder Vermögen besaßen, durch fühlbare finanzielle Opfer sich mit der Gesamtheit des deutschen Judentums zu identifizieren. Dieser Selbsthilfe kam im Verlauf jener Jahre immer größere Bedeutung zu."
(*Adler-Rudel 1974, S. 178*)

Auch die 1917 gegründete ‚Zentralwohlfahrtsstelle der deutschen Juden' (ZWST) wird zu einem Teil der Reichsvertretung. Um die Unterstützung der wachsenden Anzahl von Fürsorgebedürftigen gewährleisten zu können, die schrittweise aus dem deutschen Wohlfahrtssystem ausgegrenzt werden, werden die Hilfen für die Notleiden, vor allem aber auch für die Auswanderungswilligen verstärkt: Nach dem Ausschluss der Juden aus dem Winterhilfswerk, wird das Jüdische Winterhilfswerk gegründet – und man versucht auch, die Einschränkung des Besuchs öffentlicher Schulen durch eigene Schulen auszugleichen.

Die Unterstützung der Auswanderungsbemühungen erfolgt in erster Linie durch die Reichsvertretung, allerdings in enger Zusammenarbeit mit dem 1901 gegründeten und bis 1938 existierenden ‚Hilfsverein der deutschen Juden' sowie international agierenden Wohlfahrtsorganisationen. Bei diesen Unterstützungen geht es vor allem um die Beschaffung von Ausreisegenehmigungen und Visa, um Informationen über die Aufnahmebedingungen in den einzelnen Ländern, aber auch um finanzielle Unterstützung der Ausreise, da große Teile der Ausreisewilligen ‚enteignet' wurden und damit von Seiten des Staates ihres gesamten Besitztums beraubt sind.

Im Februar 1939 teilt die Pressestelle der Reichsvertretung mit, dass die bisherige Organisation nun zu einer umfassenden Einrichtung mit dem Namen ‚Reichsvereinigung' ausgebaut worden sei, der nun alle jüdischen Organisationen mit Ausnahme der Jüdischen Gemeinden anzugehören haben.

Hauptaufgabe der Reichsvereinigung ist es, die Deportationen in die Vernichtungslager vorzubereiten, teilweise auch mit durchzuführen. Die Reste von Autonomie, welche der Reichsvertretung noch vorbehalten waren, sind jetzt im Rahmen der Reichsvereinigung, die unter Aufsicht der Gestapo zu agieren hat, nicht mehr vorhanden. Die jüdischen Mitarbeiterinnen und Mitarbeiter, welche die Tätigkeiten in der Reichsvereinigung ausüben, tun dies in der Hoffnung, für die eine oder andere Person vielleicht noch das schlimmste verhindern zu können. Die Mehrheit von ihnen wird am Ende selber deportiert und ermordet.

6.3.4 Die Profession im Exil

Eine große Zahl von Angehörigen der Wohlfahrtspflege, so lässt sich von einzelnen noch rekonstruierbaren Belegschaften hochrechnen, hat bis 1938 Deutschland verlassen, weil man sie systematisch als Jüdin oder Jude vertrieben oder als Linke verfolgt hat.

> „Ich habe miterlebt, wie am 30. Januar die braunen Horden ins Rathaus Wedding eindrangen und die leitenden Leute die Treppen runterschleiften, misshandelten. Ich habe selbst gesehen, wie der Leiter vom Sozialamt, ein alter, biederer, volksnaher Mann, ein SPD-Mann, die Treppe runtergeschleift wurde. Von Zimmer zu Zimmer holten sie sich die raus. Das war so in den ersten Tagen. Dann habe ich miterlebt, wie fast alle von den 40 Kollegen der Familienfürsorge fristlos entlassen wurden.“
> *(Interview, zit. in: Landwehr/Baron (Hg): Geschichte der Sozialarbeit, Weinheim 1983, S. 200)*

Diese Kolleginnen und Kollegen haben im Ausland, soweit ihnen dies möglich war, weiter ihre Arbeit getan, d.h., sie haben die Traditionen der deutschen Wohlfahrtspflege fortgesetzt, auch wenn ihre Praxis notgedrungen außerhalb der Grenzen stattgefunden hat. Dass diese Praxis trotz der veränderten Rahmenbedingungen häufig ihrer Tätigkeit vor 1933 ähnlicher sah, als die Praxis derjenigen, die in Deutschland weitergearbeitet haben, ist eine Ironie des Schicksals (Wieler/Zeller 1995).

So kann beispielsweise Ruth Fischer, von 1924 bis 1928 KPD-Mitglied im Deutschen Reichstag und danach Fürsorgerin am Prenzlauer Berg in Berlin, im französischen Exil bis 1940 als Sozialarbeiterin tätig sein, weil sie nicht nur die Sprache beherrscht, sondern auch durch ihre internationalen Parteikontakte Genossen findet, die sich für ihre Anstellung und ihren Arbeitsansatz engagieren.

Gleichermaßen gelingt es Walter Friedländer, der als Stadtrat am Prenzlauer Berg die Fürsorgeverwaltung aufgebaut hat, in Paris eine Beratungsstelle der Arbeiterwohlfahrt aufzubauen und später in Berkeley/Kalifornien eine Professur für Sozialfürsorge zu erhalten, wo er die Erfahrungen, die er bei seiner Arbeit in Deutschland gesammelt hat, weiterverwenden und weitervermitteln kann.

Gisela Konopka, die schon während ihres Pädagogikstudiums in der Heimerziehung arbeitet, gehört als jüdisches Mädchen zu einer Widerstandsgruppe. Sie wird 1936 verhaftet, im gleichen Jahr aber wieder entlassen und kann fliehen. Sie geht über die Tschechoslowakei und Österreich ebenfalls nach Frankreich, kann dort aber nicht arbeiten und bemüht sich deshalb, in die USA zu kommen. Dort versucht sie, ihre Praxis der sozialen Gruppenarbeit fortzusetzen, muss aber erneut studieren, um zu einem anerkannten Abschluss und damit zu einer formalen Anerkennung ihrer Arbeit zu kommen. 1947 erhält sie einen Ruf als Professorin für Social Work an die Universität von Minneapolis.

Diese drei kurzen Skizzen belegen die Möglichkeit zur Kontinuität sozialer Praxis in der Emigration. Viele andere dagegen beweisen eher, wie schwer es für die Emigrantinnen und Emigranten ist, außerhalb des eigenen Landes und der eigenen Sprache den gelernten Beruf weiter auszuüben. Dennoch hat es im Exil nicht nur die mehr oder minder zufällige Fortsetzung der sozialen Praxis von einzelnen gegeben, sondern organisierte Projekte, die vor allem der Flüchtlingshilfe gedient haben, sowie der Vorbereitung einer Rückkehr nach Deutschland und dem Wiederaufbau eines Sozialstaates dort. Diese Projekte sind jedoch bisher nur unzureichend erforscht.

6.3.5 Widerstand der Profession gegen das NS-Regime[2]

Die neuere Forschung kann Widerstand von mindestens 60 führenden Personen aus der Sozialen Arbeit belegen, darunter von 15 Dozenten. Die meisten davon sind – entsprechend dem Geschlechterverhältnis im Beruf – Frauen. Meist leben und arbeiten sie in Berlin. Der geleistete Widerstand ist äußerst vielfältig und reicht vom offenen und aktiven Protest, dem Eintreten für Schutzbefohlene über das Verbergen und Versorgen von im Untergrund lebenden Widerstandskämpfern, jüdischen Mitbürgern und nichtarischen Christen bis hin zur Fluchthilfe und zu Widerstandshandlungen, die sich mehr im Hintergrund abspielen wie Kurierdienste, der Austausch von Informationen oder die Teilnahme an geheimen Zusammenkünften von Gleichgesinnten. Die Motive zum Widerstand setzen sich aus den unterschiedlichsten politischen, religiösen, humanitären oder persönlichen Orientierungen zusammen. Wichtige Motive sind aber ebenso moralische Erwägungen und Mitmenschlichkeit, wenn beispielsweise jüdische Mitbürger vor Verfolgung geschützt werden, weiterhin das Wissen um Judenvernichtung und nationalsozialistische Gewaltverbrechen. Meist handeln die Frauen (und Männer) nicht als Einzelkämpfer, sondern sind in unterschiedliche soziale Netzwerke eingebunden, z.B. in eine Kirchengemeinde, politische Widerstandsgruppe oder einem Hilfswerk für Verfolgte. Zu den bekannteren Namen zählen: Alice Bendix, Harald Poelchau, Margarete Meusel, Hilde Wulff, Elisabeth von Thadden, Käte Rosenheim und Ernst Federn.

Ab 1933 nehmen die Ausbildungsstätten die nationalsozialistischen Ziele in ihre Ausbildung mit auf, die Verwendung des „Deutschen Grußes" vor und nach dem Unterricht wird eingeführt. Die ideologische Ausrichtung

2 Der nachfolgende Text folgt Formulierungen von Ralph-Christian Amthor (2012).

verändert die Berufsausbildung grundlegend, so dass Lehrinhalte, die noch in der Weimarer Republik an sozialen Frauenschulen verbreitet waren, zugunsten einer „völkischen Aufartung" durch nationalsozialistische Rassen- und Gesinnungspflege aufgegeben werden (vgl. Zeller 1994, S. 52). Heute ist durch Studien hinlänglich belegt, dass in der damaligen Zeit zahlreiche Ausbildungsstätten den ideologischen Veränderungen gegenüber aufgeschlossen waren (vgl. hierzu Amthor 2003, S. 363ff.).

Es gibt aber auch Hinweise auf einzelne Widerstand leistende Dozenten (Mielke 2008). Während 1932/33 an den meisten Universitäten Dozenten und Studierende in Scharen zu den Nationalsozialisten überlaufen, bleibt die große Mehrheit der Berliner Universität weiter demokratischen Grundsätzen verbunden. Teil dieser Hochschule ist die Ausbildungsstätte für männliche Wohlfahrtspfleger, die der sozialistische Theologe Carl Mennicke (1887–1959) Anfang der 1920er Jahre gründete. Zahlreiche Absolventen dieses Studiengangs schließen sich Widerstandsgruppen an oder bekämpfen aus der Emigration das NS-System. So finden sich in der o.g. Studie die Namen von rund ein Dutzend Wohlfahrtspflegern, die Absolventen dieser Ausbildungsstätte waren. Ihr Widerstand erfolgt nicht geschlossen als Berufsgruppe, vielmehr gehören sie unterschiedlichen sozialistisch orientierten Widerstandsgruppen an. Beispielsweise ist der Jugendfürsorger Willi Schwarz (1902–1975) Mitglied im „Roten Stoßtrupp" und übernimmt unter anderem die Verteilung illegaler Schriften, die er im Tank seines Motorrades versteckt ins Berliner Umland brachte. Vom Volksgerichtshof zu drei Jahren Zuchthaus verurteilt, saß er bis 1937 im Gefängnis. 1939 nimmt ihn die Gestapo erneut fest, woraufhin er bis 1945 im KZ Sachsenhausen bleibt (Mielke 2008, S. 164ff.). Das Gros der frühen sozialdemokratischen Widerstandsgruppen ist bereits 1933 zerschlagen, so dass das Leben vieler dieser Absolventen gekennzeichnet ist von Arbeitslosigkeit, Berufsverbot, Polizeiaufsicht, Untergrund, politischer Haft in Gefängnissen und Konzentrationslagern, aber auch Einberufung zum Kriegsdienst oder Selbstmord.

6.3.6 Die Profession im Krieg

Der zunächst siegreiche Beutezug der deutschen Wehrmacht durch Polen, Holland, Belgien, Frankreich und Dänemark bringt auch für die Bevölkerung im Inneren des Reiches durchaus Vorteile. Der Krieg bringt neue Export- und Importchancen und liefert durch die „Fremdarbeiter" billige Arbeitskräfte. Deshalb kommt es bis 1943 weder zu Nachschubproblemen in der Lebensmittelversorgung noch zu wirtschaftlichen Einbrüchen.

Im Gefolge der Wehrmacht zieht auch die NSV in die besetzten Gebiete, um dort bei Bedarf die Volksdeutschen zu versorgen oder sogar – besonders erfolgreich in Belgien – neue Mitglieder zu werben. Schon nach einem Jahr Besatzung sind 18% der Bevölkerung des Kreises Eupen zum Beispiel Mitglieder der NSV, entsprechend hoch sind die Zahlen der dort geleisteten Beratungen, Hausbesuche, Kinderfreizeiten. In Polen dagegen obliegt es der NSV vor allem, die nach der Massenvernichtung in den Vernichtungslagern (KZs) säuberlich sortierten Kleidungsstücke einer sinnvollen Weiterverwertung zuzuführen.

Mit Beginn der Bombardierung deutscher Städte durch die Alliierten wendet sich das Blatt. Im Verlauf des Krieges werden in Deutschland über 400.000 Zivilpersonen getötet und über 1 Million verletzt. Die Bombardements vernichten 62 Städte und 50% der bebauten Stadtflächen. Der extreme Wohnraumverlust stellt die Wohlfahrtspflege vor ebenso unlösbare Probleme wie die Nahrungsmittelnot der Evakuierten und Flüchtlinge. Insgesamt werden 4-5 Millionen Menschen evakuiert. Die Zahl der vor der Roten Armee nach Westen Fliehenden ist etwa ebenso groß.

„1941, als dann diese Bombenangriffe anfingen und ganze Häuserzeilen bombardiert wurden, die Familien obdachlos wurden, in Notunterkünften untergebracht werden mussten, da war ich jede Nacht im Einsatz, das war sehr schwer, da konnte man sich um seine eigene Sozialarbeit gar nicht mehr kümmern. Wenn dann so Hunderte und Aberhunderte von Menschen: Männer, Frauen, Kinder, alt, jung, alles zusammengepfercht, teilweise nur mit Nachthemden bekleidet, Vogelbauer in der Hand, kleines Köfferchen, vielleicht ein Baby auf dem Schoß – das war nicht meine Berufsarbeit, das war Einsatz anlässlich dieser Kriegsnotstände."
(Zit. in: Landwehr/Baron (Hg.): Geschichte der Sozialarbeit, Weinheim 1983, S. 215)

Bevor das gesamte Wohlfahrtswesen angesichts dieser Problemlagen kollabiert, nicht zuletzt, weil auch die Dienststellen in Trümmern liegen und die Mitarbeiter auf der Flucht sind, kommt es noch zur Durchführung einiger ehrgeiziger Projekte, wie beispielsweise der Kinderlandverschickung und der „Eindeutschung" ausländischer Kinder im Rahmen des „Lebensborn". Im Wesentlichen ist die Bevölkerung jetzt aber auf „Selbsthilfe" angewiesen, so wie es die Partei von Anfang an geplant hat.

6.4 „Der Wille des Führers ist Richtschnur“ (Martin Bormann) Organisationsentwicklung der Sozialen Arbeit im Nationalsozialismus

6.4.1 Umstrukturierung und „Gleichschaltung“

Für die NS-Wohlfahrtsideologie war – wie schon gesagt – die Pflege und Gestaltung des „Volkskörpers“ zentral. Aus der Wohlfahrtspflege wird deshalb „Volkspflege“. Um den Volkskörper gesund zu erhalten, mussten (wie beim menschlichen Körper) störende Einflüsse fern gehalten und Schädlinge „ausgemerzt“ werden. Dies erklärt die Vorrangstellung der „Gesundheitsfürsorge“, die seit 1934/35 als „öffentlicher Gesundheitsdienst“ (öGD) konsequent verstaatlicht wurde. Adressat der Gesundheitsdienstleistungen sollte nicht mehr der einzelne Patient, sondern das Volk als Ganzes sein.

Die für die Soziale Arbeit im engeren Sinn wichtigste organisatorisch-strukturelle Veränderung war der Aufbau der „Nationalsozialistischen Volkswohlfahrt“ (NSV) und die Unterwerfung der Wohlfahrtsverbände unter deren Führung (sofern sie nicht wie die sozialistischen und jüdischen Verbände verboten wurden). Die NSV war bereits 1931 als lokaler Berliner Verein gegründet worden. Sie erreichte seit 1933 unter ihrem Leiter Erich Hilgenfeldt herausragende Bedeutung und wurde durch Führererlass als reichsweit zuständige Parteiorganisation anerkannt. Da Hilgenfeldt seit 1934 gleichzeitig Leiter des Hauptamts für Volkswohlfahrt war, bildete sie „das“ nationalsozialistische wohlfahrtspolitische Machtzentrum. Bei Kriegsbeginn waren mehr als 12 Mio. Bürger Mitglied in der NSV, was deren Bedeutung als NS-Massenorganisation anzeigt.

Trotz des Anspruchs der NS-Führung, Fürsorge und Soziale Arbeit durch die Erfolge der „nationalsozialistischen Bewegung“ weitgehend überflüssig zu machen, zeigt sich von Anfang der Machtübernahme an, dass die Wirtschaftskrise der späten Weimarer Zeit und die Arbeitslosigkeit eine solche Vielzahl von Problemlagen bei großen Teilen der Bevölkerung erzeugt hat, dass man diese zwar öffentlich beschönigen, in der Praxis der Fürsorge aber nicht ungestraft negieren kann. Insofern wird auf den gesetzlichen Grundlagen der Weimarer Republik weitergearbeitet, namentlich das Reichsjugendwohlfahrtsgesetz, die Fürsorgepflichtverordnung und die Reichsgrundsätze über Voraussetzung, Art und Maß der öffentlichen Fürsorge bleiben bis 1945 in Kraft. Dass diese Gesetze gemessen an dem ideologischen Überbau des NS-Wohlfahrtsstaates zu weitgehend und zu individualistisch gefärbt sind, wird durch den Grundsatz ausgeglichen, dass es nicht auf den Inhalt eines Gesetzes ankäme, sondern auf den Geist, in welchem es verstanden, ausgelegt und durchgeführt wird. Die Eingriffe des NS-Staats in das Fürsorgerecht beschränken sich deshalb auf relativ wenige „Anpassungen“.

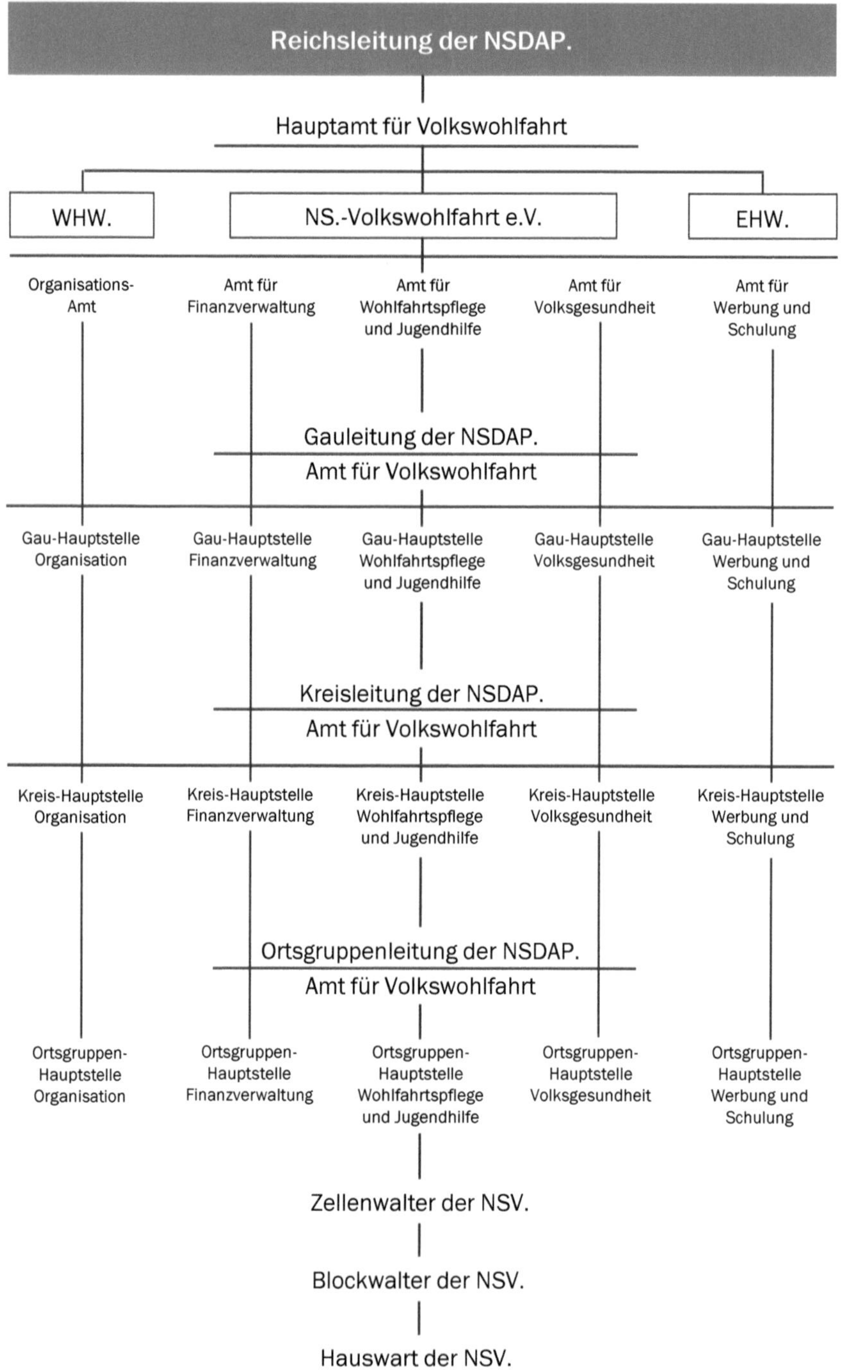

Reichsleitung der NSDAP.
Hauptamt für Volkswohlfahrt
WHW.
NS.-Volkswohlfahrt e.V.
EHW.
Organisations-Amt
Amt für Finanzverwaltung
Amt für Wohlfahrtspflege und Jugendhilfe
Amt für Volksgesundheit
Amt für Werbung und Schulung
Gauleitung der NSDAP.
Amt für Volkswohlfahrt
Gau-Hauptstelle Organisation
Gau-Hauptstelle Finanzverwaltung
Gau-Hauptstelle Wohlfahrtspflege und Jugendhilfe
Gau-Hauptstelle Volksgesundheit
Gau-Hauptstelle Werbung und Schulung
Kreisleitung der NSDAP.
Amt für Volkswohlfahrt
Kreis-Hauptstelle Organisation
Kreis-Hauptstelle Finanzverwaltung
Kreis-Hauptstelle Wohlfahrtspflege und Jugendhilfe
Kreis-Hauptstelle Volksgesundheit
Kreis-Hauptstelle Werbung und Schulung
Ortsgruppenleitung der NSDAP.
Amt für Volkswohlfahrt
Ortsgruppen-Hauptstelle Organisation
Ortsgruppen-Hauptstelle Finanzverwaltung
Ortsgruppen-Hauptstelle Wohlfahrtspflege und Jugendhilfe
Ortsgruppen-Hauptstelle Volksgesundheit
Ortsgruppen-Hauptstelle Werbung und Schulung
Zellenwalter der NSV.
Blockwalter der NSV.
Hauswart der NSV.

Durch Gesetz vom 1.2.1939 wurden die §§ 9 und 14 des RJWG geändert. Diese Paragraphen enthielten Bestimmungen über die Organisation des Jugend- und Landesjugendamts. Insbesondere gaben sie eine sog. „kollegiale Leitungsstruktur“ vor, in der neben dem leitenden Beamten „in der Jugendhilfe erfahrene und bewährte Männer und Frauen aus allen Bevölkerungskreisen insbesondere aus den … freien Vereinigungen für Jugendwohlfahrt und Jugendbewegung“ vorgesehen waren. Diese Struktur verstieß gegen das nationalsozialistische „Führerprinzip“ und wurde deshalb aufgehoben. Die Leitung des Jugendamts wurde nunmehr dem Bürgermeister übertragen, dem ein „Beirat“ mit lediglich beratender Funktion beigesellt wurde. Diesem Beirat mussten angehören: „der zuständige Vormundschaftsrichter, ein Lehrer und eine Lehrerin sowie der zuständige Kreisamtsleiter des Amts für Volkswohlfahrt … ferner je ein Vertreter der Hitler-Jugend und des Bundes Deutscher Mädel“.

Das Gesetz über das Gesundheitswesen vom Juli 1934 machte die Mütter- und Säuglingsfürsorge zur Aufgabe des öffentlichen Gesundheitsdienstes (öGD), der konsequent verstaatlicht wurde. Dies geschah allerdings, ohne dass das RJWG (wo in § 4 „Mutterschutz“ und die „Wohlfahrt der Säuglinge und Kleinkinder“ zu den Aufgaben des Jugendamts gerechnet sind) entsprechend geändert worden wäre.

Und schließlich bestimmte der programmatische § 1 des Gesetzes über die Hitlerjugend (Oktober 1936): „Die gesamte deutsche Jugend innerhalb des Reichsgebietes ist in der Hitler-Jugend zusammengefasst.“ Eine eigenständige Jugendpflege des Jugendamts oder der im RJWG genannten gesellschaftlichen Organisationen „zur Förderung der Jugendwohlfahrt“ und „der Jugendbewegung“ waren damit faktisch unmöglich, und auch hier ist das RJWG nicht angepasst worden. Diese Praxis hat man „partielle Substitution ohne formelle Änderung“ genannt (Sachße/Tennstedt 1992, S. 156).

6.4.2 Der Aufbau der NS-Volkswohlfahrt

Mit der Einsicht in die Notwendigkeit einer moderaten Fortsetzung der Wohlfahrtspflege traditioneller Prägung im öffentlichen Bereich fügt sich die NSDAP auch dem Vorschlag Erich Hilgenfeldts, durch die reichsweite Ausdehnung der NSV in den Sektor der „freien“ Wohlfahrtspflege einzudringen.

> „Die NS-Volkswohlfahrt ist Trägerin und Mittelpunkt der völkischen Wohlfahrtspflege. Ihr Ziel ist, die erbgesunde, einer Förderung würdige und bedürftige deutsche Familie und deutsche Jugend zu betreuen und damit an ihrem Teil den Bestand und die Aufartung des deutschen Volkes sicherzustellen.“
> (*Graubuch, Berlin 1941, S. 37*)

Damit verbunden ist eine Neustrukturierung der Verbandslandschaft in diesem Bereich, in welcher nach dem Juli 1933 nur noch vier Organisationen als Spitzenverbände anerkannt sind: Die NS-Volkswohlfahrt (NSV), die Innere Mission der ev. Kirche, die Caritas der katholischen Kirche und das Rote Kreuz. Der Deutsche Paritätische Wohlfahrtsverband geht in der NSV auf, die SPD-nahe Arbeiterwohlfahrt wird aufgelöst. Das umfangreiche Eigentum der beiden Verbände fließt der NSV zu. Der Verband der jüdischen Wohlfahrtspflege darf weiterbestehen, wird aber aus der Liga der Freien Wohlfahrtsverbände ausgeschlossen. Der Einfluss, den die NSV auf diese Liga ausübt, findet ihren Ausdruck nicht zuletzt darin, dass der Gründer und Leiter der NSV, Hilgenfeldt, 1934 auch den Vorsitz der neu gegründeten „Arbeitsgemeinschaft der freien Wohlfahrtspflege" übernimmt.

Dass die NSV sich allerdings nicht nur auf die Vorreiterposition innerhalb der Freien Wohlfahrtspflege beschränkt, sondern aufgrund der Nähe zur Parteiführung Steuerungsfunktionen gegenüber der gesamten Wohlfahrtspflege übernimmt, bezeugt die zeitgenössische Formulierung, dass die „NSV die alten inneren Spannungen zwischen der freien und der öffentlichen Wohlfahrtspflege grundsätzlich aufgehoben habe." (Bäumer 1935) Diese „integrative Leistung" gelingt der NSV auch in dem Balanceakt zwischen ihrer Rolle als Fachverband und ihrer Bedeutung als Massenorganisation: Von nur rund 100.000 Beitritten im Jahre 1933 steigert die NSV ihre Mitgliedszahlen bis 1943 auf 17 Millionen. Sie ist damit nach der „Deutschen Arbeitsfront" (der „Nachfolgeorganisation" der Gewerkschaften) die zweitgrößte Massenorganisation mit einer Präsenz, die – trotz der Ablehnung der NSV in stark katholisch geprägten Gebieten – in alle Gegenden Deutschlands hineinreicht.

„Die Heranziehung von Laien als Helfer ist eine wesentliche Seite der Sinnerfüllung der NS-Volkswohlfahrt. Die Mitgliederzahl von 15 Millionen, die zehntausende von Ortsgruppen, die hunderttausende der ehrenamtlichen Helfer und Helferinnen – sie besonders – sichern dem Werk der NS-Volkswohlfahrt seine Breitenwirkung und bedeuten die Durchdringung des ganzen Volkes sowohl mit der Aufgabe, wie mit der Sinngebung."
(Gertrud Bäumer: Zehn Jahre NS-Volkswohlfahrt, in: Die Frau, 49. Jg., 1942, S. 158)

Prominenteste Aktion der NSV ist das „Winterhilfswerk", das in Kooperation mit dem Reichsministerium für

Volksaufklärung und Propaganda durchgeführt wird, und im Rahmen dessen zahllose Aktive Geld und Sachspenden sammeln und an Bedürftige verteilen. Dass derartige Sammelaktionen bis zu 500 Millionen Reichsmark (1938/39) zusammenbringen, vermittelt ein Bild von der Mischung aus Identifikation und öffentlichem Druck, welche die Partei und ihre Helferinnen und Helfer bei der Bevölkerung zu erzeugen vermögen.

Ähnlich eindrucksvoll gestalten sich die Zahlen des „Hilfswerks Mutter und Kind", das über 30.000 Schwangerschafts- und Erziehungsberatungen für rund 6 Millionen Besucherinnen, so die Zahlen aus dem Jahr 1940, registrieren kann. Die Zahl der Kindertagesstätten der NSV beträgt bis 1941 11.500, dazu kommen über 4.000 Hilfskindergärten und 7.000 Ernte-Kindergärten. Die Anzahl der Fach- und Hilfskräfte beläuft sich auf 24.575 Personen (Bäumer 1942, a.a.O., S. 158).

Aus einer Werbebroschüre der NSV 1938

„125.000 Kinder verlebten im Altreich frohe Ferientage, 3.000 Mütter konnten zum ersten Mal in ihrem Leben einen Urlaub in einem Müttererholungsheim im Altreich erleben, 50.000 Kämpfer der Bewegung und Ernährer von Familien konnten durch die Hitler-Freiplatz-Spende neue Kraft schöpfen, 2.082 Waggons mit Lebensmitteln und Bekleidungsstücken rollten in die befreite Ostmark, um die ärgste Not zu lindern, 12.140.000 Speisungen und Frühstücke wurden an Bedürftige verteilt."

Dies alles organisiert ein Staat, der sozialpolitisch auf eine Polarisierung gesetzt hat, in der die Mehrheit der Bevölkerung die Gesamtheit des gesellschaftlichen Lebens als Wohlfahrt empfindet, von der die „wertlose" Minderheit ausgeschlossen ist. Läge der Schwerpunkt der Aktivitäten der NSV allein auf Leistungen, welche geeignet sind, die Lebensqualität der „gesunden" Mehrheit zu steigern und bestünden diese vorwiegend aus kulturellen Angeboten und Freizeit- und Erholungsgelegenheiten, wäre das Konzept zumindest in sich stimmig. Tatsächlich aber muss der NSV viel Mühe aufwenden, massenhaft soziale Not zu lindern, die es – den offiziellen Verlautbarungen nach – gar nicht mehr geben darf. Deshalb wird die Lösung des Widerspruchs darin gesucht, die Schuld für das real existierende Elend auf externe Faktoren abzuwälzen (zum Beispiel auf den dem deutschen Volk „aufgezwungenen Krieg") und die NSV als Symbol der grenzenlosen Leistungsfähigkeit und des unbeugsamen Siegeswillen der Deutschen zu feiern.

„Wir stellen an die Spitze der Versicherungen die Versicherung der deutschen Volksgemeinschaft. Das ist das Unersetzbare, und dafür bezahlen wir unsere Prämien. Und wissen, dass sie uns tausendmal zurückerstattet werden."
(Adolf Hitler, zit. in: Bäumer 1942, S. 159)

6.5 Die Entwicklung der Handlungsfelder

Oberflächlich betrachtet hat sich in den Handlungsfeldern der Wohlfahrtspflege in der NS-Zeit allen Erwartungen und Prognosen zum Trotz wenig verändert. Es gibt weiterhin eine Familienfürsorge und die notwendigen Ergänzungen im Bereich der Jugendhilfe, des Gesundheitswesens, der Wohnungsfürsorge und der betrieblichen Sozialarbeit. Es gibt weiterhin eine öffentliche und eine freie Wohlfahrtspflege, sogar das Personal bleibt weitgehend dasselbe. Dennoch ist alles ganz anders. Es werden auf rechtlicher und organisatorischer Ebene Verhältnisse geschaffen, die trotz der Kontinuität andere Voraussetzungen mit sich bringen, die einen anderen Geist erfordern, aus dem heraus die Aufgaben übernommen werden, einen anderen Ton, andere Verkehrsformen. Die Menschen, die jetzt in der Wohlfahrtspflege arbeiten, scheinen nicht mehr dieselben zu sein, die sie vorher waren, sie habe sich „umgestellt", kaum einer braucht „ausgetauscht" zu werden.

6.5.1 „Kleines Glied im großen Ganzen" Die Entwicklung der Betriebsfürsorge

In der Betriebssozialarbeit müssen sich die Menschen durch die veränderten Rahmenbedingungen in diesem Bereich ganz gewaltig „umstellen". Die Arbeit findet seit Mai 1936 nicht mehr unter Regie des unabhängigen „Ausschusses für Soziale Betriebsarbeit" statt, sondern wird, nun vollends „feminisiert", dem „Frauenamt der Deutschen Arbeitsfront" unterstellt. Die ehemaligen Fabrikpflegerinnen haben die Möglichkeit, nach einer „inneren Umstellung" Soziale Betriebsarbeiterin und damit Beauftragte des Frauenamtes in ihrem Betrieb zu werden. Die innere Umstellung soll dazu beitragen, den zu betreuenden Arbeiterinnen und Arbeitern ein Bewusstsein dessen zu vermitteln, dass sie das „kleine Glied eines großen Ganzen" sind. Ihre eigene Verpflichtung zum Nationalsozialismus ist Grundvoraussetzung, die Verpflichtung der Belegschaft in diesem Sinne wird erwartet.

„Der Aufgabenkreis erstreckt sich vor allem auf drei Gebiete:
1. arbeitspädagogische und betriebspolitische Aufgaben, Menschenführung,
2. die Führung und Überwachung der hygienischen und sozialen Einrichtungen,
3. die Einrichtung und Führung von Kursen, die Verwaltung der
Bibliothek, die Mitarbeit und Organisation von betrieblichen Kundgebungen.
In Betrieben, in denen die Gesamtgefolgschaft überwiegend aus Frauen besteht, ist die soziale Betriebsarbeiterin in ihrem Betriebe für die Frauen mitverantwortliche Beauftragte der NS-Gemeinschaft „Kraft durch Freude".
(Ilse Reicke: Die Soziale Betriebsarbeiterin: Die Frau, 44. Jg., 1937, S. 489)

Fachlich bedeutet dies, dass eine Verlagerung vom Fürsorgerischen zum „Arbeitspädagogischen und zur Menschenführung“ stattzufinden hat. Die Soziale Betriebsarbeiterin arbeitet, wie es auch schon während der Weimarer Republik so üblich war, als Arbeiterin in der Fabrik mit. Sie ist inmitten der Belegschaft, nicht isoliert in einem Büro oder Krankenzimmer. Das Neue an der Definition ihrer Aufgabe ist also – entgegen den Verlautbarungen der Arbeitsfront – nicht die Kollegialität als Basis ihrer Arbeit, auch nicht das Prinzip der Erziehung zur Selbsthilfe, beide Merkmale haben auch schon früher die Arbeit bestimmt. Das Neue ist die Rücknahme des Fürsorgerischen zugunsten von Arbeitspädagogik und Menschenführung, und das heißt im Klartext, dass die Soziale Betriebsarbeiterin sich nicht mehr für individuelle Interessen und Problemlagen einzelner einsetzen soll, sondern Anleitung bei konkreten Arbeitsproblemen geben soll – und ansonsten die politischen Ziele der Partei an die Belegschaft zu vermitteln hat.

Folgerichtig wird als Zugangsvoraussetzung für den Beruf jedwedes parteinahe soziale Engagement der abgeschlossenen Fachausbildung gleichgestellt.

> „Die besten Voraussetzungen für die Tätigkeit in der Sozialen Betriebsarbeit bringen Frauen aus folgenden Berufen mit: Arbeitsdienstführerinnen, staatlich anerkannte Volkspflegerinnen, Gewerbelehrerinnen, Jugendleiterinnen usw. Auch für sie gilt selbstverständlich als Grundvoraussetzung die Verpflichtung zum Nationalsozialismus, nicht unbedingt als parteiamtliche Bindung, aber als Bewusstsein einer persönlichen Aufgabe und Verantwortung.“
> (*Ilse Reicke: Die Soziale Betriebsarbeiterin, in: Die Frau, 44. Jg., 1937, S. 488*)

Ohne Unterschiede werden die Kandidatinnen vom Frauenamt in das Schulungslager der Deutschen Arbeitsfront zusammengerufen, um dort auf ihre Aufgaben vorbereitet zu werden. Die dabei vermittelten Grundlagen werden alle vier bis sechs Wochen durch weitere Schulungen vertieft. Wer danach die Anerkennung als Soziale Betriebsarbeiterin erhält, wird zu alljährlichen Reichstreffen geladen, um damit den Zusammenhalt im Geiste der Führung zu sichern.

6.5.2 „Hilfe für die Starken“ Die Entwicklung der Gesundheitsfürsorge

Das Gesundheitswesen in der NS-Zeit unterliegt wie kein anderer Bereich dem Prozess der Verstaatlichung. Während die fürsorgenden Angebote zum Erhalt oder zur Wiederherstellung der Gesundheit bisher kommunale Aufgaben waren, tritt jetzt – zusammen mit dem schwindenden Interesse an der individuellen Befindlichkeit – auch die Bedeutung der städtischen

Gesundheitsfürsorge in den Hintergrund. Gleich in den ersten Jahren der NS-Zeit wird eine Reihe von Gesetzen geschaffen, welche unterschiedliche Maßnahmenkataloge zur Isolation, Sterilisation und „Ausmerze", also Tötung, beinhalten, und deren Umsetzung durch das 1934 erlassene Gesetz über die Vereinheitlichung des Gesundheitswesens dem Staat die zentrale Verantwortung für das Gesundheitswesen zuweist.

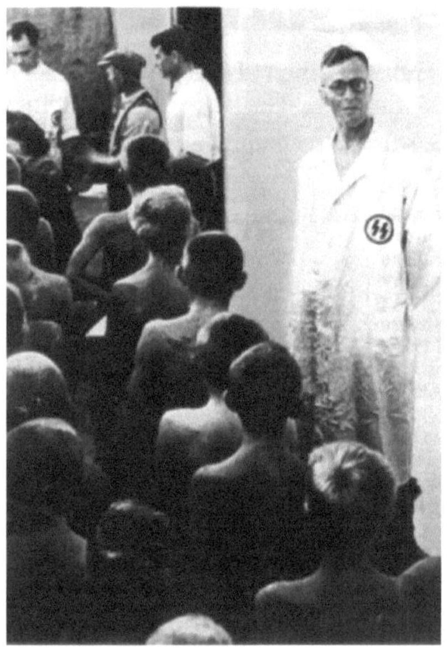

Auslese von Jugendlichen durch Ärzte des „Lebensborn"

„Mit dem Tage, an welchem der Durchbruch des Nationalsozialismus endlich dem Grundsatz Geltung verschaffte, dass der Wert der Einzelperson nur nach dem Grade ihres Nutzens für das Volksganze bemessen werden kann, war in erhöhtem Maße die Notwendigkeit gegeben, im öffentlichen Gesundheitsdienst eine durchweg einheitliche Organisation für das ganze Reich zu schaffen. Fragen, ob erbgesund oder erbkrank, leistungsfähig oder nicht leistungsfähig, bevölkerungspolitisch wichtig oder unwichtig, können vom Arzt zum Nutzen des Volksganzen nur dann in jedem Einzelfall zweckdienlich gelöst werden, wenn die Beurteilung nach Richtlinien erfolgt, die für das ganze Reich gleichmäßig Geltung haben."
(Aus der Begründung des Reichsgesetzes über die Vereinheitlichung des Gesundheitswesens, zit. in: Sachße/Tennstedt: Der Wohlfahrtstaat im Nationalsozialismus, Stuttgart 1992, S. 103f.)

Schon mit dem Gesetz zur Verhütung erbkranken Nachwuchses vom 14. Juli 1933 wird ganz genau definiert, um wen oder was es hier geht: „Erbkrank im Sinne des Gesetzes ist, wer an angeborenem Schwachsinn, Schizophrenie, zirkulärem (manisch-depressivem) Irresein, erblicher Fallsucht, erblichem Veitstanz, erblicher Blindheit, erblicher Taubheit oder schwerer erblicher körperlicher Missbildung leidet. Ferner kann unfruchtbar gemacht werden, wer an schwerem Alkoholismus leidet.“ (zitiert nach: Sachße/ Tennstedt 1992, S. 101)

Vor allem die Kategorie „angeborener Schwachsinn“ eignet sich, obwohl sie den Krankheiten zugeordnet wird, ihrer vagen Kontur wegen, Menschen auszusondern, deren Sozialverhalten unangepasst ist. Trotz dieser im Prinzip weitreichenden und flexibel auslegbaren Gesetzesgrundlage, wird der Rahmen der Maßnahmen, der sich dadurch eröffnet, immer noch als zu eng empfunden. Auch die weitergehenden Gesetze „zum Schutze des deutschen Blutes“ (1935) und zum „Schutz der Erbgesundheit“ (ebenfalls 1935) bieten nicht die legalen Prämissen dafür, in dem gewünschten Maße Sterilisationen und Tötungen durchzuführen. Außerhalb der Legalität wird deshalb 1939 ein „Euthanasie-Programm“ ins Leben gerufen, das bei strikter Geheimhaltung vorsieht, „unheilbar Kranken, bei kritischer Beurteilung ihres Gesundheitszustandes den Gnadentod zu gewähren“. (Mitscherlich/Mielke 1960, S. 184) Diesem Programm fallen in großer Zahl vor allem „missgebildete“ Neugeborene zum Opfer.

Als die Fakten in die Öffentlichkeit dringen, wird das „Euthanasie-Programm“ 1941 aufgrund massiver Kritik von Seiten der katholischen Kirche offiziell eingestellt, inoffiziell aber weiterbetrieben. In „Fachkreisen“ gilt es damals als Übungsgebiet für die Massenvernichtung in den Konzentrationslagern, die 1941 einsetzt.

Die an den Maßnahmen beteiligten Gesundheitsämter, die Ärzte ebenso wie die Fürsorgerinnen, sollen es nicht nur als ihre Aufgabe begreifen, über Missbildungen, unheilbare Krankheiten und chronische Leistungsstörungen Meldung zu machen und diese zu klassifizieren, sondern auch die positive Auslese voranzutreiben, d.h. „erbgesunde und rassisch einwandfreie“ Frauen zur „Fortpflanzung“ anzuhalten.

„Es wird von den Fürsorgekräften erwartet, dass sie laufend feststellen, wo in ihrem Dienstbereich Familien vorhanden sind, die trotz rassenmäßiger Tüchtigkeit sich der edlen Pflicht der Mitwirkung an der Aufartung und Vermehrung der Bevölkerung entziehen, Es wird Aufgabe der Ärzte und ebenso der Fürsorgerinnen sein, auf Familien einzuwirken, um sie zur Erfüllung ihrer bevölkerungspolitischen Pflicht zu veranlassen.“ (*Aus den Durchführungsbestimmungen des Gesetzes zur Verhütung erbkranken Nachwuchses, zit. in: Landwehr/Baron: Geschichte der Sozialarbeit, Weinheim 1983, S. 183*)

Dass entgegen der verbreiteten Annahme eines „sauberen Dritten Reiches“ nicht nur allgemeine ethische Prinzipien, sondern auch die sittlichen Moralbegriffe Einbrüche erleiden, zeigt sich in der Ausweitung der Gebärpropaganda auch auf unverheiratete Frauen: Die Führerin der NS-Frauenschaft, Gertrud Scholtz-Klink, schreckt daher nicht zurück, die BDM-Mädchen mit dem Ruf: „Nicht jede von euch kann einen Mann bekommen, aber jede kann Mutter werden!" zur Promiskuität aufzufordern und alle Einwände dagegen als „Muckermoral" abzutun.

6.5.3 Der „Hort des deutschen Blutes" Familienpolitik und Familienfürsorge

Große Teile der Familienfürsorge – in ihrem traditionellen Verständnis, nämlich als Sorge für die Familie – werden in der NS-Zeit durch familienpolitische Maßnahmen ersetzt oder durch das Hilfswerk „Mutter und Kind" der NSV ausgefüllt. Die in der Weimarer Republik entstandene Organisationsform der Familienfürsorge, d.h. die nach Straßenzügen gebündelte und methodisch integrierte Sammelfürsorge, existiert weiter, wird jetzt aber – durchaus zutreffend – als Bezirksfürsorge bezeichnet.

Die Bezirksfürsorgerin – eine Mischung aus „Mädchen für alles" und „Mutti für's Grobe" – wird, je nach örtlichem Schwerpunkt, mehr für jugendpflegerische oder gesundheitsfürsorgerische Probleme eingesetzt. Grundsätzlich ist sie diejenige, die im Außendienst arbeitet, den Kontakt zur Bevölkerung durch Hausbesuche und Sprechstunden aufrecht hält und um Rat gefragt wird, wenn es um Hintergrundinformationen über eine bestimmte Person oder Familie geht: Gab es in der Familie schon früher Auffälligkeiten, bestimmte Erkrankungen, Kriminalität, Prostitution etc.?

Mütterkur

Die Bezirksfürsorgerin bzw. der Innendienst, mit dem sie zusammenarbeitet, ist also neben der Prüfung von Anträgen auf Unterhalt vorwiegend mit Maßnahmen der Negativauslese befasst. Sie betreut die Familien, die eher zu viele Kinder als zu wenige haben, und die den Staat mehr kosten, als sie ihm an „gesunden und starken Hoffnungsträgern" wieder einbringen. Die Umsetzung der „neuen Familienpolitik", die zu dem wichtigsten Garanten einer glücklichen Zukunft des deutschen Volkes werden soll, gehört kaum noch zu ihren Aufgaben, da die imageträchtige Beschäftigung damit nun die Sache der NSV ist.

„Die Familienhilfe wird von der NSV durchgeführt, in der Hauptsache mit den Sachbearbeiterinnen für das Hilfswerk ‚Mutter und Kind'. Es geht um wirtschaftliche und um seelische Hilfe. Fälle von unmittelbarer Not sind kaum vorhanden, weil aufgrund der staatlichen Unterstützung die Familien gesichert sind."
(Aus den Mitteilungen der NSV)

Die Notwendigkeit einer neuen Familienpolitik ist ein Lieblingsthema des „Führers".

„Der Staat hat dafür zu sorgen, dass die Fruchtbarkeit des gesunden Weibes nicht beschränkt wird durch die finanzielle Luderwirtschaft eines Staatsregimentes, das den Kindersegen zu einem Fluch für die Eltern gestaltet. Er hat mit jener faulen, ja verbrecherischen Gleichgültigkeit, mit der man heute die sozialen Voraussetzungen einer kinderreichen Familie behandelt, aufzuräumen und muss sich an Stelle dessen als oberster Schirmherr dieses köstlichen Segens eines Volkes fühlen."
(Adolf Hitler: Mein Kampf, München 1933, S. 447)

Sie ist aber auch ein zentrales sozialpolitisches Thema schon seit Ende der 1920er Jahre – und dies nicht nur in Deutschland. Auf internationalen Tagungen wird die Bedeutung der Familie für den Erhalt und die Gesundung des Volkes ebenso beschworen wie in den Richtlinien zur Familienpolitik, die der Bund deutscher Frauenvereine noch kurz vor seiner Selbstauflösung in Frühjahr 1933 verfasst. Ganz dem Zeitgeist verpflichtet, wird dort von der „Gefahr der Unterwanderung durch geburtenstarke Völker des Ostens", von der „Erhaltung und Wertsteigerung der Volkssubstanz" und von der „nicht erreichbaren Gesellschaftsreife der Minderwertigen" gesprochen. (vgl. Scheffen-Döring 1933, S. 531 f.)

Einzige Einschränkung gegenüber den familienpolitischen Verlautbarungen, welche die NSDAP ausstreut, ist der Hinweis auf die Selbstverantwortung der Elternschaft: „Unser persönliches Geschlechtsleben ist gebunden durch die Verantwortung vor der Gattung, vor dem Volkstum. Aber die sittliche Verantwortung der Elternschaft steht zugleich in der persönlichen Entscheidung und kann niemand von irgendwelcher Staatsregelung abgenommen werden." (ebenda) Genau diese Entscheidung will der NS-Staat dem Einzelnen abnehmen, auch wenn ihm dies nicht gelingt, da die Bevölkerung trotz Darlehen, Vergünstigungen und Mutterkreuz spätestens seit Kriegsausbruch merkt, dass sie letztendlich in all der Not mit dem „Kindersegen" allein gelassen wird.

6.5.4 „Eine gesunde, saubere Wohnung für jeden deutschen Volksgenossen." Wohnungsfürsorge

Der akute Wohnraummangel, der die Fürsorge schon in den zurückliegenden Jahrzehnten beschäftigt hatte, blieb auch in der Zeit des Nationalsozialismus ein drängendes Problem. Die wirtschaftlichen Probleme nach der Weltwirtschaftskrise 1927 und die grassierende Arbeitslosigkeit führen in den letzten Jahren der Weimarer Republik nochmals zu einer wachsenden Landflucht; Tausende wandern auf der Suche nach Arbeit und Auskommen in die größeren Städte, sodass sich die Wohnungsnot wiederum dort am gravierendsten zeigt.

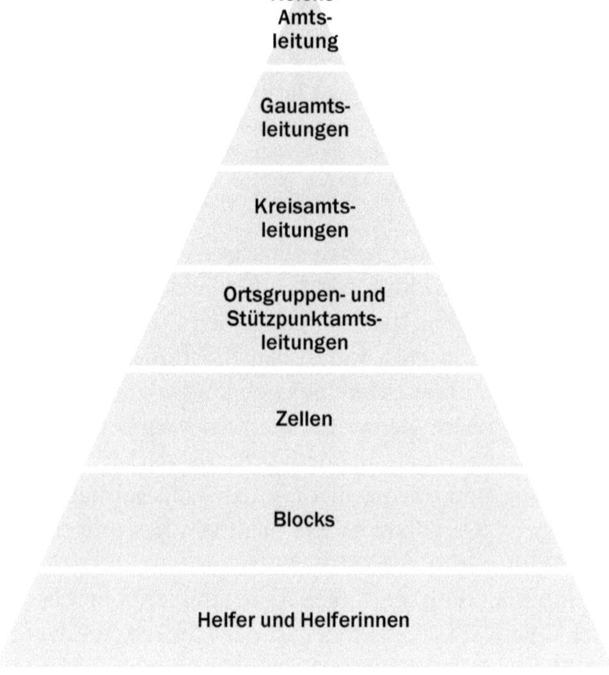

Gliederung der NSV

Die Wohnungsfürsorge wandelt aber unter dem Einfluss des nationalsozialistischen Denkens ihren Ansatz grundlegend. Zum einen wird die Fürsorge für sog. „Obdachlose", insbesondere für die „Tippelbrüder", als unzweckmäßige „liberalistische Verschwendung" an Nichtbesserungswillige oder -fähige denunziert. Der Begriff „Asozialer" wird zur Bezeichnung eines quasi kriminellen Tatbestands: Nichtsesshafte und Asoziale seien Schädlinge am Volkskörper, ihnen seien Arbeitsscheu, Betrügerei, Alkoholismus und geistig-seelische Abnormalität angeboren. Deshalb seien sie aus der Wohlfahrtspflege auszugliedern und in sog. „Bewahranstalten“ unterzubringen, in denen sie zwangsweise zur Arbeit angehalten werden. Damit verringert sich die Klientel der Wohnungsfürsorge um einen beträchtlichen Anteil.

Zum anderen bringt die Wiederbelebung sozialhygienischen Denkens („Volksgesundheitspflege“) sowie die „Blut-und-Boden-Ideologie“ neue Impulse: So stellt man etwa durch die verstärkte gesundheitsamtliche Ermittlung im Rahmen der Tuberkulosenfürsorge sowie durch die Intensivierung der Röntgenreihenuntersuchungen fest, dass eine große Zahl Tuberkulöser kein eigenes Bett zur alleinigen Benutzung besitzt und etwa 10 % von ihnen in überbelegten Wohnungen leben müssen. Das schon 1934 gegründete Tuberkulosehilfswerk der NSV verstärkt deshalb nicht nur die Zusammenarbeit mit der gesundheitspolizeilichen Seuchenbekämpfung, sondern auch mit den Wohnungsämtern und den Haus- und Grundbesitzervereinen. Die NSV-Blockwalter und NSV-Hauswarte, also ehrenamtliche NSV-Mitarbeiter an der untersten Basis (vgl. S. 173) werden angehalten, Fälle von Überbelegung, mangelhafter sanitärer Einrichtungen oder Mietwucher durch Überfüllung der Wohnungen zu melden. Allerdings bleiben die Mittel für teure Wohnraumsanierungen – die in vielen Fällen nötig wären – sehr begrenzt.

Durch die Gründung von „Gauheimstättenämtern“ versucht man, die Siedlungsbewegungen und Siedlungsgenossenschaften in die nationalsozialistischen Organisationen zu integrieren und neu zu beleben. Ihr Anliegen ist es, auf der Grundlage von „Blut-und-Boden“-Denken neuen „Lebensraum“ zu schaffen, weitere Landflucht zu verhindern und eine Aufwertung ländlicher Lebensformen („auf eigener Scholle“ – auch wenn es nur ein Stück Gemüsegarten ist) zu befördern.

„Wenn die NSV an der Siedlungsarbeit selber auch nicht praktisch mitwirkt, so nimmt sie an ihr doch starken Anteil und fördert sie nach besten Kräften; denn diese Arbeit auf weite Sicht ist wichtiger als die zurzeit natürlich noch im Vordergrunde stehende Wohnungshilfe. Die Sachbearbeiter der NSV halten daher in den einzelnen Gauen auch eine enge Verbindung mit ihren zuständigen Gauheimstättenämtern aufrecht. Für die gemeinsame Arbeit ist der Grundsatz bestimmend, dass es vor allem wichtig ist, erbgesunde, kinderreiche Familien anzusiedeln. Gerade diesen Familien soll nicht nur eine bessere Existenzmöglichkeit gegeben werden, sondern sie sollen auf eigenem Grund und Boden den Sinn und die Liebe für die eigene Scholle zurückgewinnen.“
(Ingeborg Altgelt: Wegweiser durch die NS-Volkswohlfahrt, Berlin 1935, S. 43)

Da aber andererseits durch die nationalsozialistische Frauen- und Familienpolitik die Geburtenzahlen ansteigen, lässt sich der stetig wachsende Wohnraumbedarf für kinderreiche Familien nicht wirklich befriedigen.

6.5.5 „Die Jugend ist Deutschlands Zukunft“ Entwicklung der Jugendhilfe

Das Ideal einer gesunden, körperlich tüchtigen Jugend, die die nationalsozialistische Bewegung in Deutschlands Zukunft gestaltet, beherrscht die NS-Jugendpolitik und die Entwicklung der Jugendfürsorge im Dritten Reich. Die „Erziehung der Jugend“ wird deshalb als Herzstück der nationalsozialistischen Jugendhilfe betrachtet. Allerdings geht es dabei um eine neue Ausrichtung der Erziehungsziele, um eine „Erziehung zur Volksgemeinschaft“. Wer sich dieser Gemeinschaft nicht einfügen wollte oder wer gar nicht zu dieser „Volksgemeinschaft“ gehören konnte, weil er aufgrund seiner Rasse („seines Blutes“) nicht dem deutschen Volk zugehörig war, der sollte konsequent ausgegliedert werden. Erziehung wird nicht als Einlösung individueller Rechte und Ansprüche gesehen wie es der Programmsatz in §1 RJWG festgelegt hatte. Nicht um das „Recht der Kinder und Jugendlichen auf Erziehung“ geht es dem Nationalsozialismus, sondern ausschließlich um das „Recht und die Pflicht der Volksgemeinschaft an der Erhaltung und Förderung eines gesunden Nachwuchses“ (so Werner Ventzki auf einer Tagung des Deutschen Vereins über die Reform der Jugendhilfe 1938).

Die „Reichsgemeinschaft der freien Wohlfahrtspflege“ legt 1934 den „Entwurf eines Reichsjugendgesetzes“ vor. In dessen Präambel heißt es in Anspielung auf den alten § 1 RJWG: „Die Erziehung der Jugend ist Erziehung zur Volksgemeinschaft. Ziel der Erziehung ist der körperlich und seelisch gesunde, sittlich gefestigte, geistig entwickelte, beruflich tüchtige deutsche Mensch, der rassebewusst in Blut und Boden wurzelt und, getragen von den lebendigen Kräften des Christentums, Volk und Staat verpflichtet und verbunden ist. Jedes deutsche Kind soll in diesem Sinne zu einem verantwortungsbewussten Glied der deutschen Volksgemeinschaft erzogen werden.“
(zit. nach Kuhlmann: Erbkrank oder erziehbar? Weinheim und München 1989, S. 74f.)

Dieses Denken stößt sich in erster Linie an Theorie und Praxis der Fürsorgeerziehung für schwierige, gefährdete oder verwahrloste Jugendliche, die in der Weimarer Zeit das „Glanzstück“ (freilich auch das Sorgenkind) der Jugendhilfe war. Deshalb wird in der NS-Zeit besonders die Fürsorgeerziehung einer tief greifenden Reform unterzogen. Neben dem „liberalistischen Individualismus“ (Kirmess 1939) wird ihr vor allem eine unwissenschaftliche und weltanschaulich unsinnige „Milieutheorie“ vorgeworfen: nicht auf die Einflüsse eines schädlichen Milieus (in Problemfamilien, Elendsvierteln oder gesellschaftlichen Missständen) seien die Verwahrlosungserscheinungen zurückzuführen, sondern in erster Linie auf genetische Ursachen, auf „Erbminderwertigkeiten“, die sich nicht durch Erziehung verändern lassen.

„Wie sah es auf diesem Gebiete vor der Machtübernahme durch den Nationalsozialismus aus? Für so gut wie alle Schäden, die sich bei den Jugendlichen zeigten, wurde das

Milieu – die Umwelt – verantwortlich gemacht, während man es ablehnte, die Ursache der Schäden bei dem Jugendlichen selbst zu suchen, Man wollte es nicht wahr haben, dass in jedem Menschen eine Erbmasse ruht, die auf seinen Charakter, auf sein Tun und Lassen bestimmenden Einfluss hat. Heute wissen wir, dass es müßig ist, Kraft und Geld dort einzusetzen, wo eine Besserung von vornherein aussichtslos erscheint. In Bezug auf die biologisch Minderwertigen hat der nationalsozialistische Staat bisher im Sterilisationsgesetz Maßnahmen getroffen, die verhindern sollen, dass Träger schlechter Erbmasse sich fortpflanzen.“
(*Ingeborg Aufgelt: Wegweiser durch die NS-Volkswohlfahrt, Berlin 1935, S. 44*)

Die Nationalsozialisten setzen deshalb die schon mit der Notverordnung zur Fürsorgeerziehung von 1932 begonnene Auslesepraxis von Erziehungsfähigen einerseits und Unerziehbaren andererseits fort und begründen sie quasi „wissenschaftlich“ biologisch. Entsprechend wird die „Heimerziehungslandschaft“ ausdifferenziert. Die förderungswürdigen, erbgesunden Jugendlichen sollen in Erziehungsheimen oder in den halb offenen „NSV-Jugendheimstätten“ zu nützlichen Mitgliedern der Volksgemeinschaft erzogen werden; die nichtgemeinschaftsfähigen, minderwertigen, erbkranken und asozialen sollen in „Bewahrungsanstalten“ untergebracht und festgesetzt werden.

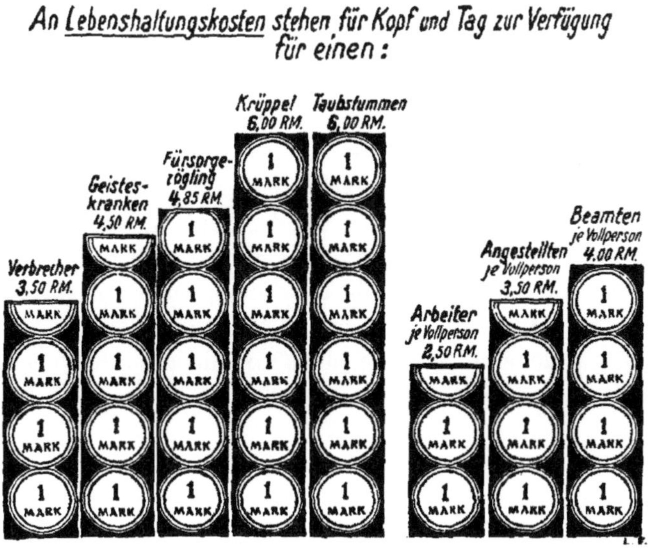

Am 2.2.1934 war im „Völkischen Beobachter“ zu lesen:

„*Dreierlei Maß.*
Erster Maßstab: Ein *gesunder* erwerbsloser Volksgenosse erhält für sich, seine Frau und vier Kinder – also *sechs Personen* – eine Wohlfahrtsunterstützung von wöchentlich *19,50 RM.*

Zweiter Maßstab: Ein *geistig minderwertiger* Erwachsener, der in geschlossener Pflege untergebracht ist – also *eine Person* –, erfordert an Anstaltspflegekosten wöchentlich *28 RM.*
Dritter Maßstab: Ein *geistig minderwertiger* Jugendlicher in *Fürsorgeerziehung* – also *eine noch nicht voll erwachsene Person* – verursacht an Kosten der Fürsorgeerziehung wöchentlich *42 RM.*
Der neue Staat wird für den rechten Maßstab sorgen."
(*zit. nach Kuhlmann: Erbkrank oder erziehbar? Weinheim und München 1989, S. 83*)

Nach rassehygienischen Gesichtspunkten werden im Rahmen des Gesetzes zur Verhütung erbkranken Nachwuchses Tausende von Zwangssterilisationen bei Fürsorgeerziehungs-Zöglingen vorgenommen.

Mit Kriegsbeginn reklamiert schließlich mehr und mehr die Führung der Deutschen Polizei Zuständigkeiten auf dem Gebiet der Verwahrlosungsprävention bzw. zwangsweisen „Bewahrung". Damit wird der Erziehungsgedanke gegenüber dissozialen Jugendlichen vollends zugunsten ordnungspolizeilicher Maßnahmen aufgegeben. Für Jugendliche, die als „unerziehbar" eingestuft werden, werden 1940 eigene „Jugendschutzlager" (in Moringen für männliche und in der Uckermark für weibliche Jugendliche) eröffnet. Damit sind faktisch „Jugend-Konzentrationslager" errichtet worden, die vollends 1944 durch Erlasse des Reichführers SS und Chefs der Deutschen Polizei, des Innen- und Justizministers und des Reichsjugendführers legitimiert wurden.

Die zweite große Umstrukturierung der Jugendhilfe betrifft die jugendpflegerische Arbeit in Jugendverbänden und kommunalen Einrichtungen. Getreu dem Grundsatz „Wer die Jugend hat, hat die Zukunft" (der schon vor dem ersten Weltkrieg die Parole des „Kampfes der Parteien um die Jugend" war – wie ein Tagungsbericht der Deutschen Zentrale für Jugendfürsorge von 1912 überschrieben war) richtete sich das Augenmerk der Parteiführer von Anfang an auf die Gewinnung und ideologische Erziehung der Jugend. Die Jugendpflege konnte also keinesfalls irgendwelchen gesellschaftlichen Kräften überlassen bleiben, Konkurrenz durch Jugendverbände und Bünde konnte nicht geduldet werden.

In einer Rede im Herbst 1930 argumentiert Adolf Hitler: „Das Wesentliche ist die innere Umstellung der Menschen, der Volksgenossen, des Volkes! Und das ist eine politische Aufgabe! … Es ist eine so tief greifende und vollkommene Umstellung, dass der Erwachsene ihrer gar nicht mehr fähig ist. Nur die Jugend kann umgestellt werden, neu eingerichtet werden und ausgerichtet auf den nationalsozialistischen Sinn der Verpflichtung der Gemeinschaft gegenüber."
(*zit. nach Sachße/Tennstedt: Der Wohlfahrtsstaat im Nationalsozialismus, Stuttgart 1992, S. 154*)

Instrument der Bemächtigung der Jugend wird die Hitler-Jugend (HJ). Schon 1926 gegründet, zählt sie am Beginn der Machergreifung 1933 gerade einmal 50.000 Mitglieder (wohingegen sich ca. 800.000 Jugendliche den Jugendorganisationen von KPD und SPD angeschlossen haben und die im Reichsausschuss der deutschen Jugendverbände zusammengeschlossenen Jugendverbände auf stolze 5 Millionen Mitglieder kommen). 1933 erhält die HJ unter ihrem Führer Baldur von Schirach eine neue Organisationsform und beginnt, ihren Monopolanspruch durchzusetzen. Ihre Mitgliederzahlen wachsen rasch; Ende 1933 werden bereits 2,3 Millionen gezählt, 1939 wird die 8-Millionen-Grenze überschritten: gut zwei Drittel aller 10- bis 18-Jährigen gehören zu ihr.

Das Gesetz über die Hitler-Jugend von 1936 befestigt diesen Monopolanspruch in § 1: „Die gesamte deutsche Jugend innerhalb des Reichsgebietes ist in der Hitler-Jugend zusammengefasst". Die Mitarbeit in ihren Untergliederungen und die Teilnahme an den Veranstaltungen wird Pflicht („Dienst"). Die HJ erhält eine eigene Disziplinarordnung und Gerichtsbarkeit gegenüber Verstößen. Die sog. „bündische Jugend" und ihre Verbände gehen – sofern sie nicht verboten werden oder sich selbst auflösen – in der HJ auf. Nur die konfessionellen Jugendgemeinschaften können Reste von Selbständigkeit bewahren. Der Führer der HJ, von Schirach, wird zugleich zum „Reichsjugendführer", also in ein staatliches Amt berufen – Beispiel für die typische Verwischung der Grenze zwischen Partei und Staat.

Die Erziehungsziele der HJ erinnern in mancherlei Hinsicht an die Traditionen und Volksgemeinschaftsideale mancher jugendbündischer Vereinigungen seit der Jahrhundertwende. Auch manche Formen, Gruppenabend, Lied, Feier, Fahrt, Sport werden übernommen. Wichtigste Ziele sind: die Heranbildung einer erbgesunden Jugend, Heranzüchtung kerngesunder, gestählter Körper, Gemeinschaftsgeist, unbedingter Wille zum Gehorsam gegenüber den Führern, letztlich gegenüber Adolf Hitler, und – vor allem – feste Einübung in die nationalsozialistische Ideologie und Hingabe an ihre Sendung.

Es liegt auf der Hand, dass der Alleinvertretungsanspruch der HJ nicht nur Konflikte mit den Jugendverbänden und Kirchen, sondern vor allem auch mit den in der Weimarer Zeit beispielhaft entwickelten jugendpflegerischen Aktivitäten der Kommunen wie mit den Jugendhilfeaktivitäten der NSV (v.a. in Bereichen wie der Jugendgesundheitsfürsorge, Kindererholung und Ferienheime, Horte und Wohnheime) provoziert. Diese Streitigkeiten führen zu verschiedenen Abgrenzungsversuchen, ohne dauerhafte Lösungen zu bringen. Die Grenzziehungsversuche laufen aber darauf hinaus, die Jugendpflege für die gesunde, gemeinschaftsfähige Jugend zur Aufgabe der HJ zu machen, Problemgruppen dagegen der NSV und Erbminderwertige den Kirchen zuzuweisen. Die problematische Scheidung von Jugendpflege und Jugendfürsorge machen den das RJWG bestimmenden Grundgedanken der Zusammengehörigkeit von Jugendarbeit (Jugendpflege) und Jugendsozialarbeit (Jugendfürsorge) zunichte.

Gerade im „totalitären Erziehungskonzept“ der HJ sehen nach der Niederlage und Besatzung Deutschlands die Verantwortlichen der westalliierten Besatzungsmächte (und nicht wenige ihrer im westlichen Exil lebenden deutschen Berater) das größte Risiko für die Umformung Deutschlands zu einem demokratischen Rechtsstaat. Die Programme der „reeducation“ sind ohne diesen Hintergrund nicht zu verstehen.

Trotz der überwältigenden Kriegsprobleme kommt es in den letzten Jahren der NS-Zeit noch zu einigen groß angelegten und ehrgeizigen Projekten: Dazu gehört zum Beispiel die Kinderlandverschickung, im Rahmen derer nicht nur einzelne Kinder, sondern ganze Schulklassen aus den Städten evakuiert werden. Das von Baldur von Schirach auf Veranlassung Hitlers organisierte Programm soll nicht nur dem Schutz der Kinder dienen, sondern auch die erzieherische Chance der politischen Beeinflussung außerhalb des Elternhauses nutzen. Das aber ist möglicherweise der Grund, weshalb die Anmeldungen zur Kinderlandverschickung im letzten Kriegsjahr trotz zunehmender Bombenbedrohung nicht zunehmen, sondern zurückgehen.

Das zweite Beispiel planmäßiger Projekte im Kriege ist Auslese ausländischer Kinder, die den „arischen Rassekriterien“ entsprechen, im Rahmen der Aktion „Lebensborn“. Vor allem in Polen, Belgien und Nordfrankreich werden diese Kinder selektiert, rassenbiologisch untersucht und, wenn sie zur „Aufartung“ geeignet erscheinen, ihren Eltern weggenommen. Sie werden in Lebensbornheimen untergebracht, dürfen ihre Muttersprache nicht mehr sprechen und sollen dort zu „guten Deutschen“ erzogen werden. Insgesamt bleibt der Umfang dieser Maßnahme unbedeutend, für die betroffenen Kinder, ebenso wie als Beispiel für die Perversion des Rassegedankens, sind die Aktionen des „Lebensborn“ aber von großer und unheilvoller Bedeutung gewesen.

Kapitel 7
Restauration und Reform
Die Soziale Arbeit nach dem Kriege

Die Geschichte der Sozialen Arbeit nach dem Zweiten Weltkrieg zu erzählen, stößt auf eine Reihe von besonderen Schwierigkeiten. Zuerst einmal gilt die generell in der Geschichtsschreibung übliche Vorbehaltsklausel: Je näher man an die eigene Gegenwart heranrückt, desto schwieriger wird es, mit ausreichender Distanz die historischen Entwicklungen zu überblicken, Linien zu erkennen, Wesentliches und Unwesentliches zu unterscheiden, subjektive eigene Erfahrungen und deren Zufälligkeit im Hinblick auf die Gesamtentwicklung zu relativieren. Aus dem Historiker wird eben – je näher er sich an die Gegenwart heranwagt – ein Zeitgenosse; es fehlen ihm die Distanz und der Überblick, die sich erst aus der bilanzierenden Rückschau ergeben.

Im Fall der Sozialen Arbeit kommen noch weitere, inhaltliche Probleme hinzu, die eine Gesamtdarstellung ihrer Entwicklung schwierig machen. Die Handlungsfelder sind besonders seit den sechziger Jahren enorm ausdifferenziert und vielgestaltig erweitert worden, die Zahl der Beschäftigten ist entsprechend angewachsen; mehr als zwei Drittel der Stellen für soziale Berufe sind erst in den letzten dreißig Jahren hinzugekommen. Ansätze, Konzepte, Vorgehensweisen, Handlungsfelder, Einrichtungen und Maßnahmen sind so komplex und vielfältig geworden, dass eine zusammenfassende Darstellung ihrer Entwicklung kaum alle Facetten und Aspekte erfassen kann. Ferner hat die Soziale Arbeit ihr Selbstverständnis verändert; sie versteht sich nicht mehr nur als Nothilfe angesichts sozialer Probleme, sondern als einen eigenständigen Bereich, der Sozialisations-, Bildungs- und Beratungsangebote sowie Infrastrukturleistungen für alle Kinder, Jugendlichen und Familien, aber auch für gesellschaftliche Ziele wie die Herstellung gleicher Lebenschancen, sozialen Ausgleich und Erhöhung der Lebensqualität insgesamt erbringt. Entsprechend werden präventive Maßnahmen und soziale Infrastrukturleistungen verstärkt.

Für den historischen Berichterstatter macht das die Aufgabe schwieriger; er sieht sich gezwungen, die Entwicklung in weitere gesellschaftliche Zusammenhänge – zum Beispiel die Bildungspolitik, die Kommunalpolitik, die Sozialplanung – einzubetten. Und seit Mitte der 1970er Jahre stellen die

Debatten über die Krise des Sozialstaats bzw. über die Finanzkrise in den öffentlichen Haushalten, aber auch über Arbeitslosigkeit und Zukunft der Arbeitsgesellschaft weitere Kontexte und Rahmenbedingungen dar. Je erfolgreicher sich Soziale Arbeit als gesellschaftliche Aufgabe etabliert, je weiter also der Prozess ihrer Vergesellschaftung voranschreitet, desto abhängiger wird sie von gesellschaftlichen Vorgaben und Diskursen und desto schwieriger wird es, ihre Entwicklung als eigenständige Geschichte darzustellen.

Schließlich führt die Ausweitung von Aufgabenverständnis, Maßnahmenkatalog, Trägerlandschaft, Einrichtungsvielfalt und Personalbestand in der Nachkriegszeit auch zu dem meist übergangenen Effekt, dass regionale Gegebenheiten und Traditionen, die so genannten „regionalen Wohlfahrtskulturen“ (Wollasch 1995), für die konkrete Ausgestaltung Sozialer Arbeit in bestimmten Ländern und Bezirken eine wachsende Bedeutung gewinnen. Das betrifft keineswegs nur die höchst unterschiedliche Entwicklung in den beiden deutschen Staaten bis 1989 oder für Ost- und Westdeutschland in der Zeit nach der Wiedervereinigung. Dies gilt vielmehr auch im Vergleich westdeutscher Regionen untereinander. Regionalgeschichtlich-vergleichende Studien wie sie – bisher viel zu selten – seit den neunziger Jahren erarbeitet wurden, zeigen nachhaltige Unterschiede im Profil und in den Vorgehensweisen, in der Gestaltung der Trägerlandschaft und in den Prioritätensetzungen zwischen Bundesländern, konfessionell unterschiedlich geprägten Regionen, agrarisch oder industriell strukturierten Provinzen (Freese/Prinz 1996; Wollasch 1997). Dies müsste dazu nötigen, in der Rekonstruktion der Entwicklung der Sozialen Arbeit seit 1945 sehr viel stärker und intensiver regionale Vergleiche einzubeziehen und sozialräumliche Unterschiede zu berücksichtigen. Hierzu gibt es jedoch bisher noch keine ausreichenden Vorarbeiten. Die regionalgeschichtliche Aufarbeitung hat erst begonnen.

Alle diese genannten Schwierigkeiten haben es uns geraten erscheinen lassen, die Geschichte der Sozialen Arbeit nach dem Zweiten Weltkrieg mit größerer Zurückhaltung darzustellen. Wir versuchen uns auf jene strukturellen Veränderungen zu konzentrieren, die endgültig aus der alten Fürsorge die moderne Soziale Arbeit gemacht haben. Wir verfolgen diese Entwicklung auf der Ebene des gewandelten Selbstverständnisses, der organisatorischen und gesetzlichen Voraussetzungen, der quantitativen Ausweitung des Arbeitsfeldes, der Verwissenschaftlichung der Ausbildung und der Neuorientierung der Fachlichkeit durch die Anstöße der sozialen Bewegungen der 1970er und 80er Jahre, aber auch der Sozialstaatskritik und Finanzkrise der letzten 20 Jahre.

7.1 „Auferstanden aus Ruinen" (Nationalhymne der DDR)

7.1.1 Der Weg in die Zweistaatlichkeit

Für die Entwicklung der Sozialen Arbeit bieten die ersten Jahre nach dem Krieg zugleich Chancen und Schwierigkeiten. Die Chance zu einem Neubeginn im April 1945 ergibt sich aus dem Kriegsende mit der bedingungslosen Kapitulation der Wehrmacht und durch den Zusammenbruch des Nationalsozialismus nach dem Selbstmord des „Führers" und der Flucht seiner noch verbliebenen Mittäter. In den hieraus entstehenden Auflösungserscheinungen bricht auch die NS-Wohlfahrtspflege zusammen, so dass eine günstige Situation für grundsätzliche Neustrukturierungen gegeben scheint. Freilich wird diese im Grundsatz existierende Chance durch die widrigen Bedingungen der Kriegsfolgen durchkreuzt. Für weitergehende Überlegungen scheint weder Zeit noch Kraft übrig zu sein. Stattdessen spielt sich ein alltäglicher Pragmatismus ein, der Nothilfe zu leisten versucht unter den Bedingungen, wie sie nun einmal gegeben sind. Und diese Bedingungen sind prekär genug. Auf mittlere Sicht behindert dieser – in den Augen der Beteiligten damals notwendige – Pragmatismus einen echten Neuanfang, so dass man im Prinzip wieder an die schon in der Weimarer Republik entwickelten Strukturen anknüpft und diese nur zögerlich weiterentwickelt.

Die Auseinandersetzung mit dem Nationalsozialismus wird bis in die 1970er Jahre hinein weitgehend den Alliierten überlassen, die durch die Nürnberger Kriegsverbrecherprozesse, die Entnazifizierungsmaßnahmen und Reeducation-Programme die Bereitschaft signalisieren, die Beseitigung des Personals und der Ideologie des Nationalsozialismus zu ihrer Sache zu machen. Erst die darauf folgende Generation versucht im Zuge der Studentenbewegung, die eigenen Väter und Mütter zum Sprechen zu bringen und zur Verantwortung zu ziehen.

Phasen der Entnazifizierung im Westen

Bis März 1946 Massenverhaftungen und Internierungen.
Bis 1949 Befreiungsgesetze, Fragebogenaktionen, Spruchverfahren, Klassifizierung der Betroffenen als Hauptschuldige, Belastete, Minderbelastete, Mitläufer und Entlastete.
Ab 1949 Übertragung der Entnazifizierung auf öffentliche Organe der Bundesrepublik.
Insgesamt wurden von den Besatzungsgerichten in allen Zonen 5.025 Personen verurteilt, 486 davon hingerichtet. Von den Gerichten der Bundesrepublik wurden bis 1965 12.870 Personen, von den Gerichten der DDR 11.115 (in Relation zur Bevölkerung also dreimal so viele) Personen verurteilt.

Die vier Besatzungsmächte USA, England, Sowjetunion und Frankreich übernehmen die innere wie die äußere Souveränität und teilen das Land in vier Sektoren auf. Auf der Potsdamer Konferenz beschließen sie die Neuordnung Deutschlands und darüber hinaus grundlegende territoriale Veränderungen in Mittel- und Osteuropa. Durch die damit verbundenen Umsiedlungen kommt es zu einem Flüchtlingsstrom nach Westen, der bis in 1950er Jahre anhält und erhebliche administrative und soziale Maßnahmen erforderlich macht: Während 1945 etwa 12,5% der Bevölkerung in den vier Besatzungszonen ehemalige Flüchtlinge sind, beträgt ihre Zahl 1950 bereits 20% der westdeutschen Bevölkerung.

Die Verluste im Zweiten Weltkrieg

Die Zahl der Toten ist mit 55 Millionen über fünfmal so hoch wie die des Ersten Weltkriegs (9,7 Millionen). Etwa 6 Millionen deutsche Soldaten und Zivilpersonen verlieren ihr Leben. Die Verluste der Sowjetunion betrugen über 20 Millionen Menschen, die der Polen etwa 6 Millionen und die der Westalliierten 8 Millionen. In den deutschen Konzentrationslagern kamen etwa 9 Millionen Menschen um, davon 6 Millionen Jüdinnen und Juden.

Die politische Entwicklung seit 1945 führt im Zeichen des Gegensatzes von „Kapitalismus“ und „Kommunismus“ zunehmend zu einer Polarisierung zwischen Ost und West, die bis zum Ende der 1980er Jahre die Blockbildung zum beherrschenden Element der internationalen Politik macht. Der „Ostblock“, zu dem nach der doppelten deutschen Staatsgründung 1949 auch die Deutsche Demokratische Republik (DDR) zählt, steht der „freien westlichen Welt“ gegenüber, in die sich die durch das Wirtschaftswunder erstarkte Bundesrepublik Deutschland ebenso wirtschaftlich (EWG/Europäische Union) wie militärisch (NATO) integriert. Entsprechend der Zugehörigkeit zu den zwei Blöcken verläuft die Entwicklung in den 40 Jahren ihrer getrennten Existenz in den beiden Staaten im Westen und im Osten Deutschlands ganz unterschiedlich.

Aus dem Protokoll des Potsdamer Abkommens

„Nationalsozialismus und Militarismus werden beseitigt. Das politische Leben wird auf demokratischer Grundlage neu geordnet. Dazu sollen örtlich deutsche Verwaltungsbehörden eingesetzt und zentrale Fachbehörden geschaffen werden, jedoch zunächst noch keine deutsche Zentralregierung. Politische Parteien und Gewerkschaften sind zu fördern; die Industrie soll beschränkt und kontrolliert werden. Deutschland soll eine wirtschaftliche Einheit bleiben.“

„Der nördliche Teil Ostpreußens soll der Sowjetunion übergeben werden. Die übrigen Gebiete östlich der Oder-Neiße-Linie kommen unter polnische Verwaltung. (…) Alle Deutschen aus Polen, der Tschechoslowakei und Ungarn sollen in ordnungsgemäßer und humaner Weise nach Deutschland umgesiedelt werden.“

Die Parteien in der DDR

Abzeichen der DDR-Parteien

Im Osten beginnen die Kadergruppen, die während des Krieges im Exil in der Sowjetunion für ihre Aufgaben vorbereitet worden sind, unter der Führung der sowjetischen Militäradministration (SMAD) umgehend mit dem Aufbau eines neuen Staates. KPD und SPD entstehen neu und schließen sich im April 1946 zur „Sozialistischen Einheitspartei Deutschlands" (SED) zusammen. Neben den Parteien entstehen Massenorganisationen mit unangefochtener Monopolstellung, u.a. der Freie Deutsche Gewerkschaftsbund (FDGB), die Freie Deutsche Jugend (FDJ) und der Demokratische Frauenbund Deutschlands (DFD). Im März 1949 gibt sich die DDR eine bürgerlich-demokratische Verfassung, welche die Grundrechte garantiert. Für die Wahl zur Volkskammer existiert eine Einheitsliste aus SED, CDU, LDPD, NDPD und DBD mit festgelegten Anteilen.

Als erste Maßnahme der Neuordnung wird mit großer Zustimmung der Bevölkerung im Juni 1945 die Bodenreform in Angriff genommen, um „Junkerland in Bauernhand" zu bringen. Kunst, Kultur und Wissenschaft werden gefördert – und für vielfältige politische Zwecke vereinnahmt. Produktion und Distribution werden verstaatlicht. Durch Subventionierung gelingt es, Vollbeschäftigung zu erreichen, d.h. auch die Frauen zu 90% in den Arbeitsmarkt einzubinden. Bis zum Ende der DDR scheitern jedoch alle Versuche, eine mit dem Westen konkurrenzfähige Wirtschaft aufzubauen. Die mangelnde Zufriedenheit mit der Versorgung wird deshalb zu einer der maßgeblichen Ursachen der Massenflucht in den Westen, die bis zum Mauerbau 1961 anhält. Fast dreißig Jahre später entzünden sich – ermutigt durch Glasnost und Perestroika in der Sowjetunion – Protest- und Bürgerrechtsbewegungen, welche die innere Erstarrung, die Vorenthaltung von Reisemöglichkeiten und den Mangel an demokratischer Entwicklung anprangern und damit zu Massenfluchten und 1989 zum Zusammenbruch der DDR führen.

Im Westen erfolgt die offizielle Übernahme politischer Aufgaben durch deutsche Verwaltungseinheiten sehr viel langsamer und in den drei Besatzungszonen und Westberlin uneinheitlich. Es stehen nur wenige unbelastete Politikerinnen und Politiker zur Verfügung, die Verwaltung entstammt ihrem Selbstverständnis entsprechend noch den alten preußischen Traditionen – und die Parteienlandschaft ist den auf ein Zweiparteien-System orientierten englischen und amerikanischen Besatzungsmächten schwer durchschaubar. Erst als sich durch die beginnende Blockbildung abzeichnet, dass Westdeutschland zu einem „Bollwerk gegen den Kommunismus" werden könnte, werden die Vorbehalte gegenüber den konservativ und national gesinnten Politikern abgebaut. Die Westalliierten stimmen deshalb 1949 einer politischen Souveränität Westdeutschlands zu und drängen gegen die u.a. von Seiten der Evangelischen Kirche unterstützten Neutralitäts- und Entmilitarisierungsbestrebungen darauf, dass die Bundesrepublik wiederaufrüstet und sich dem Westbündnis anschließt. Verbunden mit diesen Forderungen werden immense Wirtschaftshilfen gewährt (am bedeutsamsten ist der so genannte „Marshallplan"), welche maßgeblich dazu beitragen, die Bundesrepublik schon nach wenigen Jahren wieder zu einem wichtigen Einflussfaktor in Europa und zunehmend auch im weltpolitischen Geschehen werden zu lassen.

7.1.2 „Hauptsache – wir leben!" Alltag in der Nachkriegszeit

Das politische Chaos des Jahres 1945 in Deutschland bedeutet für die Überlebenden entsprechend chaotische Existenzbedingungen. Durch die Flucht der Bevölkerung vor den einrückenden Feindtruppen, durch Rückführung der Jugendlichen aus der Kinderlandverschickung, Befreiung der KZ-Insassen, die Rückkehr von Kriegsgefangenen und die Auflösung der Wehrmacht befinden sich 25 Millionen Deutsche bei Kriegsende auf der Straße. Die Familien sind zerrissen, Flüchtlinge, Ausgebombte, Soldaten, verwahrloste Jugendliche irren umher.

Die meisten Städte Deutschlands liegen in Trümmern: Nur ein Viertel aller Großstadtwohnungen ist noch unversehrt, 45% sind beschädigt, 31% völlig zerstört. In den ländlichen Bereichen und den Kleinstädten ist die Lage etwas besser. Am härtesten betroffen sind die Industriestandorte mit ihren Arbeiterquartieren, die gezielt bombardiert wurden. Aus den Gebieten jenseits der Oder-Neiße-Linie strömen elf Millionen Flüchtlinge, Vertriebene und Umgesiedelte in den Westen, die in der Regel nicht mehr als ein Bündel an Besitztümern mitbringen und dort, wo sie untergebracht werden sollen, auf eine Bevölkerung stoßen, die selbst kaum in der Lage ist, sich zu versorgen.

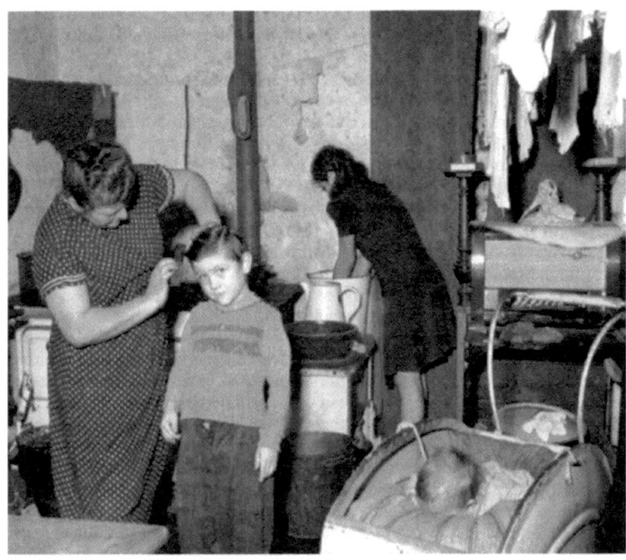

Flüchtlingsunterkunft

Zudem ist Deutschland „ein Land der Frauen und Greise" geworden: 37 Millionen Frauen stehen nur noch 29 Millionen Männer gegenüber. Über 70% dieser Männer sind unter 18 oder über 60 Jahre alt. Die mittlere Generation, die eigentlich gebraucht würde, um den Neuanfang zu bewältigen, ist in die Minderheit geraten. Da ein allgemeiner Arbeitszwang für alle Erwachsenen eingeführt wird, sind es vor allem die Frauen, die rekrutiert werden, um die notwendigen Aufräumungsarbeiten in Angriff zu nehmen. Können sie keine Arbeitsbescheinigung vorlegen, erhalten sie auch keine Lebensmittelkarten und sind auf den Schwarzmarkt angewiesen.

„Die vorrangige Aufgabe in den Städten war die Schuttbeseitigung. Riesige Trümmerfelder bedeckten die Stadtgebiete: 50 Millionen cbm in Berlin, 6 Millionen cbm in München, 12 Millionen cbm in Frankfurt, 8 Millionen cbm in Stuttgart."
(*Klaus-Jörg Ruhl: Deutschland 1945, Darmstadt und Neuwied 1984, S. 165*)

Trotz der schier unüberschaubaren Arbeitsleistung, die von ungeübten Personen verrichtet werden muss, sind die Rationen, die auf die Lebensmittelkarten abgegeben werden, noch knapper bemessen als in den Kriegsjahren und sinken teilweise unter das zum Überleben notwendige Maß. Schwächezustände und Hungerödeme breiten sich aus. In den Schulen, in denen der Unterricht aufgrund der mangelnden Räumlichkeiten teilweise in vier Schichten abgehalten wird, werden von Seiten der Alliierten Speisungen für die Kinder ausgegeben.

„Die Normalration in der britischen und amerikanischen Zone betrug 1550 Kalorien pro Tag, die tatsächlichen Rationen meist weit weniger, zum Beispiel in der britischen Zone im Hungerwinter 1946/47 1000 Kalorien. Die Durchschnittszuteilungen in Süd-Württemberg betrugen im November 1946 nur 1014 Kalorien, im Dezember 934 Kalorien und im Januar 1947 ganze 882 Kalorien."
(*Die Lebensverhältnisse in Deutschland 1947, Eine Studie des Hilfswerks der ev. Kirchen, Stuttgart o.J., S. 8*)

Es fehlt also an allem: Der mangelnde Wohnraum macht Lager, Notunterkünfte und Zwangseinquartierungen notwendig. Es fehlt an Medikamenten, obwohl sich, zusammengedrängt auf engem Raum, die Ansteckungsgefahr rapide erhöht, zumal die Abwehrkräfte durch die Entbehrungen ohnehin geschwächt sind. Es fehlt an den wichtigsten Lebensmitteln – und an Zigaretten, Alkohol, Kaffee und Schokolade kommt nur, wer gute Beziehungen zu den „Besatzern" unterhält.

„Welche Frau gibt schon gerne zu, für eine Stange Zigaretten, Whisky oder Schokolade, für ein wenig Unterhaltung bei Jazz und belegten Brötchen ein Verhältnis mit einem Besatzungssoldaten eingegangen zu sein? Die Erinnerung, Geliebte eines GI gewesen zu sein, muss gründlich verdrängt werden, denn dabei war schließlich eigenes Zutun im Spiel. Wer freiwillig mit den Amis ‚ging', konnte kein Opfer sein – oder doch?"
(*Sabine Hering 1994, S. 149*)

Nur an Arbeit fehlt es zunächst nicht, da durch die Trümmerberge Arbeit im Überfluss vorhanden ist. Erst als diese beseitigt sind und es um die Einrichtung „ordentlicher" Erwerbsarbeitsplätze geht, wird auch die Arbeitslosigkeit zum Problem. Im Juni 1949 wird erstmals für die BRD eine Arbeitslosenstatistik veröffentlicht; danach sind 1,2 Millionen ohne Beschäftigung. Trotz der amerikanischen Wirtschaftshilfen und dem einsetzenden enormen Wirtschaftswachstum bleiben Arbeitslosigkeit und Jugendarbeitslosigkeit noch für einige Jahre die wichtigsten sozialen Probleme. Arbeitslosigkeit betrifft 1950/51 noch gut 10% der arbeitsfähigen Bevölkerung.

Erst nachdem sich langsam wieder eine Normalisierung der Zustände eingestellt hat, gelingt es der Bevölkerung, sich aus der Rolle des kollektiven Fürsorgefalls zu befreien. Im Aufwind des so genannten „Wirtschaftswunders" und des damit verbundenen rapiden Abbaus der Arbeitslosigkeit fasst die Mehrheit wieder Fuß, profitiert vom Lastenausgleich, dem Kindergeld, den Baukostenzuschüssen und den Ausbildungsbeihilfen. Die verlorenen Pfunde sind schnell wieder angegessen, statt in der alten Mietwohnung residiert man jetzt im Bungalow. Erste Urlaubsreisen führen nach Österreich, Italien und Spanien. Die Ersparnisse wachsen an, die Kinder gedeihen – und die Frau kann wieder zu Hause bleiben und braucht nicht mehr zu arbeiten.

7.1.3 „Wohlfahrtsstaat statt Versorgungsstaat" Die Reorganisation der Organisationen

Aufgrund des Mangels an sozialen Hilfsorganisationen nach dem Zusammenbruch des Nationalsozialismus und dem Ende des Krieges lastet die Hauptverantwortung zur Linderung der Not und Vermeidung von Seuchen zunächst auf den ausländischen Hilfsorganisationen. Erst nach dem Wirksamwerden des Marshallplans und der Währungsreform ist man auch innerhalb Deutschlands in der Lage, erste Schritte in Richtung auf eine Reorganisation der institutionellen Voraussetzungen Sozialer Arbeit zu tun.

	Versicherungsprinzip	Versorgungsprinzip	Fürsorgeprinzip
Sicherungsvoraussetzung	Mitgliedschaft in Versicherung	Speziell eingeräumter Rechtsanspruch	Individuelle Notlage
Leistungsanspruch	Bei Eintritt Versicherungsfall	Bei Vorliegen gesetzlich bestimmter Merkmale	Bei Bedürftigkeit
Leistungshöhe	Standardisiert nach Art des Versicherungsfalls	Standardisiert nach Art des Versorgungsfalls	Individualisiert nach Art und Umfang der Bedürftigkeit
Gegenleistung	Ja, Versicherungsbeiträge	Ja, nichtfinanzielle Sonderopfer (-leistungen) für Gemeinschaft	Nein
Bedürftigkeitsprüfung	Nein	Nein	Ja
Gliederung wichtiger Sicherungszweige nach dem überwiegenden Grundprinzip	Sozialversicherung • Gesetzliche Rentenversicherung • Gesetzliche Krankenversicherung • Gesetzliche Unfallversicherung • Arbeitslosenversicherung (Arbeitslosengeld)	• Kriegsopferversorgung • soziale Entschädigung bei Impfschäden • Beamtenversorgung • Kindergeld (ohne Einkommensgrenzen)*	• Sozialhilfe • Jugendhilfe • Resozialisierung • Wohngeld • Kindergeld (bei Einkommensgrenzen)*

* nur mit Einschränkungen klassifizierbar

Die Schwerpunkte der nun einsetzenden Aktivitäten erstrecken sich vor allem auf die Bereiche: Fürsorge und wirtschaftliche Eingliederung der Flüchtlinge, Versorgung der Kriegsversehrten und Kriegshinterbliebenen, Bekämpfung der Geschlechtskrankheiten und der Tuberkulose sowie die ganz dringend anstehende Neuregelung der Arbeitslosenversicherung. Die übergeordnete Frage dabei ist wiederum die Grundsatzentscheidung zwischen einem flächendeckenden Sozialversicherungssystem und einer differenzierten und differenzierenden Fürsorge. Die lang andauernden Diskussionen über diese Frage enden im Westen in einem ausbalancierten „sowohl als auch“, im Osten in einer deutlichen Entscheidung für strukturelle Lösungen, d.h. staatliche Grundversorgung für alle.

Das Verhältnis von öffentlicher und privater Fürsorge wird im Sinne der Kontinuität nach den in der Weimarer Republik etablierten Prinzipien bestätigt. Die Arbeitsteilung zwischen den Leistungen der öffentlichen Träger und den Angeboten der freien Wohlfahrtspflege (welche sich als Zusammenschluss der Spitzenverbände formiert) wird durch den Grundsatz der Subsidiarität geregelt.

In den eher spärlichen Analysen zur Sozialen Arbeit in der unmittelbaren Nachkriegszeit wird besonders auf diese Kontinuitäten hingewiesen, die über die NS-Zeit hinweg den Brückenschlag von der Weimarer Republik zur Bundesrepublik ermöglicht haben. Dabei wird neben dem Hinweis auf das Verhältnis von öffentlicher und freier Wohlfahrtspflege vor allem auf Gesetze und Rechtsverordnungen verwiesen, die seit den 1920er Jahren bis in die 1960er bzw. 1970er Jahre hinein Gültigkeit haben.

Das sind:

- Die Reichsverordnung über die Fürsorgepflicht (RFV) vom 13.2.1924
- Die Reichsgrundsätze über Voraussetzung, Art und Maß der öffentlichen Fürsorge (RGr) vom 4.12.1924
- Das Reichsjugendwohlfahrtsgesetz (RJWG) vom 9.7.1922
- Das Jugendgerichtsgesetz (JGG) vom 1.7.1923

Es gibt aber auch eine ganze Reihe von „Altlasten“ aus der NS-Zeit, welche die Weimarer Traditionen durchbrochen haben und nun einer Modernisierung der Sozialen Arbeit im Wege stehen: Zu den Altlasten gehört vor allem die von der NS-Regierung besonders im Bereich des Gesundheitswesens, aber auch in der Jugendarbeit und Jugendpflege, in der Familienfürsorge vorgenommene Zentralisierung, d.h. die Verlagerung der Zuständigkeiten von den Kommunen auf die Reichsebene, die jetzt wieder rückgängig gemacht werden muss. Dies ist nicht nur deshalb erforderlich, weil das „Reich“ nicht mehr existiert und die Kassen, die es hinterlassen hat, leer sind, sondern weil die Gesamtkonstruktion der Wohlfahrtspflege, so wie sie sich in Deutschland bis 1933 entwickelt hatte, darauf basiert, Fürsorge individuell „vor Ort“, also in den Kommunen und mit kommunalen Mitteln zu gewähren. Außerdem behindert die in der NS-Zeit verfügte Einschränkung der freien Träger bzw. das Verbot ihrer Organisationen nicht nur die Modernisierung der sozialen Strukturen, sondern auch die Rekonstruktion der vor 1933 existenten Grundlagen des Wohlfahrtssystems.

Die Alliierten beseitigen zunächst durch das Kontrollratsgesetz Nr. 1 das „Gesetz zur Wiederherstellung des Berufsbeamtentums“ von 1933 und das

„Gesetz zum Schutze des deutschen Blutes und der deutschen Ehre" von 1935. Durch Kontrollratsgesetz Nr. 2 werden alle NS-Organisationen aufgelöst, also auch das Winterhilfswerk, die NSV, das Hauptamt für Volksgesundheit, das Rassenpolitische Amt und der Sachverständigenrat für Bevölkerungs- und Rassepolitik. Damit ist in wichtigen Punkten der Weg frei für einen Neuanfang.

Der Deutsche Verein in Frankfurt scheint seit dem Zeitpunkt seiner Wiedergründung 1946 *die* Schaltstelle zu sein, in der am meisten Fachwissen und Überblick zusammenkommen. Mehr oder weniger belastet durch Tätigkeiten in der NS-Zeit – dadurch aber auch mehr oder weniger nahe dran an der realen Situation in den sozialen Einrichtungen seit der sukzessiven Auflösung der NS-Organisationen – versuchen die Verantwortlichen im Deutschen Verein Diskussionen zu initiieren, welche die Grundlagen für die aktuellen wie die weiterreichenden Entscheidungen liefern sollen, die jetzt anstehen.

Zahl der Renten- und Unterstützungsfälle*

Leistungsart	1933		1938		1950		1954	
	Zahl in 1.000	%	Zahl in 1.000	%	Zahl in 1.000	%	Zahl in 1.000	%
Sozialversicherungsrentner und Hinterbliebene	4.693	38,9	5.227	59,4	5.676	42,4	7.411	49,7
Arbeitslosenversicherung und -fürsorge	1.812	15,0	253	2,9	1.456	10,9	1.181	8,0
Kriegsopferversorgung	1.703	14,1	1.580	17,9	4.010	30,0	4.296	28,9
Lastenausgleich	–	–	–	–	1.055	7,9	884	5,9
Öffentliche Fürsorge	3.866	32,0	1.739	19,8	1.177	8,8	1.118	7,5
Gesamtzahl	12.074	100,0	8.799	100,0	13.374	100,0	14.890	100,0
auf 1000 der Bevölkerung	182,9		120,3		267,5		287,5	
Davon West-Berlin Gesamtzahl					649		791	
auf 1000 der Bevölkerung					301,2		360,7	

* Reichsgebiet bzw. Bundesgebiet einschließlich West-Berlin
Quelle: Die öffentliche Fürsorge, 1956, S. 3

Im Zentrum dieser Diskussionen steht das Verhältnis des Versicherungssystems zur Fürsorge. Unabhängig von allen weitergehenden Entscheidungen ist zunächst klar, dass der wieder bei den Kommunen angesiedelten

Fürsorge das Hauptgewicht zukommen soll, weil die Versicherungen nur noch ganz beschränkt zahlungsfähig sind. Die Gemeinden und Städte sind die Einzigen, die nach der Wiederöffnung ihrer Ämter in der Lage sind, die anstehenden Probleme halbwegs effektiv anzugehen. Einer Statistik zufolge lässt sich damals 80% des Fürsorgeaufwands der Kommunen auf Umstände zurückführen, die eigentlich nicht in ihrer Zuständigkeit liegen.

Dass die Kommunen bis zur Währungsreform als Ausfallbürge für das bankrotte System der Sozialversicherung nicht selber finanziell völlig in die Knie gehen, hängt nicht zuletzt damit zusammen, dass die Nachfrage nach finanzieller Unterstützung vor allem in den Städten zurückgeht. Da das Geld als Tauschmittel weitgehend außer Kurs gesetzt ist und dem direkten Tausch von Waren weicht, sind die geringen finanziellen Zuwendungen, welche die Fürsorge gewährt, wesentlich unattraktiver als zum Beispiel die aus dem Ausland kommenden Care-Pakete mit Nahrungsmitteln und Kleidung oder der Tauschhandel auf dem Schwarzmarkt.

Die Regelsätze für die Westzonen betragen 1946

- 27 bis 33 RM für den Haushaltsvorstand
- 18 bis 25 RM für Angehörige über 16 Jahren
- 15 bis 17 RM für Angehörige unter 16 Jahren.

Im Blick auf die längerfristigen Perspektiven findet das Fürsorgesystem allerdings im Vergleich zum Versicherungsprinzip nicht viele Fürsprecher. Vor allem von Seiten des Deutschen Vereins setzt man sich dafür ein, reale soziale Rechtsansprüche zu schaffen, da es undenkbar sei, dass Millionen von Menschen, die ohne Schuld in Not geraten seien, dem Ermessen der Bürokratie ausgeliefert werden sollen. Außerdem besteht die Auffassung, dass qualifizierte sozialpädagogische Angebote nur dann aufgebaut und durchgesetzt werden können, wenn die Soziale Arbeit sukzessiv von den Aufgaben der materiellen Unterstützung entlastet wird. Dieses gelingt Dank des seit den 1950er Jahren einsetzenden enormen wirtschaftlichen Aufschwungs, der kaum den Einsatz staatlicher Mittel erfordert: Durch den Ausbau von Rechtsansprüchen im Rahmen von Versicherungs- und Versorgungsleistungen können immer mehr Ansprü-

Demonstration gegen soziale Missstände

che an sozialer Unterstützung gewährleistet werden. Diese Entwicklung kumuliert in der Ablösung des „Weimarer Fürsorgerechts" durch das am 30.6.1961 erlassene Bundessozialhilfegesetz (BSHG).

Das damit verbundene neue Selbstverständnis schlägt sich auch in den Begrifflichkeiten nieder: Aus „Fürsorge" wird „Sozialhilfe", aus „Jugendfürsorge" und „Jugendwohlfahrtspflege" wird „Jugendhilfe", aus „Wohlfahrtspflege", als umfassender Sammelbegriff entsteht die Bezeichnung „Soziale Arbeit". Darin drückt sich auch aus, dass die gewandelten Lebensverhältnisse der Bundesrepublik auf dem Weg zu einer „nivellierten Mittelstandsgesellschaft" den alten auf Bildungs- und Klassenunterschieden aufbauenden Vorstellungen der Fürsorge der oberen Klassen für die unteren Schichten den gesellschaftlichen Boden entzogen haben.

Neben dem sofort nach dem Zusammenbruch neu belebten Deutschen Verein wird im Mai 1949 die Arbeitsgemeinschaft für Jugendpflege und Jugendfürsorge (AGJJ, später in Arbeitsgemeinschaft für Jugendhilfe, AGJ, umbenannt) gegründet (in deren Namen sich die Zusammengehörigkeit der interventionsorientierten Jugendfürsorge und der präventionsorientierten Jugendpflege bereits programmatisch ausdrückt). Im August 1949 schließen sich die Jugendverbände zum Deutschen Bundesjugendring (DBJR) zusammen. Im Mai 1949 wird die Bundesarbeitsgemeinschaft Jugendaufbauwerk (BAG JAW) gegründet.

Die Anstrengungen, das Jugendamt mit erweiterten Handlungsmöglichkeiten zu rekonstruieren, bestimmen den sozialen Wiederaufbau im Bereich der Sozialen Arbeit von Anfang an. Schon im Oktober 1946 legt der Deutsche Verein den „Modellentwurf einer Novelle zum RJWG" vor, der am 4.11.1947 vom Länderrat der amerikanischen Zone übernommen wird. Er zielt zum einen darauf ab, den (seit der Notverordnung von 1924 nur als „freiwillige Leistungen" geltenden) Katalog des § 4 RJWG wieder zu Pflichtaufgaben des Jugendamts zu machen. Zum anderen soll das Jugendamt kommunalpolitisch aufgewertet werden durch die Wiedereinführung des in der NS-Zeit außer Kraft gesetzten Jugendwohlfahrtsausschusses, der nicht bloß als Beratungs-, sondern als Entscheidungsorgan mit (begrenztem) Beschlussrecht fungiert.

In der am 28.8.1953 verabschiedeten Novelle zum RJWG beschränkt sich der Gesetzgeber im Wesentlichen darauf, die nachteiligen Eingriffe durch die Notverordnung von 1924 sowie durch das Führungs-Gesetz von 1939 wieder zu beseitigen. Zu einer wirklichen Reform des Kinder- und Jugendhilfegesetzes soll es erst in den 1990er Jahren kommen.

7.1.4 „Störungen haben Vorrang." Die Gruppenpädagogik als Fokus der Disziplinentwicklung

Wiederbelebung jugendbewegter Tradition

Besonders deutlich kommt das neue sozialpädagogische Selbstverständnis der Profession in der Vorliebe für Gruppenpsychologie und Gruppenpädagogik zum Ausdruck. Die deutliche Vorrangstellung des an der Psychologie orientierten „case work", die in den 1920er Jahren unbestritten gegolten hatte, wird nun in Theorie und Ausbildung durch die Gruppenpädagogik abgelöst. In den 1950er Jahren wird sie zu *der* zentralen Methode der Sozialarbeit schlechthin. Im Bericht der deutschen Delegation für die 5. Internationale Konferenz für Soziale Arbeit in Paris (1950) heißt es: „Als bedeutungsvoll für die Sozialarbeit erwiesen sich insbesondere Fortschritte auf dem Gebiete der Medizin … und auf dem Gebiete der Psychologie, und zwar insbesondere der Tiefen- und der Sozialpsychologie … Allerdings ist zu warnen vor einer Überschätzung tiefenpsychologischer und psychotherapeutischer Aspekte, weil diese entgegen einer helferischen Zielsetzung zur schädlichen ‚Pathologisierung' sozialer und persönlicher Notstände beizutragen vermögen … Als besonders positiv ist … die Gruppen-Psychologie zu beurteilen, deren weitere Auswertung in der Sozialarbeit wesentliche Ergebnisse verspricht." (Internationale Konferenz für Soziale Arbeit 1950, S. 347 f.)

Wichtigstes Zentrum der Gruppenpädagogik wird das 1949 eröffnete Haus Schwalbach, das von Magda Kelber geleitet wird und von dem aus über Fortbildung und Schulung ihre Methoden verbreitet werden (Haus Schwalbach 1959). Die Philosophie der Gruppenpädagogik propagiert eine Lebensform, die per se einen demokratischen Lebensstil sowie demokratische Lernprozesse beinhaltet. Sie geht von der Prämisse aus, dass *jede* Gruppe, ob spontan gebildet oder unter Anleitung von Gruppenpädagogen, zur Bereicherung der Erfahrungen, Kenntnisse und Handlungssicherheit von

Individuen beitrage, also auf ihre Mitglieder eine sozialisierende, sie an die Werte und Normen der Gruppe anpassende Wirkung habe.

Neben der Familie wird die Gruppe als Grundeinheit der Gesellschaft und als wichtige Sozialisationsform begriffen, die die notwendige Feingliederung und Gestaltung und den Zusammenhalt der anonymer und nivellierter werdenden Lebensverhältnisse gewährleisten könne. Von der „reflektierten Gruppe" sollen Impulse ausgehen – für die Neugestaltung des Zusammenlebens der Menschen in einer freien Gesellschaft (Konopka 1987).

In einem solchen (Harmonie-)Modell ist „der Außenseiter in einer Gruppe ein ärgerlicher Störfall des auf Homogenisierung gerichteten Gruppenprozesses und bedarf einer pädagogischen Sonderbehandlung" (C.W. Müller). Mit fortschreitender Pädagogisierung der Sozialen Arbeit werden in der Tat die nicht Gruppenfähigen, die den kommunikativen (mittelschichtspezifischen) Anforderungen der Gruppenarbeit nicht gewachsen sind, zum Problem. Damit rückt die Frage nach dem Umgang mit den „Schwererziehbaren", den „Unerziehbaren" und den nicht „Resozialisierbaren" ins Blickfeld: Je stärker sich die sozialen Hilfen präventiv orientieren, desto größer werden die Schwierigkeiten mit jenen Arbeitsfeldern, in denen Soziale Arbeit mit Zwang verbunden wird wie Strafvollzug oder im Bereich der Heim- und Fürsorgeerziehung.

7.1.5 Ausbildungsreform und Strukturveränderungen

Die ersten Schritte zum Wiederaufbau der Schulen für Sozialarbeit und Sozialpädagogik erfordern eine kritische Bilanz dessen, was 12 Jahre Nationalsozialismus aus den Ausbildungsstätten gemacht haben: Die von der NSV übernommenen Schulen werden an ihre früheren Träger zurückgegeben, die hauptamtlichen Lehrkräfte nach einem Entnazifizierungsverfahren zum großen Teil entlassen und durch weitgehend unerfahrene, aber unbelastete Kräfte ersetzt. Für die zerstörten Gebäude werden Ausweichräumlichkeiten gesucht, die Ausbildungspraktika werden an die provisorischen Tätigkeiten der Wohlfahrtsverbände und Kommunen angekoppelt.

„Es war ein unwahrscheinlich primitiver Anfang. Das erste halbe Jahr, Sommer 1946, bin ich jeden Tag in Kassel herumgezogen und habe aus Trümmern Öfen gezogen und Rollglas für Fenster. Wir haben ein Haus auf dem Brasselsberg gekriegt. Dort im Erdgeschoss hat alles angefangen. Wir hatten in den Unterrichtsräumen auch die Betten stehen. Wenn jemand krank war, konnte er vom Bett aus am Unterricht teilnehmen. Im ersten Winter mussten wir die Briketts mitbringen, im Wald schlugen wir Holz ohne Erlaubnisschein. Wir mussten uns die Dozenten zusammensuchen, wir hatten keine Ahnung, was ein Lehrplan war, wir mussten aus dem Nichts eine Ausbildung gestalten."
(Fides von Gontard, in: Hering/Kramer: Aus der Pionierzeit der Sozialarbeit, Weinheim und Basel 1994, S. 120)

Da man nicht an den Fächerkanon der NS-Zeit anknüpfen kann, wird auf die Preußische Prüfungsordnung von 1920 zurückgegriffen und damit auch auf das Modell einer zweijährigen Ausbildung mit staatlicher Anerkennung. Da aber bald schon der Mangel an Fachkräften in den expandierenden sozialen Berufsfeldern spürbar ist, wird die zweijährige Ausbildung durch einjährige Sonderkurse ergänzt, die ebenfalls zur staatlichen Anerkennung führen und besonders den Quereinstieg berufsloser Kriegsheimkehrer als soziale Aufstiegsperspektive begünstigen (Amthor 2003).

Damit existiert nach 1945 eine „Personalsituation", die zwar aufgrund des niedrigen fachlichen Niveaus überaus reformbedürftig ist, deren Qualifizierungsdefizite sich aber bis in die 1960er Jahre hineinziehen. Daran ändert auch die erste Konferenz der Ausbildungsstätten nichts, die 1952 in Düsseldorf stattfindet. Die Vorstellungen über die Voraussetzungen, die Standards, die Inhalte und die Abschlüsse der Ausbildung gehen so weit auseinander, dass es zu keiner Einigung über Vereinheitlichungen und gemeinsame Regelungen kommt. Übergreifend ist nur das Eingeständnis dessen, dass die Wirklichkeit der Unterrichtspraxis in den Schulen noch hinter den anspruchslosen Programmen zurückbleibt.

Erst 1959 kommt es zu gemeinsamen Beschlüssen für eine Neuordnung der Ausbildung, die in den darauf folgenden Jahren in den einzelnen Bundesländern umgesetzt werden. Quintessenz der Änderungen ist die Verlängerung der Ausbildung inklusive der Praktika auf drei Jahre und die Aufwertung der Schulen zur Höheren Fachschule für Sozialarbeit bzw. Sozialpädagogik mit den entsprechenden Zugangsvoraussetzungen.

Diese Neuordnung sollte jedoch nicht lange Bestand haben, da sie nicht den veränderten sozialpolitischen Verhältnissen der Bundesrepublik Mitte der 1960er Jahre Rechnung trägt: Mit der Verabschiedung des Bundessozialhilfegesetzes 1961 kommt es zu einer quantitativen und qualitativen Ausweitung des sozialen Netzes, welche den Einsatz einer großen Zahl von qualifizierten Fachkräften notwendig macht. Um den neu formulierten Ansprüchen gerecht zu werden und genügend Attraktivität für den Berufsstand zu garantieren, kommt es deshalb bereits kurz nach der Neuregelung von 1959 zu Bestrebungen einer weitergehenden Aufwertung und Verwissenschaftlichung der Profession, welche in die Umwandlung der Höheren Fachschulen in Fachhochschulen im Jahre 1971 münden und die Etablierung einer Ausbildung zum sozialen Beruf auch an den neu gegründeten Gesamthochschulen und an einigen Universitäten begünstigen (Amthor 2003).

Wichtigstes Resultat dieser schrittweisen Akademisierung der Ausbildung ist u.a. der Statuszuwachs der Praktikerinnen und Praktiker in ihren Ämtern. Sie sind jetzt nicht mehr die im Außendienst tätigen „Handlanger" von den im Innendienst angesiedelten Verwaltungsbeamten, sondern werden im Zuge der Verschmelzung der beiden Bereiche zum Allgemeinen sozialen Dienst (ASD) mit den für ihre fachlichen Belange entsprechenden Entscheidungsbefugnissen ausgestattet.

7.1.6 „Hilfebedarf, wohin man auch schaut" Die Entwicklung der Handlungsfelder

Für die Soziale Arbeit bedeuten die Verhältnisse nach dem Krieg eine enorme Herausforderung und zugleich große Unübersichtlichkeit. Die Herausforderungen ergeben sich aus der quantitativen und qualitativen Ausweitung der Notlagen und Hilfeanlässe. Wie schon nach dem Ersten Weltkrieg lassen sich auch jetzt die traditionellen Grenzen zwischen normalen und problematischen Lebensverhältnissen und damit zwischen Hilfebedürftigen und nicht Hilfebedürftigen, zwischen schicksalhaft-schuldlos und schuldhaft Verelendeten usw. in keiner Weise aufrechterhalten und handhaben. Nicht die Minderheit, sondern die Mehrheit ist nach Vorkriegsmaßstäben hilfsbedürftig, auch wenn sie die Hilfe der Fürsorgestellen nicht in Anspruch nehmen. Für ein Verständnis von Sozialer Arbeit, das traditionell auf die Behandlung von abweichendem Verhalten und von Randgruppen bezogen ist, geraten die bisher gültigen Maßstäbe von Normalität und ordentlicher Lebensführung nicht nur durcheinander, sondern sind vielerorts auf die Situation gar nicht anwendbar.

Da die immensen Integrationsprobleme der Flüchtlinge und Umsiedler nach dem Kriegsende am allerdringlichsten der Lösung bedürfen, entsteht zunächst als neuer Arbeitszweig die Flüchtlingsfürsorge.

Integrationsaufgaben neuer Art: Die Flüchtlingsfürsorge

Das größte Problem der Jahre 1945 bis 1947 ist die Versorgung der über 11 Millionen Flüchtlinge, da aufgrund der uneinheitlichen und komplizierten Rechtsverhältnisse zunächst keine geeigneten gesetzlichen Grundlagen vorhanden sind, um ihnen wirksam helfen zu können. Ähnlich wie bei dem Streit im 19. Jahrhundert, ob das Wohnsitz- oder das Heimatprinzip für die Unterstützungspflicht maßgeblich sei, steht dabei das Verhältnis von Wohnsitz und kommunaler Zuständigkeit im Vordergrund: Die noch in Kraft befindliche Fürsorgegesetzgebung geht davon aus, dass die Mehrheit der Unterstützten sesshaft ist und an ihrem Aufenthaltsort unterstützt wird. Deshalb wird auch kein Unterschied gemacht zwischen dem Ort, an dem jemand gemeldet ist, und dem, an dem er sich tatsächlich aufhält. Erst im September 1947 wird die Flüchtlingsfürsorge in der westlichen Bi-Zone (ab

1949 dann auch in der französischen Zone) erheblich erleichtert durch die Vereinbarung, dass für die Unterstützung nur der tatsächliche Wohnsitz zählt.

„Da war die öffentliche Wohlfahrt hilflos, weil keine Zuständigkeit gegeben war. Schon die durchreisenden Trecks, wo die Leute Hunger und Durst hatten an den Bahnhöfen, ja aus welchen Mitteln sollte denn die Suppe gekocht werden oder der Tee oder Kaffee, den die Leute brauchten? Die Kinder waren allein, man hatte die Mütter zur Arbeitsverpflichtung in irgendein Lager herausgeholt und dort behalten. Die Kinder hätte mir kein Jugendamt abgenommen. Keine Zuständigkeit."
(*Interview mit einer Caritas-Mitarbeiterin, in: Landwehr/Baron: Geschichte der Sozialarbeit, Weinheim 1983, S. 231*)

Die Flüchtlinge werden möglichst gleichmäßig über das Land verteilt, um ihre Integrationschancen zu erhöhen. Auf dem teilweise sehr langen Weg bis zu ihrem endgültigen Bestimmungsort müssen Unterkünfte für sie geschaffen und ihre Versorgung mit Lebensmitteln, Decken und Kleidung gewährleistet werden. Bei der Bewältigung dieser Aufgaben spielen die Wohlfahrtsverbände eine herausragende Rolle, weil sie sich am ehesten über die mangelnden Rechtsgrundlagen und Unsicherheiten bezüglich der Zuständigkeit hinwegsetzen können. Sobald die Flüchtlingsfamilien dann niedergelassen und gemeldet sind, beginnen die zuständigen Gemeinden mit der Integration in den Arbeitsmarkt, soweit dies möglich ist, ansonsten mit Hilfen aus dem Bereich der kommunalen Fürsorge.

Für Schleswig Holstein zum Beispiel zeigt die Statistik aus dem Jahre 1948, dass noch immer 72.6% der Flüchtlinge Fürsorgeunterstützung erhalten, da über 60% von ihnen arbeitslos gemeldet sind. In Gegenden, in denen der Arbeitsmarkt sich schneller wieder von den Kriegsfolgen erholt, sehen die Zahlen günstiger aus.

Allein für die Fürsorgeunterstützung der Flüchtlinge werden 1948 zwischen 6% und 12% des gesamten Steueraufkommens der Länder ausgegeben. Zu diesen gewaltigen finanziellen Aufwendungen kommt ein hoher Bedarf an persönlicher Betreuung, da sich die soziale Integration der Zugezogenen aufgrund einer Vielzahl von Faktoren teilweise nur sehr langsam und schwierig vollzieht. Ihre Ansiedlung in dörflichen Gemeinden empfiehlt sich zwar wegen der dort gegebenen intakteren Wohnverhältnisse und der günstigeren Nahrungsmittellage. Andererseits zeigen die stark in sich abgekapselten dörflichen Gemeinschaften weniger Neigung, sich Fremden gegenüber zu öffnen und diese in ihre sozialen Netze einzubeziehen. Es dauert deshalb – vor allem in den ländlichen Bereichen – häufig bis zum Heranwachsen der nächsten Generation, bis die „Fremden" dort zu „Einheimischen" geworden sind.

„Alle werden gebraucht." Arbeitszwang und Gesundheitsfürsorge

Obwohl die gesamte Bevölkerung nach den Strapazen des Krieges und der Flucht am Ende ihrer Kräfte ist, bleibt zum Zweck eines raschen Wiederaufbaus nichts anderes übrig, als nochmals zur Mobilisierung aller Reserven aufzurufen. Dies gelingt in der akuten Situation mit dem Druckmittel, dass Lebensmittelkarten nur diejenigen bekommen, die einen Arbeitsnachweis vorlegen können. Obwohl dieses drastische Vorgehen bereits nach den ersten Monaten aufgegeben werden kann, bleibt das Prinzip weiter bestehen. In dem 1961 erlassenen Bundessozialhilfegesetz (BSHG) heißt es: „Wer sich weigert, zumutbare Arbeit zu leisten, hat keinen Anspruch auf Hilfe zum Lebensunterhalt" (§ 25, Abs. 1).

Damit ist der grundsätzliche Zusammenhang von Arbeit und Fürsorge in der Bundesrepublik festgelegt. Allerdings wird in der Folgezeit das grundlegende Verständnis weiterentwickelt und in einen therapeutischen Kontext gestellt. Die Gesundheitsfürsorge und deren Therapieangebote sollen vorrangig der Wiederherstellung und Erhaltung der Arbeitskraft dienen. Wer krank ist, *kann* nicht arbeiten, das ist klar. Zusätzlich wird jedoch die Auffassung wirksam, dass, wer nicht arbeiten *will*, ebenfalls krank ist, und zwar psychisch krank. Der traditionelle Arbeitszwang, durch den man in den Arbeitshäusern des 19. Jahrhunderts Asoziale zur Tätigkeit anhielt, wird also durch den Gedanken der Rehabilitation psychischer Störungen ersetzt.

Generell ist das Gesundheitswesen in den ersten Nachkriegsjahren dazu aufgerufen, die Arbeitsfähigkeit der Bevölkerung erst einmal wiederherzustellen. Dabei steht wie nach dem Ersten Weltkrieg vorrangig die Aufgabe an, das Grassieren der Geschlechtskrankheiten einzudämmen und die Tuberkulosekranken zu isolieren und zu heilen. Die Kriegsversehrten sind zu behandeln und durch Rehabilitations-Maßnahmen so weit wie möglich zu reintegrieren. Dem deutlich spürbaren Erschöpfungszustand der Frauen wird 1952 durch die Gründung des Müttergenesungswerks Rechnung getragen. Die Großstadtkinder werden zur Erholung aufs Land geschickt.

Kinderspeisung der Amerikaner

In einer Grundsatzentscheidung schon zu Zeiten des Alliierten Kontrollrats wird eine deutliche Abkehr von der Praxis der NS-Ideologie mit ihren rassebiologischen Grundlagen und schrecklichen Konsequenzen vollzogen: Das Gesundheitsamt wird aus der Fürsorge ausgegliedert und dem Medizinalbereich zugeordnet. Beide Ressorts – die Jugendverwaltung (Jugendamt) und die Gesundheitsverwaltung – werden konsequenter getrennt und bekommen unterschiedliche Aufgaben zugewiesen. Nur Restbereiche der traditionellen Fürsorge verbleiben im Gesundheitsressort, so zum Beispiel die Mütterberatung, Säuglingsfürsorge oder Tuberkulosefürsorge. In der Konsequenz bedeutet das, dass die Aufgaben des Jugendamts eindeutig „(sozial-)pädagogisch" und nicht mehr sozialhygienisch verstanden werden. Die Pädagogik wird anstelle der Medizin zur Leitwissenschaft der Sozialen Arbeit.

Erst nachdem der Lebensstandard in den 1950er Jahren wieder ein normales Niveau erreicht hat, steht der Erhalt der Arbeitskraft durch allgemeine Prophylaxe im Mittelpunkt des Gesundheitswesens: Die „Vorsorge" wird zum Schlüsselbegriff gesundheitsbewussten Lebens, an das sich bereits die Kinder durch den regelmäßigen Besuch der Schulärztin gewöhnen sollen. Die „alte" Gesundheitsfürsorge wird zum Bestandteil eines Gesundheitsmanagements, dessen Erfolg nicht mehr an der individuellen Betreuung, sondern an so weitreichenden Kriterien wie „Lebensqualität" gemessen wird. Nach der Definition der Weltgesundheitsorganisation aus den 1970er Jahren bedeutet Gesundheit „körperliches, seelisch-geistiges und soziales Wohlbefinden".

„Dass die Familie das Heiligtum eures Lebens sei ..." (Pius XII) Entwicklung der Familienfürsorge

Die Wiederaufnahme der Arbeit in den Familien erweist sich als besonders schwierig. Gerade die individualisierte Form der Fürsorge, die in den Privatbereich der Klientel eindringt und eindringen muss, entpuppt sich als durch die NS-Vergangenheit belastet: Das Misstrauen gegenüber jeglicher Einmischung in die „privaten Verhältnisse“ ist so groß und angesichts der Erfahrungen von Denunziation und Verhaftungen so berechtigt, dass es zunächst schwierig erscheint, an die einstmals bewährte Tradition der Hausbesuche wieder anzuknüpfen.

„Die Familie ist eine vom Schöpfer gewollte und bestimmte Lebens-, Liebes- und Schicksalsgemeinschaft, aufgebaut auf: Ehrfurcht, Treue, opferbereite Liebe. Zerstörend wirken: a) Untreue, Unsauberkeit, Arbeitsscheu, Genusssucht, Unkenntnis der beruflichen und häuslichen Pflichten und Arbeiten; b) reiner Materialismus des Doppelverdienens.“
(*Berta Kniesz: Familienkunde und Familienpflege, Recklinghausen 1954, S. 3*)

Zudem ist die traditionelle Arbeits- und Rollenteilung der bürgerlichen und kleinbürgerlichen Familien seit dem Krieg brüchig geworden, weil die Frauen notgedrungen die Rolle des Familienvorstands übernehmen und für den alltäglichen Lebensunterhalt sorgen müssen. Auch nach dem Ende des Krieges werden die Aufgaben der Frauen durch den Mangel an männlichen Arbeitskräften (Invalidität oder Gefangenschaft) geprägt. Deshalb wächst die Frauenerwerbstätigkeit zunächst rapide: 1945 gibt es 2,9 Millionen, 1946: 3,5 Millionen, 1958: 6,5 Millionen erwerbstätige Frauen.

Konservative Politiker, aber auch kirchliche Organe und Wohlfahrtsverbände sehen in dieser Entwicklung gefährliche Tendenzen zur Auflösung der Ordnung der Familie. Sie versuchen deshalb, durch gezielte familienpolitische Maßnahmen der „Familiennot“ entgegenzuwirken und diese wieder zur „Keimzelle des Staates“ zu machen (so der Deutsche Fürsorgetag 1953). Unter der Führung des CSU-Abgeordneten Franz-Josef Wuermeling bildet sich im ersten Bundestag eine Initiativgruppe, die die Schaffung eines eigenen Familienministeriums durchsetzt. Das 1953 gegründete und bis 1962 von Wuermeling geleitete Ministerium ist für Maßnahmen wie Kindergeld, familienbezogene Steuerfreibeträge, Kinderzuschläge, Familienwohnungsbau, Familienermäßigungen (zum Beispiel bei der Bahn) u.ä. zuständig. Es soll zur Stärkung der Familien und damit zugleich zur Lösung der Jugendproblematik beitragen.

„Man kann heute sagen, dass die nach dem Kriege befürchtete Zerstörung des sittlichen Gefüges und die Gefahr der allgemeinen Verwilderung der Jugend durch die Wiederherstellung der öffentlichen Ordnung und die der Familie innewohnenden Kräfte im Großen und Ganzen abgewendet worden ist.“
(*Nachrichtendienst des DV 11/1952, S. 339*)

Aber auch die Kommunen wollen nicht zurückstehen. Im Rückgriff auf die Tradition der 20er Jahre entstehen Abteilungen für Familienfürsorge sowohl bei den Jugend- und Sozialämtern als auch (auf NS-Regelungen zurückgehend) bei Gesundheitsämtern, welche allgemeine Erziehungs-, Wirtschafts- und Gesundheitsberatung anbieten und durch Kurse in Nähen, Hauswirtschaft und Gesundheitspflege die familienbezogenen Kompetenzen der Frauen stärken sollen. Auch der Mangel an außerfamiliären Kinderbetreuungsmöglichkeiten verhindert erfolgreich die reibungslose Vereinbarkeit von Familie und Beruf. Diese politisch gesteuerten Versuche, den Umfang der Frauenerwerbstätigkeit zurückzuschrauben, erweisen sich zwar als nur begrenzt wirksam, erhöhen aber den moralischen Druck auf die betroffenen Frauen.

„Das Haus, in dem die Frau die Königin ist, bildet das Zentrum und die Stätte ihres hauptsächlichen Wirkens. Aber in der jetzigen Ordnung der Dinge hat die Industrie mit ihren riesigen Fortschritten einen Wandel ohnegleichen herbeigeführt. Sie hat eine große Zahl von Frauen gezwungen, den häuslichen Herd zu verlassen und ihre Arbeit in den Fabriken, in den Büros und Geschäften zu verrichten. Welches ist eure Pflicht unter diesen Umständen? Sorget dafür, heute mehr denn je, dass die Familie das Heiligtum eures Lebens sei."
(*Papst Pius XII, Zu den Aufgaben der Frau, in: Frau und Mutter, Nr. 12, 1958, S. 194*).

„Ein stetiger Neubau der gesellschaftlichen Ordnung" Die Jugendberufshilfe

Nach 1949 entstehen in der Bundesrepublik und in der DDR neu strukturierte Praxisbereiche mit neuer Gewichtung: die Jugendpflege („German Youth Activities", Häuser der Offenen Tür) erfährt durch die Interessen der Besatzungsmächte im Westen besondere Aufmerksamkeit. Gegen die Verstaatlichung von Erziehung und Jugendarbeit im Dritten Reich setzen Kirchen und Regierung eine neuerliche Stärkung der Familie und Familienfürsorge durch; angesichts der Jugendnot entwickeln die Wohlfahrtsverbände das „neue" Handlungsfeld der Jugendsozialarbeit mit Jugendberufshilfe, Jugendwohnen und Beschäftigungsprojekten gegen die Jugendarbeitslosigkeit.

„Die berufliche Eingliederung der Jugendlichen ist zugleich … ein stetiger Neubau der gesamtgesellschaftlichen Ordnung; in dieser Eingliederung vollzieht sich die Regeneration einer bestimmten Sozialverfassung und die Aufrechterhaltung gewichtiger, die Gesellschaft tragender sozialer Verhaltensweisen."
(*Helmut Schelsky: Arbeitslosigkeit und Berufsnot der Jugend, hg. vom DGB, 2. Band, Köln 1952 S. 275*).

In der Jugendforschung, der Sozialen Arbeit und der Politik wird die Jugend der ersten Nachkriegsjahre häufig als „bindungs-, heimat-, berufs- und arbeitslos" charakterisiert. Die Massenarbeitslosigkeit, besonders aber der Mangel an Ausbildungs- und Arbeitsplätzen für Jugendliche werden als verheerend für die Grundlagen der Lebensführung und die Aufrechterhaltung von Normalität erlebt. Die Integration der (männlichen) Jugend in die Arbeitswelt, ihre Vorbereitung auf eine Lohnarbeiterbiographie werden als gesellschaftliche Schicksalsfrage verstanden.

Man versucht deshalb, durch Jugendaufbauwerke, Jugenddörfer, Jugendsiedlungen und Auffangheime die „wandernden Jugendlichen" aufzufangen, an Arbeit zu gewöhnen, ihnen Berufsgrundqualifikationen oder sogar Berufsausbildungen zuteilwerden zu lassen und sie in feste Arbeitsverhältnisse zu vermitteln.

Bis in die 1950er Jahre hinein wird von den Wohlfahrtsverbänden und den Fachkräften wiederholt sogar die Wiedereinführung eines Arbeitsdienstes nach dem Vorbild der 1930er und 40er Jahre gefordert. Man verspricht sich davon sowohl einen Beitrag zur Entlastung des Arbeitsmarktes und zum Wiederaufbau, als auch segensreiche pädagogische Möglichkeiten zur Wiedereingliederung der Jugend in einen geregelten Alltag. Natürlich will man eine „entnazifizierte Form", die an die Idee und Praxis („die guten Seiten") des Freiwilligen Arbeitsdienstes in der Weimarer Republik anknüpft. Die Bundesregierung lehnt aber jeden Arbeitszwang strikt ab, weil er der freiheitlichen Gesellschafts- und Wirtschaftsordnung nicht entspricht.

> „Mehr als 510.000 heimat- und berufslose Jugendliche sind in Not und gefährden die gesunde, kulturelle, wirtschaftliche, soziale, politische und soziologische Entwicklung des deutschen Volkes. Sie warten auf Arbeit, warten auf Ausbildung, hoffen auf eine neue Heimat."
> (*Denkschrift der Bundesarbeitsgemeinschaft Jugendaufbauwerk 1949*)

Der 1950 beschlossene und seit 1951 finanzierte Bundesjugendplan weist deshalb andere Wege zur Überwindung der Jugendarbeitslosigkeit: Durch den enormer Anstieg der Beschäftigtenzahlen in diesen Jahren wird es möglich, Jugendlichen eine qualifizierte Ausbildung sowie entsprechende Arbeitsplätze anzubieten. Ende der 1950er Jahre wird das Humankapital sogar zu einem knappen Gut. Während die Bundesrepublik bis dahin über akkumulierte Qualifikationsreserven verfügte, droht nun eine Bildungskatastrophe. Aus der jugendpolitischen Parole „Arbeit für alle!" wird die bildungspolitische Losung „Mobilisierung der Begabungsreserven!" und schafft auch für die Jugendhilfe neue Rahmenbedingungen.

„Die skeptische Generation" und die Jugendarbeit

Die Entwicklungen in der Nachkriegszeit dokumentieren den Weg der Jugendarbeit von einer weitgehend privat-partikularen Gesellungs- und Organisationsform zu einer öffentlich-gesellschaftlichen Aufgabe – vom bündischen Elite-Denken zur Öffnung für alle Jugendlichen.

Auf die Jugend der ersten Nachkriegsjahre richteten sich in einem ernste Sorge und überschwängliche Hoffnung. „Das große Fragezeichen, das über der Jugend der Nachkriegsjahre stand, lautete: Was war geblieben von jener so umfassend angelegten politischen Indoktrination durch den Nationalsozialismus? Wie wird diese Jugend mit dem Zusammenbruch der ihr vermittelten Ideale fertig werden?"
(*Martin Faltermaier: Nachdenken über Jugendarbeit, München 1983, S. 13*).

Die Jugendarbeit nach 1945 greift zunächst das Erbe und den Anspruch der Vorkriegsjugendbewegung auf. Während die Siegermächte noch zweifeln, ob sich die Jugend für die Demokratie werde gewinnen lassen, greifen die Jugendbewegten – wieder – auf die unverdorbene Innovationskraft der Jugend und stilisieren die Jugendgruppen als „Keimzellen neuen Menschentums in einer neuen Gesellschaft".

In einem Bericht über die Vorbereitungstreffen zur Gründung eines deutschen Jugendrings schreibt Walter Thorun: „Unsere Gruppen wollen die Keimzellen eines neuen Menschentums sein! ... Vor uns steht kristallklar die von allem schädlichen Beiwerk befreite Persönlichkeit und die von jeglichem Schlagwort entledigte echte und wahre Gemeinschaft der Jugend ... Unser Weg ist klar: – Jede Jugendgruppe eine Keimzelle neuen Menschentums! -"
(*zit. nach: Rosenwald/Theis: Enttäuschung und Zuversicht, München 1984, S. 210f.*).

Solche Formulierungen sind weit entfernt von der Realität der Jugend in den Nachkriegsjahren, von den alsbald erkennbaren restaurativen Tendenzen und von der Wirklichkeit der organisierten Jugendarbeit. Die Jugendverbände selbst rufen die Krise der Jugendarbeit aus: mangelhafte Beteiligung der Jugend an Veranstaltungen, schrumpfende Mitgliederzahlen, mangelnde Eigeninitiative der jugendlichen Verbandsmitglieder, Vorherrschen von Betriebsamkeit, Ratlosigkeit hinsichtlich der Ziele und Formen.

Seit 1946 erscheint die von Hans Werner Richter und Alfred Andersch herausgegebene Zeitschrift „Der Ruf. Unabhängige Blätter der jungen Generation". Im Leitartikel vom 1. Oktober 1946 steht zu lesen: „Die junge Generation kann ganz von vorn und dort beginnen, wo die Entwicklung bei den anderen hindrängt. Sie braucht nicht umzubauen. Sie kann neu bauen. Sie hat den Sozialismus des Ostens und die Demokratie des Westens im Land. Aus den Erfahrungen mit den beiden Ordnungen kann sie die Quellen der Fehler erkennen, die sie vermeiden muss. Indem sie den Sozialismus und die Demokratie in einer Staatsform zu verwirklichen sucht, kann sie zum Ferment zwischen beiden Ordnungen werden. Sie muss dort ansetzen, wo die beiden Ordnungen zueinander drängen, sie muss gleichsam den Sozialismus demokratisieren und die Demokratie sozialisieren. So kann diese junge deutsche Generation die Brücke bauen, die vom Westen zum Osten und vom Osten zum Westen führt ..."

Die auf freie Jugendgeselligkeit ausgerichtete Verbandsgruppenarbeit erreicht die junge Generation und deren Lebensstil nicht. Sie verträgt sich nicht mit den skeptischen und individualistischen Einstellungen, die Schelsky (1957) der Nachkriegsjugend attestiert. Hinzu kommt, dass mit wachsendem Wirtschaftsaufschwung und wachsender Faszination von Konsum- und Freizeitmöglichkeiten die aus der Tradition der Jugendbewegung übernommenen asketischen Ideale (einfaches Leben, Sparsamkeit, Selbstdisziplin, Lager und Fahrt statt Tourismus usw.) nicht mehr vermittelbar sind.

Dies führt zu einem endgültigen Abschied von den Leitbildern der Jugendbewegung und zur Erarbeitung eines neuen Leitbilds, das in einer Erklärung des Bundesjugendrings 1962 „vergesellschaftete Jugendarbeit" genannt wird. Die Jugendverbände reklamieren damit bewusst eine allgemeine Sozialisationsfunktion für alle Jugendlichen, nicht nur für gefährdete oder marginalisierte. Sie erweitern den traditionellen Spielraum der Jugendpflege damit beträchtlich.

Je stärker sich die Jugendarbeit als eigenständiges Sozialisationsfeld versteht, desto kritischer werden jene Arbeitsfelder betrachtet, in denen Erziehung mit Zwang verbunden wird: der Bereich der Fürsorgeerziehung. Bereits 1947, dann wieder 1953 und 1958 beschäftigt sich der Allgemeine Fürsorgeerziehungstag (AFET) mit dem Thema. Zwar sind die erbbiologischen und rasseideologischen Auslesekriterien der Nazis verschwunden, die praktizierten Erziehungsstile und pädagogischen Methoden sind aber nach wie vor eher repressiv, autoritär und paternalistisch und entsprechen keineswegs sozialpädagogischen Zielvorstellungen.

„Unser genereller Eindruck von den Heimen in Deutschland ist, dass es diesen nicht gelingt, die fundamentalen Bedürfnisse der Kinder zu verstehen … In der Praxis ist klar, dass ein oder zwei Hauptprinzipien im Betrieb aller Heime akzeptiert werden: a) dass Kinder beständig überwacht werden müssen, b) dass ein Kind nicht fähig ist, irgendeine Wahl von irgendwelcher Bedeutung ohne Anleitung zu treffen, c) dass die Einheit im Heim immer die Gruppe und nicht das Individuum ist, d) dass die Hauptarbeit des Heimes darin besteht, dem Kind beizubringen, was ihm fehlt und nicht darin, seine bestehenden Fähigkeiten zu entwickeln."
(Report of the Home Office Delegation to the British Zone of Germany, zit. nach: Markus Köster: Die Fürsorgeerziehung, in: Markus Köster/Thomas Küster (Hg.): Zwischen Disziplinierung und Integration, Paderborn 1999, S. 164f.)

Diejenigen, die angesichts solcher Zustände auf Reformen dringen, haben es nicht leicht. Sie schaffen es immerhin, die Verkleinerung der Großheime, die Verwirklichung des Gruppenprinzips in familienähnlichen Kleingruppen, die fachliche Qualifizierung des Personals oder die Verbesserung des Freizeit-, Bildungs- und Arbeitsangebots der Heime anzustoßen und wenigstens teilweise durchzusetzen. Einige Modellheime beweisen, dass es durchaus möglich ist, die sozialpädagogischen Grundsätze in der Praxis umzusetzen. Es gelingt aber bis Ende der 1960er Jahre nicht, die westdeutsche Fürsorgeerziehung wirksam zu reformieren.

Heimerziehung und Jugendfürsorge in der Nachkriegszeit

In Deutschland leben 1945 etwa 20 Millionen Kinder und Jugendliche. Davon haben etwa 1,6 Millionen beide Eltern oder ein Elternteil verloren. Schätzungsweise 80.000 bis 100.000 dieser Kinder, die als ‚bindungslos' und ‚heimatlos' beschrieben werden, vagabundieren umher. Sie stellen damals – zusammen mit den als jugendliche Prostituierte bezeichneten jungen Frauen – die wichtigste Zielgruppe der öffentlichen Erziehung dar.

Die Heime, in welche diese ‚verwahrlosten' Jugendlichen eingewiesen werden, zeugen weder von einem rechtsstaatlichen, noch von einem fachlich entwickelten Bewusstsein. Sie knüpfen relativ unvermittelt an die Praktiken aus dem Kaiserreich, die ‚Fürsorgehöllen' der Weimarer Republik und die menschenverachtenden Erziehungsinstrumente der NS-Zeit an. Trotz demokratischem Aufbruch und durchaus bemerkenswerten Reformbemühungen in vielen Bereichen der öffentlichen und privaten Wohlfahrtspflege erweist sich die Heimerziehung als ausgesprochen modernisierungsresistent. Nach wie vor gibt es ‚im Namen des Herren' strikte Kontrollen, körperliche Bestrafungen, Einzelhaft, harte Arbeitsanforderungen und nur minimale Bildungs- und Freizeitangebote – und das nicht nur in den konfessionellen Einrichtungen, sondern ‚standardmäßig' in fast allen Heimen. Interviews mit den ehemaligen Zöglingen, die sich erst Jahrzehnte später zu Wort gemeldet haben, zeigen, welche Langzeitschäden diese Form der Erziehung erzeugt hat (vgl. von Wensierski 2006).

Die Reform der Heimerziehung hat bezeichnender Weise nicht von innen her stattgefunden, sondern aufgrund des Drucks von außen – nicht zuletzt ausgelöst durch den Film „Bambule" von Ulrike Meinhof. Erst Mitte der 1960er Jahre – also 20 Jahre nach Kriegsende – kommt es zu einer öffentlichen Diskussion über die ‚Heimskandale' und zu dem Einzug einer neuen Generation von Erzieher/innen, welche sich einem pädagogischen und demokratischem Erziehungsauftrag verpflichtet fühlt (vgl. S. 236).

7.1.7 „Der Sozialismus überwindet die sozialen Probleme" Soziale Arbeit in der DDR

In der DDR ist ganz grundsätzlich das Verhältnis von gesetzlicher Sicherung und sozialer Arbeit anders gestaltet. Dort sollen die Bürger, besonders die Familien durch geregelte staatliche Leistungen ein verlässliches Maß an

sozialer Sicherheit genießen. Kinderbetreuung, Wohnungswesen, Ausbildung und Arbeitsplatz, Gesundheitsfürsorge und ärztliche Betreuung sollen als gesellschaftlich gewährleistete Leistungen soziale Probleme beendigen und deren Folgeerscheinungen wie Verwahrlosung, Kriminalität und Devianz auf Randprobleme einer kleinen Minderheit reduzieren.

Die mit diesem Konzept verbundenen Vorstellungen korrespondieren mit einem anderen Verständnis der Funktionen der Sozialen Arbeit, die als notwendige Begleiterscheinung der absterbenden kapitalistisch-bürgerlichen Gesellschaft gesehen und deren sukzessive Entbehrlichkeit in der sich allmählich formierenden sozialistischen Gesellschaft erwartet wird.

Das System der Sozialversicherung, das seit 1951 teilweise, seit 1956 vollständig in den Händen des FDGB liegt, folgt dem Prinzip der einheitlichen Volksversicherung mit einem einheitlichen Beitragssatz von 20%, den je zur Hälfte der Versicherte und zur anderen Hälfte der Staat trägt, und welche gegen alle Lebensrisiken (Krankheit, Unfall, Invalidität, Alter, Arbeitslosigkeit, Schwangerschaft und Geburt) absichert. Die Gruppe der Selbstständigen (Bauern, Handwerker, Kleinunternehmer, Freiberufliche) werden ausgegliedert und einem eigenen Versicherungsträger überantwortet.

Die Flüchtlingsproblematik ebenso wie die Wohnungsnot stellen in der DDR keine dem Westen vergleichbaren Problembereiche dar, da die Zahlen der Flüchtlinge niedriger liegen und die Bausubstanz als besser erhalten eingeschätzt wird. Stattdessen fließt der Großteil der Mittel in den Industrieaufbau, der durch die Demontagen am meisten in Mitleidenschaft gezogen ist.

Mit dem Gesetz vom 8. September 1950 „über die weitere Verbesserung der Lage der ehemaligen Umsiedler“, das dem westdeutschen „Soforthilfegesetz“ vergleichbar ist, schließt die DDR die Phase der materiellen Eingliederungshilfen bereits ab.

Im Bereich der Jugendarbeit wird in einer ersten Phase bis 1949 zunächst mit der Überführung der Jugendämter und der jugendpolitischen Zuständigkeiten in den neu aufgebauten Bereich der „Volksbildung“ begonnen. Der gesamte Bereich der Jugendpflege und große Teile der Jugendfürsorge werden in das – schulisch bestimmte – Volksbildungswesen integriert und kommen dadurch (wie die Schule) unter staatliche Regie. Diese „Verstaatlichung” führt nicht zuletzt zu einem drastischen Rückgang der freien Träger der Jugendhilfe, die sich mittelfristig im Wesentlichen nur im Behindertenbereich halten können. Das 1949 erlassene erste Jugendgesetz der DDR („Gesetz über die Teilnahme der Jugend am Aufbau der Deutschen Demokratischen Republik und die Förderung der Jugend in Schule und Beruf, bei Sport und Erholung”) vollzieht dann konsequent die Auflösung eigenständiger Jugendämter und reduziert den Aufgabenbereich der Jugendhilfe erheblich.

Damit löst sich die weitere Entwicklung von den Grundstrukturen der Weimarer Republik, sowohl inhaltlich wie organisatorisch. Sie wird zu einem Randbereich gegenüber Schule und Jugendverband. Die so genannte „Jugendförderung” (also alle Angebote für die Gesamtheit der Jugend, nicht bezogen auf Problemgruppen oder Defizite) wird der Freien Deutschen Jugend (FDJ) zugeordnet und von dort aus gesteuert.

Dies führt zu einer vergleichsweise stärkeren „Defizit-Orientierung” der ostdeutschen Jugendhilfe und beschränkt sie im Wesentlichen auf den Bereich der Heimerziehung und der traditionellen Jugendfürsorge. Die in Westdeutschland vollzogene Ausweitung der Aufgaben der Jugendhilfe (zu einer allgemeinen Sozialisationsinstanz, vgl. oben) wird in der DDR nicht mitvollzogen, sondern sie werden auf den Stand vor der Zusammenfassung von Jugendpflege und Jugendfürsorge zurückgeschnitten.

In einer „Verordnung über die Mitarbeit der Bevölkerung auf dem Gebiet der Jugendhilfe“ (1953) wird Jugendhilfe zu einer gesellschaftlichen Aufgabe erklärt. Das bedeutet, dass sie sich vorrangig auf die ehrenamtliche Mitarbeit („Verantwortung der Kollektive“) von Jugendhelfern und -helferinnen stützen soll. Hierfür werden auf kommunaler und Bezirksebene so genannte Jugendausschüsse gegründet.

Die Notwendigkeit von Fachlichkeit und eigener Berufsausbildung wird zunächst nicht anerkannt. Erst 1959 wird eine dreijährige Ausbildung von Jugendfürsorgern im Bereich des Fachschulwesens eingerichtet. Andere Bereiche Sozialer Arbeit, wie zum Beispiel Kindergärten, Familienberatung, Gesundheitsfürsorge werden in der DDR nicht dem Sozialwesen, sondern den Bereichen Volksbildung bzw. Gesundheitswesen zugeordnet; der Bereich Jugendförderung, Jugendfreizeit und Jugendbetreuung wird durch die FDJ innerhalb und außerhalb der Schule organisiert; auch der Bereich Kulturförderung spielt mit seinen Angeboten eine Rolle. Der im Westen spürbare Trend einer Zusammenfassung und Vereinheitlichung der verschiedenen Teilbereiche Sozialer Arbeit lässt sich im Osten nicht wieder finden. Dies zeigt sich auch in einer vergleichsweise hohen Sektoralisierung der sozialen Ausbildungen und Berufe. Es gibt Jugendfürsorger/innen, Gesundheitsfürsorger/innen, Kindergärtnerinnen, Hortnerinnen, Heimerzieher/innen, Pionierleiter/innen, Klubleiter/innen und andere. Die DDR-Ausbildungen sind damit so hochgradig spezialisiert, dass jedes Arbeitsfeld im sozialen Bereich einen eigenen Ausbildungsgang und ein eigenes Ausbildungsprofil entwickelt.

Das zweite Jugendgesetz der DDR („Gesetz über die Teilnahme der Jugend der DDR am umfassenden Aufbau des Sozialismus", 1964) und die „Verordnung über die Aufgaben und die Arbeitsweise der Organe der Jugendhilfe" (1965) bauen die Eingliederung der Jugendhilfe in das System der Volksbildung aus. Zusammen mit dem Familiengesetzbuch (1965), welches das Primat der Familie in der Erziehung festschreibt, wird die Tätigkeit der Jugendhilfe strikt an Defiziten familialer Erziehung ausgerichtet und auf die Bearbeitung von Einzelfällen beschränkt.

Hauptziel der Sozialen Arbeit in der DDR wird die Mitarbeit an der Organisierung einer möglichst effektiven politisch-gesellschaftlichen Beeinflussung der Bevölkerung im Sinne der sozialistischen Leitidee. Diese Aufgabe ist freilich viel zu wichtig, als dass man sie der Familien- und Jugendhilfe allein überlassen hätte. Die DDR entwickelt vielmehr hierfür eigene Organe (Partei, Gewerkschaften, Betriebskollektive, Jugendverband usw.). Der Jugendhilfe fällt nur ein Restbereich bei defizitären Familien und Jugendlichen zu.

Es entwickeln sich aber im Bereich der Heimerziehung im Falle von schwererziehbaren Jugendlichen beiderlei Geschlechts besondere Spezialheime, die sog. „Jugendwerkhöfe". Sie verfolgen auch für diese Klientel das Ziel der Erziehung zur sozialistischen Persönlichkeit durch Methoden der „Umerziehung" und „Disziplinierung" (Sachse 2013).

Die Anfänge dieser Entwicklung liegen schon kurz nach dem Ende des Zweiten Weltkrieges in der damaligen Sowjetischen Besatzungszone. Durch die Einweisung jugendlicher Straftäter in Jugendwerkhöfe soll diesen die

Verbüßung der Strafe in Erwachsenenzuchthäusern erspart bleiben. Das Gewicht liegt deshalb auch auf der Rückkehr in ein normales Leben durch gute handwerkliche Ausbildung in eigenen Betrieben. Mit Beginn der 1950er Jahre werden die Jugendwerkhöfe am Konzept der Kollektiverziehung A.S. Makarenkos ausgerichtet. Zunehmend werden die Insassen zu schweren körperlichen Hilfsarbeiten herangezogen. Seit Mitte der 1950er Jahre erhalten die Jugendwerkhöfe eine besondere Aufgabe bei der Verfolgung der westlich orientierten Jugendkulturen und alternativer Lebensweisen. 1964 wird mit der beginnenden Umstrukturierung des Heimsystems der Geschlossene Jugendwerkhof in Torgau eingerichtet. Bis 1990 werden im Durchschnitt etwa 30 Jugendwerkhöfe mit etwa 3.300 Plätzen betrieben (Laudien/Sachse 2012).

Die Summe der jährlichen Einweisungen in einen Jugendwerkhof erreicht 1977 die Zahl von 2.500 Jugendlichen, um danach wieder zu sinken (ebd.). Danach scheint sie rückläufig zu sein. Die Gründe für eine Einweisung sind sehr heterogen und zugleich vage. In einer Schrift des Volksbildungsministeriums ist die Rede „allgemeinen Disziplinschwierigkeiten einschließlich Arbeits- und Schulbummelei". Besonders Jugendliche, die westliche Jugendkulturen nachahmen oder sich den politischen und kollektiven Normen der DDR durch „alternative Lebensstile" entziehen oder des Republikfluchtversuchs beschuldigt werden, geraten in den Kreis der Eingewiesenen. Wie von Anfang der Geschichte jugendlicher Zwangserziehung an sind die Gründe bei Mädchen oft „sexuelle Verwahrlosung" oder Prostitution.

Obwohl offiziell verboten entwickelt sich in vielen Jugendwerkhöfen ein informelles Straf- und Disziplinierungsregime, das von körperlicher Züchtigung, Strafsport, Nahrungsentzug bis zur Isolation reicht und für den Ruf der Einrichtungen als Orte von „Zwangserziehung" und körperlichen und psychischen „Gewaltpraktiken" sorgt.

Für die organisatorische Gestalt der Sozialen Arbeit in der DDR spielt die „Volkssolidarität" als neu gegründeter Wohlfahrtsverband eine hervorgehobene Rolle. Nachdem der Verband nach dem Kriegsende zunächst Aufgaben der ergänzenden Fürsorge übernommen hatte (Sammlung und Verteilung von Spenden, Nähstuben, Tauschzentralen), wendet er sich nach der Übernahme dieser Aufgaben durch die Volkseigenen Betriebe (VEB) dem Schwerpunkt Kindergärten und Kinderferientransporte zu. Eine weitere Aufgabe, welche der Volkssolidarität nach der Staatengründung übertragen wird, ist die Öffentlichkeitsarbeit („Propaganda ist eines unserer Lebenselemente"), die mittels Tausender von Handzetteln, Plakaten und Wimpeln für „Sozialismus und Frieden" umgesetzt wird. Der dritte Schwerpunkt der Arbeit liegt auf der Betreuung von hilfebedürftigen alten Menschen in den „Klubs der Volkssolidarität" und den „Veteranenheimen".

7.2 Ausbau und Krise

7.2.1 Die „Ruhe vor dem Sturm“. Die Sechziger Jahre

Politisch gesehen sind die 1960er Jahre die Zeit zwischen der 1964 zu Ende gehenden Ära Adenauer und dem Beginn der sozialliberalen Regierung 1969. Die „dazwischen“ liegende Zeit des Kabinetts Erhard und der Großen Koalition wird damals trotz der durchaus denkwürdigen Vorgänge, die sich damals ereignen, als Zeit des Übergangs empfunden. 1960 lösen die Notstandsgesetze im Bundestag eine Welle von Protestkundgebungen aus. Unter dem Druck der wachsenden Zahl unbesetzter Industriearbeitsplätze schließt die Regierung mit Spanien und Griechenland ein so genanntes Anwerbeabkommen für Gastarbeiter ab; bis 1969 wächst die Zahl ausländischer Arbeitnehmer und Arbeitnehmerinnen auf 1,501 Millionen. Die Arbeitslosigkeitsquote erreicht im September 1960 mit 0,7% den absoluten Tiefstand.

1961 tritt der Bundesangestelltentarif (BAT) in Kraft. Am 13. August 1961 wird die Berliner Mauer errichtet; der Strom der Flüchtlinge aus der DDR versiegt. 1962 führt die „Spiegelaffäre“ zu ebenso heftigen Debatten wie die Freigabe der Pille. 1964 löst der „Bildungsnotstand“ in Deutschlands eine grundlegende Reform im Gymnasial- und Hochschulbereich aus. Die Zahl der Studierenden erhöht sich von 853.000 im Jahr 1960 auf 2.339.000 im Jahr 1980. Durch die Rentenreformen wächst die Durchschnittsrente von DM 359 im Jahr 1960 auf DM 704 im Jahr 1970.

Aber in den 1960er Jahren kündigen sich auch erste Vorboten jener Krisen an, die in den nächsten Jahrzehnten die Szene beherrschen werden. Der Kanzler Erhard weist in seinen Maßhalteappellen darauf hin, dass das Wachstum Grenzen habe. Die Krise des Jahres 1967 gibt ihm darin Recht. Aus Protesten an den Hochschulen gegen Erstarrung („Mief von tausend Jahren unter den Talaren“) und gegen unzureichende Studienbedingungen erwächst die Studentenbewegung, welche das Gesicht der Gesellschaft nachhaltig verändert. Das politische Klima in Deutschland radikalisiert sich zunehmend.

Vor diesem Hintergrund entwickelt sich die Soziale Arbeit in den 1960er Jahren ebenfalls ambivalent. Zunächst gelingt mit der Verabschiedung des Bundessozialhilfegesetzes (BSHG) 1961 ein wichtiger Schritt: Das Gesetz ersetzt die aus dem Jahre 1924 stammende Regelung der RFV und will die Fürsorge für Bedürftige von ihrem Charakter der Almosenunterstützung befreien und mit Rechtsanspruch versehen.

§ 9 BSHG

„Wer nicht in der Lage ist, aus eigenen Kräften seinen Lebensunterhalt zu bestreiten oder in besonderen Lebenslagen sich selbst zu helfen, und auch von anderer Seite keine ausreichende Hilfe erhält, hat ein Recht auf persönliche und wirtschaftliche Hilfe, die seinem Bedarf entspricht, ihn zur Selbsthilfe befähigt, die Teilnahme am Leben in der Gemeinschaft ermöglicht und die Führung eines menschenwürdigen Lebens sichert."

Der Rechtsanspruch erstreckt sich auf „Hilfe zum Lebensunterhalt" (Ernährung, Unterkunft, Kleidung, Körperpflege, Hausrat, Heizung, persönliche Dinge) und „Hilfe in besonderen Lebenslagen" (Erholungskuren, Eingliederungshilfe, Hilfe zur Pflege, Hilfe zur Weiterführung des Haushalts, zum Beispiel bei Krankheit der Mutter). Die jeweils vorgesehenen Regelsätze sind aber knapp kalkuliert und setzen eine Bedürftigkeitsprüfung voraus.

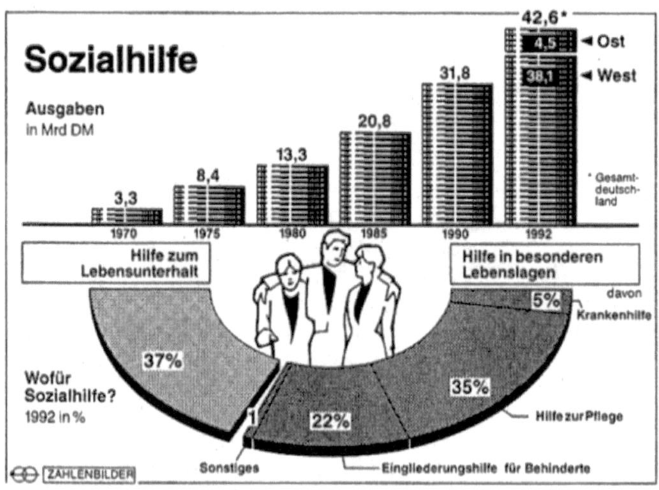

Gestützt durch den Machtwechsel in Bonn, 1969, welcher erstmals eine sozialliberale Koalition an die Regierung bringt, entstehen neue facettenreiche soziale Bewegungen, welche eine Reihe von Veränderungsprozesse in Gang setzen und damit die demokratischen Spielräume erheblich erweitern: Gegen die verkrusteten Strukturen des Staates formieren sich die Rüstungsgegner und Ostermarschierer, die Studentenbewegung, die Frauenbewegung, die Selbsthilfe- und Alternativbewegung und die Friedens- und Ökologiebewegung. Durch diese Aufbrüche einer „Demokratie von unten" wird die Modernisierung einer Gesellschaft durchgesetzt, welche zuvor aus eigenen Kräften nur wenig humanitäres und nur sehr einseitig innovatives Potential aufzubringen vermocht hat.

7.2.2 Umwälzungen – Krisen – Neustrukturierungen im sozialen Feld

Die damit einhergehende Politisierung der Sozialen Arbeit macht sich zunächst in dem besonders rückständigen Bereich der Heimerziehung bemerkbar. Anfang der 1970er Jahre beginnen die „Heimkampagnen“, durch welche die Rechtfertigung geschlossener Unterbringung auf das Heftigste in Frage gestellt wird. Etwa zeitgleich beginnen die „Kinderladenbewegung“, durch die neue „antiautoritäre“ Erziehungspraktiken im Vorschulbereich erprobt werden, und die Blütezeit der Gemeinwesenarbeit, vor allem in den neu erbauten Stadtvierteln der Großstädte, die nicht über die erforderliche soziale Infrastruktur verfügen.

Die aus den in den 1970er Jahren zunehmend an Bedeutung gewinnenden sozialen Bewegungen (Studentenbewegung, Frauenbewegung und Ökologiebewegung) gehen Initiativen wie die Jugendzentrumsbewegung, Stadtteilprojekte, die Frauenhausbewegung und die Tagesmüttermodelle hervor und verändern das Gesicht der institutionalisierten Sozialen Arbeit nachhaltig. Sie stellen ein innovatives Potential dar, welches sowohl die gängigen Praktiken der kommunalen wie der verbandlichen Sozialen Arbeit infrage stellt und diese zum Umdenken zwingt.

Im Kontext der vor allem durch die Schüler- und Studentenbewegung ausgelösten Renaissance marxistischer Theorietraditionen werden politisch-theoretische Debatten und Konfliktlinien über den politisch-gesellschaftlichen Stellenwert von Sozialer Arbeit und Jugendhilfe aus den frühen Weimarer Jahren wieder entdeckt und aktualisiert. Im Lichte dieser antikapitalistischen Konzeptionen von Sozialer Arbeit erscheint die sozialpädagogische Orientierung der Sozialen Arbeit gleichbedeutend mit dem Vergessen und dem Verzicht auf ihre gesellschaftskritischen Funktionen und ihre Aufgaben zur Arbeit an der Verbesserung der objektiven Lebensverhältnisse im Bündnis mit den Kräften der gesellschaftlichen Reform. Als notwendiges Gegengewicht zu der sozialpädagogischen Ausrichtung werden deshalb die sozialpolitischen Traditionen herausgestellt, die der Sozialen Arbeit ein gesellschaftspolitisches Mandat zur Durchsetzung sozial gerechter Lebensverhältnisse beimessen und den „Abschied von der sozialintegrativen Jugendarbeit“ (Manfred Liebel) fordern.

Anders als die erste Frauenbewegung, die eine Einsteigerbewegung war, welche sich die Zugänge zu Staat und Berufsfeldern erschließen wollte, ist die neue Frauenbewegung eine Aussteigerbewegung: Die jungen Frauen schaffen sich eine eigene ‚männerfreie‘ Welt durch Frauenzentren, Frauenbuchläden, Frauenferienhäuser und viele ähnliche Einrichtungen. Dieses Bedürfnis nach Autonomie macht sich auch im Bereich der Sozialen Arbeit bemerkbar. Nicht nur durch die Einrichtung von Frauenhäusern zum

Schutz vor häuslicher Gewalt, sondern auch durch Frauengesundheitszentren, Mädchenbildungsstätten und eine Vielzahl von Beratungsstellen und Selbsthilfegruppen – dies alles zunächst ‚ohne Staatsknete' und weitgehend ‚ehrenamtlich', aufgrund der immer deutlicher werdenden Notwendigkeit dieser Angebote aber auch zunehmend mit der Unterstützung durch öffentliche Gelder. Die politische Wende innerhalb der Frauenbewegung tritt erst in den 1990 Jahren durch die Einführung des Gender Mainstreaming ein: an die Stelle der autonomen Bottum-up-Strategien tritt jetzt eine Top-down-Politik, welche die Gewährleistung von Gleichberechtigung und den Abbau von Diskriminierung zur ‚Chefsache' erklärt. Frauenbewegung wird zum Regierungsprogramm.

Frauendemo

In der Frauenhausbewegung, der Jugendzentrumsbewegung, den Heimkampagnen, in den Randgruppen- und Gemeinwesenprojekten werden die immanenten Widersprüche der „Pädagogisierung der Sozialarbeit" und die Grenzen der Reichweite des Sozialpädagogischen deutlich und beschäftigen die nach Emanzipationschancen suchenden Sozialarbeiter/innen. Sie machen abermals das alte Grunddilemma deutlich: Die pädagogische Bearbeitung sozialer Probleme erreicht die Verursachungsbereiche nicht. Nirgendwo wird dies so deutlich wie an den Versuchen, die seit der Mitte der 1970er Jahre unaufhaltsam ansteigende Arbeitslosigkeit und Berufsnot zu bekämpfen. Beratung von Arbeitslosen bedeutet allein keine Lösung des Problems Arbeitslosigkeit. Aber auch die v.a. mit Mitteln des Arbeitsförderungsgesetzes (AFG) finanzierten Projekte schaffen in der Regel keine Arbeitsplätze und werden so zu Warteschleifen, die sich wie Stationen in einer Maßnahmenkarriere aneinander reihen.

Gleiches gilt für die neu aufbrechenden sozialen Probleme, die Heiner Geißler (Generalsekretär der CDU und später Familienminister der Bundesregierung) „neue soziale Frage" oder neue Armut nennt. Anders als bei der „alten sozialen Frage" seien nicht mehr die Klassen- oder Schichtzugehörigkeit (Proletariat, Unterschicht) für die konkrete Ausformung der Armut wesentlich, sondern quer zur Schichtendifferenzierung liegende besondere Lebenslagen: Die Situation der Alten, der Alleinerziehenden, der kinderreichen Familien, der Behinderten, der Abgänger/innen ohne Schulabschluss usw., die von den an den traditionellen schichtspezifischen Armutsursachen ausgerichtet Lösungsstrategien nicht erfasst werden.

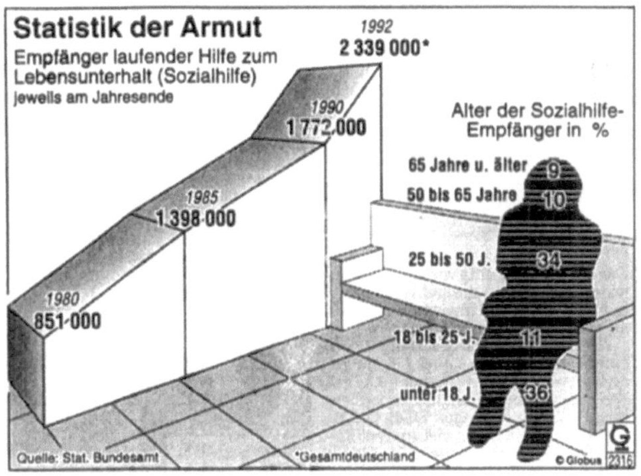

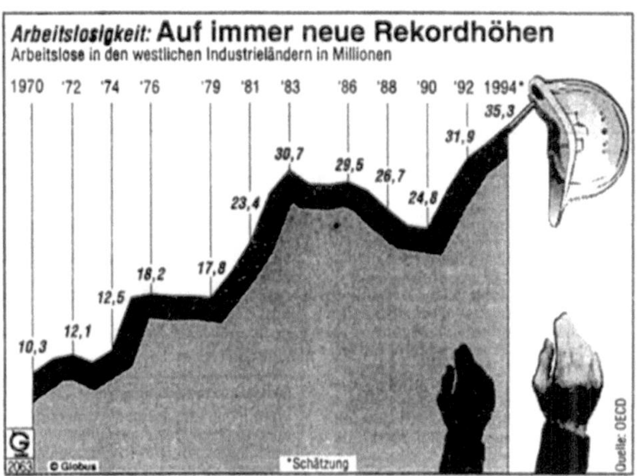

7.2.3 Reformen und institutionelle Neuerungen

Die Impulse zur Reform und Erweiterung des Jugendhilferechts, die bereits in der unmittelbaren Nachkriegszeit laut geworden waren, beginnen sich in den 1970er Jahren neu zu artikulieren. Das JWG von 1961 erscheint kaum mehr angemessen und von der Praxis in vielen Fällen überholt zu sein. Eine 1970 vom Bundesjugendministerium eingesetzte Sachverständigenkommission legt 1973 einen ersten Diskussionsentwurf für ein neues Jugendhilfegesetz vor. Mit Rücksicht auf die daraus entstehende Kostenbelastung vor allem für die Kommunen wird der auf dieser Grundlage entwickelte Referentenentwurf jedoch nicht in das Gesetzgebungsverfahren eingebracht. Ein ähnliches Schicksal nehmen die weiteren Anläufe (1978, 1980 und 1985). Dabei spielt die Kostenfrage eine immer dominantere Rolle, die Reform soll möglichst „kostenneutral" vonstattengehen. Erst der Referentenentwurf von 1988 wird in allen Phasen des Verfahrens akzeptiert und im Oktober 1990 in den Neuen Bundesländern, am 1.1.1991 in den Alten Bundesländern als „Buch VIII des Sozialgesetzbuches (Kinder- und Jugendhilfegesetz, KJHG)" in Kraft gesetzt.

„Das Wichtigste war die Forderung, ein neues Jugendhilfegesetz als Leistungsgesetz zu verabschieden. Das alte Gesetz ermöglichte den Jugendämtern, alles zu tun, was sie wollten, aber es enthielt keine Verpflichtung zu bestimmten Leistungen. Das leuchtende Vorbild für den Schritt nach vorn war das 1961 in Kraft getretene Bundessozialgesetz. Der Bürger war vorher ein Bittsteller des Staates und nun konnte er mittels des BSHG Ansprüche stellen.
Der zweite Punkt war, dass man mit dem neuen Gesetz den Vorrang der Träger aufheben wollte, der vom Bundesverfassungsgericht bereits relativiert und im Sinne einer Partnerschaft zwischen Staat und Verbänden neuformuliert worden war."
(Reinhard Wiesner 2001)

Diese Reform ist eingebettet in Rahmenbedingungen, welche die Soziale Arbeit zu Beginn der 1980er Jahre vor neue Herausforderungen stellen: Die Handlungsbedingungen in der „Krise" der sozialen Modernisierungspolitik, im Aufbrechen problematischer Effekte und Widersprüche sozialstaatlicher Politik („Spezialisierung", „Bürokratisierung", „Klientelisierung"), werden unübersichtlich und widersprüchlich. Mehr als zuvor wird die Soziale Arbeit dazu in Anspruch genommen, die Folgen gesellschaftlicher Entwicklungen bei verschiedensten Problemgruppen kompensatorisch zu bearbeiten (Schulstress, Drogen, Ausbildungskrise, erschwerte Übergänge in den Erwerbsbereich). Sie nimmt seit den 1980er Jahren den Charakter einer sozialen Infrastruktur der Lebensbewältigung an und wird stärker sozialpolitischen (statt sozialpädagogischen) Steuerungen unterworfen.

Der 5. Jugendbericht (1980) macht dies am Beispiel der „sozialpolitischen Inpflichtnahme“ deutlich. In der Diskussion um den Jugendbericht wird die Inpflichtnahme als unsachgemäß und dem Bildungs- bzw. dem Erziehungsverständnis der Jugendhilfe widersprechend energisch zurückgewiesen. Sie wird als „Lückenbüßerin“ angesichts der politisch nicht gelösten Aufgaben gesehen. Im zehn Jahre später erschienenen 8. Jugendbericht (1990) werden die Konsequenzen dieser Kritik deutlich: Zur Strukturmaxime Prävention gehören „sozialpolitische und kommunalpolitische Aktivitäten zur Gestaltung der Lebensverhältnisse, Unterstützungen der Institutionen, die die heutigen Lebenslagen bestimmen, also der Familie, der Schule, des Arbeitsmarktes, Erschließung von Ressourcen und Beziehungen zu Selbsthilfeinitiativen“ (S. 85) – wie etwa Nachbarschaftszentren, Begegnungszentren, Beschäftigungsprojekte; Schuldnerberatung, Frauenhäuser, Mütterzentren, Jugendcafés und anderes.

Die Erweiterung des Erziehungsauftrags der Sozialen Arbeit um die erwähnten auf die soziale Infrastruktur bezogenen Aufgaben bedingt schließlich auch eine Erweiterung des Professionsverständnisses und lässt nach fachlichen Methoden fragen, mithilfe derer das erweiterte Aufgabenspektrum angemessen bearbeitet werden kann. Es werden deshalb so genannte „integrative Handlungskonzepte“ wie der „Engagierte Dialog“, Milieuarbeit, lebensraumorientierte Netzwerkarbeit, systemische Ansätze, Konfliktstrategie, sozial-ökologische Konzepte, Einmischungsstrategie usw. entwickelt, welche eine Weiterentwicklung der klassischen Methoden (Einzelfallhilfe, Gruppenarbeit, Gemeinwesenarbeit) beinhalten.

7.2.4 Verwissenschaftlichung und Professionalisierung

Die Neubestimmung der Aufgaben der Sozialen Arbeit zieht die Verpflichtung auf höhere fachliche Standards der Praxis und damit einen Bedarf nach wissenschaftlich ausgebildeten Berufskräften nach sich. Seit Anfang der 1970er Jahre ist deshalb ein enorm anwachsender Professionalisierungsschub zu konstatieren. Die soziale Ausbildung wird neu geordnet und in

Fachhochschulen (für Sozialwesen) hochschulmäßig organisiert. Besonderer Wert wird dabei auf die Integration von Theorie und Praxis gelegt. An den Universitäten und Pädagogischen Hochschulen wird ein grundständiges und voll ausgebautes Universitätsstudium der Sozialpädagogik (Diplompädagogik in der Studienrichtung Sozialpädagogik) eingerichtet. Die Zahl der Berufskräfte im sozialen Bereich wächst von einem Bestand von 67.000 im Jahr 1950 auf 155.000 im Jahr 1970 und 410.000 im Jahr 1987. (Dieser Trend ist bisher noch nicht gebrochen: 1997 werden über eine Million Mitarbeiter in Sozialberufen gezählt.)

Allerdings bedeutet dies keine durchgängige Akademisierung des Berufsfelds; vielmehr entwickelt sich eine Hierarchisierung der Ausbildungsabschlüsse und Besoldungsniveaus: Diese Hierarchisierung wird insbesondere durch die Abschaffung des traditionellen Berufsbildes der Kindergärtnerin/Hortnerin/Jugendleiterin verstärkt, welches durch den Beruf des „Erziehers" ersetzt und von der allgemeinen Akademisierung der sozialen Berufe – mit fatalen Folgen – abgekoppelt wird.

Trotz der Durchsetzung des akademischen Abschlusses in der universitären Sozialpädagogik und der Entwicklung zur Sozialarbeitswissenschaft an den Fachhochschulen (welche sich seit den 1990er Jahren als „University of Applied Science" bezeichnen) gelingt es den Sozialarbeiter/innen und Sozialpädagog/innen nur sehr zögerlich, im sozialen Feld auch die Führungspositionen zu übernehmen, da diese nach wie vor von juristischen, psychologischen oder betriebswirtschaftlich ausgebildeten Fachkräften besetzt sind.

Dass die Soziale Arbeit vor diesem Hintergrund weiterhin als Semi-Profession gewertet wird, liegt teilweise an dem diffusen Bild der Ausbildungsgänge, Abschlüsse und Standards. Es liegt aber auch daran, dass nach wie vor die meisten im Beruf stehenden Fachkräfte noch berufsbegleitend oder an Fachschulen ausgebildet sind (nur rund 14% der Hauptamtlichen haben bis in 1980er Jahre hinein den Abschluss der Fachhochschule oder Universität vorzuweisen). Deshalb gewinnen die außeruniversitären Zusatzausbildungen, welche seit Mitte der 1970er Jahre Konjunktur haben, eine außergewöhnlich große Bedeutung und etablieren neben den Schul- und Hochschulabschlüssen eine zweite Ebene des Qualifikationsnachweises.

In den 1990er Jahren hat sich der Anteil der qualifiziert ausgebildeten Fachkräfte deutlich erhöht und weist angesichts der inzwischen üblichen Hochschulabschlüsse (plus Zusatzqualifikationen!) einen Standard auf, der in keinem Verhältnis zu den seit den 1960er Jahren „eingefrorenen" Besoldungsstufen und den nach wie vor mangelnden Aufstiegsmöglichkeiten steht. Wieweit diese Unverhältnismäßigkeiten durch die Einführung von Evaluation und betriebswirtschaftlicher Kontrollen veränderbar ist, bleibt zweifelhaft, obwohl die neuen Bewertungsverfahren dafür entwickelt worden sind, Qualität erkennbar und belohnbar zu machen, Misserfolge dagegen mit Kürzungen oder Schließung zu quittieren. Da die Bewertung sich aber in der Regel nach Effizienz und nicht nach Effektivität bemisst, folgt sie von ihrem Grundsatz her betriebswirtschaftlichen Kriterien, welche sich kaum eignen, weil die Soziale Arbeit – als Remedium kapitalistischer Wirtschaftsprinzipien – kaum nach kapitalistischen Maßstäben zu bewerten ist. Bisher hat die Betriebswirtschaft als Leitdisziplin der Sozialen Arbeit jedenfalls noch nicht zu überzeugen vermocht.

Kapitel 8
Aus der Geschichte lernen
Ein Ausblick

Versuche, die globale Richtung der Entwicklung der Sozialen Arbeit seit ihren Anfängen im letzten Drittel des 19. Jahrhunderts zu bilanzieren, finden sich in der Fachliteratur nicht selten.

Am häufigsten stößt man wohl auf den Versuch, die Geschichte der Sozialen Arbeit als Erfolgsstory zu erzählen: die Soziale Arbeit habe sich zu einem enorm expandierten, in sich stark ausdifferenzierten, fachlich und professionell qualifizierten System der Hilfe zur Selbsthilfe entwickelt. Es gibt außerordentlich eindrucksvolle Zahlen, die diese Interpretation stützen können. Nähme man etwa – wie in der Betriebswirtschaft – die Zahl der Beschäftigten als Beleg für Expansion und Etablierung, so könnte man in den sozialpflegerischen Berufen auf einen Anstieg von 31.000 im Jahr 1925 auf 60.000 im Jahr 1950 und schließlich auf deutlich über 1,5 Millionen im Jahr 2012 verweisen. Ähnliche Steigerungsraten gibt es bei den Beschäftigten und den finanziellen Mitteln oder bei der Quote der hochschulmäßig ausgebildeten Mitarbeiterinnen und Mitarbeiter im engeren Feld der Kinder- und Jugendhilfe, für sie es eigene Statistiken gibt.

So beeindruckend solche Erfolgsbilanzen sein mögen, so wenig passen sie freilich zu den anderen, eher inhaltlichen Erfahrungen der Sozialen Arbeit: Trotz ihrer Etablierung und Ausweitung lassen sich die Probleme sozialer Deprivation, des Misslingens von Erziehung und Sozialisation, von Gewalt und Kindeswohlgefährdung, der Kumulation sozialer Benachteiligung nicht aus der Welt schaffen. Der Bedarf an Hilfe, Begleitung, Beratung und Erziehung scheint eher zu wachsen als abzunehmen. Die genannten Probleme verweisen offenbar auf gesellschaftliche Hintergründe und Bedingungen, die die Maßnahmen und Anstrengungen der Sozialen Arbeit nicht erreichen und nur bedingt ändern können.

Kaum weniger häufig stößt man auf die These, die Entwicklung der Sozialen Arbeit folge der historischen Generalrichtung von der Intervention zur Prävention: eingreifende, reaktive Maßnahmen würden abgebaut und zunehmend durch präventive, vorbeugende Angebote ersetzt. Ein guter Teil des Selbstbewusstseins der modernen Sozialen Arbeit beruht auf dieser Selbsteinschätzung. Tatsächlich lässt sich gerade in offenen, präventiv ausgerichteten Arbeitsfeldern, wie etwa in der Jugendarbeit, der Beratung, der Familienarbeit, eine erstaunliche Ausdifferenzierung der Einrichtungen und Angebote feststellen, während etwa im Bereich der Fürsorgeerziehung die Fallzahlen abnehmen. Aber auch gegen diese Interpretation lassen sich Einwände finden. Immer wieder werden der Sozialen Arbeit intervenierende Leistungen abverlangt, etwa wenn es um Kindesvernachlässigung, um Jugendgewalt, um rechtsradikale Aktionen geht. Um die Kinder- und Jugendhilfe daran zu erinnern, dass sie sich nicht allein auf Prävention verlassen soll, hat der Gesetzgeber vor einigen Jahren einen eigenen Paragraphen (§ 8a SGB VIII) in das Gesetz eingefügt.

Sicher wären noch weitere solche historischen Richtungsangaben zu zitieren; etwa die These von der stets enger werdenden Sozialstaatsabhängigkeit, die die Entwicklung der Sozialen Arbeit in einen immer zwingender vorgegebenen Rahmen presse (eine These, die oft im Kontext der Förderungspolitik und gegen die sogenannte sozialpolitische Inpflichtnahme erhoben wird); oder die umgekehrte These, dass die Geschichte der Sozialen Arbeit nur aus der Eigenlogik, dem Besitzstandsdenken und Beharrungswillen der Verbände zu verstehen sei, die sich darin immer stärker gegenüber äußeren Einflüssen abschotten (eine These, die manchmal von der Seite der staatlichen Administration gegenüber den Verbänden ins Feld geführt wird).

Die Problematik aller dieser Thesen liegt darin, dass sie zu pauschal und zu theoretisch konstruiert sind. Sie werden in ihrer Pauschalität der Vielfalt und Unterschiedlichkeit der Arbeitsfelder der Sozialen Arbeit nicht gerecht. Sie sind theoretisch zu eindimensional und zu wenig komplex, um auch widersprüchliche und gegenläufige Tendenzen integrieren zu können.

Um die Geschichte der Sozialen Arbeit nicht nur nachzuerzählen, sondern zu verstehen, muss der Versuch zu einem komplexen Ansatz gemacht werden:

- die Entwicklung der Sozialen Arbeit muss eingebettet werden in die Grundstrukturen und Handlungsspielräume, die sich im 19. Jahrhundert herausbildeten, spätestens in der Weimarer Zeit institutionalisiert wurden und auch nach dem Zweiten Weltkrieg weiterwirken;
- die Soziale Arbeit muss im Zusammenhang gesehen werden mit der sozialgeschichtlichen Entwicklung der Lebensverhältnisse und Lebenslagen von Familien, Kindern und Jugendlichen und den Problemkonstellationen, die sich daraus herleiten;
- die unterschiedliche Funktion der Sozialen Arbeit für die jeweilige Phase sozialstaatlicher Modernisierungspolitik muss ebenso berücksichtigt werden wie die genannten eigenlogischen Beharrungstendenzen des Systems der Sozialen Arbeit;

- vor allem muss die Differenz zwischen (Selbst-)Anspruch und Wirklichkeit, Theorie und Praxis, Zielvorstellung und Realität beachtet werden, soll es sich um eine Realgeschichte handeln und nicht bloß um eine der guten Intentionen.

So gesehen stellt sich beim Versuch, rückblickend die Entwicklung der Sozialen Arbeit zu bilanzieren, deren Lage widersprüchlicher dar als vielleicht erwartet. Man könnte einerseits vielleicht die letzten hundert Jahre als ein „sozialpädagogisches Jahrhundert" (Thiersch 1992, Rauschenbach 1999) bezeichnen. Es ist der Sozialen Arbeit gelungen, sich als Handlungs- und Berufsfeld zu etablieren, fachliche Grundlagen und wissenschaftliche Begründungen für die Praxis zu entwickeln, rechtliche und organisatorische Strukturen durchzusetzen und – besonders seit den 1960er Jahren – ihren Personalbestand in immer weiter ausdifferenzierten Handlungsfeldern beeindruckend zu erweitern.

Andererseits ist unübersehbar, dass bis heute jene Widersprüche immer wieder neu aufbrechen, die ihre Geschichte von Anfang an begleitet haben: der Widerspruch zwischen sozialpädagogischer Ausrichtung und sozialpolitischer Inpflichtnahme, das Spannungsverhältnis zwischen öffentlich-staatlichen Aufgaben und privat-partikularen Praxisorganisationen, der Konflikt zwischen fachlichen Erfordernissen und finanzpolitischen Rahmenbedingungen. Aber auch die Diskussionen zwischen den Fachvertreterinnen und Fachvertretern und jenen, die die weiche Strategie von Erziehung und Therapie für verfehlt halten und mehr Kontrolle, mehr Polizei und härtere Strafen fordern (also die alte Diskussion um Erziehung und Integration versus Strafe und Ausgrenzung) brechen neu auf und finden ihre Bühnen z.B. im Bereich der Drogenpolitik, der Ausländerarbeit, des Umgangs mit Jugendgewalt.

Das bedeutet nichts anderes, als dass die Soziale Arbeit trotz ihrer immensen Entwicklung im zurückliegenden Jahrhundert nach wie vor zu ihrer Selbstvergewisserung wie zu ihrer Absicherung theoretischer Anstrengungen und fachpolitischer Verständigung bedarf. Die gerade in den letzten Jahren kontrovers geführten Debatten um eine Sozialarbeitswissenschaft sind ein deutlicher Hinweis darauf und zugleich ein Beleg dafür, dass die Soziale Arbeit nach wie vor um ihr wissenschaftliches Selbstverständnis und ihre disziplinäre Eigenständigkeit ringt. Die Einführung des neuen Studiensystems durch die sog. „Bologna-Reform" mit Bachelor- und Masterabschlüssen hat daran nichts geändert. Sie brachte eher im Gegenteil eine neue Ausdifferenzierung und Vielfalt der Studiengänge, was es manchmal schwer macht, die gemeinsame Mitte, den Kern sozialer Ausbildung und Praxis zu erkennen. Mehr als den Diskutanten vielleicht lieb ist, bestimmt aber die historische Entwicklung der Sozialen Arbeit die Möglichkeiten, sie theoretisch zu fassen oder gar als eigenständige Disziplin zu fundieren. Diese historische Bedingtheit des Theorieverständnisses hat bekanntlich schon Gertrud Bäumer in ihrem Artikel im Nohl-Pallat'schen Handbuch analysiert und ausformuliert (Bäumer 1929). Das Streben nach einer wissenschaftlichen Selbstfundierung, die die Profession aus den Zwängen ihrer Geschichte befreien und vor ihren Widersprüchen sichern könnte, muss wohl ein Traum bleiben und ins Leere gehen.

Wichtiger noch – weil stärker an die historischen Grundstrukturen rührend – sind folgende Überlegungen: Die Notwendigkeit und Dringlichkeit zur kritischen Bilanzierung ihrer eigenen Geschichte und damit zu einer historischen Selbstvergewisserung ergeben sich aus der Beobachtung, dass die gesellschaftlichen Krisen, die Modernisierungstrends in der Ökonomie und die Versuche zu einem Umbau des Sozialstaats, grundlegende Voraussetzungen und Basisorientierungen infrage stellen, die sich im letzten Drittel des 19. Jahrhunderts herausgebildet hatten und anhand derer Soziale Arbeit sich gesellschaftlich orientieren und ausrichten konnte. Die Herausforderungen des sozialen Wandels, den unsere gegenwärtigen gesellschaftlichen Verhältnisse erfahren, liegen in der Auflösung der sozialstaatlich vertrauten Denk- und Interpretationsfiguren, an denen sich die Soziale Arbeit über fast 130 Jahre ausrichten und ihr Funktionsbild bestimmen konnte: Arbeit, Kindheit, Jugend, Normallebenslauf, Soziale Integration usw. Die Wiedervereinigung und die Europäisierung der Sozialen Arbeit haben seit den 1990er Jahren Entwicklungen eingeleitet, welche das endgültige Ende der deutsch-deutschen Nachkriegsgeschichte ebenso wie den Aufbruch zu grundlegenden Neuorientierungen innerhalb der Reformprozesse markieren. Die veränderten Rahmenbedingungen erzeugen zwar – zumindest im Westen – keinen einschneidenden Bruch mit der Vergangenheit, aber sie machen es erforderlich, auch die Zukunft des Sozialstaats und der Wohlfahrtspflege in neuen Dimensionen zu denken.

Neue Steuerung und Marktorientierung, die Übernahme betriebswirtschaftlichen Denkens, die Anwendung von Output-Steuerung und Qualitätssicherung sowie insgesamt eine stärkere Kundenorientierung bedeuten auch für das Feld der Sozialen Arbeit ein vergleichsweise stärkeres Dienstleistungsverständnis und den Übergang zu neuen, marktorientierten Formen der Finanzierung. Die im korporatistischen System gewachsenen Privilegien der etablierten freien Träger, die an Gemeinnützigkeit gebundenen Finanzierungszugänge werden relativiert. Das Feld der Leistungsträger wird (europaweit) in den privat-gewerblichen Bereich hinein geöffnet und über Leistungs-, Entgelts- und Qualitätssicherungsvereinbarungen in der Konkurrenz der Anbieter gesteuert werden.

Die Debatte um Kommunitarismus und Zivilgesellschaft und die Wiederbelebung des Konzepts bürgerschaftlichen Engagements haben zu neuen

Formen von Aufgabenteilung und Kooperation von Zivilgesellschaft und Staat, professionellem Handeln und ehrenamtlichem Engagement geführt. Sie verlangen die Einbeziehung der Kompetenzen von Ehrenamtlichen, der Entwicklung und Stabilisierung hilfreicher Netzwerke, in denen vielerlei personale, fachliche und situative Ressourcen zugänglich gemacht werden. Die gewachsene Kritik an Expertentum und Spezialisierung hat neue Modelle inner- und interprofessioneller Kooperation, kollegialer Beratung bis hin zu entsprechenden Formen der „Neuorganisation sozialer Dienste" zur Folge gehabt.

Das seit gut 25 Jahren diskutierte Konzept des „aktivierenden Staates" findet seinen gesetzgewordenen Ausdruck vor allem in den sogenannten Hartz-IV-Gesetzen (insbesondere im SGB II) und in dem dort verankerten Grundsatz „Fördern und Fordern". Kommentatoren wie z.B. Johannes Münder sehen darin „eine gewisse Abwendung vom bisher tradierten Konzept des Wohlfahrtsstaates" und befürchten, dass dieser „Paradigmenwechsel" „möglicherweise zu einer Verschärfung der sozialen Kontrolle der Arbeitslosen führen wird" (Münder 2006).

Die Politik des aktivierenden Sozialstaats zielt auf eine ‚Politik der Lebensführung'. Betonte die Soziale Arbeit der vergangenen Jahrzehnte ihre Lebensweltorientierung und beanspruchte damit immer auch, Verhältnisse beeinflussen und verbessern zu wollen, also präventions- und sozialraumorientiert Ressourcen und Bedingungen für die alltägliche Lebensbewältigung bereitzustellen, so betont die neue Workfare-Orientierung aufs Neue eine Strategie der Verhaltensbeeinflussung. Die neue Strategie setzt nicht auf eine ordnungs- oder gesellschaftspolitische Korrektur der ökonomischen Marktgesetze. Sie lässt ‚die Verhältnisse' außen vor und nimmt dezidiert Einfluss auf die „Verhaltensweisen", Einstellungen und Mentalitäten mit dem Ziel, sie an die herrschenden Verhältnisse anzupassen. Unangemessene Verhaltensweisen wie ‚Inflexibilität, Bequemlichkeit, Anspruchsdenken, Versorgungsmentalität' usw. sollen verändert, korrigiert werden. So gesehen gewinnt Soziale Politik gerade dort, wo sie Ersatzeinkommen verteilt, erneut den Charakter einer ‚Erziehungspolitik' bzw. von „Life Politics" (Giddens).

Die nationalstaatlichen Verschiedenheiten in den Grundstrukturen von Sozialer Arbeit erfordern im sich beschleunigenden Prozess der europäischen Einigung Angleichungen auf struktureller, rechtlicher und administrativer Ebene, die die nationalen Traditionen nicht unberührt lassen.

Es liegt auf der Hand, dass dies zu Neuvergewisserungen anhand der geschichtlichen Verläufe zwingt, zum Nachvollzug dessen, was durch die geschichtlichen Entscheidungen zu lösen versucht wurde, aber auch zum Überprüfen der historischen Stimmigkeit (und damit Zukunftsfähigkeit) so mancher Grundstrukturen im sozialen Feld. Besonders notwendig wäre es, sich an die in vielen historischen Situationen durchaus diskutierten alternativen Entwicklungsoptionen, die sich nicht durchsetzen konnten und nicht realisiert wurden, zu erinnern; die Gründe ihres Scheiterns neu zu studieren bzw. sie als mögliche und sinnvolle Entwicklungsvarianten wieder aufzugreifen und in die Diskussion zu bringen.

Glossar der wichtigsten Personen und Organisationen

Achinger, Hans (1899–1981). Achinger gehört zu den einflussreichen Experten auf dem Gebiet der Sozialpolitik und Fürsorge. Er war bis 1936 Referent beim → Deutschen Verein für öffentliche und private Fürsorge sowie Dozent für Sozialpolitik an der Frankfurter Universität. Bereits 1943 erarbeitete er mit → Polligkeit Pläne für die „Fürsorge nach dem Kriege". Nach dem Krieg wurde er einer der führenden Mitarbeiter des Deutschen Vereins und Professor für Sozialpolitik in Frankfurt. An der Erarbeitung des Bundessozialhilfegesetzes war er maßgeblich beteiligt.

Aichhorn, August (1878–1949). Aichhorn gilt als Pionier der psychoanalytischen (Sozial-)Pädagogik. Nach einem Lehrer- und Ingenieurstudium absolvierte er eine psychoanalytische Ausbildung in Wien. Berühmt wurde er als Leiter der Fürsorgeerziehungsanstalt Oberhollabrunn. Er baute in den zwanziger Jahren an den 14 Bezirksjugendämtern der Stadt Wien Erziehungsberatungsstellen auf. Sein Buch, „Verwahrloste Jugend. Die Psychoanalyse in der Fürsorgeerziehung" (1951, seither viele Auflagen) ist ein Klassiker geworden.

Albrecht, Heinrich K. (1856–1931). Albrecht studierte zunächst an der TU Hannover Ingenieurwissenschaften, danach in Berlin Staatswissenschaften und hat 1881 bei → Gustav Schmoller promoviert. Engagiert in Fragen der Sozialreform gab er die Zeitschrift für Wohnungsreform heraus und beteiligte sich am Aufbau der Wohlfahrtspflege in Preußen. Für seine Verdienste wurde er von der Universität Tübingen zum Dr. h.c. und von der TH Karlsruhe zum Professor h.c. ernannt. 1900 fungierte er als Schriftführer der deutschen Untergruppe für soziale Wohlfahrtspflege bei der Weltausstellung in Paris, deren Bericht er im gleichen Jahr unter dem Titel „Sociale Wohlfahrtspflege in Deutschland" veröffentlichte. 1907 wurde Albrecht in den Vorstand und den Verwaltungsausschuss der → Zentralstelle für Volkswohlfahrt berufen und hat diese Einrichtung bis zu ihrer Auflösung 1919 maßgeblich geprägt.

Allgemeiner Fürsorgeerziehungstag (AFET). Der AFET ist seit 1906 die deutsche Fachorganisation für alle Fragen der öffentlichen Erziehungshilfe. Er bearbeitet wissenschaftlich und gutachterlich das Gesamtgebiet der Heimerziehung und hat einen bedeutenden Anteil an der Weiterentwicklung der öffentlichen Erziehungshilfe. Sein heutiger Name ist: Arbeitsgemeinschaft für Erziehungshilfe e.V.

Althaus, Wilhelm (1899–1966). Althaus war Leiter der Abteilung Wohlfahrtspflege und Jugendhilfe der → Nationalsozialistischen Volkswohlfahrt. Er war zunächst Abteilungsleiter der Berliner Evang. Stadtmission, trat 1932 der NSDAP bei und übernahm 1933 die Abteilungsleitung in der NSV. Als Stellvertreter von → Hilgenfeldt und Reichsamtsleiter der NSDAP war er einer der mächtigsten Fürsorgefunktionäre des NS-Staates, verantwortlich für das Hilfswerk Mutter und Kind und die Durchführung der NS-Rassehygiene auch in der Fürsorge. 1939 wurde er Mitglied der SS und brachte es bis zum Rang eines SS-Oberführers. Trotzdem wurde er nach dem Krieg nur als „Idealist" eingestuft und konnte die Geschäftsführung einer sozialfürsorgerischen Einrichtung in Kassel übernehmen.

Apolant, Jenny, geb. Rathenau (1874–1925). Jenny Apolant war in Deutschland führend in der Gemeindearbeit und in der bürgerlichen Frauenbewegung tätig. Neben Josephine

Levy-Rathenau war sie mit dem Aufbau der Berufsberatung für Mädchen und Frauen sowie mit der Stellenvermittlung für Wohlfahrtspflegerinnen befasst. Gleichzeitig war sie die Gründerin der Zentralstelle für Gemeindeämter der Frauen 1907 in Frankfurt am Main. Von 1910 bis 1925 war Apolant Herausgeberin der Zeitschrift „Die Frau in der Gemeinde". Daneben war sie Vorsitzende des Verbandes Frankfurter Frauenvereine, des Vorstands und der Frankfurter Ortsgruppe des Allgemeinen Deutschen Frauenvereins. Sie förderte die soziale Krankenhausfürsorge und gründete alkoholfreie Gaststätten. Sie starb mit 49 Jahren unter großer öffentlicher Anteilnahme.

Arbeiterwohlfahrt (AWO). Die führende Persönlichkeit bei der Gründung des Hauptausschusses für Arbeiterwohlfahrt 1919 war die SPD-Frauensekretärin und Reichstagsabgeordnete → Marie Juchacz. Weitere Initiatorinnen waren → Hedwig Wachenheim, Frauenreferentin bei der Reichszentrale für Heimatdienst und → Helene Simon, die beide in den folgenden Jahren am Aufbau der Arbeiterwohlfahrt mitwirkten. Juchacz sah die Gründung einer sozialdemokratischen Wohlfahrtsorganisation aus mehreren Gründen für zwingend an: Um die seit der Jahrhundertwende von Sozialdemokratinnen praktizierte Wohlfahrtspflege in eine als Freier Träger anerkannte Einrichtung einzubetten. In der NS-Zeit wurde die Arbeiterwohlfahrt von der NSV „geschluckt" und bekam ihr Eigentum erst bei der Wiedergründung nach dem Krieg zurück. Heute gehört die AWO zu den sechs Spitzenverbänden der freien Wohlfahrtspflege

Arbeitsgemeinschaft für Jugendhilfe (AGJ). Der Zusammenschluss von Spitzenverbänden der Wohlfahrtspflege, Obersten Landesjugendbehörden, bundeszentralen Jugendverbänden und Landesjugendringen und zentralen Fachorganisationen wurde 1949 als Arbeitsgemeinschaft für Jugendpflege und Jugendfürsorge (AGJJ) gegründet. Ihr Ziel ist die fachliche und organisatorische Weiterentwicklung der Jugendhilfe. Sie veranstaltet große zentrale Fach- und Praxiskongresse („Markt der Möglichkeiten") und die „Deutschen Jugendhilfetage". Für innovatorische Konzeptentwicklungen verleiht sie den Deutschen Jugendhilfepreis (früher: Hermine-Albers-Preis).

Archiv für Wohlfahrtspflege. Aufgabe des 1893 gegründeten Instituts ist es, alle verfügbaren Schriften, Berichte und sonstigen Informationen über sozial tätige Einrichtungen zu sammeln, aufzubereiten und an interessierte Fachleute sowie an die Öffentlichkeit weiterzugeben. Für die Verwissenschaftlichung der Wohlfahrtspflege hat die Einrichtung eine zentrale Bedeutung gehabt. Der heutige Name lautet „Deutsches Zentralinstitut für soziale Fragen (DZI)".

Arlt, Ilse (1876–1959). Pionierin der sozialen Frauenschulen (Ausbildungsstätten für Volkspflegerinnen) in Österreich, Forscherin und Theoretikerin; von ihr stammt eine frühe Grundlegung der „Fürsorgewissenschaft" (1921).

Baeck, Leo (1873–1956). Baeck war Sohn eines Rabbiners, promovierte bei Dilthey und wurde selber Rabbiner. 1939 wurde er zum Vorsitzenden der Weltvereinigung für Fortschrittliches Judentum gewählt. Er war einer der maßgeblichen Akteure beim Aufbau der Zentralwohlfahrtsstelle der deutschen Juden und wurde 1925 deren Vorsitzender.

Bäumer, Gertrud (1873–1954). Gertrud Bäumer absolvierte eine Ausbildung zur Lehrerin und arbeitete wenige Jahre in dem Beruf. 1905 promovierte sie in Berlin zum Dr. phil. Von 1910 bis 1919 war sie Vorsitzende des Bundes deutscher Frauenvereine. 1917 bis 1920 leitete sie zusammen mit → Marie Baum die Soziale Frauenschule und das Sozialpädagogische Seminar in Hamburg. 1920 bis 1932 war sie Ministerialrätin im

Reichsministerium des Innern, dort vorwiegend mit Fragen der Jugendwohlfahrt befasst; gleichzeitig war sie von 1919 bis 1932 Mitglied des Reichstags für die DDP. 1933 wurde sie aus dem öffentlichen Dienst entlassen und widmete sich schriftstellerischer Tätigkeit. Nach 1945 beteiligte sie sich an der Gründung der CSU und CDU.

Bamberger, Elisabeth (1890–1984). Bamberger studierte in München bei Max Weber und Lujo von Brentano und promovierte zum Dr. rer. pol. Sie arbeitete als Oberpflegerin bei der Stadt München und baute dort die Familienfürsorge auf. Sie bekannte sich zu den Idealen der katholischen Caritas und trat nie der NSDAP bei. 1945 wurde sie die erste Jugendamtsleiterin Münchens nach dem Krieg.

Baum, Marie (1874–1964). 1899 promovierte Marie Baum in Zürich zum Dr. rer. nat. und bekam daraufhin von 1902 bis 1907 eine Stelle als Fabrikinspektorin in Karlsruhe. Von 1907 bis 1916 war sie Geschäftsführerin des Vereins für Säuglingsfürsorge in Düsseldorf. 1917 bis 1919 leitete sie zusammen mit → Gertrud Bäumer die Soziale Frauenschule und das Sozialpädagogische Seminar in Hamburg. Durch ihre Erfahrungen in der Kriegsfürsorge wurde sie zur entscheidenden Befürworterin der Familienfürsorge als Bündelung der zuvor existierenden Einzelfürsorgen. Nach dem Krieg ging sie nach Baden zurück, diesmal zwischen 1920 und 1926 als Referentin für Wohlfahrtspflege im Arbeitsministerium. Aufgrund ihrer Freundschaft mit Marianne Weber und Ricarda Huch entschloss sie sich, nach Heidelberg zu ziehen, wo sie bis zu ihrem Lebensende als Universitätsdozentin und Schriftstellerin tätig war.

Beerensson, Adele (1879–1940). arbeitete zunächst als Geschäftsführerin der 1893 gegründeten Mädchen- und Frauengruppen für soziale Hilfsarbeit in Berlin. 1908 war sie Mitglied des Kuratoriums der Sozialen Frauenschule in Berlin und Dozentin an dieser Einrichtung. Von 1926 bis 1928 engagierte sie sich als Vorsitzende des überkonfessionellen Berufsverbandes der Fürsorgerinnen, dem → Deutschen Verband der Sozialbeamtinnen, von 1925–1933 als Hauptgeschäftsführerin. Sie vertrat den Verband im → BDF und gehörte dem Hauptvorstand 1928–1931 an. 1923 wurde sie Mitglied im Kuratorium des Seminars für Jugendwohlfahrt an der Deutschen Hochschule für Politik in Berlin. Seit 1926 gehörte sie dem Ausschuss zum Studium der weiblichen Polizeifürsorge an. Von 1929–1932 war sie zweite Vorsitzende des Bundes der Berufsorganisationen des Sozialen Dienstes, 1929/30 Dozentin an der Deutschen Gesundheitsfürsorgeschule in Berlin-Charlottenburg. 1933 emigrierte sie nach London, wo sie das Sara Pyke House leitete, ein Heim für obdachlose Arbeiterinnen. 1940 starb sie bei einem deutschen Bombenangriff zusammen mit ihrer Freundin Gertrud Israel.

Benecke, Hedwig (1867–1945). Die gebürtige Berlinerin gilt als erste „Fabrikpflegerin" (Betriebssozialarbeiterin) Deutschlands. Nach einer Ausbildung zur Kindergärtnerin und verschiedenen Tätigkeiten in der Sozialarbeit trat sie 1900 als Fabrikpflegerin in den Dienst der AEG im Kabelwerk Oberspree.

Berliner, Cora (1890–1942). Die schon seit 1905 sozial engagierte Cora Berliner hat in Freiburg, Hannover und Heidelberg studiert und 1916 ihre Promotion mit einer Arbeit über „Die Organisation der jüdischen Jugend in Deutschland" angeschlossen. Seit 1910 war sie bereits im Verband der jüdischen Jugendvereine Deutschlands tätig gewesen und blieb der Organisation auch verbunden, als sie 1911 eine Stelle bei der Stadtverwaltung in Berlin-Schöneberg antrat. 1919 nahm sie ihre Arbeit im Reichswirtschaftsministerium auf; 1923 wurde sie zur Regierungsrätin ernannt. 1930 erfolgte ihre Berufung als Professorin für Wirtschaftswissenschaften. Nach ihrer Entlassung 1933 engagierte sie sich in der Reichsvertretung der deutschen Juden und im Jüdischen Frauenbund und übernahm dort 1939 die Leitung der Abteilung „Allgemeine Auswanderung". Am 22. Juni 1942 wurde Berliner mit anderen Mitgliedern der Reichsvertretung in den „Osten" deportiert. Hier verliert sich ihre Spur.

Bernfeld, Siegfried (1892–1953). Bernfeld gilt als Pionier der psychoanalytischen Sozialpädagogik und herausragender Adoleszenzforscher. 1915 promovierte er in Wien mit der Arbeit „Über den Begriff der Jugend". Er hatte enge Kontakte zu Siegmund Freud, Walter Benjamin und → Gustav Wyneken. 1919/20 probiert er als Leiter des jüdischen Kinderheims Baumgarten in Wien seine Ideen von der „neuen Erziehung" aus. Sein Bericht über das (gescheiterte) Experiment (1921) zählt zu den Klassikern der sozialpädagogischen Literatur. 1926–1932 arbeitet er in Berlin als Dozent am Psychoanalytischen Institut und am Sozialpolitischen Seminar der Deutschen Hochschule für Politik. Da er jüdischer Herkunft ist, sieht er sich 1934 zur Emigration über Frankreich und England in die USA gezwungen.

Besser, Luise (1889–1982). Nach einem Studium am Lehrerinnenseminar in Wolfenbüttel und an der Universität in Göttingen, betätigte sich Luise Besser ab 1913 als Dozentin im → Jugendheim e.V. in Berlin-Charlottenburg. Von 1925 bis 1945 war sie Direktorin der Sozialen Frauenschule in Breslau, eine Position, die sie gegen große Widerstände der → NSV zu wahren wusste. Nach dem Krieg wurde sie als Nachfolgerin von Conradine Lück Direktorin des Hamburger Fröbelseminars und setzte sich 1948 zusammen mit Herman Nohl maßgeblich für die Wiedergründung des → Pestalozzi-Fröbel-Verbandes ein, dessen Vorsitzende sie bis 1958 blieb. Besondere Bedeutung erlangte die Sozialpädagogin auch beim Aufbau der Gewerkschaft für Erziehung und Wissenschaft (GEW).

Bismarcksche Sozialgesetzgebung. 1878 wurde im Deutschen Reich die Fabrikinspektion eingeführt, die 1891 auf kleinere Betriebe und noch später auf die Heimindustrie ausgedehnt wurde. 1883 wurde das Krankenversicherungsgesetz, 1884 das Unfallversicherungsgesetz und 1889 das Gesetz über die Invaliditäts- und Altersversicherung erlassen. 1891 erschien das Arbeiterschutzgesetz, das als Novelle zur Gewerbeordnung einige einschneidende Maßnahmen wie verstärkte Sonntagsruhe und Lohnschutzbestimmungen brachte.

Bodelschwingh, Friedrich von (1831–1910). Als evangelischer Pastor war Bodelschwingh ab 1872 erster Leiter der Anstalt in Bethel bei Bielefeld. Seit 1882 beteiligte er sich an der Gründung der ersten deutschen Arbeiterkolonien. 1903 bis 1908 war er Abgeordneter des Preußischen Landtags. Die Gründung der Hoffnungstaler Anstalten bei Berlin im Jahre 1905 geht maßgeblich auf ihn zurück.

Bondy, Curt (1894–1968). Bondy absolvierte ein Studium der Psychologie, bevor er in Zusammenarbeit mit Walter Herrmann im Jugendgefängnis Hahnöfersand als Wachtmeister und Sozialbeamter tätig wurde. In der NS-Zeit emigrierte er in die USA und lehrte dort ab 1940 an verschiedenen Colleges. 1950 wurde er Direktor des Psychologischen Instituts in Hamburg und ordentlicher Professor für Psychologie und Sozialpädagogik.

Brentano, Lujo von (1844–1931). Brentano war Professor für Staatswissenschaft und Volkswirtschaft in Breslau, Straßburg, Wien, Leipzig und München. Zusammen mit →

Adolf Wagner und → Gustav Schmoller gehörte er zu den führenden → „Kathedersozialisten".

Bund Deutscher Frauenvereine (BDF). Der 1894 gegründete BDF fungierte als Dachverband für die zahlreichen Frauenorganisationen der gemäßigten bürgerlichen Frauenbewegung in Deutschland. Der BDF gab das „Centralblatt" (später die „Frauenfrage") und Jahrbücher heraus. Seine Vorsitzenden waren Auguste Schmidt, Marie Stritt, → Gertrud Bäumer, Marianne Weber, Emma Enders und Agnes von Zahn-Harnack. 1933 kam er der Gleichschaltung durch Selbstauflösung zuvor. Seine Nachfolgeorganisation ist der Deutsche Frauenrat.

Bund für Mutterschutz und Sexualreform (BfMS). Der Bund für Mutterschutz und Sexualreform wurde 1905 in Berlin von Helene Stöcker, Vertreterin des radikalen Flügels der bürgerlichen Frauenbewegung, gegründet. Helene Stöcker war die erste Vorsitzende. Namhafte Sexualwissenschaftler/innen der Zeit zählten zu den Gründungsmitgliedern. Von 1908 an nannte sich der Verein aufgrund seiner Ausweitung Deutscher Bund für Mutterschutz und Sexualreform und richtete Heime für ledige Mütter sowie Ehe- und Sexualberatungsstellen ein. Der BfMS forderte die Erleichterung von Scheidungen, die Gleichbehandlung lediger und verheirateter Mütter und die rechtliche Besserstellung unehelicher Kinder. Der BfMS hatte Ortsgruppen in elf Städten und ca. 4000 Mitglieder, ein Drittel davon waren Männer. Die Zeitschrift des BfMS war von 1905–1907 „Mutterschutz", von 1908–1932 „Die neue Generation".

Caspary, Eugen (1863–1931). Eugen Caspary war Begründer und langjähriger erster Vorsitzender der → Zentralwohlfahrtsstelle der deutschen Juden und der Hauptstelle für jüdische Wandererfürsorge und Arbeitsnachweise. Aus dem Künstlermilieu entstammend hat sich Caspary seit 1893 angesichts der immer drängender werdenden Notlagen der jüdischen Bevölkerung der Lösung sozialer Probleme gewidmet und mit der Gründung der Zentralwohlfahrtsstelle im Jahre 1917 die Modernisierung der jüdischen Wohlfahrtspflege eingeleitet.

Deutsche Akademie für soziale und pädagogische Frauenarbeit. → Alice Salomon gründete 1925 zusammen mit einer Vielzahl von Fachkolleginnen die Deutsche Akademie für soziale und pädagogische Frauenarbeit in Berlin. Sie selbst war Vorsitzende, → Hilde Lion war von 1929 an Direktorin. Die Akademie zielte darauf ab, für ehrenamtliche und bezahlte Kräfte im Bereich der Sozialarbeit und Sozialpädagogik Fortbildung anzubieten: Ein- und zweijährige Fortbildungskurse für Wohlfahrtspflegerinnen, Jugendleiterinnen, Hortnerinnen, Gewerbelehrerinnen und Absolventinnen von Hochschulen. Daneben gab die Akademie eine Reihe von dreizehn Untersuchungen zur Krise der Familie heraus. 1933 wurde die Akademie geschlossen und alle Unterlagen vernichtet.

Deutscher Caritasverband (DCV). Der katholische Wohlfahrtsverband wurde 1897 von Prälat → Lorenz Wertmann in Köln nach dem Vorbild der → Inneren Mission gegründet, um die vielfältigen Werke der katholischen Fürsorge zusammenzufassen. Die Caritas widmete sich von Anfang an der Kinder- und Jugendwohlfahrt, der Krankenpflege und Gesundheitsfürsorge, der Armenpflege und Familienfürsorge. Von 1909 an wurden Schulungskurse in Sozialer Arbeit durch den Katholischen Frauenbund in München von Luise Jörrissen eingeführt. → Maria von Graimberg (1879–1965) gründete 1911 die Katholische Soziale Frauenschule in Heidelberg, der weitere Ausbildungseinrichtungen folgten. Mit 2,5 Millionen Mitgliedern und fast 200.000 hauptamtlichen Fachkräften ist der DCV heute der größte Spitzenverband der freien Wohlfahrtspflege.

Deutscher Fröbel-Verband (1873–1938). Ein Jahr nach Fröbels 90. Geburtstag wurde im Frühjahr 1873 die Gründung des Deutschen Fröbel-Verbandes (DtFV) vollzogen. Ziel des Verbandes war es, zur Verbreitung der Fröbelschen Erziehungsidee die Anerkennung des Kindergartens als Vorbereitung zum Schulunterricht durchzusetzen. Nach der Auflösung des Verbands in der NS-Zeit wurde er 1948 unter dem Namen → Pestalozzi-Fröbel-Verband wiedergegründet.

Deutsches Jugendinstitut e.V. (DJI München). Das DJI hat sich als größtes außeruniversitäres Forschungsinstitut in den Bereichen Kindheits-, Familien- und Jugendforschung eine maßgebliche Stellung innerhalb der sozialpädagogischen und jugendpolitischen Praxis- und Grundlagenforschung erarbeitet. Zur Zeit der sozialen Reformpolitik hat es zahlreiche Modelle der Sozialen Arbeit konzipiert und wissenschaftlich begleitet (zum Beispiel Kindergartenreform, Tagesmüttermodell, Mütterzentren, Ausländerarbeit, Offene Jugendarbeit).

Deutscher Paritätischer Wohlfahrtsverband (DPWV). Einer der Spitzenverbände der freien Wohlfahrtspflege in der Bundesrepublik, der 1920 aus der Vereinigung der freien privaten gemeinnützigen Kranken- und Pflegeanstalten Deutschlands als überkonfessioneller und politisch nicht gebundener Wohlfahrtsverband hervorgegangen ist. (Er trug zunächst den Namen „Fünfter Wohlfahrtsverband", weil er als 5. Spitzenverband in die „Liga" aufgenommen wurde.) Nach seiner Auflösung in der NS-Zeit wurde der DPWV 1945 als Dachverband von 560 Mitgliedsorganisationen wiedergegründet. 1962 gründete der DPWV das Wilhelm-Polligkeit-Institut (heute: Paritätische Akademie) in Frankfurt, das der Aus- und Weiterbildung in der Sozialen Arbeit dient.

Deutsches Rotes Kreuz (DRK). Das Internationale Rote Kreuz wurde 1864 in Genf von dem Schweizer Henri Dunant als eine Hilfsorganisation gegründet, die durch die Genfer Konvention von 1864 völkerrechtlichen Schutz genießt. Aufgaben des Roten Kreuzes sind die Pflege der Verwundeten und Kranken im Krieg, die Betreuung von Kriegsgefangenen sowie die neutrale Vermittlung bei allen die Verwundeten und Gefangenen betreffenden Belangen. Außerdem arbeitet das Rote Kreuz in der Katastrophenhilfe und Krankenpflege; es hat eigene Krankenhäuser, Ausbildungsstätten und Schwesternschaften. 1921 schlossen sich in Deutschland die Rotkreuz-Gesellschaften zum DRK zusammen, das sich – nach einem kurzen Verbot nach dem Zweiten Weltkrieg durch die Besatzungsmächte – vor allem der Ersten Hilfe, Rettungsdiensten, Krankentransporten, Kranken- und Altenpflege, aber auch Haus- und Familienpflege u.a. widmet.

Deutscher Verband der Sozialbeamtinnen (DVS). Unabhängig voneinander hatten → Hedwig Wachenheim und Gertrud Israel im April 1916 in Artikeln zur Gründung einer Berufsorganisation für soziale Berufe aufgerufen. Am 28.11.1916 wurde der Deutsche Verband der Sozialbeamtinnen in Berlin gegründet. Den Vorsitz übernahm → Adele Beerensson. Der Verband verstand sich als interkonfessionelle Berufsorganisation der Wohlfahrtspflegerinnen und war politisch neutral. Der Zweck des Verbandes war die Vertretung der beruflichen Interessen der Mitglieder in wirtschaftlicher, rechtlicher, geistiger und sozialer Beziehung, d.h. Auskunftserteilung, Weiterbildung der Mitglieder, Erhebungen, Einwirkungen auf die Sozialgesetzgebung, Arbeitsvermittlung, Tarifvereinbarungen, Förderung der Ausbildung an Sozialen Frauenschulen und die Einrichtung von Unterstützungskassen für in Not geratene Mitglieder. Von gewerkschaftlichen Positionen grenzte sich der DVS ab. Mitglied konnte jede Sozialbeamtin werden, die als Angestellte oder Beamtin ein festes Arbeitsverhältnis hatte. Vorbedingung war auch eine Ausbildung an einer Sozialen Frauenschule (bzw. Wohlfahrtsschule) oder eine mindestens zweijährige praktische Arbeit. 1918 schlossen sich der DVS und die beiden konfessionellen Berufsverbände (der Verein katholischer deutscher Sozialbeamtinnen und der Verband der evangelischen Wohlfahrtspflegerinnen Deutschlands) zur Arbeitsgemeinschaft der Berufsverbände der Wohlfahrtspflegerinnen Deutschlands zusammen. 1933 hat sich der DVS – ausgenommen der Berliner Ortsverband – selbst aufgelöst. In der Nachkriegszeit wurde der Verband als Interessenvertretung der Sozialarbeiter/innen wiedergegründet. Er heißt heute Deutscher Berufsverband für Sozialarbeit (DBS).

Deutscher Verein für Armenpflege und Wohltätigkeit (ab 1919 Deutscher Verein für öffentliche und private Fürsorge). Der Verein wurde 1881 maßgeblich von → Emil Münsterberg gegründet. Das Ziel war ein systematisches gemeinsames Handeln im Armenpflegebereich. Ab 1919 verstand sich der Verein als zentraler Zusammenschluss der öffentlichen und freien Träger der Sozialen Arbeit in Deutschland. Er wollte Plattform sein für Praxis, Ausbildung und Wissenschaft mit dem Ziel der Koordinierung von Bestrebungen im Bereich der Sozialarbeit, Jugendarbeit und des Gesundheitswesens. Im Dritten Reich wurde der Deutsche Verein „gleichgeschaltet". Nach dem Krieg war der Deutsche Verein maßgeblich am Wiederaufbau der Sozialen Arbeit in Deutschland beteiligt. Publikationsorgan des Vereins sind die „Blätter für Wohlfahrtspflege". Er hat seinen Sitz in Frankfurt am Main.

Deutsche Vereinigung für Jugendgerichte und Jugendgerichtshilfen (DVJJ). Aus der seit der Jahrhundertwende erstarkenden Jugendgerichtsbewegung heraus wurde die DVJJ auf dem 4. Jugendgerichtstag 1917 gegründet. Sie umfasst alle an der Jugendgerichtsbarkeit beteiligten Professionen, ob Richter, Staatsanwalt, Anwalt oder Sozialarbeiter und Bewährungshelfer. Sie fördert wissenschaftliche Analysen der Jugendkriminalität und Kriminalpolitik. Durch ihre Gutachten hat sie großen Einfluss auf die Gestaltung des Jugendgerichtswesens gewonnen.

Deutsches Zentralinstitut für soziale Fragen (DZI). *Siehe Archiv für Wohlfahrtspflege*

Diakonisches Werk. *Siehe Innere Mission*

Droescher, Lili (1871–1944). Die Schülerin von → Henriette Schrader-Breymann arbeitete seit 1893 im → Pestalozzi-Fröbel-Haus und leitete dort von 1913–1934 das Seminar für Kindergärtnerinnen, Jugendleiterinnen und Werklehrerinnen. In besonderer Weise förderte sie den Werk- und Handarbeitsunterricht, da sie sehr aufgeschlossen für die Tendenzen der Kunsterziehungsbewegung war. Von 1923–1938 war sie Leiterin des Deutschen Fröbelverbandes.

Duensing, Frieda (1864–1921). Frieda Duensing absolvierte von 1880 bis 1884 eine Ausbildung zur Lehrerin und war im Anschluss daran mehrere Jahre als Erzieherin tätig. 1894/95 reiste sie nach Paris, London und Edinburgh, um sich über pädagogische und soziale Entwicklungen dort zu informieren. Nach ihrer Rückkehr promovierte sie in Zürich zum Dr. jur. und wurde 1904 Geschäftsführerin der seit 1901 bestehenden Zentralstelle für Jugendfürsorge und Organisatorin des weiblichen Vormundschaftswesens. Nach einer Lehrtätigkeit an der Sozialen Frauenschule in Berlin war sie von 1919 bis zu ihrem Tod Leiterin der Sozialen Frauenschule in München.

Erdberg-Krczenciewski, Robert von (1866–1929), Erdberg wurde in Riga als Sohn eines baltischen Barons geboren. Er studierte in Berlin Kunstgeschichte und begann eine Karriere als Schriftsteller und Schauspieler. Nach seiner Promotion 1896 übernahm er jedoch – seinen sozialpolitischen Neigungen folgend – die Abteilung für Volksbildung in der Zentralstelle für Volkswohlfahrt in Berlin. Er wurde zu einem bedeutsamen Vertreter der „Neuen Richtung" im Rahmen der Volksbildungsbewegung, ab 1919 Referent in der neu gegründeten Abteilung für Volksbildung im Preußischen Kultusministerium. Zusammen mit Theodor Bäuerle war er Initiator und Mitbegründer des Hohenrodter Bundes.

Flesch, Karl (1853–1915). Der promovierte Jurist war von 1880 bis 1884 Anwalt, danach Mitglied des Magistrats der Stadt Frankfurt am Main und seit 1888 Vorsitzender des Gewerbegerichts. Flesch gab die vom ihm begründete Zeitschrift „Das Gewerbe- und Kaufmannsgericht" heraus. Er verfasste Gutachten für den → Verein für Sozialpolitik und Beiträge zur Geschichte des Frankfurter Armenwesens.

Fliedner, Theodor (1800–1864). Während seines Wirkens als Pfarrer in Kaiserswerth von 1822 bis 1849 gründete Fliedner teilweise nach englischem Vorbild, teils unter dem Eindruck der Arbeit von → Amalie Sieveking zahlreiche Einrichtungen der evangelischen Liebestätigkeit. 1836 gründete er ein Diakonissenmutterhaus, das den Weg der Frau in die Mitarbeit in der evangelischen Kirche und der beruflichen Pflege öffnete und zahlreiche Nachfolgeeinrichtungen fand.

Friedländer, Walter (1891–1984). Der promovierte Jurist war von 1921 bis 1933 Leiter des Jugendamts Prenzlauer Berg, Berlin. Während der NS-Zeit emigrierte er in die USA, war aber seit 1950 wieder als Universitätslehrer in Deutschland tätig. Friedländer leistete vorbildliche Arbeit beim Aufbau eines modernen Großstadtjugendamts, das sich als „Erziehungsamt" verstehen sollte.

Fürth, Henriette (1861–1936). Henriette Fürth gehörte zur sozialdemokratischen Frauenbewegung, plädierte aber im Gegensatz zu Clara Zetkin für eine Zusammenarbeit mit der bürgerlichen Frauenbewegung, zum Beispiel mit dem → Bund für Mutterschutz und Sexualreform, in dem sie selbst aktiv mitarbeitete. Sie publizierte in den „Sozialistischen Monatsheften", aber auch in der von Helene Lange und → Gertrud Bäumer herausgegebenen Zeitschrift „Die Frau". Den Beschluss der Ersten Sozialistischen Frauenkonferenz 1900 in Mainz, künftig eine individuelle Zusammenarbeit sozialdemokratischer Frauen mit Frauen der bürgerlichen Frauenbewegung zu tolerieren, verbuchte sie als Erfolg ihrer Bemühungen. Fachlich betätigte sie sich vor allem im Bereich der Bevölkerungspolitik und dem Rechtsschutz von Frauen. Der Einrichtung des → Nationalen Frauendienstes im Ersten Weltkrieg stand sie positiv gegenüber und stellte sich für dessen Arbeit zur Verfügung. Von 1919–1924 war sie Stadtverordnete der SPD in Frankfurt am Main.

Gierke, Anna von (1874–1943). Anna v. Gierke war seit 1898 Leiterin, seit 1908 Vorsitzende des → Vereins Jugendheim Charlottenburg. In Zusammenarbeit mit der städtischen Verwaltung gründete sie 1914 die erste Kindertagesstätte in Berlin. Darüber hinaus war sie Leiterin des →Pädagogischen Seminars, das dem Jugendheim angegliedert war; sie fungierte als Herausgeberin der „Sozialen Blätter" und als Referentin für Kinderfürsorge im Kriegsamt. 1919 bis 1920 war sie Abgeordnete der Deutschnationalen Volkspartei (DNVP) im Reichstag, ohne den Konservativen wirklich nahe zu stehen.

1933 wurde sie aller Ämter enthoben. Zusammen mit den Quäkern betrieb sie die Evakuierung von Kindern verfolgter Familien aus Deutschland.

Gierke, Hildegard von (1890–1966). Die jüngere Schwester Anna v. Gierkes erhielt 1900 bis 1902 eine Ausbildung zur Kindergärtnerin in dem von → Henriette Schrader-Breymann gegründeten Pestalozzi-Fröbel-Haus (PFH) in Berlin, die sie durch eine Ausbildung zur Lehrerin ergänzte. Von 1905 bis 1916 lehrte sie am Kindergärtnerinnen-Seminar des PFH. Ab 1914 wurde sie Leiterin der „Freiwilligen Kriegshilfe" in Berlin-Schöneberg, ab 1917 Leiterin des Frauenreferats des Kriegsamtes in Magdeburg. Nach dem Krieg arbeitete sie zunächst als Dozentin an der Sozialen Frauenschule und am Sozialpädagogischen Seminar in Hamburg. 1922 kehrte sie nach Berlin zurück und übernahm zusammen mit → Lili Droescher die Leitung des PFH I. Während der NS-Zeit mit Berufsverbot belegt, baute sie nach 1945 die Fachschule für Kindergärtnerinnen in Hundert Eichen auf.

Gilde Soziale Arbeit. Zur Gilde Soziale Arbeit schlossen sich 1925 Frauen und Männer aus der Jugendbewegung zusammen, die ehrenamtlich oder hauptberuflich in der Sozialen Arbeit tätig waren. Durch ihre regionalen Arbeitskreise ebenso wie durch ihre Jahrestagungen und ihren „Rundbrief" trug die Gilde zur Erneuerung der Fürsorgeerziehung, des Jugendstrafvollzugs und zur Reform der Ausbildung bei. 1933 löste sich die Gilde auf und fand sich erst 1947 wieder zusammen, um erneut am Aufbau und an der Erneuerung der sozialen Praxis und Ausbildung mitzuwirken.

Gmeiner, Hermann (1919–1986). Gmeiner erlangte Weltberühmtheit durch den 1949 von ihm gegründeten Verein SOS-Kinderdorf. Sein Ziel war, elternlosen oder verwahrlosten Kindern unter der Fürsorge einer „Kinderdorfmutter" eine neue Familie und Heimat zu bieten. Inzwischen gibt es mehr als 300 solcher Kinderdörfer in der ganzen Welt. Daneben ist der Verein ein bedeutender Jugendhilfeträger mit Kindergärten, Schulen, Ausbildungseinrichtungen und Produktionsbetrieben der Jugendberufshilfe, Sozial- und Medizinzentren geworden.

Gnauck-Kühne, Elisabeth, geb. Kühne (1850–1917). Nach dem Besuch eines Lehrerinnenseminars und der Arbeit als Erzieherin u.a. in Paris und London richtete Elisabeth Gnauck-Kühne 1875 in Blankenburg/Harz ein Lehr- und Erziehungsheim ein, das sie gemeinsam mit ihrer Schwester Marie bis zu ihrer Heirat mit dem Arzt R. Gnauck 1888 leitete. Die Ehe bestand nur zwei Jahre. 1891 ging Gnauck-Kühne nach Berlin. Es gelang ihr, sich eine akademische Ausbildung zu verschaffen, zunächst durch Privatunterricht bei dem Nationalökonomen → Gustav Schmoller; 1895 erhielt sie eine Sondererlaubnis zum Universitätsbesuch. 1894 war sie Mitbegründerin und Leiterin der evangelisch-sozialen Frauengruppe, einem Vorläufer des Deutsch-Evangelischen Frauenbundes, dessen Vorstand sie nach der Gründung 1899 angehörte. Umso überraschender war es, dass sie 1900 zum Katholizismus konvertierte und sich 1903 an der Gründung des Katholischen Frauenbundes Deutschlands beteiligte. Elisabeth Gnauck-Kühne engagierte sich zeitlebens für die Organisierung der Arbeiterinneninteressen, was ihr den Beinamen einer „katholischen Zetkin" einbrachte.

Goldschmidt, Henriette, geb. Benas (1825–1920). Als Tochter einer deutsch-polnischen jüdischen Kaufmannsfamilie besuchte sie zunächst eine Höhere Töchterschule und betätigte sich nach dem Umzug ihrer Familie nach Posen ab 1850 in der Sozialen Arbeit. 1860 zog sie mit ihrem Mann, dem Prediger Dr. Abraham Goldschmidt nach Leipzig, wo sie sich 1865 zusammen mit Luise Otto-Peters und Auguste Schmidt an der Gründung des Allgemeinen Deutschen Frauenvereins beteiligte. 1872 gründete sie dort ein Kindergärtnerinnenseminar, das zusammen mit dem 1878 enstandenen Lyzeum für Damen 1911 in die Hochschule für Frauen überging.

Graimberg, Maria von (1879–1965). Maria v. Graimberg, deren Mutter bereits 1906 den ersten katholischen Fürsorgeverein in Heidelberg aufgebaut hatte, absolvierte eine Ausbildung zur Lehrerin und gründete nach dem Vorbild → Alice Salomons mit eigenen Mitteln die Erste katholische Soziale Frauenschule in Heidelberg, in der sie auch selbst unterrichtete. Sie wurde zweite Vorsitzende der Zentrale der katholischen Fürsorgevereine und nach 1918 Stadtverordnete der Zentrumspartei im Heidelberger Stadtparlament. Für ihre Verdienste erhielt sie den päpstlichen Orden Pro Ecclesia et Pontifice sowie das Bundesverdienstkreuz 1. Klasse.

Hasenclever, Christa (1906–1992). Hasenclever absolvierte von 1928 bis 1930 die Ausbildung zur Wohlfahrtspflegerin des Vereins Jugendheim Charlottenburg und promovierte 1933 in Volkswirtschaft. Seit 1953 leitete sie die Referate Jugendwohlfahrt und Soziale Ausbildung beim Bundesverband der → Arbeiterwohlfahrt und wurde eine seiner zentralen Leitungskräfte. Sie war Präsidentin der ersten vier Deutschen Jugendhilfetage (1965, 1966, 1968 und 1970). Ihre Arbeit über die Geschichte des Jugendrechts wurde zu einem Standardwerk.

Heyl, Hedwig (1850–1935). In der Farbenfabrik ihres Mannes in Berlin-Charlottenburg errichtete Hedwig Heyl für die Arbeiterinnenkinder einen Kindergarten, einen Hort und eine Speiseanstalt für die Arbeiterinnen, für die auch Kochkurse stattfanden. Ihre besondere Aufmerksamkeit galt der hauswirtschaftlichen Ausbildung von Mädchen. 1874 richtete sie zusammen mit → Henriette Schrader-Breymann, deren Schülerin sie war, das Pestalozzi-Fröbel-Haus I (PFH) in Berlin ein. 1884/85 eröffnete sie die erste Hauswirtschaftliche Ausbildungsschule in Berlin, die 1899 zum Pestalozzi-Fröbel-Haus III erweitert wurde. 1890 gründete sie die erste Gartenbauschule für Frauen. Das → Jugendheim Charlottenburg, das eine Modelleinrichtung der sozialpädagogischen Praxis und Ausbildung wurde, baute sie ab 1892 zusammen mit → Anna v. Gierke auf. Hedwig Heyl war an der Gründung und Organisation zahlreicher Vereine beteiligt, u.a. dem Lette-Verein, dem Frauenbund der Deutschen Kolonialgesellschaft und dem Deutschen Hausfrauenbund. Ab 1916 organisierte sie regelmäßig Kriegsvolksspeisungen in Berlin. Nach dem Ersten Weltkrieg war sie kurze Zeit Stadtverordnete in Charlottenburg für die Deutsche Volkspartei (DVP). 1920 wurde ihr die Ehrendoktorwürde der medizinischen Fakultät der Universität Berlin für ihre Verdienste um die öffentliche Gesundheitspflege verliehen.

Hilgenfeldt, Erich (1897–1945). Hilgenfeldt war in der NS-Zeit der Leiter der → NSV (Nationalsozialistische Volkswohlfahrt). Hilgenfeldt war bis 1933 Angestellter beim Statistischen Reichsamt in Berlin. Seit Mitte der 20er Jahre engagierte er sich bereits im „Stahlhelm", in der NSDAP und der SA. Er stieg noch vor 1933 zum Gauinspektor in Berlin auf und wurde 1933 Reichstagsmitglied. Im März 1933 wurde er mit der Leitung der NSV betraut, welche als Alternative bzw. als Leitorganisation innerhalb der Freien Wohlfahrtspflege wirken sollte und nach der DAF (Deutsche Arbeitsfront) zur zweitgrößten NS-Organisation wurde. Hilgenfeldt starb bei den Kämpfen um Berlin im April 1945 unter nicht geklärten Umständen.

Innere Mission/Diakonisches Werk der Evangelischen Kirche. Unter dem Namen Innere Mission, der auf den Theologen → Johann Hinrich Wichern zurückgeht, wurden Einrichtungen und Anstalten freier christlicher Wohlfahrtspflege innerhalb der evangelischen Kirche zusammengefasst. Auf dem Wittenberger Kirchentag von 1848 rief Wichern zur Einigung der zersplitterten Kirchenaktivitäten im Dienst der christlichen Nächstenliebe auf und bewirkte die Gründung des Centralausschusses für die Innere Mission. Es entstanden Landes- und Provinzialvereine sowie Stadtmissionen, 1864 die Felddiakonie. Ab 1904/05 wurden Schulungskurse für Soziale Arbeit angeboten; 1905 entstand als eine zunächst einjährige Ausbildung die Christlich-soziale Frauenschule in Hannover. 1909 folgte die Gründung einer Sozialen Frauenschule der Inneren Mission in Berlin durch → Bertha von der Schulenburg, unter deren Leitung sich die Mitarbeiterinnen der Inneren Mission 1921 zu dem konfessionellen Verband der evangelischen Wohlfahrtspflegerinnen Deutschlands zusammenschlossen. Die staatliche Förderung der Wohlfahrtspflege nach 1919 brachte die Anerkennung der Anstalten der Inneren Mission im Rahmen der freien Wohlfahrtspflege. Während der NS-Zeit kam es zu Konflikten, teilweise auch zur Kooperation mit der → Nationalsozialistischen Volkswohlfahrt (NSV). Nach 1945 schloss sich die Innere Mission mit anderen Organisationen (Caritas, Deutsches Rotes Kreuz, DPWV, AWO und der Zentralwohlfahrtsstelle der Juden in Deutschland) zu einer Arbeitsgemeinschaft der Spitzenverbände der Freien Wohlfahrtspflege zusammen. Seit 1957 ist die Innere Mission mit dem Hilfswerk der Evangelischen Kirche in Deutschland zum Diakonischen Werk vereinigt.

Israel, Clara (1876–1942). Nach einer Ausbildung als Hortnerin am Jugendheim Charlottenburg schloss sich die in Spandau geborene Israel schon 1900 den Berliner Mädchen- und Frauengruppen für soziale Hilfsarbeit an. 1908 wird sie Leiterin der Jugendgerichtshilfe der Charlottenburger Wohlfahrtszentrale. Nach der Übernahme der Einrichtung durch die Stadt Charlottenburg wurde sie 1923 Leiterin der Bezirksfürsorge des Jugendamts Charlottenburg mit dem Titel „Sozialsekretärin“. Sie gehört zu den führenden Persönlichkeiten der Sozialarbeit in den zwanziger Jahren. Als Jüdin verliert sie 1933 alle Ämter und entzieht sich 1942 durch Selbstmord der drohenden Deportation.

Juchacz, Marie, geb. Gohlke (1859–1956). Bevor Marie Juchacz 1906 nach Berlin übersiedelte und 1908 der sozialdemokratischen Partei (SPD) beitrat, bestritt sie ihren Lebensunterhalt durch Fabrikarbeit und Krankenpflege. 1911 trat sie erstmals als Delegierte der Reichsfrauenkonferenz in Jena hervor. 1917 übernahm sie – nach der Entlassung von Clara Zetkin – die Schriftleitung der „Gleichheit“ und wurde zur Frauensekretärin ihrer Partei gewählt. 1919 wurde sie Mitglied des Reichstags, in dem sie als erste Frau das Wort erhob. Ihr Hauptengagement galt in den folgenden Jahren dem Aufbau der → Arbeiterwohlfahrt (AWO) und der daran angebundenen Ausbildungsstätte. Nach ihrer Rückkehr 1949 aus der Emigration in die USA wurde sie Ehrenvorsitzende der AWO.

Kelber, Magda (1908–1987). Die in Erlangen promovierte Politologin wurde nach der Rückkehr aus dem Exil in England, wo sie mit den Ideen und sozialen Projekten der Quäker vertraut wurde, als Leiterin des „Haus Schwalbach“ (1949–1962) die führende Gruppenpädagogin und Verbreiterin der sozialen Gruppenarbeit. An den von ihr initiierten Schwalbacher Lehrgängen zur Schulung in sozialpädagogischer Gruppenarbeit haben bis 1964 mehr als 160.000 Teilnehmer partizipiert.

Kempf, Rosa (1874–1948). Nach der Promotion über „Das Leben der jungen Fabrikmädchen in München“, 1911, einer der frühen empirischen Untersuchungen zur sozialen Situation von Mädchen, nahm Kempf in vielen Funktionen führende Aufgaben im Bereich der sozialen Frauenbildung, der Lehrplangestaltung für die Ausbildung und der Interessenvertretung der Wohlfahrtspflegerinnen wahr. So war sie Direktorin des Seminars für soziale Berufsarbeit in Frankfurt (1913–1917), Mitbegründerin der Frauenakademie in Düsseldorf (1917/18), Vorsitzende der Kommission des Preußischen Ministeriums für Volkswohlfahrt zur Erarbeitung von einheitlichen „Richtlinien für die Lehrpläne der Wohlfahrtsschulen“ (1929/30) und Vorsitzende des Ausschusses für Volkstumsarbeit des Bundes Deutscher Frauenvereine (1928–1933). 1933 verlor sie aus politischen Gründen alle ihre Ämter.

Klostermann, Helene (1858–1935). Die promovierte Studiendirektorin war eine der wichtigsten Fröbelforscherinnen ihrer Zeit. Von 1919 bis 1923 war sie Vorsitzende, danach Ehrenvorsitzende des → Deutschen Fröbel-Verbandes. In Bonn leitete sie ein Lyzeum mit Kindergarten, Frauenschule, Kindergärtnerinnen- und Lehrerinnenseminar, dessen Träger der Comenius-Fröbel-Verein war.

Klumker, Christian Jasper (1868–1942). Klumker schloss sein Studium der Theologie, Philosophie, Nationalökonomie, Geschichte und Statistik 1897 mit der Promotion ab. Seit 1897 war er Leiter der Abteilung Armenpflege und Wohltätigkeit beim Institut für Gemeinwohl in Frankfurt am Main; 1899 gründete er in Frankfurt die Centrale für private Fürsorge und wurde zu deren Vorsitzendem berufen; ab 1902 war er Mitglied des → Vereins für öffentliche und private Fürsorge, 1918 bis 1933 gehörte er zu dessen Vorstand. 1906 gründete er das Archiv Deutscher Berufsvormünder. 1911 wurde er Dozent für soziale Fürsorge an der Akademie für Sozial- und Handelswissenschaften und war ab Wintersemester 1914 Extraordinarius für Armenpflege und soziale Fürsorge. 1920 wurde er zum ersten ordentlichen Professor für Fürsorgewesen und Sozialpädagogik Deutschlands an der Universität in Frankfurt am Main ernannt. 1921 beteiligte er sich maßgeblich an der Erarbeitung des Reichsjugendwohlfahrtsgesetzes (RJWG).

Hertha Kraus (1897–1968). Hertha Kraus hat in Frankfurt Sozialwissenschaft studiert und ihre Promotion mit einer Arbeit über die „Aufgaben und Wege einer Jugendfürsorgestatistik“ bei → Chr. J. Klumker abgeschlossen. Ihre erste Berufstätigkeit führte sie nach Berlin, wo sie in Kontakt mit dem sozialen Engagement der Quäker kam. Nach drei Jahren bekam sie vom Oberbürgermeister Konrad Adenauer die Leitung des Amtes für öffentliche Wohlfahrtspflege der Stadt Köln übertragen. 1933 wurde sie als Jüdin und aktive Sozialdemokratin entlassen und emigrierte in die USA. Durch ihre engen Kontakte zu den Quäkern konnte sie dort ihre Karriere ungebrochen fortsetzen. 1936 erhielt sie eine Professur für Social Economy and Social Research am renommierten Bryn Mawr College in Philadelphia. In der Nachkriegszeit war Kraus von Amerika aus maßgeblich an der Modernisierung der Sozialen Arbeit in Deutschland beteiligt, vor allem an der Vermittlung der Methode des Case Work.

Levy, Albert (1862–1922). Levy entstammte einer assimilierten jüdischen Familie liberaler Prägung. Nach einem Studium der Geschichtswissenschaft war er 1892 unter den Gründungsmitgliedern der Gesellschaft für ethische Kultur, in deren Auskunftsstelle für Hilfesuchende er enger Mitarbeiter von → Jeanette Schwerin wurde. Aus der Auskunftsstelle ging 1906 die Centrale für private Fürsorge hervor, deren Vorsitzender Levy wurde und die er konsequent zu einer überkonfessionellen, nach modernen Gesichtspunkten von Individualisierung, Hilfe zur Selbsthilfe, Berücksichtigung der jeweiligen Lebensumstände und Recherche der Ursachen des Einzelfalls arbeitenden Fürsorgezentrale entwickelte. Seine Erfahrungen sind maßgeblich in die Arbeit des Deutschen Vereins eingeflossen, dessen Zentralausschuss er angehörte.

Lion, Hildegard Gudilla (1893–1970). Nach dem Lehrerinnenexamen absolvierte Hilde Lion eine Ausbildung als Sozialpädagogin am neu gegründeten Sozialpädagogischen Institut in Hamburg. Danach studierte sie Volkswirtschaft und Pädagogik in Freiburg, Hamburg, Berlin und Köln, wo sie 1924 promovierte. Von 1925 an übernahm sie leitende Funktionen an → Anna v. Gierkes Sozialpädagogischem Seminar des → Vereins Jugendheim Charlottenburg und unterrichtete dort. An der von → Alice Salomon begründeten → Deutschen Akademie für soziale und pädagogische Frauenarbeit in Berlin wurde sie 1928 Studienleiterin und 1929 Direktorin. Gleichzeitig war sie Vorsitzende der Vereinigung der Dozentinnen an sozialpädagogischen Lehranstalten. Mit Hilfe eines Forschungsstipendiums konnte Hilde Lion 1933 nach Großbritannien emigrieren. Von den Quäkern unterstützt, gründete sie 1934 in Haslemere/Surrey die Stoatley Rough School, eine interkonfessionelle Heimschule für allein stehende Flüchtlingskinder, die sie bis 1960 gemeinsam mit ihrer Lebens- und Arbeitspartnerin Emmy Wolff (1890–1969) betrieb.

Lüders, Marie-Elisabeth (1878–1966). Nach der Ausbildung an einer landwirtschaftlichen Frauenschule kam Lüders in Kontakt mit den → Mädchen- und Frauengruppen für soziale Hilfsarbeit, in deren Vorstand sie gewählt wurde. Von 1902 bis 1906 arbeitete sie bei der → Zentrale für private Fürsorge. Danach folgte ein Studium der Nationalökokomie, das sie 1912 mit der Promotion abschloss. Nach vierjähriger Berufstätigkeit als Wohnungspflegerin wurde sie 1916 zur Leiterin der Frauenarbeitszentrale im Kriegsministerium berufen. Von 1919 bis 1933 war sie für die Deutsche Demokratische Partei (DDP) im Reichstag und dort vor allem in den Sozialausschüssen tätig. Nach der Gründung der Bundesrepublik war sie in Berlin 1949 bis 1951 Stadträtin für Sozialwesen und amtierte als Alterspräsidentin des Deutschen Bundestages.

Mädchen- und Frauengruppen für soziale Hilfsarbeit. 1893 wurden die Mädchen- und Frauengruppen für soziale Hilfsarbeit in Berlin gegründet. Die Initiatorinnen waren Minna Cauer, → Jeanette Schwerin, → Lina Morgenstern und → Henriette Goldschmidt. Die „Gruppen“ vertraten die Notwendigkeit einer Ausbildung für soziale Hilfstätigkeiten: In Kursen wurde versucht, jungen Frauen des gehobenen Bürgertums Grundlagen über Armen- und Wohlfahrtspflege zu vermitteln. Darauf aufbauend wurde 1899 erstmals ein geschlossener Jahreskursus zur Ausbildung in der Wohlfahrtspflege durchgeführt. Die praktische Arbeit der Initiative, die zunehmend auch als Arbeitsvermittlungsstelle fungierte, wurde in Zusammenarbeit mit den bestehenden Wohlfahrtseinrichtungen organisiert. Die Mitarbeiterinnen konnten zwischen den Schwerpunkten öffentliche Armen- und Waisenpflege, private Wohlfahrtsanstalten, Blindenanstalten, Kindergärten und Horte wählen. Aus den „Gruppen“ heraus, die maßgeblich durch → Alice Salomon ihr Profil erhielten, entstand 1908 die erste Soziale Frauenschule in Berlin.

Mennicke, Carl (1887–1959). Mennicke war einer der entschiedensten Befürworter und Organisatoren der Ausbildung und Berufspraxis männlicher Sozialarbeiter. Nach dem Ersten Weltkrieg leitete er das Seminar für Jugendwohlfahrt an der Hochschule für Politik in Berlin. 1925 gründete er den Bund deutscher Sozialbeamter als „männliches“ Gegenstück zum → Deutschen Verband der Sozialbeamtinnen. Nach seiner Emigration kehrte er 1952 nach Deutschland zurück und lehrte am Berufspädagogischen Institut und an der Universität in Frankfurt am Main.

Merton, Wilhelm (1848–1916). Der englischstämmige Merton erbte von seinem Vater eine Frankfurter Metallhandlung, deren Leitung er seit 1876 innehatte und der er als Aktiengesellschaft zu weltweiter Bedeutung verhalf. 1890 gründete er in Frankfurt am Main das Institut für Gemeinwohl, das seine Arbeit mit einer Studie über die öffentliche und private Fürsorge in Frankfurt begann. Aus dem Institut heraus entwickelten sich zahlreiche soziale Einrichtungen, u. a. die Gesellschaft für Wohlfahrtseinrichtungen, die Auskunftsstelle für Arbeiterangelegenheiten und die Akademie für Sozial- und Handelswissenschaften, die später in die Frankfurter Universität integriert wurde. Unter Mitarbeit von → Klumker und → Münsterberg entstand aus dem Institut für Gemeinwohl ebenfalls die 1899 gegründete Centrale für private Fürsorge, aus dem 1913 das Frankfurter Frauenseminar für soziale Berufsarbeit hervorging.

Morgenstern, Lina (1830–1909). Schon mit 18 Jahren baute Lina Morgenstern ihren ersten wohltätigen Verein auf. 1859 gründete sie den Verein zur Förderung des Fröbelschen Kindergartens, 1861 veröffentlichte sie „Das Paradies der Kindheit", das erste deutsche Handbuch für Kindergärtnerinnen. Auf den Versorgungsnotstand während des Preußisch-Österreichischen Krieges reagierte Morgenstern mit der Schaffung der Berliner Volksküchen, die als Konsumgenossenschaften operierten, um sie von reinen Wohltätigkeitsvereinen abzugrenzen. In der Folgezeit gründete sie zahlreiche weitere Vereine: zusammen mit Henriette Tiburtius eine Mägdeherberge als Schutz vor Unsittlichkeit, 1868 den Kinderschutzverein, der gegen die Säuglingssterblichkeit ankämpfte. 1869 rief sie mit Louise Otto-Peters einen Arbeiterinnenbildungsverein ins Leben, den sie von 1871 bis 1874 leitete. Dem Berliner Hausfrauenverein, 1873 initiiert als genossenschaftlicher Zusammenschluss zur Gewährleistung niedriger Lebensmittelpreise, wurde eine Kochschule und eine Stelle zur Vermittlung von Dienstboten angegliedert. Die Redaktion des Vereinsorgans „Deutsche Hausfrauenzeitung" leitete sie 30 Jahre. 1880 setzte sie sich für die Schaffung einer Industrieschule für strafentlassene Minderjährige ein, 1881 gründete sie den Verein zur Begründung schulentlassener Mädchen für die Hauswirtschaft, dem eine Haushaltsschule angeschlossen war. Bei der Gründung des →Bundes Deutscher Frauenvereine (BDF) 1894 engagierte sie sich für die Aufnahme von Arbeiterinnenvereinen. 1896 gelang es ihr, einen Internationalen Frauenkongress erstmals nach Deutschland einzuberufen.

Müller-Otfried, Paula (1865–1946). Schon bei der Gründung des Deutsch-Evangelischen Frauenbundes 1899 schloss sich Paula Müller-Otfried der kirchlichen Frauenorganisation an. Zunächst Vorsitzende der Ortsgruppe Hannover, war sie von 1902 bis 1934 die machtvolle Vorsitzende des Gesamtverbandes. In Zusammenarbeit mit Selma von der Groeben widmete sie sich darüber hinaus dem Aufbau der Armen- und Waisenpflege sowie der Gefährdetenfürsorge. Von 1920 bis 1932 war sie Reichstagsabgeordnete für die Deutschnationale Volkspartei (DNVP) und dort als Vorsitzende des Bevölkerungspolitischen Ausschusses an der Ausarbeitung von Gesetzen zur Bekämpfung von Geschlechtskrankheiten und Prostitution beteiligt. 1930 erhielt sie die Ehrendoktorwürde der theologischen Fakultät der Universität Göttingen.

Münsterberg, Emil (1855–1911). Nach einem Studium der Rechts- und Staatswissenschaften sowie der Nationalökonomie promovierte Münsterberg 1886 zum Dr. phil. 1887 bis 1890 war er Amtsrichter in Menden (Westfalen) und ab 1890 Bürgermeister in Iserlohn. 1898 übernahm er die Leitung des städtischen Armenwesens in Berlin, ab 1901 als Vorsitzender der Berliner Armendirektion. 1892 bis 1911 war er Vorstandsmitglied im → Deutschen Verein für öffentliche und private Fürsorge, kurz vor seinem Tod wurde er dessen Vorsitzender.

Münzenberg, Willi (1889–1940). Münzenberg war Gründer (1921) und Organisator der „Internationalen Arbeiterhilfe" (IAH), die sich als „proletarische Hilfsorganisation" der KPD der Losung „Solidarität statt Caritas" verpflichtet wusste. Neben der „Hungerhilfe" für die Sowjetunion organisierte die IAH in vielen Städten sozialpolitische Anlaufstellen, Sexualberatungsstellen und Einrichtungen für Frauen. Ein Arbeitsschwerpunkt war die Kinderhilfe (Freitische, Kinderverschickung, Heime, Kinderschutz). Unter den sehr zahlreichen Mitgliedern waren (anders als bei den anderen Wohlfahrtsverbänden) mehr als die Hälfte Frauen.

Muthesius, Hans (1885–1977). Mit der Promotion in Rechtswissenschaft und in Politik wurde Muthesius bereits 1917 Stadtrat in Berlin. Ab 1919 war er als Dozent in der Berliner Sozialen Frauenschule und im → Deutschen Verein für öffentliche und private Fürsorge tätig. 1925 gehörte er zu den wenigen Männern im Vorstand der → Deutschen Akademie für soziale und pädagogische Frauenarbeit. 1933 wurde er als Dezernent für Wohlfahrtswesen in Berlin entlassen. Danach arbeitete er in der Geschäftsstelle des Deutschen Vereins und am Rechnungshof des Deutschen Reiches. 1940 wurde er als Referent für Fürsorgewesen in das Reichsinnenministerium berufen. Nach dem Krieg war er Beigeordneter des Deutschen Städtetages und Vorsitzender des Deutschen Vereins.

Nationaler Frauendienst (NFD). Unter der Leitung von → Gertrud Bäumer und → Hedwig Heyl wurde der Nationale Frauendienst am 1.8.1914 maßgeblich vom → Bund Deutscher Frauenvereine (BDF) gegründet. Der NFD war das größte Projekt in der Geschichte der deutschen Frauenbewegung; erstmals arbeiteten die bürgerliche und die proletarische Frauenbewegung zusammen, um die durch den Ersten Weltkrieg hervorgerufene soziale Not zu lindern. Bereits zum Zeitpunkt der Mobilisierung legte der BDF dem preußischen Innenminister Pläne vor, die eine Koordination von behördlichen, wohlfahrtsorientierten und freiwilligen Hilfeleistungen durch den NFD vorsahen. Die Aufgaben des NFD waren Arbeitsvermittlung und -beschaffung, da durch die Umstellung der Produktion auf Kriegsgüter viele Frauen arbeitslos geworden waren. Der NFD führte die Erwerbslosen anderen Industriezweigen zu und schuf selbst Stellen für Frauen in den Strick- und Nähstuben, in Küchen und einigen Großbetrieben. Eine verbesserte Lebensmittelversorgung wurde durch die Forderung der Festsetzung von Höchstpreisen für Grundnahrungsmittel angestrebt. Notleidenden Kriegerwitwen verhalf der NFD zu der ihnen zustehenden staatlichen Unterstützung. Als 1916 eine Mehrproduktion von Munition notwendig wurde, übernahm es der NFD, Frauen für die Rüstungsproduktion zu rekrutieren. Als 1916 Frauenreferate vom Kriegsministerium eingerichtet wurden, um den Arbeitseinsatz der Frauen zu koordinieren, wurde die Leitung → Marie-Elisabeth Lüders übertragen, die, wie ihre Mitarbeiterinnen → Gertrud Bäumer, → Alice Salomon, → Anna von Gierke und Dorothee von Velsen, aus der Führung des BDF kam.

Natorp, Paul (1854–1924). Natorp war Professor für Philosophie und Pädagogik in Marburg. Er formulierte als einer der Ersten eine „Theorie der Sozialpädagogik". Darunter versteht er aber nicht (wie später → Gertrud Bäumer und → Herman Nohl) ein Spezialgebiet der Pädagogik, sondern ein allgemeines pädagogisches Prinzip, das in allen

Erziehungsbereichen zur Geltung kommen müsse: „Erziehung zur Gemeinschaft durch Gemeinschaft".

Neuhaus, Agnes (1854–1944). Die sehr begabte höhere Tochter widmet sich nach einem Musikstudium und nach Jahren als Mutter und Hausfrau Ende der 1880er Jahre der Tätigkeit in der kommunalen Armenpflege in Dortmund, insbesondere in der Fürsorge für geschlechtskranke Mädchen und Frauen. Stark katholisch geprägt engagiert sie sich dafür, diese Mädchen nicht einfach zu verurteilen, sondern kirchlich geprägte Hilfen zu organisieren. 1900 gelingt die Gründung eines Katholischen Vereins für offene Gefährdetenhilfe, aus dem 1902 der „Katholische Fürsorgeverein für Mädchen und Frauen" hervorgeht. 1968 wird dieser Verein umbenannt in „Sozialdienst Katholischer Frauen", der heute einer der wichtigsten Fürsorge- und Jugendhilfeträger ist.

Nohl, Herman (1879–1960). Der Schüler Wilhelm Diltheys studierte Germanistik, Philosophie und Geschichte, promovierte 1904 über „Sokrates und die Ethik" und habilitierte sich 1908 mit einer Arbeit über „Die Weltanschauungen der Malerei". Bis 1919 war Nohl Privatdozent in Jena und trug dort zum Aufbau der Thüringischen Volkshochschule bei. 1920 wurde er Ordinarius für Pädagogik an der Universität Göttingen. 1937 wurde er seines Amtes enthoben, 1945 wieder eingesetzt und gründete mit Ludwig Pallat zusammen das Institut für Erziehung und Unterricht. Er war 1948 maßgeblich an der Gründung des → Pestalozzi-Fröbel-Verbandes beteiligt. Durch seine Lehre und seine zahlreichen Veröffentlichungen hat er großen Einfluss auf die Reform- und Sozialpädagogik gehabt.

Nationalsozialistische Volkswohlfahrt (NSV). 1933 wurde die NSV auf Betreiben ihres späteren Leiters → Erich Hilgenfeldt gegründet; gleichzeitig wurden die bisherigen Zweige der öffentlichen Wohlfahrtspflege beschnitten. Die Arbeit der NSV bestand vorrangig in der Durchführung massenwirksamer Aktionen, zum Beispiel das Winterhilfswerk und die Aktion Mutter und Kind. Bald schon erreichte die NSV eine Monopolstellung innerhalb der Sozialen Arbeit, namentlich dadurch, dass Hilgenfeldt 1938 den Vorsitz des Reichszusammenschlusses für öffentliche und freie Wohlfahrtspflege und Jugendhilfe an sich zog. Von 1936 an übernahm die NSV zahlreiche Ausbildungsstätten der Wohlfahrtspflege und der Sozialpädagogik. Den Anforderungen der Kriegsfolgen zeigte sich die NSV nur begrenzt gewachsen.

Pappenheim, Bertha (1859–1936). In ihrer Heimatstadt Wien engagierte sich Bertha Pappenheim bereits früh in sozialen Hilfsprogrammen für osteuropäische Pogromflüchtlinge, Wanderbettler, Arbeitslose und Waisenkinder. 1895 ging sie nach Frankfurt am Main und wurde dort Leiterin des Jüdischen Waisenhauses. 1901 gründete sie den Verein für Weibliche Fürsorge und begann, sich in der Frauenbewegung zu engagieren: 1904 gründete sie den Jüdischen Frauenbund, dessen Vorsitzende sie bis 1924 war. 1907 eröffnete sie ein Heim für gefährdete Mädchen in Neu-Isenburg, das sie bis in die NS-Zeit hinein leitete. Sie gehörte auch zu den Gründungsmitgliedern der 1917 ins Leben gerufenen → Zentralwohlfahrtsstelle der deutschen Juden.

Pestalozzi-Fröbel-Haus (PFH). Das erste PFH wurde 1878 in Berlin von der Fröbel-Schülerin und Nichte → Henriette Schrader-Breymann gegründet. Es wurde zu einer Ausbildungseinrichtung für Kindergärtnerinnen, Hortnerinnen und Jugendleiterinnen. Schrader-Breymann leitete das PFH bis 1899: Sie hat das Seminar weit über die nächsten Ziele der kindergärtnerischen Fachausbildung hinaus erweitert, ohne jedoch diese zu vernachlässigen. Ihre Nachfolgerinnen waren Annette Schepel, Clara Richter und → Lili Droescher. Die Ausbildung blieb in der ursprünglichen Dreiteilung erhalten, bis sie in den 70er Jahren durch die Studienreform im Bereich Sozialarbeit/Sozialpädagogik umgewandelt wurde.

Pestalozzi-Fröbel-Verband (PFV). Auf Initiative von → Luise Besser, Conradine Lück, → Herman Nohl und Erich Weniger wurde am 23.3.1948 in Göttingen der PFV gegründet. Aufgabe des Verbandes war zunächst vorrangig die Mütterschulung und der Wiederaufbau der Ausbildung von Kindergärtnerinnen und Jugendleiterinnen. Als Nachfolgeorgan der Zeitschrift „Der Kindergarten" wurde ab 1949 „Die Menschenerziehung – Zeitschrift für soziale Pädagogik, Organ des Pestalozzi-Fröbel-Verbandes" herausgegeben, danach aber mehrfach umbenannt und endlich als Fachperiodikum eingestellt. Bedeutung erlangte der PFV noch einmal nach der Wiedervereinigung als Träger für Beratung und Weiterbildung der Kindergärten in den neuen Bundesländern.

Polligkeit, Wilhelm (1876–1960). Nach einem Studium der Rechtswissenschaften, das er mit der Promotion abschloss, wurde Polligkeit Mitarbeiter in verschiedenen sozialen Projekten. Als Sekretär von Wilhelm Merton trat er 1904 die Nachfolge von → Klumker in der Centrale für private Fürsorge in Frankfurt an. Daneben war er im → Deutschen Verein für öffentliche und private Fürsorge tätig, dessen Vorsitzender er 1922 wurde. Seit 1929 lehrte er als Honorarprofessor an der Universität in Frankfurt am Main. 1959 wurde er Ehrenmitglied im Vorstand des Deutschen Vereins.

Reichsarbeitsdienst (RAD). Nach 1918 forderten in Deutschland alle rechtsgerichteten Parteien und Bünde die Arbeitspflicht nach dem Vorbild des Vaterländischen Hilfsdienstes in den Jahren 1916–1918. Bündische Studenten begründeten 1925 die Arbeitslagerbewegung. Zur Bekämpfung der Folgen der Massenarbeitslosigkeit führte die Regierung Brüning am 6.6.1931 den Freiwilligen Arbeitsdienst (FAD) ein. 1935 wurde der Reichsarbeitsdienst (RAD) als staatliche Organisation mit allgemeiner Dienstpflicht errichtet und noch im gleichen Monat auf die Mädchen ausgedehnt. Hauptzweck des jahrgangsweise in paramilitärischer Form durchgeführten RAD war (neben der Entlastung des Arbeitsmarktes) die „Erziehung zur Volksgemeinschaft".

Rotes Kreuz. *Siehe Deutsches Rotes Kreuz*

Rühle, Otto (1874–1943). Rühle gilt als wichtigster Vertreter einer „marxistischen Sozialpädagogik". Sein Arbeitsfeld war die Erziehung der proletarischen Kinder als „Erziehung zum Klassenbewusstsein". Seine 1911 publizierte empirische Studie „Das proletarische Kind" war eine Pionierleistung der soziologischen, schichtspezifischen Kindheitsforschung.

Salomon, Alice (1872–1948). 1893 trat Alice Salomon in die von → Jeanette Schwerin gegründeten → Mädchen- und Frauengruppen für soziale Hilfsarbeit ein, deren Leitung sie 1899 übernahm. In den darauf folgenden Jahren studierte sie Nationalökonomie und promovierte 1906 mit Sondererlaubnis. 1908 gründete sie die erste überkonfessionelle Soziale Frauenschule in Berlin und wurde 1917 die Vorsitzende der Konferenz der Sozialen Frauen- und Wohlfahrtsschulen. Obwohl sie eigentlich Gegnerin einer beruflichen, bezahlten Sozialarbeit war, trug sie mehr als alle anderen dazu bei, die Sozialarbeit zu einer Profession zu machen. 1925 gründete sie die → Deutsche Akademie für soziale und pädagogische Frauenarbeit, um aus der Frauenbewegung heraus, zu deren Führungsspitze sie gehörte, einen Schwerpunkt im Bereich Forschung und Fortbildung zu setzen. Durch ihre intensiven internationalen Kontakte wurde sie Vizepräsidentin des International Council of Women. Trotzdem gelang es ihr nicht, in dem amerikanischen Exil, in dem sie sich von 1937 an bis zu ihrem Tod befand, die ihr gebührende Anerkennung zu finden.

Scherpner, Hans (1898–1959). Scherpner arbeitete nach einem Theologiestudium zunächst bei → Klumker in Frankfurt im Bereich der Fürsorgewissenschaft. Er promovierte dort über „Die Kinderfürsorge in der Hamburger Armenreform vom Jahre 1788". Er habilitierte sich über die Entstehung der modernen Fürsorge im Übergang vom Mittelalter zur Neuzeit und hielt im Sommer 1932 an der Frankfurter Universität seine Antrittsvorlesung, wurde aber bis 1945 nicht zum Professor ernannt. Ab 1949 war Scherpner als Honorarprofessor dann Leiter des Seminars für Fürsorgewesen der Universität Frankfurt am Main, erst 1958 erhielt er eine besoldete Stelle. Ab 1950 war er Vorsitzender des Berufsverbandes männlicher Sozialarbeiter und Leiter des Instituts für Sozialarbeit und Erziehungshilfe e.V. Durch zahlreiche Veröffentlichungen nahm er maßgeblichen Einfluss auf die Standortbestimmung der Sozialarbeit in der Nachkriegszeit.

Schmoller, Gustav von (1838–1917). Der Nationalökonom Gustav von Schmoller (1908 geadelt) war Professor in Halle, Straßburg und seit 1882 in Berlin. Er wurde Mitglied des preußischen Staatsrats (1884), der preußischen Akademie der Wissenschaften (1887) und des preußischen Herrenhauses (1899). Er war einer der führenden so genannten Kathedersozialisten, einer im letzten Drittel des 19. Jahrhunderts in der deutschen Volkswirtschaftslehre herrschenden Richtung, die das Eingreifen des Staates in die Wirtschaft und das Sozialleben forderte, um die Klassengegensätze zu mildern, den sozialen Frieden zu fördern und den sozialen Aufstieg zu ermöglichen. Schmoller war der Hauptinitiator des →Vereins für Socialpolitik.

Schrader-Breymann, Henriette (1827–1899). Die Großnichte Friedrich Fröbels ging 1848 nach Keilhau, um sich von Fröbel zur Kindergärtnerin ausbilden zu lassen. 1851 übernahm sie in Schweinfurt die Leitung einer Schule und eines Kindergartens, danach war sie als Privatlehrerin in Baden-Baden tätig. 1872 heiratete sie Karl Schrader, mit dem zusammen sie 1874 das → Pestalozzi-Fröbel-Haus (PFH) gründete, das sich in der Trägerschaft des Berliner Vereins für Volkserziehung befand.

Schulenburg, Bertha von der (1861–1940). Auf einem Gutshof aufgewachsen, wurde Bertha von der Schulenburg von ihrem Vater in die caritative Hilfstätigkeit eingeführt. Sie wurde Johanniterin und führte zusammen mit ihrem Bruder über viele Jahre den Hof. Durch Adolf Stöcker, den Leiter der Berliner Stadtmission, bekam sie Kontakt mit der Berliner Wohlfahrtspflege und avancierte 1909 zur Direktorin der Sozialen Frauenschule der Inneren Mission in Berlin. 1918 wurde sie Vorsitzende der Vereinigung der evangelischen sozialen Frauenschulen und des Verbandes evangelischer Wohlfahrtspflegerinnen Deutschlands. 1921 erhielt sie für ihre Verdienste die Ehrendoktorwürde der theologischen Fakultät der Universität in Berlin.

Schultz, Clemens (1862–1914). Der Pastor an St. Pauli in Hamburg engagierte sich sehr stark für die Ideen der Jugendpflege. Um die proletarischen Jugendlichen „in der Kontrolllücke zwischen Schulbank und Kasernentor" erfassen zu können, gründete er als Gegenstück zu den bürgerlichen „Jünglingsvereinen" sog. „Lehrlingsvereine". Deren Konzept wandte sich gegen die „Rettungspädagogik" der Jünglingsvereine und suchte ein Jugendpflegekonzept zu entwickeln, das an den Interessen der Arbeiterjugend anküpfte. Als Erfinder des Begriffs „Halbstarke" ging er in die Geschichte der Jugendpädagogik ein.

Schwerin, Jeanette, geb. Abarbanell (1852–1899). 1892 gründete Jeanette Schwerin zusammen mit ihrem Mann die Deutsche Gesellschaft für ethische Kultur (später: Zentrale für private Fürsorge), deren Ziel, die Schaffung einer humaneren Gesellschaft, durch Vorträge, Veröffentlichungen und praktische Soziale Arbeit erreicht werden sollte. Ein Jahr später rief sie im Rahmen dieser Gesellschaft eine Auskunftsstelle ins Leben, die alle sozialen Einrichtungen Berlins und des Umlandes erfasste, Hilfsbedürftigen genauso offen stand wie den in der Wohlfahrtspflege Tätigen. Sie sammelte Material über die zahllosen karitativen Einrichtungen Berlins, das 1896 als „Auskunftsbuch" herausgegeben wurde. Das Deutsche Zentralinstitut für soziale Fragen, das 1993 sein hundertjähriges Bestehen feierte, ging aus dieser Initiative hervor. 1893 begründete Jeanette Schwerin den ersten Berliner Hauspflegeverein sowie die Mädchen- und Frauengruppen für soziale Hilfsarbeit, die sie ab 1897 leitete. Ihr besonderes Anliegen dabei war, den jungen Frauen, die sich für die ehrenamtliche Tätigkeit meldeten, eine professionelle Ausbildung in Theorie und Praxis zuteilwerden zu lassen. Als Vorsitzende der Kommission für weibliche Gewerbeinspektion (später: Kommission für Arbeiterinnenschutz) im → Bund Deutscher Frauenvereine (BDF) forderte sie 1894 in einer Petition an den Deutschen Reichstag die Einsetzung weiblicher Gewerbeinspektoren. 1899 gab sie die ersten Hefte des „Centralblatts" des BDF heraus.

Siegmund-Schulze, Friedrich (1885–1969). Nach einem Studium der Philosophie und Theologie, das er mit dem Dr. phil. abschloss, gründete Siegmund-Schulze 1911 die Soziale Arbeitsgemeinschaft Berlin-Ost (SAG), die erste deutsche Settlement-Initiative, und leitete diese bis 1933. Gleichzeitig war er 1917/18 der erste Direktor des Berliner Jugendamtes. 1933 ging er ins Schweizer Exil, wo er Geschäftsführer des Internationalen Kommitees für Flüchtlingshilfe wurde. Nach dem Krieg kehrte er nach Deutschland zurück und gründete in Dortmund die Jugendwohlfahrtsschule, von 1947 bis 1954 arbeitete er als Leiter der Sozialpädagogischen Abteilung der Sozialforschungsstelle der Universität Münster mit Sitz in Dortmund. Sein Engagement in seinen letzten Jahren galt vor allem dem Recht auf Kriegsdienstverweigerung.

Siemering, Hertha (1883–1966). Die als Tochter des Berliner Bildhauers Rudolf Siemering geborene Rechtswissenschaftlerin und Sozialökonomin hat 1910 bei Schultze-Grävenich in Freiburg promoviert. 1911 wurde sie von → Robert von Erdberg nach Berlin geholt und mit der Leitung der neu gegründeten Abteilung für weibliche Jugendpflege in der → Zentralstelle für Volkswohlfahrt beauftragt. Durch diese Tätigkeit wurde Siemering zu einer der führenden Gestalten im Bereich der Jugendhilfe und Jugendfürsorge bis in die 1930er Jahre hinein. Auch nach der Auflösung der Zentralstelle 1919 befasste sie sich mit den Themen „Jugend" und „Jugendverbände" und legte 1937 die erste groß angelegte Untersuchung zu „Deutschlands Jugend in Bevölkerung und Wirtschaft" vor, die zum Vorbild für die großen Jugendstudien der Nachkriegszeit wurden. 1953 wurde ihr das Verdienstkreuz am Bande verliehen. 1966 starb sie in Berlin.

Sieveking, Amalie (1794–1859). Als Tochter eines Hamburger Senators fühlte sich Amalie Sieveking der „sozialen Liebesthätigkeit" verpflichtet, die sie aus tief religiösen Motiven verrichtete. Im Cholera-Jahr 1831 gründete sie aus ihrer krankenpflegerischen Tätigkeit heraus einen Weiblichen Verein für Armen- und Krankenpflege, welcher zum

Vorbild von → Theodor Fliedners Kaiserwerther Diakonissenausbildung wurde und als eine der frühesten außerkirchlichen Gründungen organisierter weiblicher Sozialarbeit gilt.

Simon, Helene (1862–1947). 1895 ging Helene Simon zum Studium nach England. In London studierte sie Nationalökonomie und Sozialpolitik. Ihre Erfahrungen in den Slums und in Fabriken und Werkstätten verarbeitete sie in zahlreichen Aufsätzen. Durch Arbeiten zur sozialen Frage, vor allem zur Gewerbeinspektion und zum Frauen- und Kinderschutz, wurde sie 1897 als Gasthörerin bei dem Nationalökonomen → Gustav Schmoller an der Berliner Universität zugelassen. Mit ihrer Studie „Schule und Brot" (1905) leistete sie einen wesentlichen Beitrag zur Entwicklung der Schulspeisung. Seit 1907 war sie Mitglied des Ständigen Ausschusses zur Förderung der Arbeiterinnen-Interessen, seit 1911 im → Deutschen Verein für Armenpflege und Wohltätigkeit, dem sie bis zu ihrem Ausschluss 1933 angehörte. Im →Nationalen Frauendienst war Helene Simon besonders engagiert auf den Gebieten der Arbeitsbeschaffung und der Fürsorge für Kriegerwitwen und Waisen. Nach dem Ersten Weltkrieg wurde sie Mitglied der Sozialdemokratischen Partei (SPD) und war maßgeblich am Aufbau der 1919 gegründeten → Arbeiterwohlfahrt beteiligt. Für ihr sozialpolitisches Werk erhielt sie 1922 die Ehrendoktorwürde der philosophischen Fakultät der Universität Heidelberg. 1938 sah Helene Simon sich zur Emigration nach England gezwungen.

Sozialpädagogisches Seminar des Jugendheim e.V. Im Herbst 1910 wurden von → Anna von Gierke und ihren Mitarbeiterinnen Kurse zur berufsmäßigen Ausbildung für Hortleiterinnen und Schulpflegerinnen eingerichtet. Zunächst wurde die Ausbildung individuell für jede Schülerin gestaltet. 1911 wurden unter dem Namen Sozialpädagogisches Seminar zweijährige Ausbildungskurse eingeführt. 1914 wurde die eineinhalbjährige Hortnerinnenausbildung wie später auch die Ausbildung zur Jugendleiterin staatlich anerkannt. Außerdem wurden im Sozialpädagogischen Seminar Kurse in Kochen und in Hauswirtschaft, in Säuglings- und Kinderpflege angeboten. 1913 wurde eine der Allgemeinen Frauenschulen Charlottenburgs dem → Verein Jugendheim angegliedert. Die einjährige Ausbildung war theoretisch und praktisch orientiert: Neben den gängigen Schulfächern wurde in Psychologie, Pädagogik und Ethik eingeführt, in Hauswirtschafts-, Nahrungsmittel- und Gesundheitslehre, gleichzeitig aber praktische Arbeit in Hort, Kindergarten, Küche und Werkstatt verrichtet.

Vaterländische Frauenvereine. Die Vaterländischen Frauenvereine wurden 1866 durch die Königin Augusta von Preußen ins Leben gerufen und dem → Roten Kreuz unterstellt. In Friedenszeiten waren die Vereine, die als ebenso wohlhabend wie konservativ galten, im Bereich der Armenfürsorge und Krankenpflege tätig. In Kriegszeiten verrichteten sie Lazarettdienste. Zu den Verdiensten der Vaterländischen Frauenvereine gehört die Förderung von Frauen im Bereich der krankenpflegerischen Berufsausbildung.

Verein Jugendheim. Am 9.2.1894 wurde der Jugendheim e.V. in Charlottenburg, das damals eine eigenständige Stadt war, auf Initiative von → Hedwig Heyl und Helene Weber, der Mutter der Soziologen Max und Alfred Weber, gegründet. 1898 übernahm → Anna von Gierke die Leitung des Jugendheims. Der Verein hatte die Linderung von sozialer Not bei Kindern der Arbeiterklasse zum Ziel. Ursprünglich nur auf die Pflege und Erziehung gefährdeter Mädchen ausgerichtet, nahm man bald auch deren Geschwister auf und erweiterte die Hortarbeit auch auf Jungen. Es folgte die Gründung eines Kinderheims für Mädchen und Jungen, dessen Leitung die Kindergärtnerin

Martha Abicht übernahm. Die Kinder, die in das Jugendheim wegen ihrer Bedürftigkeit aufgenommen werden sollten, wurden von einer Schulschwester ausgewählt, die später durch die Schulpflegerin abgelöst wurde. Von 1907 bis 1920 unterhielt der Verein Jugendheim 20 Tagesheime und ein Nachtheim, 1924 bestanden nur noch 10 Tagesheime mit Kindergarten und Hort, eine Krippe und eine Laufkrippe. Diese Einrichtungen waren den Berlin-Charlottenburger Schulen angegliedert. Der Landsitz Finkenkrug wurde ab 1912 als Erholungsstätte für Schülerinnen und Mitarbeiterinnen genutzt, später als Kinderlandheim und Bildungsstätte. 1933 musste Anna von Gierke die Leitung des Jugendheims aufgeben, 1934 wurde es aufgelöst. Seine Einrichtungen und das zu Ausbildungszwecken gegründete Seminar wurden in das → Pestalozzi-Fröbel-Haus überführt.

Verein für Socialpolitik. Der 1872 gegründete Verein wurde maßgeblich von → Gustav von Schmoller und weiteren Kathedersozialisten ins Leben gerufen. In den ersten Jahrzehnten wurden in dem Verein hauptsächlich sozialpolitische Themen erörtert und deren Ergebnisse in die Öffentlichkeit getragen, um soziale Veränderungen zugunsten der arbeitenden Bevölkerung und der Armen zu bewirken. 1936 löste sich der Verein freiwillig auf, 1948 erfolgte die Wiedergründung als Verein für Sozialpolitik, Gesellschaft für Wirtschafts- und Sozialwissenschaften, 1956 wurde er umbenannt in Gesellschaft für Wirtschafts- und Sozialwissenschaften.

Verleger, August (1883–1951). Der Lehrer und Reformpädagoge Verleger wurde bekannt als Gründer und Leiter des Reform-Fürsorgeheimes „Westend“ in Frankfurt am Main (seit 1919). Seine Pädagogik war an Pestalozzi und der demokratisch-pazifistischen Konzeption F.W. Försters orientiert. Seine Losung lautete „Selbsterziehung – Selbstverwaltung – Selbstdisziplin“. Sein Versuch erwies sich im Gegensatz zu den kurzlebigen Modellen von → Bernfeld, → Wyneken und → Wilker als längerfristig tragfähig.

Victor-Gollancz-Stiftung (VGS). Zwischen 1948 und 1975 existierte die Victor-Gollancz-Stiftung (VGS), die von dem englischen Verleger gleichen Namens gegründet worden war, um in Deutschland zur Entwicklung der Jugend- und Sozialarbeit nach dem Kriege beizutragen. Die Stiftung enthielt ein Förderwerk und eine Akademie zur Weiterqualifizierung der Fachkräfte im sozialen Bereich und zur Erprobung modellhafter Weiterentwicklung von Methoden und Konzepten. Nachfolger nach der Auflösung der Stiftung durch das Bundesministerium für Jugend, Familie und Gesundheit (BMJFG) wurde das von der → Arbeiterwohlfahrt initiierte Institut für Sozialarbeit und Sozialpädagogik (ISS) in Frankfurt am Main.

Wachenheim, Hedwig (1891–1969). Trotz ihrer großbürgerlichen Herkunft entschloss sich Hedwig Wachenheim, ihre Familie zu verlassen und nach Berlin zu gehen, um dort die Soziale Frauenschule zu besuchen. Nach ihrer Ausbildung wurde sie Fürsorgerin in Mannheim und kurz darauf Mitarbeiterin des → Nationalen Frauendienstes in Berlin. 1919 beteiligte sie sich als Sozialdemokratin an dem Aufbau der →Arbeiterwohlfahrt und war seit 1928 nach der Gründung der Berliner Wohlfahrtsschule der AWO dort als Lehrerin tätig. Gleichzeitig war sie Mitglied des Hauptausschusses des → Deutschen Vereins für öffentliche und private Fürsorge und 1928 bis 1933 SPD-Abgeordnete im Preußischen Landtag. Nach ihrer Emigration in die USA kehrte sie 1946 zurück und war zunächst im Bereich der Kinderwohlfahrtsabteilung, dann als stellvertretende Leiterin der Wohlfahrtsabteilung der US-Hochkommission tätig. Von 1955 bis zu ihrem Tode nahm sie einen Forschungsauftrag der Universität in Berkeley zur Geschichte der deutschen Arbeiterbewegung wahr.

Wagner, Adolf (1835–1917). Ein Vortrag des Professors für Nationalökonomie, Wagner, vor der „freien kirchlichen Versammlung evangelischer Männer", 1871, in dem er engagiert die gesellschaftliche und staatliche Verantwortung zur Lösung der „Socialen Frage" eingefordert hatte, brachte den Nationalökonomen Oppenheim dazu, solche Rede spöttisch als „Kathedersozialismus" zu bezeichnen. Abfällig als „Kathedersozialisten" wurden später die seit 1872 im → Verein für Socialpolitik zusammengeschlossenen Vertreter des liberalen, intellektuellen Bürgertums bezeichnet.

Weber, Heinrich (1888–1946). Weber, Sozialethiker und Caritaswissenschaftler, studierte Philosophie und Theologie an der Universität Münster und wurde 1912 zum Priester geweiht. Noch im Ersten Weltkrieg wendete er sich caritativen Aufgabe zu und wurde 1920 zum Direktor des neugegründeten Caritasverbandes des Bistums Münster bestellt. Zuvor hatte er an der Münsterschen sozialen Frauenschule (einer staatlich anerkannten Wohlfahrtsschule) Volkswirtschaftslehre und Wohlfahrtskunde gelehrt und 1919 mit einer Dissertation über „Das Lebensrecht der Wohlfahrtspflege" promoviert. Bereits 1921 habilitierte er sich als Dozent für „Soziales Fürsorgewesen" in der gleichen Rechts- und Staatswissenschaftlichen Fakultät mit dem Thema „Akademiker und Wohlfahrtspflege im deutschen Volksstaat". Sehr engagiert in der „Frauenfrage" veröffentlichte er zahlreiche Schriften zu Fragen der caritativen Frauenberufe (1918) und den Berufsbilder der Wohlfahrtspflegerinnen (1922). 1922 wurde er als Ordinarius für soziales Fürsorgewesen und Gesellschaftslehre an die Rechts- und Staatswissenschaftliche Fakultät berufen, ab 1925 auch geschäftsführender Direktor des Instituts für Wirtschafts- und Sozialwissenschaften. Nach der Machtergreifung 1933 wurde Weber gedrängt, sich in die Katholisch-Theologische Fakultät versetzen zu lassen und seine Position im Instituts für Wirtschafts- und Sozialwissenschaften aufzugeben; 1935 wurde er an die Universität Breslau zwangsversetzt. Nach dem Ende des Zweiten Weltkrieges kehrte er nach Münster zurück, wo er in seine alten Rechte eingesetzt wurde und den Lehrstuhl für „Volkswirtschaft unter besonderer Berücksichtigung der sozialen Caritaswissenschaften" erhielt. In der kurzen Zeit bis zu seinem Tod 1946 trug er noch maßgeblich zur Gründung der Sozialforschungsstelle in Dortmund bei, die lange Zeit das größte einschlägige Institut in der Bundesrepublik war, und wurde ihr erster Direktor.

Weber, Helene (1881–1962). Helene Weber studierte nach Besuch des Lehrerinnenseminars in Aachen von 1905 bis 1909 Geschichte, Philosophie und Sozialpolitik in Grenoble und Bonn. Bis 1916 war sie Oberlehrerin in Bochum und Köln und arbeitete an führender Stelle im Katholischen Deutschen Frauenbund. Dem Verein katholischer deutscher Sozialbeamtinnen stand sie von seiner Gründung 1916 bis 1935 vor. Von 1917 an leitete sie die von ihr mitbegründete Soziale Frauenschule des Katholischen Deutschen Frauenbundes in Köln (1918 nach Aachen verlegt). Seit 1919 war Helene Weber Referentin im Preußischen Ministerium für Volkswohlfahrt. In dieser Funktion war sie langjährig für die Studien- und Prüfungsordnungen der staatlich anerkannten Sozialen Frauenschulen zuständig. Daneben war sie Reichstagsabgeordnete der Zentrumspartei, Vorstandsmitglied der Arbeitsgemeinschaft der Berufsverbände der Wohlfahrtspflegerinnen Deutschlands und der → Deutschen Akademie für soziale und pädagogische Frauenarbeit in Berlin sowie Redakteurin der Zeitschrift „Soziale Berufsarbeit". 1930 erhielt Helene Weber die Ehrendoktorwürde der Universität Münster. 1933 wurde sie aus allen Ämtern „wegen politischer Unzuverlässigkeit“ entlassen. Während der NS-Zeit war Helene Weber als Vorsitzende des Hedwig-Bundes (Tarnorganisation der Vereinigung der katholischen deutschen Sozialbeamtinnen) tätig, allerdings ohne damit berufspolitische Interessen durchsetzen zu können. 1946 wurde sie Mitglied des von der britischen Militärregierung eingesetzten Landtages von Nordrhein-Westfalen. 1948 war sie Mitglied des Parlamentarischen Rates und eine der „Mütter“ des Grundgesetzes. Im selben Jahr wurde sie Vorstandsmitglied des Katholischen Deutschen Frauenbundes und Vorsitzende des Berufsverbandes der katholischen Fürsorgerinnen. Von 1949–1962 war sie Mitglied des Bundestages. 1952 wurde Helene Weber Vorsitzende des Müttergenesungswerks, 1953 gehörte sie dem Vorstand im → Deutschen Verein für öffentliche und private Fürsorge an. 1956 (und 1961) wurden ihr das Große Bundesverdienstkreuz und das Schulterband zum Großen Bundesverdienstkreuz verliehen.

Werthmann, Lorenz (1858–1921). Der katholische Priester Werthmann war Sekretär des Erzbischofs von Freiburg und gründete 1897 in Köln den „Charitasverband für das katholische Deutschland“. Er wurde dessen erster Präsident und baute in Freiburg eine zentrale Geschäftsstelle auf. Der Verband verstand sich als „föderale Organisation“: in jeder Diözese wurde ein eigener Diözesanverband gegründet. Die Zentrale in Freiburg sollte sich v.a. mit der wissenschaftlichen Grundlegung und Aufarbeitung befassen. Hierzu stellte Werthmann einen Stab von gut 50 Mitarbeitern in 10 Fachabteilungen an. 1916 anerkannten die deutschen Bischöfe den Caritasverband als Wohlfahrtsverband der katholischen Kirche und stellten das Werk Werthmanns damit endgültig auf eine stabile finanzielle Grundlage.

Wichern, Johann Hinrich (1808–1881). Als Gründer des „Rauhen Hauses“ in Hamburg, 1833, hat Wichern einen zentralen Platz in der Geschichte der sozialpädagogischen Praxis, aber auch der Ausbildung und Wissenschaft inne. Der Theologe und Hauslehrer hat nicht nur Sonntagsschulen und Rettungshäuser für die Hamburger Armenkinder aufgebaut, er war auch ein Pionier in der sozialen Ausbildung. Seit 1839 bildete er in einem „Bruderhaus“ Diakone aus, sodass ihm für die Erweiterung der praktischen Arbeit genügend ausgebildetes Personal zur Verfügung stand. Die Diakone waren in unterschiedlichen Arbeitsfeldern, in Krankenanstalten, Rettungshäusern oder Gefängnissen tätig. Mit seiner Denkschrift von 1849 („Innere Mission der Deutschen Evangelischen Kirche“) wurde Wichern zum Hauptinitiator der Gründung des Centralausschusses für die → Innere Mission. Dem Massenelend im Proletariat wollte er die „rettende Liebe“ entgegensetzen, um den Notleidenden zu helfen, aber auch um dem Zerfall der sittlichen und gesellschaftlichen Ordnungen entgegenzuwirken und die Monarchie zu stärken.

Wilker, Karl (1885–1980). Der Reformpädagoge promovierte 1908 bei Wilhelm Reich in Jena. In seinen anschließenden Jahren im Schuldienst war er von den Verhältnissen und der Reformunfähigkeit in den Schulen so enttäuscht, dass er 1910 in das heilpädagogische Heim von Johannes Trüper, ein berühmtes Modellheim in Jena, wechselte. 1917 bestellte ihn der Magistrat von Berlin zum Direktor des Jugendzwangserziehungsheimes Lindenhof. Dort versuchte er, das Heim nach seinen reformpädagogischen Ideen umzugestalten. Die alteingesessenen Mitarbeiter, aber auch die Behörden, brachten jedoch wenig Verständnis für seine Reformversuche auf, sodass Wilker 1920 wieder entlassen wurde. Sein Bericht (1921) über das „Werden und Wollen“ im Lindenhof erinnert in seinen Ideen und seiner schonungslosen Selbstkritik an Pestalozzis Brief aus Stans.

Wronsky, Siddy (1883–1947). Siddy Wronsky war seit 1903 Mitglied der Berliner → Mädchen- und Frauengruppen für soziale Hilfsarbeit. Von 1908 bis 1933 leitete sie das Archiv für Wohlfahrtspflege. 1919 war sie Lehrkraft an der Jugendpflegeschule der Sozialen Arbeitsgemeinschaft Berlin-Ost. Im selben Jahr organisierte sie die Lehrgänge zur Wohlfahrtspflege für Lehrkräfte an Sozialen Frauenschulen und gründete ein Kinderheim in Berlin. 1922 wurde sie Leiterin der Zentrale für private Fürsorge und war Mitglied im Hauptausschuss des →Deutschen Vereins für öffentliche und private Fürsorge. 1920 bis 1923 war Siddy Wronsky Vorsitzende im Deutschen Landesverband des Weltbundes Zionistischer Frauen. In der Jüdischen Kinderhilfe, der Jüdischen Arbeits- und Wandererfürsorge und in der → Zentralwohlfahrtsstelle der deutschen Juden war sie Vorstandsmitglied, ebenso im Wohlfahrtsausschuss des Preußischen Landesverbandes jüdischer Gemeinden in Preußen. Sie war Dozentin an der Sozialen Frauenschule in Berlin und an der →Deutschen Akademie für soziale und pädagogische Frauenarbeit. Zusammen mit Alice Salomon veröffentlichte sie grundlegende Lehrbücher zur Sozialarbeit, u.a. „Soziale Therapie" (1926). 1933 verlor sie alle Ämter und emigrierte nach Palästina. Ihre Privatbibliothek konnte sie mitnehmen. Diese bildete den Grundstock für die „Central Library for Social Work" in Jerusalem. 1934 eröffnete sie in Jerusalem nach dem Vorbild der Sozialen Frauenschule von Alice Salomon die erste Ausbildungsstätte für Sozialarbeiterinnen in Palästina. Später gründete sie den Berufsverband der Sozialarbeiterinnen Palästinas und gab die erste hebräische Fachzeitschrift für Sozialarbeit heraus.

Wyneken, Gustav (1875–1964). Der Theologe und Lehrer Wyneken wurde 1901 von Hermann Lietz als Leiter des Landerziehungsheims Ilsenburg berufen. Als er kurz darauf aus der Kirche austrat, musste er auf Druck der Kirchenbehörden in das Landerziehungsheim Haubinda/Thüringen versetzt werden. Mit dortigen Schülern und Lehrern gründete er 1906 die „Freie Schulgemeinde Wickersdorf" bei Saalfeld/Sachsen. Er versuchte, dort konsequent das Prinzip der Mitverantwortung und Mitgestaltung der Erziehung durch die Jugendlichen selbst umzusetzen. Aus der gleichen Grundeinstellung heraus war Wyneken besonders in der Jugendbewegung in ihrem radikaleren Flügel engagiert. Die sog. „Meißnerformel" beim Zusammenschluss der Jugendbünde auf dem Hohen Meißner, 1913, ist maßgeblich von ihm mitformuliert worden.

Zentrale für private Fürsorge. Die innerhalb der Deutschen Gesellschaft für ethische Kultur in Berlin 1893 von →Jeanette Schwerin eingerichtete Auskunftsstelle für Wohlfahrtspflegerinnen führte seit 1906 den Namen Zentrale für private Fürsorge e.V., die von Albert Levy geleitet wurde. 1908 wurde das Archiv für Wohlfahrtspflege als eigene Abteilung davon abgetrennt. Nach dem Tod von Levy 1922 übernahm → Siddy Wronsky die Leitung der Zentrale. Daraus entwickelte sich das ebenfalls von Wronsky geleitete → Archiv für Wohlfahrtspflege, das heutige Deutsche Zentralinstitut für soziale Fragen (DZI), das 1993 auf eine hundertjährige Geschichte zurückblicken konnte. 1933 wurde die Zentrale aufgelöst. Als später eine Hausdurchsuchung drohte, musste der sehr umfangreiche Aktenbestand zum Schutz der darin genannten Personen vernichtet werden. 1955 wurde die Zentrale als Arbeitsgemeinschaft der freien Wohlfahrtspflege wiedergegründet und 1962 in Bundesarbeitsgemeinschaft der freien Wohlfahrtspflege umbenannt.

Zentralstelle für Volkswohlfahrt. Die Zentralstelle wurde aufgrund einer Initiative aus dem Preußischen Landtag 1906 ins Leben gerufen und nahm 1907 ihre Arbeit auf. In den Leitungsgremien der Zentralstelle waren führende Persönlichkeiten aus den Bereichen der Politik, der Wirtschaft, der Wissenschaft, der Kirchen und der großen Verbände aus dem ganzen Reich vertreten. Zu den Aufgaben der Zentralstelle gehörten entsprechend dieser grundsätzlichen Vorgabe satzungsgemäß folgende Tätigkeiten: Koordinierung der zahlreichen Organisationen der Wohlfahrtspflege, Unterstützung ihrer Entwicklung, Anregung von Verbesserungen. Beratung von Wohlfahrtseinrichtungen auf Anfrage. Einrichtung eines Archivs mit Materialien zu Entwicklungen der Volkswohlfahrtspflege im Inland und Ausland (Schriften, Berichte, Statuten), Erstellung von Gutachten für die Regierung, Ausarbeitung von Vorschlägen, Vorbereitung von Gesetzesentwürfen und Verwaltungsanordnungen. 1919 wurde die Zentralstelle für Volkswohlfahrt in das Preußische Ministerium für Volkswohlfahrt übergeleitet.

Zentralwohlfahrtsstelle (ZWST) der Juden in Deutschland. Die jüdische Wohlfahrtsorganisation wurde unter dem Namen Zentralwohlfahrtsstelle der deutschen Juden mit Sitz in Frankfurt am Main 1919 als Zusammenschluss der gesamten jüdischen Wohlfahrtspflege gegründet und arbeitete bis zu ihrer Auflösung 1939 in zahlreichen Feldern der Sozialen Arbeit. Seit 1952 berät die nach dem Krieg wieder eröffnete Zentralwohlfahrtsstelle die jüdischen Gemeinden in der Bundesrepublik und gehört den sechs Spitzenverbänden der freien Wohlfahrtspflege an.

Zeittafel

1807	Aufhebung der Leibeigenschaft
1808	Minister vom Stein reformiert die Städteordnung Selbstverwaltung der Gemeinden
1834	Johann Hinrich Wichern gründet in Hamburg das Rauhe Haus als Rettungsanstalt für Kinder und Jugendliche
1839	Erlass der ersten Kinderschutzvorschriften in Preußen
1840	Friedrich Fröbel gründet in Blankenburg den „Deutschen Kindergarten“
1848	Kommunistisches Manifest von Karl Marx und Friedrich Engels
1849	Gründung des Zentralausschusses für die Innere Mission der deutschen evangelischen Kirche Kolping gründet den ersten Gesellenverein Charlotte Paulsen gründet den Frauenverein zur Unterstützung der Armenpflege in Hamburg
1850	Preußisches Vereinsgesetz verbietet Frauen und Jugendlichen öffentliche politische Betätigung
1853	Beginn des Elberfelder Systems
1863	Lassalle gründet den Allgemeinen deutschen Arbeiterverein Gründung des Roten Kreuzes
1864	Raiffeisen gründet die erste Spar- und Darlehnskasse
1865	Der Sozialdemokrat Fritsche gründet in Hamburg die erste Gewerkschaft Luise Otto-Peters u. a. gründen den Allgemeinen Deutschen Frauenverein Gründung des Lette-Vereins zur beruflichen Bildung von Frauen und Mädchen Das erste Arbeiterinnenhospiz in Mönchen Gladbach
1868	Gründung der Hirsch-Dunckerschen Gewerkschaften
1869	Gründung der Socialdemokratischen Partei
1871	Anfang der Arbeiterschutzgesetzgebung: Die Haftpflicht der Unternehmer bei Betriebsunfällen Gesetz über den Unterstützungswohnsitz tritt in Kraft
1872	Schmoller u. a. gründen den Verein für Socialpolitik Henriette Goldschmidt gründet das erste Seminar für Kindergärtnerinnen in Leipzig
1873	Gründung des Deutschen Fröbelverbandes Henriette Schrader gründet den Berliner Verein für Volkserziehung und beginnt mit Ausbildungskursen für Kindergärtnerinnen
1875	Marxisten und Lassalleaner vereinigen sich in Gotha
1877	Adolf Stöcker gründet die Christlich-Soziale Arbeiterpartei

1878	Beginn des Sozialistengesetzes Einführung der Fabrikinspektion Einführung des Mutterschutzes
1880	Gründung des Deutschen Vereins für Armenpflege und Wohltätigkeit
1881	Soziale Botschaft (Novemberbotschaft) von Kaiser Wilhelm I.
1883	Einführung der Krankenversicherung
1884	Einführung der Unfallversicherung
1888	Damaschke gründet den Bund deutscher Bodenreformer
1889	Einführung der Invaliditäts- und Altersversicherung
1890	Internationale Arbeiterschutzkonferenz in Berlin Aufhebung der Sozialistengesetze
1891	Einführung der Sonntagsruhe im Handelsgewerbe Gründung der Zentrale für Volkswohlfahrt Zentralausschuss zur Förderung der Volks- und Jugendspiele gegründet
1893	Gründung der Mädchen- und Frauengruppen für soziale Hilfsarbeit durch Jeanette Schwerin
1894	Beginn der christlichen Gewerkschaftsbewegung Errichtung einer Centralstelle für die Kontrolle der Wohlfahrtspflege in Berlin Gründung des Pestalozzi-Fröbel-Hauses in Berlin
1896	Die Hirsch-Dunckerschen Gewerkvereine beschließen, weibliche Mitglieder aufzunehmen Gründung des deutschen Caritasverbandes Streik der Konfektionsarbeiterinnen in Berlin Beginn der Wandervogelbewegung (Steglitzer Gymnasiasten)
1897	Gründung des Caritas-Verbandes durch Lorenz Werthmann Der bayerische Staat stellt als erster eine Fabrikinspektorin ein
1898	Reichsenquête über den Umfang der Kinderarbeit in gewerblichen Betrieben (Konrad Agahd)
1899	Erster einjähriger Ausbildungskurs der Mädchen- und Frauengruppen für soziale Hilfsarbeit unter Leitung von Alice Salomon Aufbau des Archivs deutscher Berufsvormünder
1900	Das BGB tritt in Kraft
1901	Erlass des preußischen Fürsorgegesetzes Beginn der Organisierung der Heimarbeiterinnen in Berlin
1903	Reichsgesetz zur Regelung der Kinderarbeit in gewerblichen Betrieben Reichsweiter Erlass des Kinderschutzgesetzes Errichtung einer Wohlfahrtsstelle für Lungenkranke in Preußen
1904	Gründung der Zentrale für Jugendfürsorge durch Frieda Duensing Gründung des Jüdischen Frauenbundes
1905	Die internationale Regierungskonferenz für Arbeitsschutz in Bern verabschiedet ein Verbot der industriellen Nachtarbeit für Frauen Ruth Bré und Helene Stöcker gründen den Bund für Mutterschutz und Sexualreform

1906	Gründung des Gesamtverbandes katholischer Dienstbotenvereine Klumker gründet das „Archiv deutscher Berufsvormünder“
1907	Erste deutsche Konferenz zur Förderung der Arbeiterinneninteressen Gründung des Vereins für Säuglingsfürsorge in Düsseldorf Der bayerische Landtag beschließt die Wählbarkeit von Frauen zum Armenpflegschafts- und Gemeindewaisenrat Die „Deutsche Zentrale für Jugendfürsorge“ wird ins Leben gerufen
1908	Zehnstündiger Maximalarbeitstag für Frauen Aufhebung des politischen Vereins- und Versammlungsverbots für Frauen Eröffnung der Sozialen Frauenschule unter Leitung von Alice Salomon in Berlin
1909	Eröffnung der Frauenschule der Inneren Mission in Berlin
1910	Erste Forderungen nach der Errichtung kommunaler Jugendämter
1911	Nach mehreren kleineren erscheint der große „Preußische Erlaß zur Jugendpflege“ Gründung einer Sozialen Abteilung für Frauenstudium an der Hochschule Leipzig
1912	Gründung des Verbandes Deutscher Kinderhorte
1913	„Preußischer Erlass zur weiblichen Jugendpflege“ Gründung des „Wandervogel e.V. Bund für deutsches Jugendwandern“ Fest der Jugend auf dem Hohen Meißner Eröffnung des Frauenseminars für soziale Berufsarbeit, Frankfurt a.M.
1914	Gründung des Nationalen Frauendienstes
1915	Gründung der Wohlfahrtsschule der Stadt Köln
1916	Gründung des Berufsverbandes der Sozialbeamtinnen Gründung des Vereins katholischer deutscher Sozialbeamtinnen
1917	Aufbau der Zentralwohlfahrtsstelle der deutschen Juden Errichtung der Frauenzentrale beim Kriegsamt Erste Konferenz der Sozialen Frauenschulen und Wohlfahrtsschulen Gründung des Verbandes evangelischer Wohlfahrtspflegerinnen Deutschlands
1919	Gründung des Hauptausschusses der Arbeiterwohlfahrt Das Deutsche Rote Kreuz schließt sich den Spitzenverbänden der Freien Wohlfahrtspflege an Gründung des Fünften Wohlfahrtsverbandes, später: Deutscher Paritätischer Wohlfahrtsverband Zusammenschluss der Berufsverbände zur Arbeitsgemeinschaft der Berufsverbände der Wohlfahrtspflegerinnen Deutschlands
1920	Gründung der Vereinigung der freien privaten gemeinnützigen Wohlfahrtseinrichtungen Deutschlands (1930 dem Deutschen Paritätischen Wohlfahrtsverband beigetreten) Gründung des Evangelischen Reichserziehungsverbandes EREV
1921	Gründung des Zentralausschusses der christlichen Arbeiterschaft
1922	Verabschiedung des Reichsjugendwohlfahrtsgesetzes (RJWG)

1923	Verabschiedung der Reichsverordnung über die Fürsorgepflicht (RFV)
1924	Das RJWG tritt in Kraft Gründung der Deutschen Liga der freien Wohlfahrtspflege Gründung der „Roten Hilfe“ als Selbsthilfeeinrichtung proletarischer Verbände Gründung des Verbands der katholischen Waisen- und Fürsorgeerziehungsanstalten
1925	Die RFV tritt in Kraft Gründung der Deutschen Akademie für soziale und pädagogische Frauenarbeit in Berlin Gründung der Gilde Soziale Arbeit
1926	Das Gesetz über die Krisenversorgung für Arbeitslose tritt in Kraft Die „Soziale Diagnose“ von Alice Salomon erscheint
1927	Das Gesetz über „Arbeitsvermittlung und Arbeitslosenversicherung“ tritt in Kraft
1927	Gesetz zur Bekämpfung der Geschlechtskrankheiten (GBG) Beginn der Weltwirtschaftskrise „Revolte im Erziehungshaus“ (Peter Martin Lampel) löst Heimskandal aus Notverordnung über die Fürsorgeerziehung Entwurf zu einem „Bewahrungsgesetz“
1933	30. Januar: Machtübernahme der NSDAP, Beginn der „Gleichschaltung“ aller Verbände 3. Mai: Anerkennung der Nationalsozialistischen Volkswohlfahrt als Organisation der NSDAP 14. Juli: Gesetz zur Verhütung erbkranken Nachwuchses 13. September: Eröffnung des Winterhilfswerkes
1934	3. Juli: Gesetz zur Vereinheitlichung des Gesundheitswesens
1935	15. September: Gesetz zum Schutze des deutschen Blutes und der deutschen Ehre 18. November: Gesetz zum Schutz der Erbgesundheit des deutschen Volkes
1938	Novemberpogrome („Reichskristallnacht“)
1939	Beginn der Euthanasie-Programme zur Vernichtung „unwerten“ Lebens Novellierung des RJWG, im Jugendamt wird das Führerprinzip eingeführt
1941	Beginn der systematischen Deportationen der jüdischen Bevölkerung in Konzentrations- und Vernichtungslager
1943	17 Millionen NSV-Mitglieder
1945	8. Mai: Kapitulation der deutschen Wehrmacht Aufteilung Deutschlands in vier Zonen Über 11 Millionen Flüchtlinge treffen aus dem Osten in Deutschland ein Juni: Bodenreform in der Sowjetischen Besatzungszone Die Wohlfahrtsschulen nehmen ihre Arbeit wieder auf
1946	Durchschnittsernährung: 1000 Kalorien pro Tag Wiedergründung des Deutschen Vereins für öffentliche und private Fürsorge in Frankfurt am Main

	Sozialversicherung als Einheitsversicherung in der SBZ (Sowjetischen Besatzungszone)
1947	5. Juni: Der Marshall-Plan soll ein europäisches Wiederaufbauprogramm einleiten Neuregelung der Sozialfürsorge in der SBZ Wiedergründung der Gilde Soziale Arbeit
1948	Währungsreform Gründung des Pestalozzi-Fröbel-Verbandes Beginn der Ausbildung für Jugendpfleger im Westen
1949	Staatsgründung BRD/DDR Gesetz zur Milderung dringender sozialer Notstände (SHG) Gründung der AGJJ (später: Arbeitsgemeinschaft für Jugendhilfe, AGJ) Gründung des Deutschen Bundesjugendrings (DBJR) Gründung der Bundesarbeitsgemeinschaft Jugendaufbauwerk (BAG JAW)
1950	Wohnungsbauförderungsgesetz in der BRD Erster Bundesjugendplan Elly Heuss gründet das Müttergenesungswerk
1951	Gesetz zum Schutz der Jugend in der Öffentlichkeit Adoptionsvermittlungsgesetz tritt in Kraft
1952	Gesetz über den Lastenausgleich in der BRD „Bewusste Elternschaft" als Vorläufer von „Pro Familia" gegründet Neufassung des Mutterschutzgesetzes Novellierung des RJWG zum JWG und des RJGG zum JGG Jugendpflege wird zur Pflichtaufgabe des Jugendamtes Erziehungsberatungsstellen werden gegründet Im Bund wird ein eigenes „Familienministerium" errichtet, zu dem ab 1957 auch die „Jugendabteilung" gehört Gesetz über die Verbreitung jugendgefährdender Schriften Bewährungshilfe wird im deutschen Strafrecht verankert
1955	Gesetz über die Gewährung von Kindergeld
1957	Gleichberechtigungsgesetz Gesetz zur Rentenreform (Dynamisierung der Renten)
1959	Anhebung der Fürsorge-Ausbildung auf das Niveau der Höheren Fachschule
1961	Bundessozialhilfegesetz (BSHG) wird beschlossen und tritt 1962 in Kraft Kindergeldanspruch schon für das zweite Kind
1962	Antibabypille erstmals auf dem deutschen Markt
1964	Georg Picht veröffentlicht seine Studie zur „deutschen Bildungskatastrophe" Freiwilliges Soziales Jahr für Mädchen wird eingeführt
1965	Der Deutsche Bildungsrat tritt erstmals zusammen, Beginn der sog. Bildungsreform Streit über die Zugehörigkeit des Kindergartens und der Jugendarbeit (Bildungswesen oder Jugendhilfe) Denkschrift des AFET zur Weiterentwicklung der Fürsorgeerziehung (Forderung nach einer „grundsätzlichen Neuorientierung" d. Heimerziehung)

	Grundsatzurteil des Bundesverfassungsgerichts zum Subsidiaritätsstreit (Verhältnis von öffentlichen und freien Trägern) Die Berufsbezeichnungen Kindergärtnerin, Heimerzieherin, Hortnerin usw. werden einheitlich in „Erzieherin" umgewandelt Studenten- und Schülerrevolte Beginn der Jugendzentrumsbewegung
1969	Berufsbildungsgesetz (BBiG) regelt die betriebliche und überbetriebliche Ausbildung Arbeitsförderungsgesetz (AFG) gegen die wachsende Arbeitslosigkeit Einführung der Sozialpädagogik als universitäres Studienfach (Diplompädagogik)
1970	Eine Sachverständigenkommission zur Erarbeitung eines neuen Jugend-hilfegesetzes beginnt ihre Arbeit und legt 1973 einen „Diskussionsentwurf" vor „Aufstand" der Jungen auf dem 4. Deutschen Jugendhilfetag in Nürnberg
1971	Die Höheren Fachschulen für Sozialarbeit/Sozialpädagogik werden zu Fachhochschulen Zusammenlegung des Innen- und Außendienstes der kommunalen Sozialen Arbeit zum Allgemeinen Sozialdienst (ASD) „Mehr Chancen für die Jugend" (hg. vom Bundesjugendkuratorium) er-scheint Abschaffung des § 218 StGB in der DDR Rentenreform in der BRD (flexible Altersgrenze, Anbindung an das Durchschnittseinkommen)
1974	Modellprojekt „Tagesmütter" beginnt Gesetz zur Reform des Ehe- und Familienrechts im BGB
1976	Erstes autonomes Frauenhaus in Berlin Die sog. Selbsthilfebewegung weitet sich aus Erste Ausgabe der Frauenzeitschrift „Courage" Reform des § 218 StGB (Indikationsmodell)
1977	Novellierung des Scheidungsrechts (Schuldprinzip entfällt) Erstausgabe der Frauenzeitschrift „Emma" von Alice Schwarzer
1979	Gesetz über den Mutterschaftsurlaub Erste Gleichstellungsstelle in Hamburg Gründung des ersten Frauennotrufs
1980	Als erster sog. „Gesamtbericht" erscheint der „Fünfte Jugendbericht"
1982	Gründung des „Instituts Frau und Gesellschaft" in Hannover
1986	Das Gesetz über den Erziehungsurlaub löst das bisherige Mutterschaftsgesetz ab
1989	UN-Konvention über die Rechte des Kindes
1991	KJHG (= SGB VIII) tritt am 1.1. in Kraft (in Ostdeutschland schon am 3.10.1990)

Abkürzungen

AEG	Allgemeine Elektrizitäts Gesellschaft
AFET	Allgemeiner Fürsorgeerziehungstag
AFG	Arbeitsförderungsgesetz
AGJ	Arbeitsgemeinschaft Jugendhilfe
ASD	Allgemeiner Sozialdienst
AWO	Arbeiterwohlfahrt
BAT	Bundesangestelltentarif
BDF	Bund Deutscher Frauenvereine
BDM	Bund Deutscher Mädel
BfMS	Bund für Mutterschutz
BSHG	Bundessozialhilfegesetz
CDU	Christlich Demokratische Union
COS	Charity Organization Society
DBD	Demokratische Bauernpartei Deutschlands
DBJR	Deutscher Bundesjugendring
DAF	Deutsche Arbeitsfront
DCV	Deutscher Caritasverband
DDP	Deutsche Demokratische Partei
DDR	Deutsche Demokratische Republik
DFD	Demokratischer Frauenbund Deutschlands
DJI	Deutsches Jugendinstitut
DNVP	Deutschnationale Volkspartei
DPWV	Deutscher Paritätischer Wohlfahrtsverband
DRK	Deutsches Rotes Kreuz
DSV	Deutscher Verband der Sozialbeamtinnen
DV	Deutscher Verein für öffentliche und private Fürsorge
DVJJ	Deutsche Vereinigung für Jugendgerichte und Jugendgerichtshilfe
DVP	Deutsche Volkspartei
EREV	Evangelischer Reichserziehungsverband
EWG	Europäische Wirtschaftsgemeinschaft
FDGB	Freier Deutscher Gewerkschaftsbund
FDJ	Freie Deutsche Jugend
FE	Fürsorgeerziehung gem. §22 RJWG
FVP	Freiheitliche Volkspartei
GEW	Gewerkschaft Erziehung und Wissenschaft

GVG	Gesetz über die Vereinheitlichung des Gesundheitswesens
HJ	Hitler-Jugend
IAH	Internationale Arbeiterhilfe
JAW	Jugendaufbauwerk
JGG	Jugendgerichtsgesetz
KJHG	Kinder- und Jugendhilfegesetz
KPD	Kommunistische Partei Deutschlands
LDPD	Liberaldemokratische Partei Deutschlands
NDPD	Nationaldemokratische Partei Deutschlands
NS	Nationalsozialismus (nationalsozialistisch)
NSDAP	Nationalsozialistische Deutsche Arbeiterpartei
NSV	Nationalsozialistische Volkswohlfahrt
öGD	Öffentlicher Gesundheitsdienst
PFH	Pestalozzi-Fröbel-Haus
RAD	Reichsarbeitsdienst
RM	Reichsmark
RFV	Reichsfürsorgepflichtverordnung
RGr	Reichsgrundsätze über Voraussetzungen, Art und Maß der öffentlichen Fürsorge
RJWG	Reichsjugendwohlfahrtsgesetz
SA	Sturmabteilung
SPD	Sozialdemokratische Partei Deutschlands
SAG	Soziale Arbeitsgemeinschaft Berlin-Ost
SMAD	Sowjetischer Militärischer Abschirmdienst
SED	Sozialistische Einheitspartei Deutschlands
TBC	Tuberkulose
TU	Technische Universität
USPD	Unabhängige Sozialdemokratische Partei Deutschlands
VGS	Victor-Gollancz-Stiftung
ZWST	Zentralwohlfahrtsstelle der Juden in Deutschland

Literatur

Abelshauser, Werner: Die langen Fünfziger Jahre. Wirtschaft und Gesellschaft in der Bundesrepublik Deutschland 1949-1966, Düsseldorf 1987 (a)

Abelshauser, Werner: Wirtschaftsgeschichte der Bundesrepublik Deutschland, Frankfurt am Main 1987 (b)

Abendroth, Wolfgang: Sozialgeschichte der europäischen Arbeiterbewegung, Frankfurt am Main 1965

Adler-Rudel, Salomon: Jüdische Selbsthilfe unter dem Naziregime 1933-1939, Tübingen 1974

Aichhorn, August: Verwahrloste Jugend. Die Psychoanalyse in der Fürsorgeerziehung, 7. Auflage, Stuttgart und Wien 1971

Albrecht, Heinrich: Sociale Wohlfahrtspflege in Deutschland, Berlin 1900

Allen, Ann Taylor: Feminismus und Mütterlichkeit in Deutschland 1800-1914, Weinheim 2000

Altgelt, Ingeborg: Wegweiser durch die NS-Volkswohlfahrt, Berlin 1935

Althaus, Hermann: Nationalsozialistische Volkswohlfahrt. Wesen, Aufgaben, Aufbau, Berlin 1935

Altmann, Wilhelm: Ausgewählte Urkunden zur Brandenburgisch-Preußischen Verfassungsgeschichte, Berlin 1915, S. 26

Amthor, Ralph-Christian: Die Geschichte der Berufsausbildung in der Sozialen Arbeit: Auf der Suche nach Professionalisierung und Identität, Weinheim und Basel 2003

Amthor, Ralph-Christian: Einführung in die Berufsgeschichte der Sozialen Arbeit, Weinheim und Basel 2012

Amthor, Ralph-Christian: Erinnerungsprojekt Widerstand - Fragen zur Rolle der Sozialen Arbeit im Nationalsozialismus. In: Soziale Arbeit 11/2012, S. 422 - 430

Apolant, Jenny: Die Gewerbeinspektorin, in: Eugenie von Soden: Das Frauenbuch, Band I: Frauenberufe und Ausbildungsstätten, Stuttgart 1913, S. 138-142

Apolant, Jenny: Stellung und Mitarbeit der Frau in der Gemeinde, Leipzig und Berlin 1910

Arendt, Hans-Jürgen/Hering, Sabine/Wagner, Leonie: Nationalsozialistische Frauenpolitik vor 1933. Eine Quellensammlung, Frankfurt am Main 1994

Arendts, Carl: Kommentar zum Gesetz über die Versorgung von Militärpersonen und ihrer Hinterbliebenen, 2. Aufl., Berlin 1929

Arlt, Ilse: Die Grundlagen der Fürsorge, Wien 1921

Asmus, Gesine (Hg): Hinterhof, Keller und Mansarde. Einblicke in das Berliner Wohnungselend 1901-1920, Reinbek 1982

Bahro, Rudolph: Die Alternative. Zur Kritik des real existierenden Sozialismus, Köln und Frankfurt am Main 1977

Bajohr, Stefan: Die Hälfte der Fabrik. Geschichte der Frauenarbeit in Deutschland 1914-1945, Marburg 1979

Baron, Rüdeger (Hg.): Sozialarbeit und Soziale Reform. Zur Geschichte eines Berufs zwischen Frauenbewegung und Verwaltung, Weinheim und Basel 1983

Baron, Rüdeger/Landwehr, Rolf (Hg.): Alice Salomon. Charakter ist Schicksal. Lebenserinnerungen, Weinheim und Basel 1983

Bauer, Rudolph (Hg.): Die liebe Not. Zur historischen Kontinuität der „Freien Wohlfahrtspflege“, Weinheim und Basel 1984

Bauer, Rudolph (Hg.): Lexikon des Sozial- und Gesundheitswesens, 3 Bände, München 1992

Bauer, Rudolph: Wohlfahrtsverbände in der Bundesrepublik. Materialien und Analysen zu Organisation, Programmatik und Praxis. Ein Handbuch, Weinheim und Basel 1978

Baum, Marie: Anna von Gierke. Ein Lebensbild, Weinheim und Berlin 1954

Baum, Marie: Die Familienfürsorge, Karlsruhe 1927

Baum, Marie: Die Frau in der Gewerbeaufsicht, in: Friedrich Naumann (Hg.): Patria. Bücher für Kultur und Freiheit 1909, S. 121-135

Baum, Marie: Die Wohlfahrtspflege, ihre einheitliche Organisation und ihr Verhältnis zur Armenpflege (Schriften des DV, Heft 12), Leipzig 1916

Baum, Marie: Grundriss der Gesundheitsfürsorge, Wiesbaden 1917

Baum, Marie: Über das wissenschaftliche Fundament der Wohlfahrtspflege (Schriftenreihe des Sozialen Instituts des Vereins Jugendheim e.V. Nr 1), Berlin 1929

Bäumer, Gertrud (Hg.): Der deutsche Frauenkongress (sämtliche Vorträge), Leipzig und Berlin 1912

Bäumer, Gertrud: Berufsschicksal der Wohlfahrtspflegerin, in: Die Frau, 42. Jg., 1934, S. 746-750

Bäumer, Gertrud: Der Sinn der Wohlfahrtspflege und die Frauenarbeit, in: Die Frau, 42. Jg., 1935, S. 321-330

Bäumer, Gertrud: Die deutsche Frau in der sozialen Kriegsfürsorge, Gotha 1916

Bäumer, Gertrud: Die Eingliederung der Frauen in die Kriegswohlfahrtspflege, in: Die Frau, 22. Jg., 1914, S. 76-81

Bäumer, Gertrud: Die Heimatchronik im ersten Weltkrieg, Berlin 1930

Bäumer, Gertrud: Die historischen und sozialen Voraussetzungen der Sozialpädagogik und die Entwicklung ihrer Theorie, in: Nohl/Pallat (Hg.): Handbuch der Pädagogik, Bd. 5, Berlin und Leipzig 1929, S. 3-17

Bäumer, Gertrud: Die soziale Fürsorge am Scheideweg, in: Die Frau, 29. Jg., 1922, S. 97-101

Bäumer, Gertrud: Die soziale Idee in den Weltanschauungen des 19. Jahrhunderts. Die Grundzüge der modernen Sozialphilosophie, Heilbronn 1910

Bäumer, Gertrud: Die sozialpädagogische Erzieherschaft und ihre Ausbildung, in: Nohl/Pallat (Hg.): Handbuch der Pädagogik, Bd. 5, Berlin und Leipzig 1929, S. 206-226

Bäumer, Gertrud: Soziale Zukunftsfragen (Teil 3: Gesundheitspflege), in: Die Frau, 25. Jg., 1917, S. 257-261

Beerensson, Adele: 25 Jahre soziale Frauenschulen – soziale Frauenbildung, in: Deutsche Zeitschrift für Wohlfahrtspflege, 2. Jg., 1925, S. 19-26

Beiträge zur Methodenfrage der Wohlfahrtsschulen. Preußisches Ministerium für Volkswohlfahrt, Berlin 1931

Benz, Wolfgang/Graml, Hermann/Weiß, Hermann (Hg.): Enzyklopädie des Nationalsozialismus, 2. Aufl., München 1998

Berger, Manfred: Frauen in der Geschichte des Kindergartens. Ein Handbuch, Frankfurt am Main 1995

Berger, Manfred: Vorschulerziehung im Nationalsozialismus. Recherchen zur Situation des Kindergartenwesens 1933-1945, Weinheim und Basel 1986

Besser, Luise u.a. (Hg.): Beiträge zur Sozialpädagogik. Wege zu modernen Formen, Heidelberg 1961

Blasius, Dirk: „Einfache Seelenstörung". Geschichte der deutschen Psychiatrie, Frankfurt am Main 1994

Bluhm, Agnes: Sozialpolitik und Rassenhygiene, in: Die Frau, 23. Jg., 1915, S. 134-141

Blum-Geenen, Sabine: Fürsorgeerziehung in der Rheinprovinz von 1871-1933, Köln 1997

Böhme, Hildegard: Neue Wege der Betriebswohlfahrtspflege, in: Die Frau, 33.Jg., 1925, S. 39-43

Böhnisch, Lothar: Der Sozialstaat und seine Pädagogik. Sozialpolitische Anleitungen zur Sozialarbeit, Neuwied und Darmstadt 1982

Böhnisch, Lothar: Gespaltene Normalität. Lebensbewältigung und Sozialpädagogik an den Grenzen der Wohlfahrtsgesellschaft, Weinheim und München 1994

Boldorf, Marcel: Sozialfürsorge in der SBZ/DDR. Ursachen, Ausmaß und Bewältigung der Nachkriegsarmut, Stuttgart 1998

Bondy, Curt: Die deutsche Jugendbewegung, in: Nohl/Pallat (Hg.): Handbuch der Pädagogik, Bd. 5, Berlin und Leipzig 1929, S.114-129

Bondy, Curt: Pädagogische Probleme im Jugend-Strafvollzug, Mannheim u.a. 1925

Bracher, Karl-Dietrich u.a. (Hg.): Die Weimarer Republik 1918-1933. Politik, Wirtschaft, Gesellschaft, 3. Aufl., Bonn 1998

Braun, Lily: Die Frauenfrage, ihre geschichtliche Entwicklung und wirtschaftliche Seite (Reprint), Berlin und Bonn 1979

Brehmer, Ilse (Hg.): Mütterlichkeit als Profession?, Pfaffenweiler 1990

Brehmer, Ilse/Ehrich, Karin (Hg.): Mütterlichkeit als Profession. Lebensläufe deutscher Pädagoginnen im 19. und in der ersten Hälfte dieses Jahrhunderts, Pfaffenweiler 1993

Bruch, Rüdiger v. (Hg.): Bürgerliche Sozialreform in Deutschland vom Vormärz bis zur Ära Adenauer, München 1985

Buck, Gerhard: Die Entwicklung der Freien Wohlfahrtspflege von den ersten Zusammenschlüssen der freien Verbänden im 19. Jahrhundert bis zur Durchsetzung des Subsidiaritätsprinzips in der Weimarer Fürsorgegesetzgebung, in: Landwehr, Rolf/Baron, Rüdeger Hrsg.): Geschichte der Sozialarbeit. Hauptlinien ihrer Entwicklung im 19. u. 20. Jahrhundert, Weinheim und Basel 1983, S. 139-172

Buehl, Adolf/Flemming, Rudolf: Die heutigen Anforderungen an die öffentliche Armenpflege im Verhältnis zur bestehenden Armengesetzgebung (Schriften des DV, Heft 73), Leipzig 1905

Butterwegge, Christoph: Wohlfahrtsstaat im Wandel. Probleme und Perspektiven der Sozialpolitik, Opladen 1999

Cogoy, Renate/Kluge, Irene/Meckler, Brigitte: Erinnerungen einer Profession. Erziehungsberatung, Jugendhilfe und Nationalsozialismus, Münster 1989

Colberg-Schrader, Hedi/Honig, Michael Sebastian/Lappe, Lothar/Meier, Uta/Münchmeier, Richard/Rademacker, Hermann/Rummel, Carsten/Sche¬fold, Werner/v. Wolffersdorff, Christian: Entwicklungsbedingungen und -per¬spek¬tiven der Jugendhilfe in der früheren DDR, hg. vom Deutschen Jugendinstitut, München 1990

Conze, Werner: Die preußische Reform unter Stein und Hardenberg, Stuttgart 1983

Conze, Werner: Vom „Pöbel" zum „Proletariat". Sozialgeschichtliche Voraussetzungen für den Sozialismus in Deutschland. In: Hans-Ulrich Wehler (Hg.): Moderne deutsche Sozialgeschichte, Köln und Berlin 1966, S. 111-136

Cordemann, Margarete: Wie es wirklich gewesen ist. Lebenserinnerungen einer Sozialarbeiterin auf dem Hintergrund einer Beschreibung der deutschen Gesellschaft in der Zeit von 1890-1960, Gladbeck 1963

Cordemann; Margarete: Werksfürsorge. Berlin 1955

Das Pestalozzi-Fröbel-Haus, Fachschule für Sozialpädagogik Berlin. Entwicklung eines Frauenberufs, Berlin 1991

Degethoff de Campos, Heidi: Von der Armenpflege zum Sozialstaat. 100 Jahre Deutsches Zentralinstitut für soziale Fragen im Dienste der praktischen Wohlfahrtsarbeit, Berlin 1993

Deutscher Bundesjugendring: Selbstverständnis und Wirklichkeit der heutigen Jugendverbandsarbeit, in: deutsche jugend 10/1962/10, S. 449-452

Deutscher Städtetag: Unsere Städte und ihre Jugend. Bericht über die 3. Hauptversammlung des Deutschen Städtetages, o.O. 1950

Deutscher Verein für Armenpflege und Wohltätigkeit: Soziale Fürsorge für Kriegerwitwen und Kriegerwaisen, München und Leipzig 1915 (Kongressbericht)

Deutsches Jugendinstitut (Hg.): Immer diese Jugend! Ein zeitgeschichtliches Mosaik 1945 bis heute, München 1985

Deutsches Jugendinstitut (Hg.): Wie geht's der Familie? Ein Handbuch zur Situation der Familien heute, München 1988

Deutsches Jugendinstitut (Hg.): Zur Reform der Jugendhilfe. Analysen und Alternativen, München 1973

Dewe, Bernd u.a.: Professionelles soziales Handeln. Soziale Arbeit im Spannungsfeld zwischen Theorie und Praxis, Weinheim/München 1993

Dollinger, Bernd/ Schabdach, Michael (Hg.): Zugänge zur Geschichte der Sozialpädagogik und Sozialarbeit, Siegen 2011

Dörner, Christine: Erziehung durch Strafe. Die Geschichte des Jugendstrafvollzugs 1871-1945, Weinheim und München 1991

Dudek, Peter: Leitbild: Kamerad und Helfer. Sozialpädagogische Bewegungen in der Weimarer Republik am Beispiel der „Gilde Soziale Arbeit", Frankfurt am Main 1988

Duensing, Frieda (Hg.): Handbuch der Jugendpflege, Langensalza 1913

Dünkel, Barbara/Fesel, Verena: Von der Sozialen Frauenschule zur NS-Volkspflegeausbildung: Das Hamburger Sozialpädagogische Institut 1917-1945, Hamburg 1999

Dünner, Julia (Hg.): Handwörterbuch der Wohlfahrtspflege, Berlin 1929

Dyckerhoff, Kristin: Sozialarbeit und Sozialpädagogik in der Bundesrepublik 1949-1962, in: Landwehr/Baron (Hg.): Geschichte der Sozialarbeit. Hauptlinien ihrer Entwicklung im 19. und 20. Jahrhundert, Weinheim und Basel 1983

Eberstadt, Rudolf: Handbuch des Wohnungswesens und der Wohnungsfrage, 4. Aufl., Jena 1920

Eckhardt, Dieter: „Soziale Einrichtungen sind Kinder ihrer Zeit ..." Von der Centrale für private Fürsorge zum Institut für Sozialarbeit 1899-1999, Frankfurt am Main 1999

Eggemann, Maike/Hering, Sabine (Hg.): Wegbereiterinnen der modernen Sozialarbeit. Texte und Biographien zur Entwicklung der Wohlfahrtspflege, Weinheim und München 1999

Eifert, Christiane: Frauenpolitik und Wohlfahrtspflege, Frankfurt/Main 1993

Eilers, Kerstin: René Sand (1877-1953) – Weltbürger der internationalen Sozialen Arbeit. Opladen/Farmington Hills 2010

Engels, Friedrich: Die Lage der arbeitenden Klasse in England, Berlin 1964

Erdberg, Robert v.: Die Zentralstelle für Volkswohlfahrt zu ihrem fünfundzwanzigjährigen Bestehen, in: Concordia 23. Jg., 24/1916, S. 379-391

Evans, Richard: Sozialdemokratie und Frauenbewegung im deutschen Kaiserreich, Berlin und Bonn 1979

Faltermaier, Martin: Nachdenken über Jugendarbeit. Zwischen den fünfziger und achtziger Jahren. Eine kommentierte Dokumentation mit Beiträgen aus der Zeitschrift „deutsche jugend", München 1983

Fassmann, Maya: Jüdinnen in der deutschen Frauenbewegung 1865-1919, Hildesheim 1996

Feidel-Mertz, Hildegard (Hg.): Pädagogik im Exil nach 1933. Erziehung zum Überleben. Bilder und Texte einer Ausstellung, Frankfurt am Main 1990

Felisch, Paul: Ein deutsches Jugendgesetz, Berlin 1917

Fesel, Verena/Rose, Barbara/Simmel, Monika (Hg.): Sozialarbeit – ein deutscher Frauenberuf. Kontinuitäten und Brüche im 20. Jahrhundert, Pfaffenweiler 1992

Feustel, Adriane (Hg.): Alice Salomon. Frauenemanzipation und soziale Verantwortung. Ausgewählte Schriften, Bd 1+2, Neuwied 1997/2000

Feustel, Adriane / Koch, Gerd (Hg.): 100 Jahre Soziales Lehren und Lernen. Von der Sozialen Frauenschule zur Alice Salomon Hochschule, Berlin 2008

Fischer, Alfons: Geschichte des deutschen Gesundheitswesens (Reprint), Hildesheim 1968

Fischer, Alfons: Geschichte des deutschen Gesundheitswesens, Bd. 2, Berlin 1933

Fischer, Alfons: Gesundheitspolitik und Gesundheitsgesetzgebung, Berlin und Leipzig 1914

Fischer, Ruth/Heimann, Franz: Deutsche Kinderfibel, Berlin 1933 (Nachdruck Düsseldorf 1986)

Fischer, Wolfram/Bajohr, Georg (Hg.): Die soziale Frage. Neuere Studien zur Lage der Fabrikarbeiter in den Frühphasen der Industrialisierung, Stuttgart 1967

Fix, Birgit / Fix, Elisabeth: Kirche und Wohlfahrtsstaat. Soziale Arbeit kirchlicher Wohlfahrtsorganisationen im westeuropäischen Vergleich, Freiburg 2005

Flesch, Karl: Die soziale Ausgestaltung der Armenpflege (Schriften des DV, Heft 54), Leipzig 1901

Franzen-Hellersberg, Lisbeth: Die jugendliche Arbeiterin. Ihre Lebensweise und Lebensform, Tübingen 1932

Freese, Matthias/Prinz, Michael (Hg.): Politische Zäsuren und gesellschaftlicher Wandel im 20. Jahrhundert. Regionale und vergleichende Perspektiven, Paderborn 1996

Frevert, Ute: Krankheit als politisches Problem, Göttingen 1984

Frey, Cornelia: Respekt vor der Kreativität der Menschen - Ilse Arlt: Werk und Wirkung, Opladen 2005

Friedländer, Annie: Die Lebensmittelfürsorge des Nationalen Frauendienstes, Berlin, in: Die Frau, 23. Jg., 1916, S. 256-362

Friedländer, Walter A./Pfaffenberger, Hans: Grundbegriffe und Methoden der Sozialarbeit, 3. Aufl., Neuwied und Berlin 1974

Friedländer, Walter: Jugendrecht und Jugendpflege. Handbuch des deutschen Jugendrechts, Berlin 1930

Fries, Mauri: Mütterlichkeit und Kinderseele. Zum Zusammenhang von Sozialpädagogik, bürgerlicher Frauenbewegung und Kinderpsychologie zwischen 1899 und 1933 – ein Beitrag zur Würdigung Martha Muchows, Frankfurt am Main u. a. 1996

Fürth, Henriette: Die deutschen Frauen im Kriege, Tübingen 1917

Gängler, Hans: Akademisierung auf Raten? Zur Entwicklung wissenschaftlicher Ausbildung zwischen Erziehungswissenschaft und Sozialpädagogik, in: Krüger/Rauschenbach (Hg.): Erziehungswissenschaft – Die Disziplin am Beginn einer neuen Epoche, Weinheim und München 1994, S. 229-274

Gängler, Hans: Vom Zufall zum Notwendigen. Materialien zur Wissenschaftsgeschichte der Sozialen Arbeit, in: Wöhrle, Armin (Hg.): Profession und Wissenschaft Sozialer Arbeit, Pfaffenweiler 1998, S. 252-283

Ganzert, Ilse: Soziale Betriebsarbeit, in: Die Frau, 36. Jg., 1929, S. 341-348

Gehltomholt, Eva/Hering, Sabine: Das verwahrloste Mädchen – Diagnostik und Fürsorge in der Jugendhilfe zwischen Kriegsende und Reform (1945-1965), Opladen 2006

Geisler, Heiner: Neue soziale Frage. Analysen und Dokumente, Freiburg 1976

Gersdorff, Ursula von: Frauen im Kriegsdienst 1914-1945, Stuttgart 1969

Gesamtverband der Berliner Inneren Mission (Hg.): Fürsorgerinnen berichten. Frau Elisabet Nitzsche zu ihrem 70. Geburtstag, Berlin o.J. (1958)

Giddens Anthony: Beyond left and right. In: The Observer, 13. September 1998

Giesecke, Hermann: Vom Wandervogel bis zur Hitlerjugend. Jugendarbeit zwischen Politik und Pädagogik, München 1981

Gilde Soziale Arbeit: 50 Jahre Gilde Soziale Arbeit (1925-1975), Sonderheft des Rundbriefes, Dezember 1975

Gnauck-Kühne, Elisabeth: Das soziale Gemeinschaftsleben im deutschen Reich. Leitfaden der Wirtschafts- und Bürgerkunde, M. Gladbach 1925

Gnauck-Kühne, Elisabeth: Einführung in die Arbeiterinnenfrage, Mönchengladbach 1905

Göbel, Walter: Deutschland nach 1945, Stuttgart 1993

Gorges, Irmela: Sozialforschung in Deutschland 1872-1914. Gesellschaftliche Einflüsse auf Themen- und Methodenwahl des Vereins für Socialpolitik, 2. Aufl., Frankfurt am Main 1986

Görtemaker, Manfred: Deutschland im 19. Jahrhundert. Entwicklungslinien. Schriftenreihe der Bundeszentrale für politische Bildung, Bd. 203, 2. Aufl., Bonn 1986

Gräser, Marcus: Der blockierte Wohlfahrtsstaat. Unterschichtsjugend und Jugendfürsorge in der Weimarer Republik, Göttingen 1995

Graubuch: Die Einrichtungen des Wohlfahrts- und Gesundheitswesens in der Reichshauptstadt Berlin, Selbstverlag des Archivs für Wohlfahrtspflege, Berlin 1941

Grebing, Helga: Die deutsche Arbeiterbewegung zwischen Revolution, Reform und Etatismus, Mannheim 1993

Grebing, Helga: Geschichte der deutschen Arbeiterbewegung, Frankfurt am Main 1970

Greese, Dieter/Oberloskamp, Helga: Kernaufgaben des Jugendamts, in: Sachverständigenkommission 8. Jugendbericht (Hg.): Jugendhilfe – Historischer Rückblick und neuere Entwicklungen (Materialien zum 8. Jugendbericht, Bd. 1), München 1990, S. 51-96

Grohall, Karl-Heinz: Studienreform in den Fachbereichen für Sozialwesen: Materialien, Positionen, Zielsetzungen, Freiburg 1997

Gruner, Wolf: Die öffentliche Fürsorge und die Juden 1933-1942. Zur antijüdischen Politik der Städte, des deutschen Gemeindetages und des Reichsinnenministeriums, in: Zeitschrift für Geschichtswissenschaft, 45. Jg., 1997, S. 597-616

Hammerschmidt, Peter/Tennstedt, Florian: Der Weg der Sozialarbeit: Von der Armenpflege bis zur Konstituierung des Wohlfahrtsstaates in der Weimarer Republik, in:

Thole, Werner (Hg.): Grundriss Soziale Arbeit. Ein einführendes Handbuch, Opladen 2002, S. 63-76

Hammerschmidt, Peter: Die Wohlfahrtsverbände im NS-Staat. Die NSV und die konfessionellen Verbände Caritas und Innere Mission im Gefüge der Wohlfahrtspflege des Nationalsozialismus, Opladen 1999

Handbuch der sozialen Ausbildungsstätten mit Ausbildungs- und Prüfungsbestimmungen der Länder (1963): Schriften des DV, Heft 222, Frankfurt/Main

Hansen, Eckard: Wohlfahrtspolitik im NS-Staat. Motivationen, Konflikte und Machtstrukturen im „Sozialismus der Tat" des Dritten Reiches, Augsburg 1991

Harney, Klaus/Krüger, Heinz-Hermann (Hg.): Einführung in die Geschichte der Erziehungswissenschaft und Erziehungswirklichkeit, Opladen 1997

Hasenclever, Christa: Jugendhilfe und Jugendgesetzgebung seit 1900, Göttingen 1978

Haus Schwalbach (Hg.): Haus Schwalbach 1949-1959, Wiesbaden-Biebrich 1959

Hauss, Gisela: Retten, Erziehen, Ausbilden – Zu den Anfängen der Sozialpädagogik als Beruf. Europäische Hochschulschriften, Reihe XI Pädagogik, Band 660, Frankfurt am Main 1995

Hege, Marianne: Die Soziale Frauenschule der Stadt München 1919-1945. Zur Geschichte der Professionalisierung geistiger und praktischer Mütterlichkeit, Alling 1999

Henning, Friedrich-Wilhelm: Die Industrialisierung in Deutschland 1800 bis 1914, 9. Aufl., Paderborn u.a. 1995

Henseler, Joachim/Reyer, Jürgen (Hg.): Sozialpädagogik und Gemeinschaft, Hohengehren 2000

Hering, Sabine (Hg.): Jüdische Wohlfahrt im Spiegel von Biographien, Frankfurt/Main 2007

Hering, Sabine (Hg.): Social Care under State Socialism (1945-1989), Opladen und Farmington Hills 2009

Hering, Sabine (Hg.): Was ist Soziale Arbeit? Traditionen – Widersprüche – Wirkungen, Opladen /Berlin/Toronto 2013

Hering, Sabine / Schröer, Wolfgang (Hg.): Sorge um die Kinder. Beiträge zur Geschichte von Kindheit, Kindergarten und Kinderfürsorge, Weinheim und München 2008

Hering, Sabine/Kramer, Edith: Aus der Pionierzeit der Sozialarbeit. Elf Frauen berichten, Weinheim und Basel 1994

Hering, Sabine/Kruse, Elke: Reformkonzepte der Ausbildung für Sozialberufe und ihre Anpassungsprozesse seit 1970, in: SI:SO – Siegen: Sozial – Analysen, Berichte, Kontroversen, 4. Jg. 1999, Heft 2, S. 2-7

Hering, Sabine/Schilde, Kurt (Hg.): Die Rote Hilfe – die Geschichte der internationalen kommunistischen „Wohlfahrtsorganisation" und ihrer sozialen Aktivitäten in Deutschland (1921-1941), Opladen 2003

Hering, Sabine/Waaldijk, Berteke (Hg.): Die Geschichte der Sozialen Arbeit in Europa. Wichtige Pionierinnen und ihr Einfluss auf die Entwicklung internationaler Organisationen, Opladen 2002

Hering, Sabine/Wenzel, Cornelia: Frauenbewegung und soziale Praxis. Eine Zeitschriftenbibliographie 1892-1944. Kommentierung und Biographien. Kassel 2002 (CD)

Hering, Sabine: „Wenn irgendein Missstand sich fühlbar macht ..." Enqueten als wissenschaftliche Bestandsaufnahmen und Reformstrategien, in: Kirsten Bromberg/Walburga Hoff/Ingrid Miethe (Hg.): Forschungstraditionen der Sozialen Arbeit. Materialien, Zugänge, Methoden, Opladen/Berlin/Toronto 2012, S. 69-86

Hering, Sabine: Die Anfänge der Frauenforschung in der Sozialpädagogik, in: Barbara Friebertshäuser u.a. (Hg.): Sozialpädagogik im Blick der Frauenforschung, Weinheim 1997, S. 31-43

Hering, Sabine: Die Kriegsgewinnlerinnen. Praxis und Ideologie der Frauenbewegung im Ersten Weltkrieg, Pfaffenweiler 1990

Hering, Sabine: Die Zentralstelle für Volkswohlfahrt. Zur staatlichen Organisation der Sozialen Arbeit in Preußen, in: Soziale Arbeit 3/2003, S. 82-89

Hering, Sabine: Makel, Mühsal, Privileg? Eine hundertjährige Geschichte des Alleinerziehens, Frankfurt am Main 1998

Hering, Sabine: Paternalismus und Gemeinschaftssinn – die Anfänge der Wohlfahrtspflege auf dem Lande, in: Stefanie Debiel u.a. (Hg.): Soziale Arbeit in ländlichen Räumen, Wiesbaden 2012, S. 29-38

Hering, Sabine: Soziale Arbeit als Frauenberuf, in: Hering, Sabine (Hg.): Was ist Soziale Arbeit? Traditionen – Widersprüche – Wirkungen, Opladen /Berlin/Toronto 2013, S. 53-70

Herrmann, Gertrud: Sozialpädagogische Bewegungen der zwanziger Jahre, Weinheim und Berlin 1956

Herrmann, Ulrich (Hg.): Jugendpolitik in der Nachkriegszeit, Weinheim und München 1993

Herzfeld, Hans: Die Weimarer Republik, 4.Aufl., Frankfurt am Main u.a. 1975

Hetzer, Hildegard: Kindheit und Armut, Leipzig 1929

Heyde, Ludwig: Abriss der Sozialpolitik, 12. Aufl., Heidelberg 1966

Heynacher, Martha: Die Berufslage der Fürsorgerinnen (Schriften des DV, Heft 6, neue Folge), Karlsruhe 1925

Hilgenfeldt, Erich: Idee der nationalsozialistischen Wohlfahrtspflege, München und Berlin 1937

Hockerts, Hans-Günter: Sozialpolitische Entscheidungen im Nachkriegsdeutschland. Alliierte und deutsche Sozialversicherungspolitik 1945-1957, Stuttgart 1980

Hornstein: Kindheit und Jugend in der Gesellschaft. Dokumentation des 4. Deutschen Jugendhilfetages, München 1970

Hüppe, Barbara/Schrapper, Christian (Hg.): Freie Wohlfahrtspflege und Sozialstaat. Der Deutsche Paritätische Wohlfahrtsverband in Nordrhein-Westfalen 1949-1989, Weinheim und München 1989

Israel, Gertrud: Zehn Jahre sozialer Berufsverband. Ein Rückblick, in: Die Frau, 33. Jg., 1926, S. 556-559

Jacobeit, Sigrid/Jacobeit, Wolfgang: Illustrierte Alltagsgeschichte Deutschlands 1900-1945, Münster 1995

Jaffé, Else: Die Frau in der Gewerbe-Inspektion, in: Schriften des ständigen Ausschusses zur Förderung von Arbeiterinnen-Interessen, Heft 3, S. 48-69, Jena 1910

Jordan, Erwin/Münder, Johannes (Hg.): 65 Jahre Reichsjugendwohlfahrtsgesetz – ein Gesetz auf dem Weg in den Ruhestand? Münster 1987

Juchacz, Marie/Heymann, Johanna (Hg.): Die Arbeiterwohlfahrt, Berlin 1924

Jüdisches Museum (Hg.): Zedaka. Jüdische Sozialarbeit im Wandel der Zeit. 75 Jahre Zentralwohlfahrtsstelle der Juden in Deutschland, Frankfurt/Main 1992

Kaerger, Rudi: Die Zentralstelle für Arbeiterwohlfahrtseinrichtungen (Zentralstelle für Volkswohlfahrt): das Selbstverständnis einer halbamtlichen Institution des Kaiserreichs im Spiegel ihrer Konferenzen und Debatten zur Arbeiterjugendfrage (1890-1920); Frankfurt 1996

Kappeler, Manfred: Der schreckliche Traum vom vollkommenen Menschen. Rassehygiene und Eugenik in der Sozialen Arbeit, Marburg 2000

Karstedt, Oskar (Hg.): Handwörterbuch der Wohlfahrtspflege, Berlin 1924 (völlig überarbeitet 1929 und neu hg. v. Julia Dünner)

Karsten Laudien, Christian Sachse: Erziehungsvorstellungen in der Heimerziehung der DDR. In: Aufarbeitung der Heimerziehung in der DDR. Expertisen. Hrsg.: Beauftragter der Bundesregierung für die Neuen Bundesländer, Berlin März 2012

Kerbs, Diethart/Reulecke, Jürgen (Hg.): Handbuch der deutschen Reformbewegungen 1880-1933, Wuppertal 1998

Klein, W.: Die Kathedersozialisten. Die soziale Frage als Problem der Volkswirtschaftslehre, in: K.J. Rivinius (Hg.): Die soziale Bewegung im Deutschland des neunzehnten Jahrhunderts, München 1978, S. 99f.

Kleßmann, Christoph: Die doppelte Staatsgründung. Deutsche Geschichte 1945-1955, Göttingen 1989

Klumker, Christian J.: Die Zukunft der Fürsorge, in: Freie Wohlfahrtspflege, 6. Jg., 1931, S. 1-7

Klumker, Christian J.: Fürsorgewesen – Einführung in das Verständnis der Armut und Armenpflege, Leipzig 1918

Kniepphoff-Knebel, Annette: Internationalisierung der Sozialen Arbeit. Eine verloren gegangene Tradition der weiblich geprägten Berufs- und Ideengeschichte, Schwalbach/Ts. 2006

Kniesz, Berta: Familienkunde und Familienpflege, Recklinghausen 1954

Knobel, Renate: Der lange Weg zur akademischen Ausbildung in der sozialen Arbeit, Frankfurt/Main 1992

Kock, Gerhard: „Der Führer sorgt für unsere Kinder …" Die Kinderlandverschickung im Zweiten Weltkrieg, Paderborn 1997

Kocka, Jürgen: Klassengesellschaft im Kriege 1914-1918, Göttingen 1973

Köllmann, Wolfgang: Die industrielle Revolution, Stuttgart 1982

Konopka, Gisela: Die Geschichte der Gruppenpädagogik, in: C. Wolfgang Müller (Hg.): Gruppenpädagogik. Auswahl aus Schriften und Dokumenten, Weinheim 1987 (Reprint von 1970)

Konrad, Franz-Michael: Wurzeln jüdischer Sozialarbeit in Palästina. Einflüsse der Sozialarbeit in Deutschland auf die Entstehung moderner Hilfesysteme in Palästina, Weinheim und Basel 1993

Köster, Markus/Küster, Thomas (Hg.): Zwischen Disziplinierung und Integration. Das Landesjugendamt als Träger öffentlicher Jugendhilfe in Westfalen und Lippe (1924-1999), Forschungen zur Regionalgeschichte, Bd. 31, Paderborn 1999

Krafeld, Franz Josef: Geschichte der Jugendarbeit. Von den Anfängen bis zur Gegenwart, Weinheim und Basel 1984

Kraiß, Alwine: Die Frauenschule, in: Eugenie v. Soden (Hg.): Das Frauenbuch, Bd. I: Frauenberufe und Ausbildungsstätten, Stuttgart 1913, S. 66-70

Kramer, David: Das Fürsorgesystem im Dritten Reich, in: Landwehr, Rolf/Baron, Rüdeger (Hg.): Geschichte der Sozialarbeit, Weinheim und Basel 1983, S. 173-218

Kraus, Rudolf: Die Fürsorgeerziehung im Dritten Reich (1933-1945), in: Archiv für Wissenschaft und Praxis der sozialen Arbeit 5/1974/3, S. 161-210

Kraus-Fessel, Meta: Die bürgerliche Wohlfahrt im kapitalistischen Klassenstaat, in: Proletarische Sozialpolitik, 1. Jg., Nr. 2/1928, S. 36-38

Kraushaar, Wolfgang: Die Protestchronik 1949-1959, Bände 1-4, Hamburg 1996

Krug von Nidda, Carl Ludwig: Entwicklungstendenzen und gegenseitige Beziehungen der öffentlichen und freien Wohlfahrtspflege in Deutschland in der Epoche des Übergangs von der Armenpflege zur Fürsorge, in: Hans Muthesius (Hg.): Beiträge zur Entwicklung der deutschen Fürsorge, Köln und Berlin 1955, S. 133ff.

Krukenberg, Elsbeth: Die Frauenbewegung, ihre Ziele und ihre Bedeutung, Tübingen 1905

Kruse, Elke: Stufen der Akademisierung. Wege der Ausbildung für Soziale Arbeit von der Wohlfahrtsschule zum Bachelor-/Mastermodell, Wiesbaden 2004

Kuczynski, Jürgen: Darstellung der Lage der Arbeiter in Deutschland 1917/18 bis 1923/33, Berlin 1966

Kühl, Stefan (1997): Die Internationale der Rassisten. Aufstieg und Niedergang der internationalen Bewegung für Eugenik und Rassenhygiene im 20. Jahrhundert. Frankfurt/New York

Kuhlmann, Carola: Alice Salomon und der Beginn sozialer Berufsausbildung, Stuttgart 2007

Kuhlmann, Carola: Alice Salomon. Ihr Lebenswerk als Beitrag zur Entwicklung der Theorie und Praxis Sozialer Arbeit. Weinheim 2000

Kuhlmann, Carola: Erbkrank oder erziehbar? Jugendhilfe als Vorsorge und Aussonderung in der Fürsorgeerziehung in Westfalen von 1933-1945, Weinheim und München 1989

Kuhlmann, Carola: Soziale Arbeit im nationalsozialistischen Gesellschaftssystem, in: Thole, Werner (Hg.): Grundriss Soziale Arbeit. Ein einführendes Handbuch, Opladen 2002, S. 77-96

Kühn, Dietrich: Jugendamt – Sozialamt – Gesundheitsamt. Entwicklungen der Sozialverwaltung in Deutschland, Neuwied 1994

Kunstreich, Timm: Grundkurs Soziale Arbeit. Sieben Blicke auf die Geschichte und Gegenwart Sozialer Arbeit, Band 1 und 2, Hamburg 1997/1998

Landwehr, Rolf/Baron, Rüdeger (Hg.): Geschichte der Sozialarbeit. Hauptlinien ihrer Entwicklung im 19. und 20. Jahrhundert, Weinheim 1983

Lange-Appel, Ute: Von der allgemeinen Kulturaufgabe zur Berufskarriere im Lebenslauf. Eine bildungshistorische Untersuchung zur Professionalisierung der Sozialarbeit, Frankfurt am Main 1993

Laqueur, Walter: Die deutsche Jugendbewegung, Köln 1978

Lehmann, Hans-Georg: Deutschland-Chronik 1945-1995, Bonn 1995

Leibfried, Stephan: Existenzminimum und Fürsorge-Richtsätze in der Weimarer Republik, in: Jahrbuch der Sozialarbeit 4, Reinbek 1981, S. 469-523

Leubuscher, Georg: Schularzttätigkeit und Schulgesundheitspflege, Leipzig und Berlin 1907

Levy, Albert: Die berufliche und fachliche Ausbildung in der Armenpflege (Schriften des DV, Heft 79), Leipzig 1907

Leyen, Ruth von der: Erziehungshilfen bei Fehlentwicklungen, in: Nohl/Pallat (Hg.): Handbuch der Pädagogik, Bd. 5, Berlin und Leipzig 1929, S. 149-164

Liebel, Manfred: Aufforderung zum Abschied von der sozialintegrativen Jugendarbeit (1970), in: Faltermaier, Martin (Hg.): Nachdenken über Jugendarbeit. Zwischen den fünfziger und achtziger Jahren. Eine kommentierte Dokumentation mit Beiträgen aus der Zeitschrift „deutsche jugend“, München 1983, S. 266-279

Lilienthal, Georg: Der „Lebensborn e.V.“: Ein Instrument nationalsozialistischer Rassenpolitik, Akademie der Wissenschaft und Literatur (Forschung zur neueren Medizin- und Biologiegeschichte, Bd. 1), Stuttgart und New York 1985

Lindner, Rolf (Hg.): „Wer in den Osten geht, geht in ein anderes Land“. Die Settlementbewegung in Berlin zwischen Kaiserreich und Weimarer Republik, Berlin 1997

Link, Charlotte: Die Geschichte der Familienfürsorge, in: Archiv für Wissenschaft und Praxis der sozialen Arbeit, 7. Jg., 1976, S. 320-333

Lion, Hilde: Fragen der Sozialpädagogischen Ausbildung, in: Die Frau, 35. Jg., 1928, S. 674-679

Locht, Volker van der: Von der karitativen Fürsorge zum ärztlichen Selektionsblick, Opladen 1997

Lüders, Marie Elisabeth: Befreiung von Krankheit und Lüge, in: Die Frau, 34.Jg., 1927, S. 302-305

Lüders, Marie Elisabeth: Das unbekannte Heer. Frauen kämpfen für Deutschland 1914-1918, Berlin 1936

Lüders, Marie Elisabeth: Probleme der sozialen Kriegsfürsoge, in: Die Frau, 21. Jg., 1914, S. 743-746

Ludwig, Andreas/ Schilde, Kurt (Hg.): Jüdische Wohlfahrtsstiftungen. Initiativen jüdischer Stifterinnen und Stifter zwischen Wohltätigkeit und sozialer Reform, Frankfurt a. M. 2010

Lyschinska, Mary J.: Henriette Schrader-Breymann. Ihr Leben aus Briefen und Tagebüchern, Berlin und Leipig 1922

Mählert, Ulrich/Stephan, Gerd-Rüdiger: Blaue Hemden – Rote Fahnen. Die Geschichte der Freien Deutschen Jugend, Opladen 1996

Maier, Hugo (Hg.): Who is Who der Sozialen Arbeit, Freiburg 1998

Maierhof, Gudrun: Selbstbehauptung im Chaos. Frauen in der Jüdischen Selbsthilfe 1933-1943, Frankfurt/New York 2002

Mann, Golo: Deutsche Geschichte des 19. und 20. Jahrhunderts, Frankfurt am Main, Sonderausgabe 1997

Mannschatz, Eberhard: Jugendhilfe als DDR-Nachlaß, Münster 1994

Marcus, Paul: Das Preußische Ministerium für Wohlfahrt (1919-1932), in: Archivalische Zeitschrift 83/2000, S. 93-137

Mayer-Kulenkampff, Lina: Ausbildungsstätten für weibliche soziale Berufe, in: Nohl/ Pallat (Hg.): Handbuch der Pädagogik, Bd. 4, Langensalza 1929, S. 282-293 (Nachdruck: Weinheim und Basel 1991)

Mehr Chancen für die Jugend. Zu Inhalt und Begriff einer offensiven Jugendhilfe (Schriftenreihe des Bundesministeriums für Jugend, Familie und Gesundheit, Band 13), Stuttgart u.a. 1974

Mennicke, Carl: Zeitgeschehen im Spiegel persönlichen Schicksals. Ein Lebensbericht, hg. von Hildegard Feidel-Mertz, Weinheim 1995

Merten, Roland: Sozialarbeit, Sozialpädagogik, Soziale Arbeit. Begriffsbestimmungen in einem unübersichtlichen Feld, Freiburg 1998

Miethe, Ingrid: Empirische Forschung als Motor von Theorie und Praxis Sozialer Arbeit, in: Hering, Sabine (Hg.): Was ist Soziale Arbeit? Traditionen – Widersprüche – Wirkungen, Opladen /Berlin/Toronto 2013, S. 219-240

Möckel, Andreas: Geschichte der Heilpädagogik, Stuttgart 1988

Moeller, Robert G.: Geschützte Mütter. Frauen und Familien in der westdeutschen Nachkriegspolitik, München 1997

Mollenhauer, Klaus: Die Ursprünge der Sozialpädagogik in der industriellen Gesellschaft. Eine Untersuchung zur Struktur sozialpädagogischen Denkens und Handelns, Weinheim und Berlin 1959

Mollenhauer, Klaus: Einführung in die Sozialpädagogik, Weinheim und Berlin 1964

Mosse, George L.: Der nationalsozialistische Alltag, Meisenheim 1993

Müller, C. Wolfgang: Helfen und Erziehen. Soziale Arbeit im 20. Jahrhundert. Weinheim und Basel 2001

Müller, C. Wolfgang: Wie Helfen zum Beruf wurde. Eine Methodengeschichte der Sozialarbeit, Band 1 und 2, 2. Aufl., Weinheim und Basel 1988 und 1992

Münchmeier, Richard: Zugänge zur Geschichte der Sozialarbeit, München 1981

Münchmeier, Richard: Jugendhilfe im Sozialstaat. Hauptlinien der Entwicklung der Jugendhilfe seit 1945, in: Arbeitsgemeinschaft für Jugendhilfe/Deutsches Jugendinstitut (Hg.): Der Jugend eine Zukunft sichern. Jugendhilfe im Nachkriegsdeutschland - Zwischen Anpassung und Parteilichkeit, Münster 1991, S. 21-32

Münchmeier, Richard: Zur Geschichte des öffentlichen Umgangs mit der Jugen,. In: Böhnisch, Lothar/Gängler, Hans/Rauschenbach, Thomas (Hg.): Handbuch Jugendverbände. Eine Ortsbestimmung der Jugendverbandsarbeit in Analysen und Selbstdarstellungen, Weinheim und München 1991, S. 25-31

Münchmeier, Richard: Von der Verwirklichung einer besseren Welt zur Selbstverwirklichung. Zum Wandel von Leitvorstellungen in der Jugendarbeit seit 1945 in: Kiesel, Doron/Volz, Fritz-Rüdiger (Hg.): "Wo soll´s denn langgehen?" - Jugendliche und Pädagogen auf der Suche nach Lebensstilen und Konzeptionen. Arnoldshainer Texte Band 67, Frankfurt a.M. 1991, S. 166-177

Münchmeier, Richard: Krise als Chance. Sozialpädagogik auf der Suche nach Zukunft in: Rauschenbach, Thomas/Gängler, Hans (Hg.): Soziale Arbeit und Erziehung in der Risikogesellschaft, Neuwied/Kriftel/Berlin 1992, S. 133 - 145

Münchmeier, Richard: Paradigmenwechsel in der Sozialen Arbeit? in: Vahsen, Friedhelm (Hg.): Paradigmenwechsel in der Sozialpädagogik (Reihe: Kritische Texte Sozialarbeit/Sozialpädagogik, Sozialpolitik, Kriminalpolitik), Bielefeld 1992, S. 24-48

Münchmeier, Richard: Die Vergesellschaftung von Wertgemeinschaften: Zum Wandel der Jugendverbände in der Nachkriegs-Bundesrepublik, in: Thomas Rauschenbach/ Christoph Sachße/Thomas Olk (Hg.): Von der Wertgemeinschaft zum Dienstleistungsunternehmen. Jugend- und Wohlfahrtsverbände im Umbruch, Frankfurt am Main 1995, S. 201-227

Münchmeier, Richard: Geschichte der Heimerziehung zwischen pädagogischem Traum und Ausgrenzung. Zu den Diskursen von 1870 bis heute, in: Evang. Erziehungsverband (Hg.): Jugendhilfe: Frei – gestaltend – erfolgreich! 75 Jahre EREV, Schriftenreihe 36. Jg., Heft 2/1995, S. 17-36

Münchmeier, Richard: Perspektiven der Jugendhilfe im sozialen Wandel, in: Jordan, Erwin/Schone, Reinhold (Hg.): Handbuch Jugendhilfeplanung. Grundlagen, Bausteine, Materialien, Münster 1998, S. 25-55

,Münchmeier, Richard: Geschichte der Heimerziehung: 1870 – 1936 (History of German Residential Care: 1870–1936), in: Colla/Gabriel/Millham/Müller-Teusler/Winkler (Hg.): Handbuch Heimerziehung und Pflegekinderwesen in Europa (Handbook Residential and Foster Care in Europe), Neuwied 1999, S. 141-151

Münchmeier, Richard: Hält die Doppelstruktur des Wohlfahrtsstaates noch? Anmerkungen zum historischen und gegenwärtigen Verhältnis von Sozialpolitik und Sozialpädagogik, in: Krauß, E. Jürgen/ Möller, Michael/ Münchmeier, Richard (Hg.): Soziale Arbeit zwischen Ökonomisierung und Selbstbestimmung (Kasseler Personalschriften Band 4), Kassel 2007, S. 207-229

Münchmeier, Richard: Geschichte der Sozialen Arbeit, in: Otto, Hans-Uwe/Thiersch, Hans (Hg.): Handbuch Soziale Arbeit, München 2011, S. 528-540

Münchmeier, Richard: Geschichte der Arbeit mit Jugendlichen, in: Kaiser, Yvonne/Spenn, Matthias/Freitag, Michael/Rauschenbach, Thomas/Corsa, Mike (Hg.): Handbuch Jugend. Evangelische Perspektiven, Opladen/Berlin/Toronto 2013, S. 215-222

Münder, Johannes (Hg.): Sozialgesetzbuch II. Grundsicherung für Arbeitssuchende. Lehr- und Praxiskommentar. 2. Auflage, Baden-Baden 2006

Münsterberg, Emil: Zentralstellen für Armenpflege und Wohltätigkeit, Jena 1897

Muthesius, Hans (Hg.): Alice Salomon, die Begründerin des modernen Frauenberufs in Deutschland. Ihr Leben und Werk, Köln und Berlin 1958

Muthesius, Hans: Die Wohlfahrtspflege, Berlin 1928

Nave-Herz, Rosemarie: Zentrale Begriffe zur Sozialen Arbeit bei Marie Baum, in Soziale Arbeit 1988, H. 2, S. 44-52

Neef, Anneliese: Mühsal ein Leben lang. Zur Situation der Arbeiterfrauen um 1900, Berlin 1988

Neunter Jugendbericht. Bericht über die Situation der Kinder und Jugendlichen und die Entwicklung der Jugendhilfe in den neuen Bundesländern, hg. vom Bundesministerium für Familie, Senioren, Frauen und Jugend, Bonn 1994

Niemeyer, Christian/Schröer, Wolfgang/Böhnisch, Lothar (Hg.): Grundlinien historischer Sozialpädagogik. Traditionsbezüge, Reflexionen und übergangene Sozialdiskurse, Weinheim und München 1997

Nipperdey, Thomas: Deutsche Geschichte 1866-1918. Arbeitswelt und Bürgergeist, München 1990

Nohl, Herman/Pallat, Ludwig (Hg.): Handbuch der Pädagogik, 5 Bände, Langensalza 1927-1929 (Nachdruck: Weinheim und Basel 1991)

Nohl, Herman: Aufgaben und Wege der Sozialpädagogik. Vorträge und Aufsätze, Weinheim 1965 (EA 1924)

Nohl, Herman: Die pädagogische Bewegung in Deutschland und ihre Theorie, 2. Aufl., Frankfurt am Main 1935

Nohl, Herman: Jugendwohlfahrt. Sozialpädagogische Vorträge, Leipzig 1927

Nootbaar, H.: Sozialarbeit und Sozialpädagogik in der Bundesrepublik 1949-1962, in: Landwehr/Baron (Hrsg.): Geschichte der Sozialarbeit. Hauptlinien ihrer Entwicklung im 19. und 20. Jahrhundert. Weinheim und Basel 1984, S. 251-300

Orthband, Eberhard: Der deutsche Verein in der Geschichte der deutschen Fürsorge 1880-1980, Frankfurt am Main 1980

Ostbomk-Fischer, Elke: Historische und gegenwärtige Entwicklung der Sozialpädagogik: Frauen handeln – Männer schreiben ihre Geschichte, in: SI:SO Siegen: sozial, 5. Jg., Heft 1/2000

Otto, Hans-Uwe/Sünker, Heinz (Hg.): Soziale Arbeit und Faschismus, Frankfurt am Main 1989

Otto, Hans-Uwe/Utermann, Kurt: Sozialarbeit als Beruf. Auf dem Weg zur Professionalisierung?, München 1971

Paulini, Christa: „Der Dienst am Volksganzen ist kein Klassenkampf". Die Berufsverbände der Sozialarbeiterinnen im Wandel der Sozialen Arbeit, Opladen 2001

Peters, Dietlinde: Mütterlichkeit im Kaiserreich. Die bürgerliche Frauenbewegung und der soziale Beruf der Frau, Bielefeld 1884

Petitionen und Resolutionen des Bundes für Mutterschutz, Bd. 1 und 2, Berlin o.J. (1916)

Peukert, Detlev/Münchmeier, Richard: Historische Entwicklungsstrukturen und Grundprobleme der deutschen Jugendhilfe, in: Sachverständigenkommission für den 8. Jugendbericht (Hg.): Jugendhilfe – Historischer Rückblick und neuere Entwicklungen (Materialien zum 8. Jugendbericht, Bd 1), München 1990, S. 1-41

Peukert, Detlev: Die ‚Wilden Cliquen' in den zwanziger Jahren, in: Wilfried Breyvogel (Hg.): Autonomie und Widerstand. Zur Theorie und Geschichte des Jugendprotestes, Essen 1983

Peukert, Detlev: Grenzen der Sozialdisziplinierung. Aufstieg und Krise der deutschen Jugendfürsorge von 1878 bis 1932, Köln 1986

Peukert, Detlev: Jugend zwischen Krieg und Krise. Lebenswelten von Arbeiterjungen in der Weimarer Republik, Köln 1987

Peukert, Detlev: Volksgenossen und Gemeinschaftsfremde. Anpassung, Ausmerze und Aufbegehren unter dem Nationalsozialismus, Köln 1982

Plato, Alexander v./Leh, Almut: „Ein unglaublicher Frühling". Erfahrene Geschichte im Nachkriegsdeutschland 1945-1949, Bonn 1997

Polligkeit, Wilhelm: Die Organisation der Wohlfahrtspflege in Deutschland, in: Protokolle der internationalen Konferenz für Wohlfahrtspflege und Sozialpolitik, Paris 1928

Preller, Ludwig: Sozialpolitik in der Weimarer Republik, Stuttgart 1949

Quellensammlung zur Geschichte der deutschen Sozialpolitik 1867 bis 1914. Begründet von Peter Rassow und Karl Erich Born. Hg. von H. Henning und F. Tennstedt, Mainz (erscheint laufend)

Radomski, Hildegard: Die Frau in der öffentlichen Armenfürsorge, Berlin 1917

Rauschenbach, Thomas/Sachße, Christoph/Olk, Thomas (Hg.): Von der Wertgemeinschaft zum Dienstleistungsunternehmen. Jugend- und Wohlfahrtsverbände im Umbruch, Frankfurt am Main 1995

Rauschenbach, Thomas: Das sozialpädagogische Jahrhundert. Analysen zur Entwicklung Sozialer Arbeit in der Moderne, Weinheim und München 1999

Reicke, Ilse: Die soziale Betriebsarbeiterin, in: Die Frau, 44. Jg., 1937, S. 487-491

Reicke, Ilse: Frauenbewegung und Erziehung, München 1921

Reinicke, Peter: Die Berufsverbände der Sozialarbeit und ihre Geschichte. Von den Anfängen bis zum Ende des Zweiten Weltkrieges, 2. Aufl., Frankfurt am Main 1990

Reinicke, Peter: Soziale Krankenhausfürsorge in Deutschland. Von den Anfängen bis zum Ende des Zweiten Weltkrieges, Leverkusen 1998

Reinicke, Peter: Tuberkulosefürsorge. Der Kampf gegen die Geißel der Menschheit, dargestellt am Beispiel Berlins 1895-1945, Weinheim 1988

Reinicke, Peter: Von der Ausbildung der Töchter besitzende Stände zum Studium an der Hochschule. 100 Jahre evangelische Fachhochschule Berlin, Freiburg 2004

Reyer, Jürgen: Alte Eugenik und Wohlfahrtspflege. Entwertung und Funktionalisierung der Fürsorge vom Ende des 19. Jahrhunderts bis zur Gegenwart. Freiburg 1991

Reyer, Jürgen: Kleine Geschichte der Sozialpädagogik, Hohengehren 2002

Reyer, Jürgen: Wenn die Mütter arbeiten gingen … Eine sozialhistorische Studie zur Entstehung der öffentlichen Kleinkinderziehung in Deutschland, Köln 1983

Riemann, Ilka: Soziale Arbeit als Hausarbeit. Von der Suppendame zur Sozialpädagogin, Frankfurt am Main 1985

Ritter, Gerhard A.: Staat, Arbeiterschaft und Arbeiterbewegung in Deutschland. Vom Vormärz bis zum Ende der Weimarer Republik, Berlin und Bonn 1980

Röper, Ursula/Jüllig, Carola (Hg.): Die Macht der Nächstenliebe. Einhundertfünfzig Jahre Innere Mission und Diakonie 1848-1998, Berlin 1998

Rosenberg, Arthur: Entstehung der Weimarer Republik, Frankfurt am Main 1961

Rosenberg, Arthur: Geschichte der Weimarer Republik, 10. Aufl., Frankfurt am Main 1969

Rosenwald, Walther/Theis, Bernd: Enttäuschung und Zuversicht. Zur Geschichte der Jugendarbeit in Hessen 1945 bis 1950, München 1984

Roth, Roland/Rucht, Dieter (Hg.): Neue soziale Bewegungen in der Bundesrepublik Deutschland, Bonn 1987

Rott, Fritz: Soziale Hygiene in Deutschland, in: Internationale Konferenz für Wohlfahrtspflege und Sozialpolitik, Fünfte Sektion, Paris 1928, S. 1-34

Ruhl, Klaus-Jörg: Deutschland 1945. Alltag zwischen Krieg und Frieden, Darmstadt und Neuwied 1984

Sachse, Christian: Ziel Umerziehung. Spezialheime der DDR-Jugendhilfe 1945-1989 in Sachsen. Leipziger Universitätsverlag, Leipzig 2013

Sachße, Christoph: Mütterlichkeit als Beruf. Sozialarbeit, Sozialreform und Frauenbewegung 1871-1929, 2. Aufl., Opladen 1994

Sachße, Christoph/Tennstedt, Florian (Hg.): Jahrbuch der Sozialarbeit 4 – Geschichte und Geschichten, Reinbek 1981

Sachße, Christoph/Tennstedt, Florian: Geschichte der Armenfürsorge in Deutschland, Band 1-3, Stuttgart 1980/1988 und 1992

Sachße, Christoph/Tennstedt, Florian: Der deutsche Verein von seiner Gründung bis 1945, in: Forum für Sozialreformen. 125 Jahre Deutscher Verein für öffentliche und private Fürsorge, Berlin 2005

Sachße, Christoph/Tennstedt, Florian: Geschichte der Armenfürsorge in Deutschland. Band 4: Fürsorge und Wohlfahrtspflege 1945-1953, Stuttgart 2012

Salomon, Alice: Die Frau in der sozialen Hilfstätigkeit, in: Lange/Bäumer (Hg.): Handbuch der Frauenbewegung, Bd. 2, Berlin 1901, S. 1-122

Salomon, Alice: Soziale Frauenbildung und Soziale Berufsarbeit, Leipzig und Berlin 1907

Salomon, Alice: Die weibliche Gewerbeinspektion in Deutschland, in: Die Frau, 10. Jg., 1903, S. 91-103

Salomon, Alice: Die Fürsorge für die Hinterbliebenen der gefallenen Krieger, in: Die Frau, 22. Jg., 1915, S. 385-393

Salomon, Alice: Leitfaden der Wohlfahrtspflege (unter Mitwirkung von Siddy Wronsky), Berlin 1921

Salomon, Alice: Probleme der sozialen Kriegsfürsorge, in: Jahrbuch des BDF 1915, S. 49f.

Salomon, Alice: Soziale Diagnose, Berlin 1926

Salomon, Alice: Die Ausbildung zum Sozialen Beruf, Berlin 1927

Schauer, Hermann: Frauen entdecken ihren Auftrag. Weibliche Diakonie im Wandel eines Jahrhunderts, Göttingen 1960

Scheffen-Döring, Luise: Die Familie im Volksaufbau, in: Die Frau, 40. Jg., 1933, S. 530-536

Schelsky, Helmut: Arbeitslosigkeit und Berufsnot der Jugend, 2 Bände, hg. vom Deutschen Gewerkschaftsbund, Köln 1952

Schelsky, Helmut: Die skeptische Generation. Eine Soziologie der deutschen Jugend, Düsseldorf und Köln 1957

Scherer, Hanfried/Sahler, Irmgard (Hg.): Einstürzende Sozialstaaten. Argumente gegen der Sozialabbau, Wiesbaden 1998

Scherpner, Hans: Die Geschichte der Jugendfürsorge, Göttingen 1966

Schilling, Johannes: Soziale Arbeit. Entwicklungslinien der Sozialarbeit und Sozialpädagogik, Neuwied 1997

Schirrmacher, Gerd: Hertha Kraus – Zwischen den Welten. Biographie einer Sozialwissenschaftlerin und Quäkerin (1897-1968), Frankfurt u.a. 2002

Schmidt, Manfred G.: Sozialpolitik in Deutschland. Historische Entwicklungslinien und internationaler Vergleich, 2. Aufl., Opladen 1998

Schnurr, Stefan: Sozialpädagogen im Nationalsozialismus. Eine Fallstudie zur sozialpädagogischen Bewegung im Übergang zum NS-Staat, Weinheim und München 1997

Schrapper, Christian: Hans Muthesius (1885-1977). Ein deutscher Fürsorgejurist zwischen Kaiserreich und Bundesrepublik, Münster 1993

Schrapper, Christian: Zwischen Ausbau und Umbruch. Gesellschaftliche Rahmenbedingungen und Selbstverständnis der Jugendwohlfahrt in den 60er Jahren, in: Köster/Küster (Hrsg.): Zwischen Disziplinierung und Integration, Paderborn 1999, S. 43-55.

Schröder, Iris: „Arbeiten für eine bessere Welt“ – Frauenbewegung und Sozialreform 1890-1914, Frankfurt am Main 2001

Schroeder, Louise: Mutter und Säugling in der Gesetzgebung, Berlin 1925

Schröer, Wolfgang: Sozialpädagogik und soziale Frage. Der Mensch im Zeitalter des Kapitalismus um 1900, Weinheim und München 1999

Schubert-Weller, Christoph: „Kein schönrer Tod ...". Die Militarisierung der männlichen Jugend und ihr Einsatz im Ersten Weltkrieg 1890-1918, Weinheim und München 1998

Schubert-Weller, Christoph: Hitler-Jugend. Vom „Jungsturm Adolf Hitler" zur Staatsjugend des Dritten Reiches, Weinheim und München 1993

Schulze, Hagen: Kleine deutsche Geschichte, München 1996

Siegel, Elisabeth: Dafür und dagegen. Ein Leben für die Sozialpädagogik, Stuttgart 1981

Siegel, Elisabeth: Erfahrung als Entwurf. Erlebte Geschichte der Sozialpädagogik und der „Gilde Soziale Arbeit“, Bielefeld 1988

Siemering, Hertha (Hg.): Die Deutschen Jugendverbände: ihre Ziele und ihre Tätigkeit seit 1917 (Ausschuss der deutschen Jugendverbände). Berlin 1923

Siemering, Hertha: Deutschlands Jugend in Bevölkerung und Wirtschaft. Eine statistische Untersuchung. Berlin 1937

Siemering, Hertha: Die deutschen Jugendpflegeverbände: Ihre Ziele, Geschichte und Organisation – ein Handbuch (Zentrale für Volkswohlfahrt), Berlin 1918

Siemering, Hertha: Pflege der schulentlassenen weiblichen Jugend (Zentralstelle für Volkswohlfahrt) Berlin 1914

Simon, Helene: Aufgaben und Ziele der neuzeitlichen Wohlfahrtspflege, Stuttgart und Berlin 1922

Simon, Walter: Krüppelfürsorge, in: Gottstein u.a. (Hg.): Handbuch der sozialen Hygiene und Gesundheitsfürsorge, Band 4, Berlin 1927, S. 568-636

Soden, Eugenie v. (Hg.): Das Frauenbuch. Frauenberufe und -Ausbildungsstätten, Stuttgart 1913

Sohnrey, Heinrich: Die Wohlfahrtspflege auf dem Lande, Berlin 1896

Steppe, Hilde: „... Den Kranken zum Troste und dem Judenthum zur Ehre ...“. Zur Geschichte der jüdischen Krankenpflege in Deutschland, Frankfurt am Main 1997

Thiersch, Hans: Das sozialpädagogische Jahrhundert, in: Thomas Rauschenbach/Hans Gängler (Hg.): Soziale Arbeit und Erziehung in der Risikogesellschaft, Neuwied u.a. 1992, S. 9-23

Thole, Werner (Hg.): Grundriss Soziale Arbeit, Opladen 2002

Thole, Werner/Galuske, Michael/Gängler, Hans (Hg.): KlassikerInnen der Sozialen Arbeit. Sozialpädagogische Texte aus zwei Jahrhunderten. Ein Lesebuch, Neuwied 1998

Thorun Walter: Die Fröbel-Bewegung in Hamburg, Kankelau 1997

Thorun, Walter: Geschichte der Jugendhilfe in Hamburg. Eine Zeittafel seit dem 16. Jahrhundert, Hamburg 1988

Thorun, Walter: Öffentliche Jugendhilfe in Hamburg. Vier Jahrzehnte Aufbau und Entwicklung nach 1945, Hamburg 1993

Thorun, Walter: Reformprojekt Soziale Arbeit. 75 Jahre Gilde Soziale Arbeit, Münster 2000

Tormin, Walter (Hg.): Die Weimarer Republik – Zeitgeschichte in Text und Quellen, Göttingen 1964

Uhlendorff, Uwe: Geschichte des Jugendamtes: Entwicklungslinien der öffentlichen Jugendhilfe 1871-1929. Weinheim/Basel/Berlin 2003

Umbreit, Paul/Lorenz, Charlotte: Der Krieg und die Arbeitsverhältnisse, Berlin und Leipzig 1928

Viertel, Gerlinde: Anfänge der Rettungshausbewegung unter A. v. Recke-Volmerstein (1791-1878), Köln 1993

Vogel, Rudolf Martin: Das Jugendamt im gesellschaftlichen Wirkungszusammenhang (Schriften des Deutschen Vereins, Heft 215), Frankfurt am Main 1960

Vom Wesen der Wohlfahrtspflege: Festgabe für Albert Levy zum 25-jährigen Bestehen der Zentrale für private Fürsorge, Berlin 1918

Vorländer, Herwart: Die NSV. Darstellung und Dokumentation einer nationalsozialistischen Organisation, Boppard 1988

Wachenheim, Hedwig (Hg.): Lehrbuch der Wohlfahrtspflege, Nürnberg 1927

Weber, Adolf: Fürsorge und Wohlfahrtspflege. Eine Einführung in die soziale Hilfsarbeit, 2. Aufl., Berlin und Leipzig 1926

Weber, Helene: Die Berufsarbeit der Frau in der Wohlfahrtspflege, in: A. Schmidt-Beil (Hg.): Die Kultur der Frau , Berlin 1931, S. 302-309

Wehler, Hans-Ulrich: Das deutsche Kaiserreich 1871-1918, 4. Aufl., Göttingen 1980

Wehler, Hans-Ulrich: Deutsche Gesellschaftsgeschichte. Von der „Deutschen Doppelrevolution“ bis zum Beginn des Ersten Weltkriegs 1849-1914, München 1995

Weiland, Daniela: Geschichte der Frauenemanzipation in Deutschland und Österreich. Biographien, Programme, Organisationen, Düsseldorf 1983

Weindling, Paul I.: Die Verbreitung rassehygienischen/eugenischen Gedankengutes in bürgerlichen und sozialistischen Kreisen in der Weimarer Republik, in: Medizinisches Journal 22/1987, S. 352-368

Welczek, Adelheid v.: Die deutsche Frau in der öffentlichen Armenfürsorge und Waisenpflege, in: Sozialer Fortschritt. Hefte und Flugschriften für Volkswirtschaft und Sozialpolitik, Nr. 25, Leipzig 1904

Wensierski, Peter: Schläge im Namen des Herrn. Die verdrängte Geschichte der Heimkinder in der Bundesrepublik, München

Wex, Else: Die Entwicklung der Sozialen Fürsorge in Deutschland (1914-1927), Berlin 1929

Wieler, Joachim/Zeller, Susanne (Hg.): Emigrierte Sozialarbeit. Portraits vertriebener SozialarbeiterInnen, Freiburg 1995

Wilbrandt, Robert: Die Frauenarbeit. Ein Problem des Kapitalismus, Leipzig 1906

Wolfram, Heinz: Vom Armenwesen zum heutigen Fürsorgewesen – Geschichtliches und Grundsätzliches, Greifswald 1930

Wollasch, Andreas (Hg.): Wohlfahrt und Region. Beiträge zur Rekonstruktion des Wohlfahrtsstaates in westfälischer und vergleichender Perspektive, Münster 1995

Wollasch, Andreas (Hg.): Wohlfahrtspflege in der Region. Westfalen-Lippe während des 19. und 20. Jahrhunderts im historischen Vergleich, Paderborn 1997

Wollasch, Andreas: 100 Jahre Sozialdienst katholischer Frauen (1899-1999), Dortmund 1999

Wronsky, Siddy: Methoden der Fürsorge, Berlin 1930

Wronsky, Siddy: Quellenbuch zur Geschichte der Wohlfahrtspflege, Berlin 1925

Wronsky, Siddy/Salomon, Alice: Soziale Therapie. Ausgewählte Akten aus der Fürsorgearbeit, Berlin 1926

Wunderlich, Frieda: Der Schutzanspruch der Frau an den Staat, in: Die Frau, 40. Jg., 1933, S. 366-369

Zahn-Harnack, Agnes v.: Die arbeitende Frau, Breslau 1924

Zeller, Susanne: Geschichte der Sozialarbeit als Beruf. Bilder und Dokumente (1893-1939), Pfaffenweiler 1994

Zeller, Susanne: Volksmütter. Frauen im Wohlfahrtsstaat der zwanziger Jahre, Düsseldorf 1987

Zetkin, Clara: Über Jugenderziehung, Berlin 1957

Zodtke-Heyde, Else: Fabrikinspektorinnen und Fabrikpflegerinnen, in: Silbermann, I. (Hg.): Archiv für Frauenarbeit (Schriftenreihe des Verbandes der weiblichen Handels- und Büroangestellten, Band 6), Berlin 1918, S. 10-45